영유아교육기관 운영관리

김연진 · 이상희 · 고영자

태영출판사

머리말

현대사회의 급격한 변화 속에 가족구조가 변화되고 가족의 기능이 사회로 대체됨에 따라 영유아의 보호와 교육에 대한 영유아교육기관의 역할은 날로 증대되고 있다. 또한 영유아기는 다른 어떤 시기보다 인간 발달에 있어서 가장 중대하고 결정적인 시기이기 때문에 이 시기에 제공되는 유아교육기관의 질적인 경험은 영유아에게는 절대적인 영향을 미칠 수 있다.

보육과 교육의 목적으로 영유아교육기관을 이용하는 연령이 하향화되는 추세이고, 이러한 영유아교육기관을 이용하는 시간도 양적으로 증가하는 실정이다. 따라서 영유아기의 발달에 적합한 영유아교육기관으로 관리, 운영되는 것은 영유아 개인의 성장을 돕는 것 뿐 만 아니라 우리 사회의 미래를 밝게 하는 매우 의미 있는 일이다.

그러므로 영유아들의 안정적인 발달을 도모하고, 영유아교육기관의 합리적인 운영의 모델을 보이며, 효율적인 기관운영으로 지역사회와 국가발전에 이바지할 수 있는 영유아교육기관의 운영관리가 요구된다.

그리하여 본 저서는 영유아교육현장에서 이상적으로 여겨지는 운영관리의 개념을 정리하고, 잘 된 운영사례들을 근거로 영유아교육기관의 적합한 운영관리 내용을 기관 설립으로부터 영유아, 교직원 관리, 시설 및 설비, 교재교구 관리, 재정 및 사무 관리, 가정연계 및 기관 평가 등에 관한 내용으로 구성하였다.

또한 본 저서는 유아교육기관을 운영하는 운영자 뿐만 아니라 유아교육 및 보육관련 전공학생들이 보다 교육현장을 이해하기 쉽도록 교육내용을 구성하여 예비유아교사로서의 안목을 넓힐 수 있는 교재가 되도록 하였다.

아울러 본 저서가 나올 수 있도록 기도해 주시고 기다려 주신 태영출판사 김현태 사장님과 항상 정성을 다해 편집을 위해 애써 주신 오세복 상무님과 그 외 직원 여러분께 진심으로 감사를 드립니다.

2014년 7월

저 자 일동

차례

제1장

영유아교육기관 운영관리의 기초

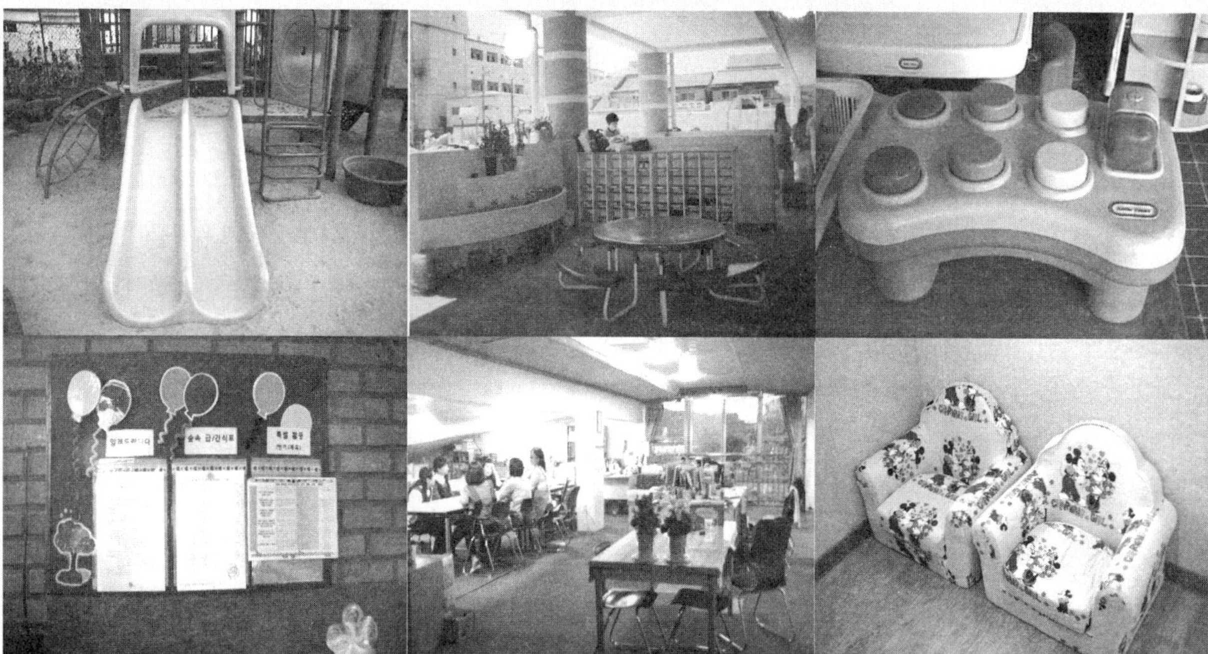

1. 운영관리의 개념 및 필요성
2. 운영관리의 원리
3. 운영관리의 영역 및 과정

1. 운영관리의 개념 및 필요성

1) 운영관리의 개념

유아교육기관들은 각각 나름대로의 교육목적이 있고 그 교육목적을 달성하기 위해 적절한 운영관리를 실시하고 있다.

유아교육기관의 운영관리란 교육목적을 달성하기 위한 수단이며 그 개념에 대해서는 학자들의 견해에 따라 다소 차이가 있으나 일반적으로는 "시설의 목적과 목표를 효과적으로 달성하기 위한 인적, 물적, 재정적, 운영 · 방법적 조건을 정비하고 운용하는 일"이라고 규정할 수 있다(김옥련, 1993). 즉, 운영관리란 어떤 기관의 목적이나 목표의 효과적인 달성을 이루기 위하여 그 기관에 소속된 사람, 시설 · 환경 및 재정을 합리적이고 체계적인 방법으로 운용하는 것을 말한다. 임재택(1999)은 운영관리의 개념을 기관의 목적을 달성하기 위하여 사람, 돈, 공간, 시간 등을 효율적으로 계획하고, 조직하고, 실행하고, 평가하는 일련의 과정으로 정의하였다.

또한 이대균과 송정원(1998)은 운영관리를 조직체의 목적, 목표를 능률적이고 효과적으로 달성하도록 그 업무와 활동을 계획하고 조직하고 지시하고 조정하고 평가하는 과정으로 정의하였다. 그리고 운영관리는 어떤 기관의 목적을 달성하기 위하여 사람(people), 자원(resources) 및 시간(time)을 효율적으로 조정, 운용하는 일인데, 여기서 자원은 자금(funds)과 공간(space)을 포함한다(Taylor, 1979).

한편 시어스(Sears)는 운영정책의 과정을 기획(planning), 조직(organizing), 지시(direction), 조정(coordination) 그리고 통제(control)의 5개 과정으로 보고 운영관리를 다수의 독립된 요소가 아니라 통합된 하나의 개념으로 받아들여서 운영과정 또한 활동의 계속적인 순환과정으로 본다(한임순, 1994).

결국 유아교육기관의 운영관리란 유아교육기관의 목적을 효율적으로 달성하기 위하여 사람, 시설, 재정, 교육과정, 학급, 기타 필요한 업무를 계획하고, 조직하고, 실행하고, 평가하는 일련의 과정이라고 규정할 수 있다. 아울러 유아교육기관 운영관리의 영역별 주요 내용은 〈표 1-1〉과 같다.

표 1-1

유아교육기관 운영관리의 영역별 주요 내용

영 역	주 요 내 용
교(보)육활동 운영	교(보)육과정 내용의 계획수립 및 관리, 일과계획 및 운영, 행사계획 및 운영, 현장견학, 원외활동 지도, 외부 전문가 또는 기타 인적 자원활용 등
시설 · 설비관리	건물, 교실, 유희실, 실외놀이시설 · 설비, 생활시설 · 설비의 관리, 안전시설관리, 주변 환경관리, 시설 · 설비의 구입, 수리, 유지, 관리 등
교재 · 교구관리	교재 · 교구의 구입, 보수 및 관리, 시청각 교재 구입 및 관리 등
공간(교실)관리	환경구성 및 관리, 흥미영역의 구성 및 관리, 청결유지 등
교직원관리	채용 및 퇴직, 담임 배정, 업무분담, 원무담당, 교사연수, 직원회의, 근무평가, 장학지도 등
유아관리	입소 및 퇴소, 반 및 집단 편성, 출 · 결석, 가정환경 조사, 원아관찰기록, 생활습관지도 · 안전지도, 건강지도, 영양(급식, 간식)지도, 청결지도 등
재정관리	예산 편성, 교(보)육비의 수납, 운영비의 지출, 회계장부 기록, 결산서 작성, 기부금 및 보조금 관리, 감사 등
사무관리	사무분장 및 사무처리 조직, 법정 서류관리, 통신, 문서처리 등
부모와의 협력	가정통신, 부모회 조직 및 운영, 부모교육, 부모 및 가족 상담, 부모참여, 부모훈련 등
지역사회와의 협력	지역환경관리, 지역사회 기관과의 협력, 관련 행정기관과의 협력, 연구소 및 TV · 라디오 등 대중매체기관과의 협력, 견학기관과의 협력, 자원봉사자 모집 · 운영관리 등

2) 운영관리의 필요성

유아교육기관에서 이루어지는 교육활동의 모든 영역에 있어 그 기본 방향을 제시해 주는 운영관리의 필요성과 중요성이 크게 부각되고 있다. 그러나 실제로 유아교육기관의 몇 가지 특성, 즉 규모가 다른 교육기관에 비해 작고 조직과 교육활동이 비교적 단순하며, 정책상의 전문성이 미약하다는 특성으로 인해 유아교육기관의 운영관리 현실은 비합리적이고 일관성이 없을 뿐만 아니라 비체계적으로 운영 · 관리되고 있는 실정이다.

유아교육기관은 형식적 조직체제로 그 운영은 과학적으로 이루어져야 한다. 과학적이고 효율적인 운영을 하기 위해서는 이론, 연구, 실험, 적용, 지식에 기초하여야 한다(강문희 외, 1999).

그러므로 유아교육기관운영이 합리적이고 일관성 있게 이루어지려면 그 운영정책이 유아교육의 목적달성을 위한 지침이 되며 기관운영자가 확신을 가지고 정책 실현을 위한 결정을 할 수 있어야 한다.

2. 운영관리의 원리

유아교육기관은 다른 교육기관과 마찬가지로 정부 당국이나 교육위원회에서 각 기관의 운영가인 원장이 그 정책의 실행이나 실천의 책임을 맡는다. 그러므로 유아교육기관의 운영자들은 원아들을 보다 잘 교육하고 보육하기 위하여 모든 내용을 계획하고, 실행하고, 평가하는 등의 일련의 행정적 과정에 따라 그 기관을 보다 효율적으로 운영해야 한다. 유아교육기관의 운영자가 기관을 운영하는데 있어서 고려해야 할 몇 가지 기본 원리는 다음과 같다(이영자 외, 1997).

1) 타당성의 원리(principles of adequacy)

이 원리는 기관에서 어떤 교육 활동계획을 세우고 그것을 운영해 나가는데 있어서 운영관리의 활동은 타당한 활동, 즉 올바른 보조활동이 되어야 함을 의미한다. 예를 들어 유아교육기관에서 행사(견학, 소풍, 운동회, 캠프 등)를 한다면, 이것이 유아교육기관의 교육목표를 돕는 수단으로서의 행정 활동이 되어야 할 것이다.

2) 민주주의(민주화)의 원리(principles for democracy)

유아교육기관은 원장을 비롯한 다양한 인적집단으로 구성되어 있으며, 인간 형성을 생산적으로 하는 조직체이다. 그러므로 그 사회 관계 과정에 있어서 각 성원의 주체적인 의의가 민주적으로 집약되어야 비로소 교육적 창의를 가져올 수 있게 된다.

민주주의의 원리는 운영관리의 실행과정에서 독단과 독선적인 요소를 배제하고 민주적으로 운영되어야 함을 의미한다. 그런데 유아교육기관의 운영 책임자인 원장이 기관의 교육활동 계획의 수립, 평가 등에 교사의 적극적인 참여를 제한하고 권위적이고 독선적으로 기관을 운영한다면 이 원리에 위배되는 것이다.

3) 효율성의 원리(principles of efficiency)

이 원리는 유아교육기관의 모든 교직활동에 있어서 최소한의 노력과 경비로 최대한의 효과를 얻어야 함을 말한다. 그러나 목적에 비하여 달성수단이 과대하면 낭비가 되고 반대로 목적에 비하여 달성수단이 과소하면 무리가 된다. 따라서 가장 바람직한 것은 목적과 수단이 균형을 이루는 일이다. 또한 유아교육기관의 운영관리에 있어서 주목할 점은 '최소의 수단' 대신에 '주어진 수단으로' 최대의 목적을 달성해야 한다. 즉, 단순한 경제적 효율보다는 사회적 효율이 강조되어야 한다.

4) 적응성의 원리(principles of adaptability)

교육은 과학의 진보나 사회의 변화에 민감하게 대처하고 새로운 변화에 적응해야 한다. 적응성의 원리는 유아교육기관이 현재 처해 있는 현실적인 상황을 충분히 고려하고 이를 수용해야 함을 의미한다. 그러므로 유아교육기관 운영자들은 열악한 환경이나 불리한 입장에 대해 불만을 갖거나 자포자기할 것이 아니라 현실로 받아들여 그에 맞게 유아교육기관을 합리적으로 운영해 나가야 할 것이다.

5) 안정성의 원리(principles of stability)

안정성의 원리는 어떤 측면에서 적응성의 원리와 상충되는 원리라고 할 수 있다. 즉, 유아교육기관의 운영자는 과학의 진보나 사회의 변화 등을 수용하고 현실에 적응하는 반면, 전통성이나 고유의 철학 혹은 가치관 등을 견지하여 긴 안목에서 장기적인 계획에 따라 기관을 운영하는 것이 필요하다. 이 원리는 문화 유산을 계승하는 교육에서 중요한 역할을 담당한다.

3. 운영관리의 영역 및 과정

유아교육기관은 합리적이고 능률적인 운영을 위하여 법적, 객관적 기준의 범위 안에서 나름대로의 운영 정책을 설정하는 과정이 필요하다. 운영과정은 어떤 기관이 그 기관의 목표 달성에서부터 수행과 평가 결과의 송환(feedback)에 이르는 유기적인 순환과정과 이 과정을 거쳐서 다시 새로운 목표 설정으로 이끌어 가는 과정 전체를 의미한다. 이러한 유아교육기관의 순환과정을 그레그(Gregg)의 일반교육행정의 단계에 적용시켜 보면 다음과 같으며 이를 도식화하면 〈그림 1-1〉과 같다(이영자, 외 1997).

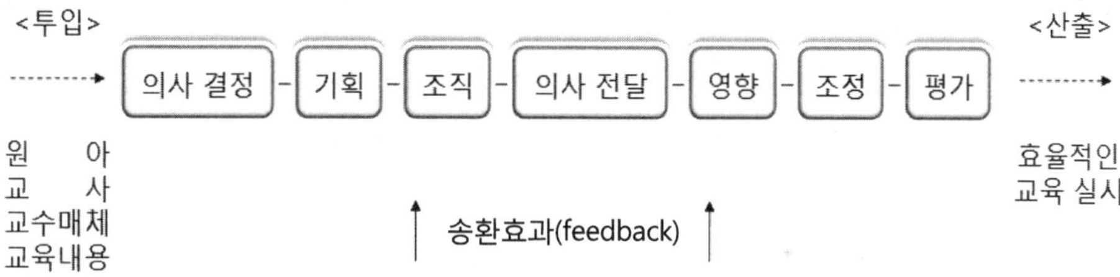

〈그림 1-1〉 유아교육기관 운영 과정

1) 의사결정(decision making)

운영과정의 첫 단계로 기관의 운영 목표나 정책을 결정하는 단계이다. 이 때 적기에 합리적으로 결정하는지의 여부가 과업의 성패를 좌우하는 중요한 요인이 된다.

2) 기획(planning)

기획은 목적과 행동을 구체화하는 것으로 유아교육기관의 효율적인 운영에 필요한 절차와 방법을 합리적이고 효과적으로 수행하기 위한 준비과정이다. 이 과정에는 ① 외부환경과 유아교육기관의 여건 분석, ② 교육 목표 및 운영목표 설정, ③ 운영방침 설정, ④ 활동계획의 작성, ⑤ 목표와 계획에 대한 평가 등이 포함된다.

효과적인 기획을 위해 운영자가 고려해야 할 사항은 다음과 같다(Hildebrand, 1993 ; 강문희 외, 1999).

① 운영자는 유아교육기관을 운영하는 목적에 분명한 진술을 제시해야 한다. 즉, 누구를 위해 어떤 활동을 하는지 등 프로그램의 궁극적 목적을 구체적으로 진술해야 한다. 예를 들면 '우리 기관은 6개월부터 6세까지 어린이 100명을 돌보는 기관이다.'로 진술하는 것이다.

② 운영자는 교육 서비스 프로그램을 실시하기 위한 허가장과 법규를 따라야 한다. 그리고 교직원들이 그 법규와 허가에 대해 확실히 이해하게 한다.

③ 운영자는 기관의 실제적이고 적합한 목적과 목표를 개발한다. 기관의 교육서

비스 대상의 연령, 프로그램의 철학 등에 따라 목적과 목표는 달라야 한다.

④ 운영자는 필요하다면 새로운 프로그램과 계획을 개발하고 평가하고 수정한다.

⑤ 운영자는 정책위원, 교직원, 부모를 비롯해 다른 사람들과 더불어 목적, 프로그램, 계획, 과정에 관해 정기적으로 협의한다.

3) 조직(organizing)

조직은 기관의 목표나 목적을 효율적으로 달성하기 위한 협동 체제의 구성, 즉 사람, 물건, 시설과 같은 요소를 정비하고 활동들을 연결시킴으로써 모든 독립적인 부분들이 달성하고자 하는 목적을 효과적으로 성취하도록 구성하는 것이다. 다시 말해 조직은 인적 · 물적 요소를 적절하게 배정하고, 각 요소들이 서로 유기적인 관련을 가지고 충분히 기능하도록 하는 일, 즉 인적자원, 물적자원, 아이디어를 확보하여 구조화하는 것이다. 조직 과정에서 운영자가 해야 할 일은 먼저 기관의 목적으로 규정된 프로그램의 관리를 촉진하기 위해 구성단위들을 조직하는 것이다. 그 다음에는 기관의 일이 효율적으로 이루어지도록 공간, 자료, 시설 · 설비를 정리하고 활용한다.

조직은 주로 형식적 조직을 뜻하나 비형식적 및 자생조직의 가능성과 활동을 고려하여 능률을 향상시키도록 노력해야 한다.

4) 의사소통(communication)

의사소통은 정보교환과 의사교환을 의미하는 것으로, 인간관계의 의사소통 기술은 운영자에게 필수적이다. 의사소통 방법에는 원장이 교사들에게 지시, 명령 등의 방법으로 의사를 전달하는 상의 하달식과 직원회의 등을 통해 결정된 의견을 건의하는 하의 상달식 및 교사 상호간의 협의를 통한 횡적 의사전달 등 세 가지 방법이 있다.

5) 영향(influencing)

지휘, 설득, 지시의 결과로 나타나는 행동을 말하며 자발성과 자율적으로 나타나는 것이 바람직하다.

6) 조정(coordinating)

조정은 운영정책이 관여하는 여러 가지 측면, 즉 조직 · 인사 · 재정 · 시설 · 사무 · 교육활동 등이 기관의 교육 목표 달성에 최적의 상태가 되도록 조화시키는 것이다. 유아교육기관에서는 교직원 상호간의 접촉을 통해 갈등을 해소할 수 있도록 하며 직원회의 등을 통해 부조화 등을 조절하여 최대한의 목표 달성을 할 수 있도록 노력해야 한다.

7) 평가(evaluating)

평가는 계획한 과업이 실행된 과정과 성과 등의 결과를 분석, 검토하여 합리성과 효율성을 측정하는 것으로 단계 전후와 중간에도 정기적으로 실시하는 것이 바람직하다. 평가 단계는 먼저 평가의 관점을 설정하고, 자료를 수집하며, 평가 실시 및 결과 처리를 하며, 결과를 활용하는 것이다.

참 고 문 헌

· 강문희 외(1999). 유아교육기관 운영관리. 학지사.
· 김옥련(1993). 유치원 경영관리. 교육과학사.
· 이대균 · 송정원(1998). 유아교육기관의 운영관리. 양서원.
· 이영자 · 권영례(1997). 유아교육기관의 운영관리. 창지사.
· 임재택(1999). 유아교육기관 운영관리. 양서원.
· 한임순 외(1994). 새유아교육개론. 동문사.

· Hildebrand, V.(1993). Management of child development centers. N.Y. : MacMillan Publishing Co.
· Taylor, B. J.(1979). Eary childhood program management : people and procedures. Columbus : Merrill Publishing Company.

제2장

영유아교육기관의 설립과정

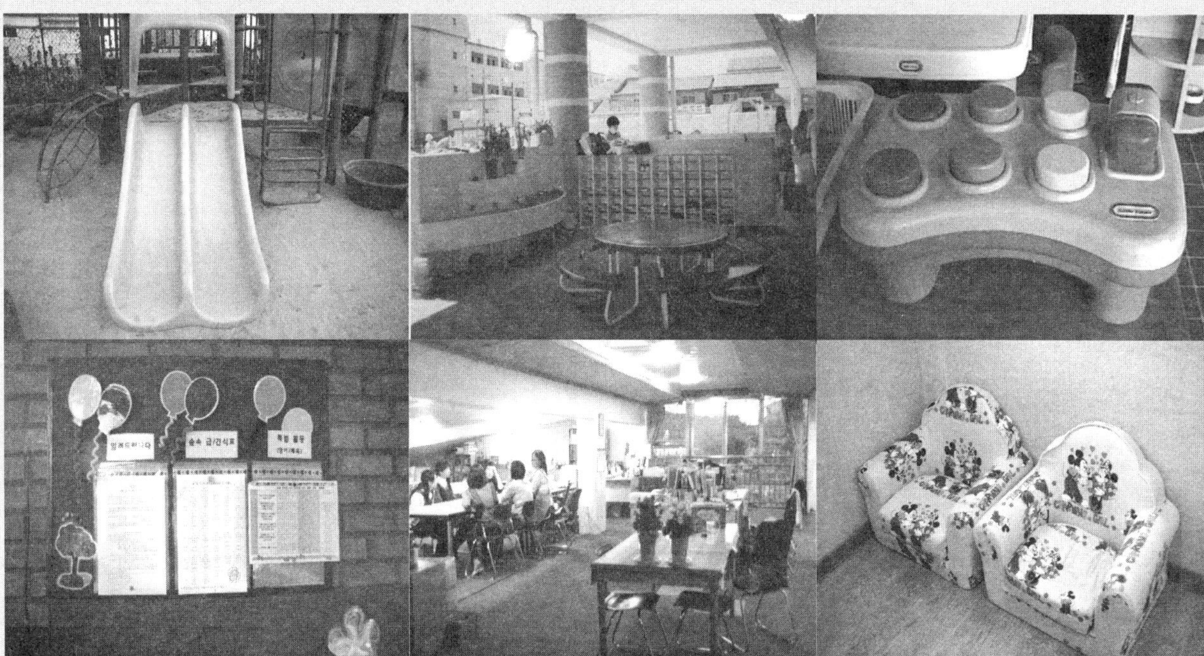

1. 유치원 설립
2. 어린이집 설립

1. 유치원 설립

1) 유치원 설립인가 절차

유치원은 교육관계법령에 따라 물적, 인적, 재정적 조건을 갖추고 교육목표 달성을 위해 조직적이고 지속적으로 교육활동을 하는 조직체이므로, 공교육기관의 성격을 띠고 있다. 유치원은 다른 교육기관의 설립과는 다른 독특한 특성을 지니고 있기 때문에 사전에 다음의 사항을 고려해야 한다(강문희 외, 1999).

① 지역사회의 필요성과 요구를 분석하여 그 기관의 성격과 철학적 방향을 결정한다.

② 유치원의 설립과 운영에 관련된 각종 법규, 규정, 기준 등을 검토한다.

③ 이미 설립된 유치원 중 시설 · 설비가 우수한 기관을 사전에 답사하고 실질적 정보를 수집한다.

④ 유치원 시설에 대한 설계초안을 작성하여 유아교육 전문가나 경력 원장들의 자문을 듣고 이를 반영한다.

⑤ 재정상태와 입지조건 등을 고려하여 시설의 건축계획을 확정한다.

유치원을 설립하고자 하는 자는 시설 · 설비 등 대통령령이 정하는 설립기준을 갖추어야 하며, 사립유치원설립인가 신청과 관련된 제출서류를 갖추고 관할교육청 교육감의 인가를 받아야 한다. 제출서류는 「유아교육법」 제8조 제2항의 규정에 의하여 「유아교육법 시행령」 [일부개정 2012. 12. 21. 대통령령 제24247호] 제9조 1항에 규정되어 있는데 다음과 같다.

1. 목적
2. 명칭
3. 위치
4. 유치원규칙
5. 원지(園地)·원사(園舍)와 체육장의 평면도
6. 개원 예정 년월일
7. 설립자가 법인인 경우에는 등기 및 출연금에 관한 서류
8. 설립자가 사인인 경우에는 경비의 지급 및 변제능력에 관한 서류
9. 원장 임용예정자의 자격증명에 필요한 서류

유치원설립인가를 신청할 때 필요한 신청서와 구비서류는 관할 교육청에 따라 약간의 차이가 있을 수 있다. 다음의 〈표 2-1〉과 〈표 2-2〉의 유치원설립인가 신청안내는 서울특별시 강서교육청 홈페이지(http://www.gsedu.seoul.kr)에서 발췌한 자료이다. 실제 유치원 설립인가 절차에 필요한 서류양식은 부록에 별도로 제시되어 있다.

표 2-1

유치원 설립인가 신청시 제출 서류양식

○○유치원 학칙

제1장 총 칙

제1조 (목적) 본원은 유아교육법에 의하여 유아를 교육하고 유아에게 알맞은 교육 환경을 제공하여 심신의 조화로운 발달을 조장하는 것을 목적으로 한다.
제2조 (명칭) 본원은 ○○유치원이라 한다.
제3조 (위치) 본원은 ○○시(도) ○○구(군) ○○동(면) ○○번지에 둔다.

제2장 교육연한, 학기와 휴업일

제4조 (교육연한) 본원은 교육연한을 1년으로 한다.
제5조 (학기) 본원의 학기운영은 2학기로 나누되 다음 각호와 같다.
1. 제 1학기는 3월 1일부터 8월 말일까지로 한다.

2. 제 2학기는 9월 1일부터 익년 2월 말까지로 한다.

제6조 (휴업일) 본원의 휴업일은 다음 각호와 같다.

1. 국경일
2. 공휴일
3. 개원기념일
4. 하기휴가 및 동기휴가
5. 제1호 내지 제4호 외에 비상재해, 기타 급박한 사정이 발생한 때에는 임시휴업을 할 수 있다.

제3장 학급편제와 정원

제7조 (학급편제) 본원의 학급 편제는 ○○학급으로 한다.

제8조 (정원) 본원의 원아 정원은 ○○명으로 한다.

제4장 교육과목 및 수업일수

제9조 (교육과목) 본원의 교육과목은 건강생활, 사회생활, 표현생활, 언어생활, 탐구생활의 5개 영역으로 한다.

제10조 (수업일수) 본원의 수업일수는 연 180일 이상으로 한다.

제11조 (수업운영방법 등) 본원은 매일 3시간 이상의 교육을 하되 필요에 따라 시간연장제 또는 종일제로 운영할 수 있다.

제5장 입학, 퇴학, 수료, 졸업

제12조 (입학연령) 본원에 입학할 수 있는 자는 만 3세부터 초등학교 취학전 까지의 유아로 한다.

제13조 (입학) 본원에 입학 하려는 자의 수가 정원을 초과하는 경우에는 추첨에 의하여 입학자를 선정한다.

단, 재원생중 1년 더 취원을 희망 하는 자는 정원 내에서 추첨없이 취원한다.

제14조 (퇴학) 원아가 다음 각 호의 1에 해당할 때에는 퇴원을 명할 수 있다.

1. 정당한 사유없이 출석이 무상한 자
2. 질병 또는 기타의 사유로 타 원아의 교육에 지장이 있다고 인정되는 자

제15조 (수료 및 졸업) 본원의 수료에 필요한 출석일수는 제10조의 규정에 의한 수업일수의 3분의 2이상으로 하고 원장은 전 교육과정을 이수하였다고 인정한 자에게 졸업장을 수여한다.

제6장 입학금 및 수업료

제16조 (수업료 · 입학금 기타의 비용징수) 수업료 · 입학금은 학교수업료 및 입학금에관한규칙에 의거 징수하고 기타 비용 징수금에 관하여는 서울특별시 사립초등학교및유치원입학선발수수료징수조례 및 서울특별시교육 · 학예에관한각종수수료징수조례에 의한다.

제17조 (출석정지) 원장은 수업료를 체납한 자에게는 출석을 정지할 수 있다.

부 칙

1. 본 학칙은 20○○년○○월○○일부터 시행한다.
2. 본 학칙의 시행 세칙은 원장이 이를 정한다.

표 2-2

유치원 설립인가 신청서 양식

유치원 설립인가 신청서

신청인 (설립자)	성 명		주민등록번호	
	주 소		전화번호	
	등록기준지			
신 청 내 용	목 적			
	명 칭			
	위 치			
	학급수 및 정원	학급 명		
	개 원 예정일	년 월 일		

유아교육법 제8조 및 같은법 시행령 제9조 규정에 의하여 유치원 설립인가를 신청합니다.

년 월 일
신청인(설립자) : (인)

경기도부천교육지원청교육장 귀하

붙임: 1. 유치원규칙 1부
2. 설립 사유서 1부
3. 설립자 각서 1부
4. 교재·교구 및 시설·설비 현황 1부
5. 교원채용 관련 증명서 각 1부
6. 설립자 관련 서류(신원진술서, 기본증명서, 이력서, 등본 각 1부)
7. 토지 및 건축물 대장(평면도 포함) 각 1부
8. 토지 및 건축물 등기부등본 각 1부
9. 전기안전점검확인서 1부
10. 소방시설 완공 검사필증(소방검사서) 1부
11. 환경안전점검실적 및 관련 친환경자재인증서 1부

2) 유치원 설립기준

유치원 설립인가는 유치원이 최소한의 설립기준을 갖추었는지를 확인함으로써 아동을 보호하려는 행정당국의 절차상의 과정이다. 최소한의 요구 조건은 상황에 따라 다소 차이가 있을 수 있으나 일반적으로 공통된 영역이 포함되어 있다. 데커와 데커(1992)에 의해 제시된 인가의 요소는 다음과 같다.

① 조직과 운영규정
② 직원규정
③ 시설 및 설비규정
④ 건강 및 안전규정
⑤ 내용, 일과, 계획, 아동지도를 포함한 프로그램 규정

인가기준은 아동의 복지를 보호하기 위해 기본적인 필요 조건을 규정한 것이기 때문에 아동을 위한 모든 형태의 유아교육 시설은 인가를 받아야 하고, 인가기준에 미달되는 기관은 허가하지 않아야 될 것이다. 어떤 특례를 주게 되면 인가의 전반적인 구조가 취약성을 드러내기 때문이다.

사실 인가기준은 유아교육 프로그램에 대한 충분 조건이 아니라 최소한의 표준이기 때문에 교육의 질(quality)을 평가하기에는 적합하지 못하다. 따라서 유아교육기관의 자체보고 내지 자체평가 제도를 채택함으로써 유아교육 프로그램의 질에 대한 기준을 설정하고 준수케 하여 그 기준을 충족시키는 것이 바람직하다. 이러한 과정을 수행하게 되면 양질의 유아교육 프로그램에 대한 필요성을 느끼게 되어 유아교육의 질적 향상도 기대될 수 있다고 본다.

유치원의 시설 · 설비기준은 1997년 9월 23일에 제정 · 공포된 「고등학교 이하 각급학교 설립 · 운영규정」(대통령령 제 21809호, 2009. 11. 5, 타법개정)에 제시되어 있다. 이 중 유치원과 관련된 규정을 요약하면 다음과 같다.

① **목적**(제1조) : 이 영은 「유아교육법」 제8조, 「초·중등교육법」 제4조, 「사립학교법」 제5조 및 「유아교육법 시행령」 제8조, 「초·중등교육법 시행령」 제2조의 규정에 의하여 유치원·초등학교·중학교·고등학교·공민학교·고등공민학교·고등기술학교와 이에 준하는 각종학교의 설립·운영에 있어서 필요한 시설·설비기준과 학교법인이 설립·경영하는 사립학교의 경영에 필요한 재산의 기준 등에 관한 사항을 규정함을 목적으로 한다.

② **원사**(제3조)

- '유치원의 원사(교수·학습활동에 직·간접적으로 필요한 시설물)는 교수·학습에 적합하여야 하고, 그 내부환경은 「학교보건법」 제4조의 규정에 의한 환경위생 및 식품위생의 유지·관리에 관한 기준에 적합하여야 한다.'
- 원사의 기준면적

가. 40명 이하 유치원 → 5N㎡

나. 41명 이상 유치원 → 80+3N㎡ (※ N은 유치원 원아의 정원)

③ **유원장**(제5조)

- 유치원의 유원장(옥외 유원장을 말한다)은 배수가 잘 되거나 배수시설을 갖춘 곳에 위치하여야 한다.
- 유원장의 기준 면적

가. 40명 이하 유치원 → 160㎡(160㎡÷3.3=48.48평)

나. 41명 이상 유치원 → 120+N㎡ (※ N은 유치원의 정원)

- 교육과학기술부장관 또는 특별시·광역시·도교육감이 다음의 사항에 해당하는 경우에는 유원장의 기준면적을 완화할 수 있다.

가. 새로이 설립되는 각급학교가 「초·중등교육법」 제2조 또는 「고등교육법」 제2조의 규정에 의한 학교의 체육장 또는 공공체육시설 등과 인접하여 공동사용이 용이한 경우

나. 도서·벽지 등 지역의 여건상 기준면적 규모의 체육장의 확보가 곤란한 경우

④ **교지·교사부지**(제6조)

- 교지 : 유치원의 교지는 교사용 대지와 유원장의 면적을 합한 용지로서 교사의

안전 · 방음 · 환기 · 채광 · 소방 · 배수 및 원아의 통학에 지장이 없는 곳에 위치하여야 한다.

⑤ **교지 · 교사의 소유주체**(제7조)

- 사립 유치원의 교사 및 교지는 당해 학교를 설립 · 경영하는 자("설립주체")의 소유이어야 하며, 교지 안에는 설립주체 외의 자가 소유하는 건축물을 둘 수 없다. 다만, 문화 및 복지시설, 생활체육시설, 평생교육시설, 주차장 등 교육 및 공공의 목적에 부합하는 시설 중 설립주체에게 그 소유권이 이전되는 경우에는 설립주체 외의 자가 소유하는 건축물을 교지 안에 둘 수 있다.

⑥ **교구**(제8조)

- 유치원에 필요한 도서 · 기계 · 기구 등의 교구를 갖추어야 한다.
- 교구의 종목 및 기준은 시 · 도교육감이 정하여 고시한다.

⑦ **급수 · 온수**(제10조)

- 유치원에는 급수시설을 두어야 하되, 수질 검사 결과 위생상 무해하다고 판명된 것이어야 한다.
- 유치원에는 온수를 공급할 수 있는 시설을 갖추어야 한다.

⑧ **기준 미달 유치원에 대한 조치**(제19조)

- 시 · 도교육감은 초 · 중등교육법 제63조의 규정에 의하여 이 영에 의한 기준에 미달하는 사립 유치원에 대하여는 일정한 기간을 정하여 이 영에 의한 기준에 적합하도록 시정 또는 변경을 명할 수 있고, 정당한 사유없이 지정된 기간내에 이행하지 못한 학교에 대하여는 원아정원의 감축 또는 원아모집의 정지 등을 명할 수 있으며, 행정 및 재정지원정책에 이를 반영할 수 있다.

사립유치원 설립인가시 설립자 및 원장의 자격과 채용, 시설 관련 기준은 다음과 같다(서울특별시 강서구교육청 홈페이지 참조 : http://www.gsedu.seoul.kr).

① 설립자 및 원장

○ 설립자의 자격(보안업무규정 시행세칙 제6조)

가. 신원조사 대상 : 교육장의 설립허가를 받은 각급학교의 설립자와 법인 및 단체의 임원

나. 신원조사 결과 이상이 없어야 함

다. 신원조사 결과 신원특이자는 심의를 통하여 자격여부 결정

○ 설립시 원장 채용

• 설립자가 원장 자격증 소지자이거나, 유자격원장 · 원장자격인가추천기준대상자의 취임예정승락서 첨부

* 유치원 신규 설립인가시 자격원장 임용예정증명서 첨부 의무화

• 조건부 인가에 따른 원장 임용여부 지도 · 감독 철저

* 유치원 설립자의 산업체 위탁교육을 통한 교사자격증 취득

• 전문대학 및 산업대학에 위탁교육 허가 (유특 81110-59 1997. 7. 12)

* 현직 대학교수의 원장 겸임 불허(본직기관의 부설기관 겸임은 제외)

• 겸임기관(유치원)의 업무에 지장 초래

교육공무원법 제18조 및 같은법 임용령 제7조의 2(겸임)

② 시설관련 사항

○ 유치원 교지 · 교사에 대한 사항(고등학교 이하 각급학교 설립 · 운영규정 제7조)

가. 학교를 설립 · 경영하는 자의 소유이어야 함

나. 기본재산에 대하여는 담보나 매도할 수 없음

○ 유치원 건물에 대한 사항(고등학교 이하 각급학교 설립 · 운영규정) 제3조 제2항(교사), 제4조(대지), 제5조(체육장), 제6조(교지)

가. 용도 : 유치원 용도(건축법시행령 제2조 교육연구 및 복지시설, 유치원)

나. 유치원 시설 · 설비기준

표 2-3

유치원 시설 · 설비기준

구 분	40명 이하	41명 이상	비 고
교사 기준면적	5N	80+3N	단위 : ㎡ N : 정원
체육장 기준면적	160	120+N	
교사용 대지	원사면적/층수/60%		
교 지	교사용대지+체육장		
조 도	300룩스 이상		
소 음	55데시벨 이하		
온 도	섭씨 18℃ 이상		

- 교내에 수영장, 체육관, 강당, 무용실 등 실내 체육시설이 있는 경우에는 실내 체육시설 바닥 면적의 2배의 면적을 제외할 수 있음
- 교사용 대지 : 교사 건축에 필요한 토지
- 벽과 지붕이 없는 옥상은 체육시설로 불인정
- 원사는 2층 이하의 건물을 사용하고 3층의 신규인가는 억제
  (만 3, 4세는 영유아보육법 적용 : 놀이방, 어린이집 1층만 인가)
- 학급당 편성인원은 30명 이내로 함 (학교교구 · 설비기준, 1인당 ≒2.2㎡)

다. 설비기준

- 급수시설 수질검사 결과 위생상 무해하다고 판명된 것
- 온수공급시설을 갖추어야 함.

③ 정화구역

○ 학교환경위생 정화구역

가. 절대정화구역 : 유치원 출입문으로부터 직선거리 50미터 이내

나. 상대정화구역 : 유치원 경계선으로부터 직선거리 200미터 이내

다. 금지행위 및 시설 : 극장, 도축장, 화장장, 오물수집 장소, 가축시장, 유흥 · 단란 주점, 호텔, 여관, 여인숙, 무도학원, 무도장, 전화방, 성기구 취급업소

○ 학교환경 저해업소(자세한 사항은 학교보건법 제6조 및 동법시행령 제4조 참조)

표 2-4

학교환경위생정화구역 내 금지행위 및 시설의 종류

구분		유치원		비고
		절대구역	상대구역	
1	대기/수질/소음/진동	×	×	배출허용/규제기준 초과시설
2	극장/총포·화약류, 고압·천영·액화 석유가스 제조장 및 저장소	×	○	가스저장능력 5톤 이상(제한)
3	도축장/화장장	×	×	
4	폐기물 수집장소	×	○	
5	폐기물/폐수/축산폐수/분뇨처리시설	×	×	폐기물관리법 제26조
6	가축사체/가죽가공시설	×	×	
7	전염병원/격리병사	×	×	
8	전염병요양소/진료소	×	○	
9	가축시장	×	×	
10	유흥주점/단란주점	×	○	
11	호텔/여관/여인숙	×	○	
12	당구장	–	–	
13	사행행위장/경마장	×	○	
14	게임제공업 시설	–	–	청소년/일반게임장
15	특수목욕장 중 증기탕	×	○	
16	멀티미디어 문화컨텐츠 설비제공업	–	–	
17	복합유통·제공업	–	–	
18	만화가게	–	–	
19	무도학원/무도장	×	○	
20	노래연습장	–	–	
21	담배자동판매기	–	–	
22	비디오물 감상실업	–	–	
23	비디오물 소극장업	–	–	
24	전화방	×	×	
25	성기구취급업소	×	×	

* 범례 : × 절대적 금지시설 ○ 상대적 금지시설 – 금지규정 적용제외
* 자료 : 서울특별시 강서구교육청 홈페이지 참조(http://www.gsedu.seoul.kr).

2. 어린이집 설립

어린이집을 설치할 때에는 사전에 여러 가지 상황들을 고려하여 세밀히 타당성을 판단한 후 설치하고자 하는 소재지를 관찰하는 시장 · 군수 또는 구청장의 인가를 받아야 한다(보건복지부, 2014).

사전 고려사항으로 시설운영자는 시 · 군 · 구의 가정복지과를 방문하여 관계공무원과의 상담을 통하여 지역적 현황과 보육 수요 파악 등과 관련된 정보를 수집할 필요가 있다. 아울러 어린이집의 장소 선정에 신중을 기해야 한다. 이성진 등(1991)이 제안한 어린이집의 입지조건은 다음과 같다.

① 공장이나 비행장 주변과 같이 소음이 있는 곳은 피한다.
② 아동의 주거지역과 가까워야 하며, 안전하게 다닐 수 있는 곳에 있어야 한다.
③ 병원, 보건소, 소방서, 경찰서 등의 시설이 인접해 있고, 수도, 전기, 가스, 전화, 공원 등의 지역사회 자원을 이용하기가 편리해야 한다.
④ 주위에 교통이 빈번한 도로와 철도 또는 강, 바다, 호수, 연못 등이 없어야 한다.
⑤ 유해한 가스, 먼지, 매연 등이 들어오는 공장 인접지역이 아니어야 한다.
⑥ 풍기가 문란한 지역이 아니어야 한다.

어린이집 운영자가 장소를 선정한 후에는 이를 토대로 시설의 유형과 규모를 결정해야 한다. 어린이집의 유형은 국 · 공립어린이집, 직장어린이집, 민간어린이집, 가정어린이집으로 구분되며 시설의 유형과 규모는 〈표 2-5〉와 같다.

표 2-5

어린이집의 유형과 규모

유 형	설립주체	설립방법	규 모
국·공립어린이집	국가, 지방자치단체	–	상시 영유아 11인 이상
법인어린이집	사회복지법인	인 가	상시 영유아 21인 이상
직장어린이집	사업장의 사업주	인 가	상시 영유아 5인 이상
가정어린이집	개 인	인 가	상시 영유아 5인 이상 20인 이하
부모협동어린이집	보호자들이 조합을 결성	인 가	보육영유아를 둔 보호자 15인 이상 출자 및 상시 영유아 11인 이상
민간어린이집	사회복지법인이 아닌 비영리법인, 비영리 단체 또는 개인	인 가	상시 영유아 21인 이상

※ 어린이집의 정원은 총 300인을 초과할 수 없다.

어린이집을 설치하고자 할 경우에는 먼저 「영유아보육법 시행규칙」 제4조의 2(보육시설의 설치 전 상담) 법 제13조 제1항 및 법 제14조 제1항의 규정에 의하여 해당 지역의 보육수요 등 지역적 여건과 어린이집 설치기준 등에 대하여 관할 시장·군수·구청장과 미리 상담할 수 있도록 규정했다. 이 때 보육업무 담당자와의 상담을 통해 지역적 현황과 보육수요 파악, 기관의 종류 및 규모 결정 등에 필요한 정보를 수집할 필요가 있다. 그러기 위해서는 어린이집 설치와 운영과 관련된 다양한 자료와 정보를 수집하고 타 어린이집의 원장들을 만나서 기관 설치와 운영에 관련된 경험담과 조언을 듣고, 어린이집 설치에 대한 전반적인 정보를 수집해 두는 것이 좋다(정정옥, 2006).

「영유아보육법 시행규칙」 제5조(별지 제4호 서식) 어린이집 인가신청서(표 3-6 참조)를 첨부하여 기관의 소재지를 관할하는 시장·군수 또는 구청장에게 사전에 인가를 신청하여야 한다.

한편 어린이집의 대표자 또는 어린이집 원장, 어린이집의 종류·명칭·소재지 또는 보육정원을 변경하고자 할 경우에는 「영유아보육법」 제13조 제1항 및 「영유아보육법 시행규칙」 제5조 제4항에 따라 어린이집 변경인가를 신청해야 한다. 이 때 「영유아보육법 시행규칙」 별지 제6호 서식의 어린이집 변경인가신청서(표 2-6 참조)에 아래의 서류(전자문서를 포함)를 첨부하여 특별자치도지사 · 시장 · 군수 · 구청장에게 제출하여야 한다.

1. 법인의 이사회 회의록(법인의 대표자가 변경되는 경우에 한한다)
2. 변경되는 대표자가 개인인 경우 경비의 지급 및 변제 능력에 관한 서류
3. 변경시설의 평면도(소재지 또는 보육정원의 변경 등으로 시설의 변경이 있는 경우)
4. 보육시설의 장의 자격을 증명하는 서류(보육시설의 장이 변경되는 경우에 한한다)
5. 시설 및 재산에 관한 사용·처분계획서(소재지가 변경되는 경우에 한한다)
6. 보육영유아에 대한 조치계획서(소재지가 변경되는 경우에 한한다)
7. 보육시설 인가증

또는 어린이집을 폐지 · 휴지할 경우에는 폐지 또는 휴지 2월 전까지 「영유아보육법」 제43조 제1항 및 「영유아보육법 시행규칙」 제36조 제1항의 규정에 따라 별지 제18호 서식의 어린이집 폐지 또는 휴지신고서(표 2-7 참조)에 다음의 서류(전자문서를 포함)를 첨부하여 특별자치도지사 · 시장 · 군수 · 구청장에게 제출하여야 하고, 이를 보육교직원 및 부모 등 보호자에게 알려주어야 한다.

1. 보육 영유아에 대한 전원조치 계획서
2. 기관의 재산에 관한 사용 또는 처분계획서부동산을 임차한 경우를 제외한다)
3. 어린이집 인가증 또는 신고증(보육시설을 폐지하는 경우에 한한다)
4. 보육교직원의 인사기록카드(어린이집을 폐지하는 경우에 한한다)

표 2-6

어린이집 변경 인가신청서

(앞쪽)

<table>
<tr><td colspan="5">어린이집 변경 인가신청서</td><td>처리기간
7 일</td></tr>
<tr><td rowspan="3">통지인</td><td>① 성명(법인 · 단체는 대표자)</td><td></td><td>② 법인 · 단체명</td><td colspan="2"></td></tr>
<tr><td>③ 주소</td><td colspan="4">(전화 :)</td></tr>
<tr><td>④ 주민등록번호</td><td colspan="4"></td></tr>
<tr><td>⑤ 시설명칭</td><td colspan="2"></td><td>⑥ 시설종류</td><td colspan="2"></td></tr>
<tr><td>⑦ 소재지</td><td colspan="2"></td><td>⑧ 보육시설의 장의 성명</td><td colspan="2"></td></tr>
<tr><td rowspan="13">변경사항</td><td colspan="2">구분</td><td>변경 전</td><td colspan="2">변경 후</td></tr>
<tr><td rowspan="3">⑨ 대표자</td><td>성명</td><td></td><td colspan="2"></td></tr>
<tr><td>주민등록번호</td><td></td><td colspan="2"></td></tr>
<tr><td>주소</td><td></td><td colspan="2"></td></tr>
<tr><td rowspan="3">⑩ 보육시설의 장</td><td>성명</td><td></td><td colspan="2"></td></tr>
<tr><td>주민등록번호</td><td></td><td colspan="2"></td></tr>
<tr><td>주소</td><td></td><td colspan="2"></td></tr>
<tr><td colspan="2">⑪ 종류</td><td></td><td colspan="2"></td></tr>
<tr><td colspan="2">⑫ 명칭</td><td></td><td colspan="2"></td></tr>
<tr><td colspan="2">⑬ 소재지</td><td></td><td colspan="2"></td></tr>
<tr><td colspan="2">⑭ 보육정원</td><td></td><td colspan="2"></td></tr>
<tr><td colspan="2">⑮ 기타</td><td></td><td colspan="2"></td></tr>
<tr><td>⑯ 변경사유</td><td colspan="5"></td></tr>
<tr><td colspan="6">「영유아보육법」 제13조제1항 및 「영유아보육법 시행규칙」 제5조 제4항에 따라 어린이집 변경인가를 신청합니다.
년 월 일
신청인 (서명 또는 인)
특별자치도지사 · 시장 · 군수 · 구청장 귀하</td></tr>
<tr><td colspan="5">구비서류 : 뒤쪽 확인</td><td>수수료
없음</td></tr>
</table>

(뒤쪽)

	신청인(대표자) 제출서류	담당공무원 확인사항
구비서류	1. 법인의 이사회 회의록(법인의 대표자가 변경되는 경우만 해당합니다) 2. 경비의 지급 및 변제 능력에 관한 서류 3. 변경시설의 평면도(소재지 또는 정원의 변경 등으로 시설이 변경되는 경우만 해당합니다. 4. 어린이집 원장의 자격을 증명하는 서류(보육시설의 장이 변경되는 경우만 해당합니다) 5. 시설 및 재산에 관한 사용 · 처분계획서(소재지가 변경되는 경우만 해당합니다) 6. 보육 영유아에 대한 조치계획서(소재지가 변경되는 경우만 해당합니다) 7. 어린이집 인가증 8. 임대차계약서(대표자 또는 소재지가 변경되는 경우로 부동산을 임차하는 경우만 해당합니다) 9. 어린이집운영계획서(운영경비와 유지방법을 포함하며, 대표자가 변경되는 경우만 해당합니다) 10. 인근 놀이터 이용계획서(대표자 또는 소재지가 변경되는 경우로서 영유아 50명 이상의 시설로서 옥외놀이터나 옥내놀이터를 설치하지 아니하는 경우에만 해당합니다) 11. 「전기사업법」에 따른 전기안전점검확인서 및 「도시가스사업법」 및 「액화석유가스의 안전관리 및 사업법」에 따른 완성검사증명서(소재지가 변경되는 경우만 해당합니다) 12. 「소방용 기계 · 기구의 형식승인 등에 관한 규칙」에 따른 방염성능검사확인표시 및 현장방염처리물품의 방염성능검사성적서(대표자 또는 소재지가 변경되는 경우만 해당합니다)	건축물대장등본(소재지 또는 보육정원의 변경 등으로 시설의 변경이 있는 경우에 한합니다). 다만, 신청인이 확인에 동의하지 아니하는 경우에는 해당서류를 제출하여야 합니다.

본인은 이 건 업무처리와 관련하여 「전자정부구현을 위한 행정업무 등의 전자화촉진에 관한 법률」 제21조제1항에 따른 행정정보의 공동이용을 통하여 담당공무원이 위의 담당공무원 확인사항을 확인하는 것에 동의합니다.

신청인(대표자) (서명 또는 인)

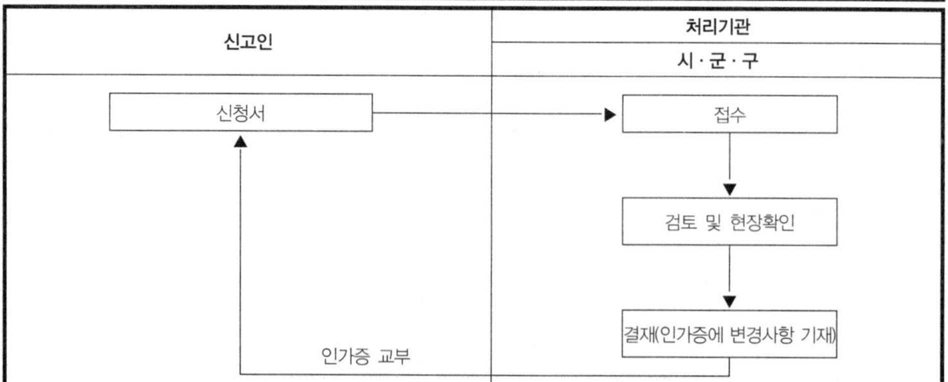

* 자료 : 「영유아보육법 시행규칙」 제5조 관련 [별지 제6호 서식] 참고

표 2-7

어린이집 폐지 · 휴지 · 재개 신고서

(앞쪽)

<table>
<tr><td colspan="5">어린이집 폐지 · 휴지 · 재개 신고서</td><td>처리기간
폐지 · 휴지 : 2월
재개 : 7일</td></tr>
<tr><td rowspan="2">신고인</td><td colspan="2">① 성명(법인 · 단체는 대표자)</td><td></td><td>② 법인 · 단체명</td><td></td></tr>
<tr><td>③ 주소</td><td colspan="2"></td><td>④ 전화번호</td><td></td></tr>
<tr><td colspan="2">⑤ 시설명칭</td><td colspan="2"></td><td>⑥ 신고번호</td><td></td></tr>
<tr><td colspan="2">⑦ 보육시설의 장의 성명</td><td colspan="2"></td><td>⑧ 시설종별</td><td></td></tr>
<tr><td colspan="2">⑨ 소재지</td><td colspan="4"></td></tr>
<tr><td colspan="2">⑩ 폐지(재개)연 월 일</td><td>. . .</td><td>⑪ 휴지기간(1년 이내)</td><td colspan="2">. . .~ . . .</td></tr>
<tr><td colspan="2">⑫ 사유</td><td colspan="4"></td></tr>
<tr><td colspan="2">⑬ 보육영유아 조치계획</td><td>별첨</td><td colspan="3"></td></tr>
<tr><td colspan="2">⑭ 재산활용계획</td><td>별첨</td><td colspan="3"></td></tr>
<tr><td colspan="6">「영유아보육법」 제43조제1항 및 「영유아보육법 시행규칙」 제36조제1항 · 제37조의 규정에 의하여 위와 같이 어린이집을 (□폐지, □휴지, □재개)하고자 신고합니다.

년 월 일

신청인 (서명 또는 인)

특별자치도지사 · 시장(군수 · 구청장) 귀하</td></tr>
<tr><td colspan="5">※ 구비서류
1. 보육영유아에 대한 전원조치 계획서(시설재개의 경우를 제외합니다)</td><td>수수료
없음</td></tr>
<tr><td colspan="6">2. 시설의 재산에 관한 사용 또는 처분계획서(부동산을 임차하는 경우와 시설운영 재개의 경우를 제외합니다)
3. 어린이집 인가증 또는 신고증(시설폐지의 경우에 한합니다)
4. 보육교직원의 인사기록카드(시설폐지의 경우에 한합니다)</td></tr>
</table>

이 신고서는 아래와 같이 처리됩니다.

(뒤쪽)

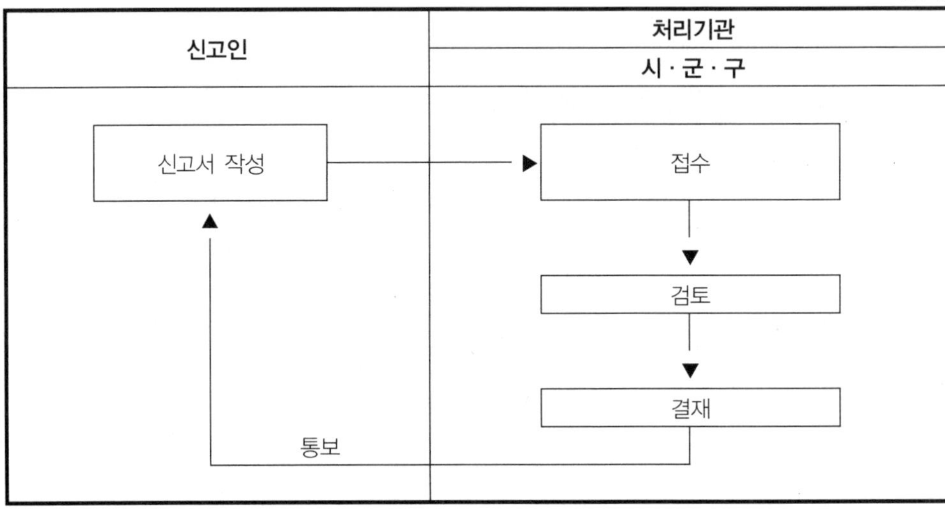

* 자료 : 「영유아보육법 시행규칙」 제36조 제1항, 제37조 관련 [별지 제18호 서식] 참고.

그리고 시장 · 군수 · 구청장은 어린이집의 폐지 또는 휴지신고를 받은 경우에는 「영유아보육법」 제43조 제2항의 규정에 의하여 보육영유아에 대한 전원조치가 이루어지는지 여부를 확인하여야 한다.

또한 어린이집을 휴지하였던 자가 어린이집의 운영을 재개하고자 할 경우에는 「영유아보육법」 제43조 제1항 및 「영유아보육법 시행규칙」 제37조의 규정에 따라 별지 제18호 서식의 어린이집 재개신고서(표 3－8 참조)를 시장 · 군수 · 구청장에게 제출하여야 한다.

다음은 어린이집 유형별 설치 절차 및 배치기준이다(보건복지부, 2014).

① 국 · 공립어린이집

가. 설치절차

- 국가 및 지방자치단체의 장이 인가절차 없이 직접 설치하되, 어린이집 수급계획 등을 포함한 보육계획을 사전에 수립하여야 한다.

• 영유아보육법상(법 제15조)의 설치기준을 모두 갖추어야 한다.

※「건축법 시행령」 별표 1의 제11호(노유자 기관 중 영유아어린이집)에 설치

• 지방자치단체의 경우 설치시 지방보육정책위원회의 심의를 거쳐야 한다.

나) 배치기준

• 저소득층 밀집지역 및 농어촌지역 등 취약지역과 어린이집이 부족한 지역에 우선적으로 설치하는 등 지역별로 균형있게 배치하여야 한다.

② 법인어린이집 및 민간어린이집

가. 설치절차

• 관할 시장·군수 또는 구청장에게 사전에 인가를 신청하여야 한다.

• 영유아보육법상의 설치기준을 모두 갖추어야 한다.

※「건축법 시행령」 별표 1의 제11호(노유자 기관 중 영유아어린이집)에 설치

나. 배치기준

• 지역 보육수요와 어린이집의 공급현황 등을 감안하여 지역별로 균형있게 배치되도록 하여야 한다.

③ 직장어린이집

가. 설치기준 및 절차

• 직장어린이집은 영유아보육법상의 설치기준을 모두 갖추어야 한다. 다만 어린이집을 직장 내에 설치하는 경우에 한하여 안전사고 및 재난에 대비한 시설을 갖추어 사옥 내 3층까지 보육실을 설치할 수 있다.

※「건축법 시행령」 별표 1의 제11호(노유자 기관 중 영유아어린이집)에 설치

※「건축법 시행령」 제2조 제1항 제14호의 규정에 의하여 "부속용도"에 해당하는 곳에 직장어린이집 설치시「영유아보육법」,「산업집적활성화 및 공장설립에 관한 법률」 및 관계법령(자치법규 포함)에 반하지 아니하는 경우 별도의 노유자 기관으로의 용도변경 없이 설치 가능

• 상시 영유아 20인 이하를 보육하는 직장보육시설은 가정보육시설을 설치할 수 있는 곳에도 설치할 수 있다.

※ 정원 20인 이하인 경우,「건축법 시행령」 별표 1 제1호(단독주택) 및 제2호(공동주택)에도 설치 가능

• 직장어린이집을 설치하고자 하는 자는 관할 시장 또는 구청장에게 사전에 인가를 신청하여야 한다.

나. 직장어린이집 설치 의무

• 영유아보육법 시행령 제20조 제1항에 의하여 “상시 여성근로자 300인 이상 또는 근로자 500인 이상을 고용하고 있는 사업장”은 직장어린이집을 설치하여야 한다.

• 의무사업장의 사업주가 직장어린이집을 단독으로 설치하기 어려운 경우에는 사업주 공동으로 직장어린이집을 설치 · 운영하거나, 지역의 보육시설과 위탁계약을 체결하여 근로자 자녀의 보육을 지원하거나, 근로자에게 보육수당을 지급하여야 한다.

※ 공동어린이집의 설치 · 관리 및 운영을 협의하기 위한 조합(또는 협의회) 설치 가능

• 사업주 단독 또는 공동으로 직장어린이집을 설치하거나, 지역의 어린이집과 위탁계약을 체결한 경우, 사업주는 직장어린이집의 운영 및 수탁 보육 중인 영유아의 보육에 필요한 비용의 100분의 50 이상을 보조하여야 한다.

• 의무사업장 여부를 판단하기 위한 상시 근로자의 수 산정은 전체 기업규모가 아닌 단위사업장을 기준으로 하며, 이 경우 ‘사업장’은 사업이 행하여지고 있는 인적 · 물적 시설이 존재하는 장소적 범위를 중심으로 보는 개념으로서 동일 장소에 소재하여야 함. 또한 ‘상시근로자’는 임시직, 정규직, 일용직 등을 총망라하여 평균적으로 사용하는 근로자를 말한다.

• 직장어린이집 설치 의무는 국가 및 지자체에도 적용된다.

④ 가정어린이집

가. 설치절차

• 영유아보육법상의 설치기준을 모두 갖추어야 한다.

※ 「건축법 시행령」 별표 1의 1호 내지 2호에 해당하는 곳에 설치

• 관할 시장 · 군수 또는 구청장에게 사전에 인가 신청(법 제13조)

※ 「건축법 시행령」 별표 1의 2호에 따라 가정어린이집이 공동주택에 포함되므로, 임대아파트 단지 내 가정어린이집 설치는 소재지 관할 지자체의 인가를 득한 경우 설치가 가능함

※ 상가 등을 주택으로 용도변경하고 가정어린이집으로 인가신청하는 경우, 내부구조가 가정 또는 이에 준하는 곳으로 인정되는 경우에 인가

• 관할 시장 · 군수 또는 구청장에게 사전에 인가를 신청하여야 한다.

나. 배치기준

• 지역 보육수요와 어린이집의 공급현황 등을 감안하여 지역별로 균형있게 배치되도록 하여야 한다.

⑤ 부모협동어린이집

가. 설치절차

• 관할 시장 · 군수 또는 구청장에게 사전에 인가를 신청하여야 한다.

• 상시 영유아 20인 이하를 보육하는 부모협동어린이집은 가정어린이집을 설치할 수 있는 곳에도 설치할 수 있다.

※ 「건축법 시행령」 별표 1의 제11호(노유자 기관 중 영유아어린이집)에 설치

※ 정원 20인 이하인 경우, 동시행령 별표 1 제1호(단독주택) 및 제2호(공동주택)에도 설치가능

나. 설치 및 운영방식

• 보육아동을 둔 보호자 15인 이상이 상호 출자하여 공동으로 어린이집을 설치 · 운영할 것을 약정함으로써 그 효력이 발생한다.

• 출자는 조합원의 약정에 따라 금전 기타 재산 또는 노무로 할 수 있다.

• 조합원은 아동보육의 필요성이 없게 되거나 기타 조합계약으로 정하는 시기에 탈퇴할 수 있으며, 출자금은 탈퇴 당시 조합의 재산 상태 및 지분에 의한다.

※ 부득이한 사유없이 조합의 불리한 시기에 탈퇴하지 못함.

• 조합의 업무집행자는 조합계약 또는 조합원의 3분의 2 이상의 찬성으로 선임한다.

• 어린이집 운영에 관한 통상사무는 시설장이 전임하며, 주요사항은 조합원 과반수 이상의 찬성으로 결정한다.

• 조합원이 최대한 보육과정 및 의사결정에 참여하여 소기의 설립 목적을 달성하도록 노력하여야 한다.

• 영유아보육법령 및 지침 외의 사항에 대해서는 민법 제703조 내지 제724조를 적용한다.

참고문헌

- 강문희 외(1999). 유아교육기관 운영관리. 학지사.
- 서울특별시 강서교육청 홈페이지(www.gsedu.seoul.kr)
- 보건복지부(2014). 2014년도 보육사업안내. 보건복지부.
- 정정옥(2006). 보육시설운영관리. 교육아카데미.

- Decker, C. A. & Decker, J. R.(1992). Planning and administering early childhood program(5th Ed.). N.Y. : MacMillan Publishing Co.

제3장

원아모집 및 학급관리

1. 유아교육기관의 홍보 목적 및 방법

유아교육기관의 운영자들은 자신의 기관이 학부모 또는 지역사회에서 어떤 평판을 받고 있는 지에 커다란 관심을 갖고 있다. 유아교육기관이 좋은 평판을 받기 위해서는 훌륭한 인적 자원과 좋은 환경의 시설과 설비, 양적으로 풍부하고 질적으로 우수한 교재와 교구, 부모와 유아, 그리고 지역사회의 요구에 부응할 수 있는 좋은 교육프로그램 등 우수한 교육환경과 조건을 갖추고 있어야 할 것이다. 그리고 운영자들은 이러한 조건을 학부모나 지역사회에 효과적으로 알리는 적절한 홍보활동이 필요하다.

홍보활동의 목적은 유아교육기관의 원아모집을 순조롭게 하기 위해서 일뿐만 아니라 가정과의 원활한 관계를 통해 유아교육의 효과를 높이고 지역사회와의 화합분위기 조성에 도움을 줌으로써 유아교육기관이 그 지역사회의 한 기관으로서 역할을 할 수 있도록 하기 위해서이다(임재택, 1999).

일반적으로 유아교육기관의 홍보방법은 신문, 라디오, TV, 잡지 등 대중매체를 이용하거나 현수막, 포스터, 우편물, 반상회지, 안내책자나 인쇄 전단 등을 게시 · 배포하는 방법이다. 대중매체를 이용하는 방법은 일시에 많은 사람들에게 알려 줄 수 있는 점에서는 효과적이지만 비용이 많이 든다는 단점이 있다. 따라서 대부분의 기관에서는 플래카드나 포스터를 만들어 지역사회 주민들의 왕래가 빈번한 곳에 게시하거나 지역 게시판에 부착하는 방법을 활용하고 있다. 또한 근래에는 홍보 비용을 절감하기 위해서 지역별로 연합해서 플래카드나 포스터를 공동으로 제작하는 방법을 활용하고 있다.

홍보의 내용 대체로 다음의 사항들을 포함하고 있다.

① 유아교육기관과 관련된 정보(원명, 주소, 전화번호, 홈페이지 주소, 약도나 위치 및 교통편 설명)

② 기관의 교육(보육)프로그램의 특성과 내용 소개

③ 운영방침과 특징 및 특별 프로그램 소개

④ 운영자와 교사의 인적 사항

⑤ 모집 대상 유아의 연령, 모집인원, 모집시기(원서교부 및 원서접수기간) 및 입학절차에 필요한 서류

⑥ 납입금, 교육(보육)시간, 학급편성 유형, 담임제 내용 소개

⑦ 전문 단체의 등록 및 가입여부

⑧ 기관의 인증 상태 및 인준기관

2. 유치원 원아모집

1) 입학 대상

유치원의 입학대상 유아는 「유아교육법」 제11조 (입학연령)에 "유치원에 입학할 수 있는 자는 제2조 제1항의 규정에 따른 유아로 한다."고 규정하였는데, 동법 제2조 1항의 "유아라 함은 만 3세부터 초등학교 취학 전까지의 어린이를 말한다."고 규정한 내용에 의거한다. 따라서 유치원의 입학대상은 보편주의 원칙에 따라 만 3~5세에 속하는 모든 유아라고 할 수 있다. 그러나 초등학교 병설유치원의 경우는 당해 연도 3월 1일 현재 만 3~5세 유아를 대상으로 하되 지원자수가 모집인원보다 많을 때에는 연령이 높은 유아를 우선적으로 취원시키고 있다.

또한 일부 사립유치원에서는 기관의 운영방침에 따라 모집대상 유아의 입학순위를 독자적으로 정하여 선착순 마감 또는 추첨을 통해 융통성 있게 정하고 있다(강문희 외, 1999).

2) 원아모집 시기 및 절차

보통 원아모집의 시기는 새로운 학년도 시작 전까지 마무리되어야 하므로 당해 12월부터 다음해 2월까지이다. 유치원의 원아모집 시기는 교육자치제로 인해 시 · 도에서 나름대로 결정하므로 해당 시 · 도 교육청의 결정에 따라야 한다. 따라서 해당 교육청의 지도에 따라 실시하면 된다.

서울 및 경기도의 경우 보통 12월 첫째 주부터 원아모집이 시작되며, 다음해 2월까지 계속 되나 우수한 유치원으로 인식된 기관은 원아모집이 단시일 내에 종료되거나 추첨을 통해서 입학대상자를 선별하기도 한다. 또한 유치원은 다른 초 · 중등교육기관과는 달리 유아들의 입 · 퇴원이 빈번하므로 학기 중에도 수시로 모집을 하는 경우가 많다.

유치원의 원아모집 절차는 원아모집 공고 → 입학원서 교부 → 입학원서 접수 → 입학대상자 선발 · 통보 → 입학금 혹은 납입금 납부 → 입학대상자 확정 등의 순서에 따라 이루어진다. 유치원의 원아모집에 필요한 관련서류는 정해진 양식이 없어서 유치원 자체적으로 만들어 사용하여 왔으나, 최근 들어 교육청별로 양식을 제작하여 디스켓으로 보급하는 곳이 늘고 있다(강문희 외, 1999).

입학시 필요한 서류 중 입학원서와 아동개인조사서 양식의 예가 〈표 3-1〉과 〈표 3-2〉에 제시되어 있다.

표 3-1

입학(입소)원서

입학(입소)원서

다음 유아가 귀 유치원(어린이집)에 입학(입소)을 지원하오니 허가하여 주시기를 바랍니다.

20 년 월 일

보호자 (인)

유 아	이름	국문 한문	성 별	남 녀	사 진
	생년월일	19 년 월 일생	혈액형		
	현주소				
	호주와의 관계	의		입원전 경력	
보호자	이름			아동과의 관계	
	주소				
	직업	(구체적으로)			
	근무처				
	집전화	☎		근무처 전화	☎
가족사항	관계	부	모	특기사항	
	성명				
	생년월일				
	학력				

○○유치원장 귀하

표 3-2

아동 개인조사서

<table>
<tr><td colspan="6">어린이를 더욱 이해하고 개인적인 성장을 돕고자 하여 다음과 같은 몇 항목을 조사하오니 솔직히 각 항목 첫 머리에 ○표를 하시고 (　　)가 있는 곳에는 해당 사항을 적어 넣어 주세요.</td></tr>
<tr><td colspan="2" rowspan="2">이 름</td><td>(한글)</td><td rowspan="2">남, 여</td><td rowspan="2">20 년 월 일생</td><td rowspan="4">사 진</td></tr>
<tr><td>(한자)</td></tr>
<tr><td colspan="2">현 주 소</td><td colspan="3"></td></tr>
<tr><td colspan="2">작성년월일</td><td colspan="3"></td></tr>
<tr><td rowspan="2">태아기</td><td>임 신 중</td><td colspan="4">질병, 큰 근심, 놀람, 건강, 충분한 영양</td></tr>
<tr><td>출 생 지</td><td colspan="4">정상적 분만, 조산(　　개월), 난산, 순산, 제왕절개</td></tr>
<tr><td rowspan="2">영아기</td><td>수 유</td><td colspan="4">우유, 모유, 섞어서, 유모</td></tr>
<tr><td>젖뗀시기</td><td colspan="4">(　　) 세 (　　) 개월</td></tr>
<tr><td rowspan="2">유아기</td><td>양 육 자</td><td colspan="4">어머니, 아버지, 할머니, 유모, 가정부, 기타(　　　　)</td></tr>
<tr><td>질 병</td><td colspan="4">홍역, 성홍열, 말라리아, 백일해, 결핵, 기타(　　　　)</td></tr>
<tr><td rowspan="16">생활습관</td><td rowspan="4">식사습관</td><td colspan="4">가장 좋아하는 음식(　　　　)　싫어하는 음식(　　　　)</td></tr>
<tr><td colspan="4">편식함　편식하지 않음</td></tr>
<tr><td colspan="4">언제나 식사를 즐겨 먹는다　먹으라고 야단해서 먹인다</td></tr>
<tr><td colspan="4">찬 우유를 잘 마신다　우유를 싫어한다</td></tr>
<tr><td rowspan="4">수면습관</td><td colspan="4">혼자 잔다　부모와 함께 잔다　잠들기 어렵다　쉽게 잠든다</td></tr>
<tr><td colspan="4">일찍 잔다　늦게 잔다　일찍 일어난다　늦게 일어난다</td></tr>
<tr><td colspan="4">밤에 오줌을 싼다　잠꼬대 한다　자다가 놀라서 깬다</td></tr>
<tr><td colspan="4">자는 시간(여름　시, 겨울　시)　일어나는 시간(여름　시, 겨울　시)</td></tr>
<tr><td rowspan="2">건강</td><td colspan="4">건강하다　보통이다　허약하다</td></tr>
<tr><td colspan="4">특수체질이다(알레르기성)　코피를 잘 흘린다</td></tr>
<tr><td rowspan="2">친구</td><td colspan="4">싸움을 잘 건다　얌전하다　친구가 많다　혼자 놀기를 좋아한다</td></tr>
<tr><td colspan="4">친구가 늘 바뀐다　한번 친하면 계속해서 논다</td></tr>
<tr><td rowspan="4">정서상태</td><td colspan="4">특별히 무서움을 탄다　짐승을 무서워한다</td></tr>
<tr><td colspan="4">낯선 사람을 무서워한다　부끄러워한다　잘 운다</td></tr>
<tr><td colspan="4">잘 울었다 웃었다한다　잘 흥분한다　화를 잘 낸다</td></tr>
<tr><td colspan="4">화가 나면(말을 안 한다　밖에 뛰어나간다 밥을 안 먹는다)　질투심이 강하다</td></tr>
</table>

3. 어린이집 원아모집

1) 이용대상 및 우선제공

어린이집의 입소대상은 「영유아보육법」 제2조(정의) 제1호에 "영유아라 함은 6세 미만의 취학 전 아동을 말한다"의 규정과 동법 제27조(보육시설 이용대상) "어린이집의 이용대상은 보육이 필요한 영유아를 원칙으로 한다. 다만, 필요한 경우 어린이집의 장은 만 12세까지 연장하여 보육할 수 있다."의 규정에 의거하여 0~6세 미만의 취학 전 아동뿐만 아니라 12세까지의 아동까지 포함된다. 그러나 어린이집의 입소대상은 유치원과는 달리 모든 영유아를 대상으로 하는 보편주의적 입장이 아니라 제한적 선별주의 원칙을 따르고 있다.

어린이집의 입소순위는 지역 또는 시설의 여건에 따라 차이가 있지만 모집인원에 비해 지원자수가 많은 경우 저소득층 자녀들에게 우선적으로 영유아보육의 혜택을 준다는 본래 설립취지에 따라 순위를 정해 두고 있다.

어린이집의 입소순위는 「영유아보육법」 제28조, 「영유아보육법 시행규칙」 제29조에 의해 우선적으로 어린이집을 이용할 수 있도록 규정한 대상자는 다음과 같다.

① 「국민기초생활보장법」에 따른 수급자
② 「한부모가족지원법」 제5조의 규정에 의한 보호대상자의 자녀
③ 「국민기초생활보장법」 제24조의 규정에 의한 차상위 계층의 자녀
④ 「장애인복지법」 제2조의 규정에 의한 장애인 중 보건복지부령이 정하는 장애등급 이상에 해당하는 자의 자녀
⑤ 그 밖에 소득 수준 등을 고려하여 보건복지가족부령으로 정하는 자의 자녀

ㄱ. 「아동복지법」 제16조에 따른 아동복지시설에서 생활 중인 영유아
ㄴ. 부모가 모두 취업 중인 영유아
ㄷ. 「다문화가족지원법」 제2조 제1호에 따른 다문화가족의 영유아
ㄹ. 자녀가 3명 이상인 가구의 영유아

2) 모집시기 및 절차

어린이집의 원아모집은 대상 영유아의 개별적 사정이나 시설의 보육 능력을 감안하여 수시로 할 수 있으나 일반적으로 3월 1일에 시작하여 다음해 2월 말일에 끝나도록 보육프로그램을 1년 단위로 운영하기 때문에 1월과 2월에 주로 원아모집을 하고 있다. 특히 보육시설은 학부모들의 사정에 따라 영유아의 입·퇴소가 유치원보다 더 빈번하므로 수시로 모집할 수밖에 없다.

어린이집의 원아모집 절차는 유치원의 경우와 거의 비슷한 순서를 따르고 있다. 어린이집의 입소신청은 매년 초에 보호자가 입소신청서를 해당 어린이집 원장에게 제출하되 전술한 입소순위 ①~⑨호 해당자는 당해 사실을 확인할 수 있는 증명서를 첨부해야 한다. 어린이집에서는 보호자의 신청에 의하여 입소신청자 명부를 작성하고, 입소순위를 기준으로 선순위자를 우선 입소토록 하고 그 결과를 서면이나 전화로 보호자에게 통보한다. 만약 학기 중에 퇴소한 유아가 있을 경우에는 입소신청자 명부 순서에 따라 대기자가 입소하도록 통보한다.

표 3-3

생활기록부(영아)

(앞쪽)

1. 인적사항

<table>
<tr><td colspan="3">어린이집명</td><td colspan="4"></td></tr>
<tr><td rowspan="4">아동</td><td colspan="2">이 름</td><td colspan="2">(한글)
(한자)</td><td colspan="2">성 별</td><td>남 · 여</td><td rowspan="4">사진
(3×4㎝)</td></tr>
<tr><td colspan="2">생년월일</td><td colspan="2"></td><td colspan="2">입 · 퇴소일</td><td>입소
퇴소</td></tr>
<tr><td colspan="2">주 소</td><td colspan="5"></td></tr>
<tr><td colspan="2">전화번호</td><td colspan="2"></td><td colspan="2">혈액형</td><td></td></tr>
<tr><td rowspan="7">보호자</td><td colspan="2">아동과의
관 계</td><td>부</td><td colspan="2">모</td><td colspan="2">형제(자매)</td><td>기 타</td></tr>
<tr><td colspan="2">이 름</td><td></td><td colspan="2"></td><td colspan="2"></td><td></td></tr>
<tr><td colspan="2">직 업</td><td></td><td colspan="2"></td><td colspan="2"></td><td></td></tr>
<tr><td colspan="2">근 무 지
(전화번호)</td><td></td><td colspan="2"></td><td colspan="2"></td><td></td></tr>
<tr><td rowspan="3">근무
시간</td><td>평 일</td><td></td><td colspan="2"></td><td colspan="2"></td><td></td></tr>
<tr><td>토요일</td><td></td><td colspan="2"></td><td colspan="2"></td><td></td></tr>
<tr><td>일요일</td><td></td><td colspan="2"></td><td colspan="2"></td><td></td></tr>
<tr><td colspan="3">데려오고,
데려가는 사람</td><td colspan="6">(성명 : 관계 :) (성명 : 관계 :)</td></tr>
</table>

※ 비고 : 보호자란 중 부 · 모가 있을 경우 양자 모두 기재

2. 기본생활습관 및 발달상황

영역 \ 연령		0세	1세	2세
기본생활습관	수 면			
	배 변			
	식 사			

활동 발달	신체운동			
	사회관계			
	의사소통			
	자연탐구			
	예술경험			

3. 출결상황

구분 \ 연령	0세	1세	2세
보육일수			
결석일수			
의 견			

(뒷쪽)

4. 국가필수 예방접종

대상전염병	백신종류 및 방법	접종차수	접종일자	접종기관
결핵	BCG(피내용)	1회		
B형간염	HepB	1차		
		2차		
		3차		
디프테리아 파상풍 백일해	DTaP	1차		
		2차		
		3차		
		4차(추가)		
폴리오	IPV	1차		
		2차		
		3차		
b형헤모필루스 인플루엔자	PRP-T/HbOC	1차		
		2차		
		3차		
		4차(추가)		
	PRP-OMP	1차		
		2차		
		3차(추가)		

대상전염병	백신종류 및 방법	접종차수	접종일자	접종기관
홍역 유행성이하선염풍진	MMR	1차		
수두	Var	1회		
일본뇌염	JEV(사백신)	1차		
		2차		
		3차		
	JEV(생백신)	1차		
		2차		
인플루엔자1)	Flu(사백신)	매년 접종		
	Flu(생백신)			
장티푸스(24개월 이상부터)	주사용	고위험군에 한함		
기타 임시예방접종 등		명칭 기재		
		명칭 기재		

* 인플루엔자 사백신은 6개월 이상부터, 생백신은 24개월 이상부터 접종 가능

5. 병력기록

병 명	질병발생 연월일 및 질병의 정도	
	입 소 전	입 소 후

6. 신체발달상황

측정시기 구분								
신 장(㎝)								
몸 무 게(kg)								

비고 : 18개월미만의 영아는 2개월마다, 그 이상의 영아는 6개월마다 측정·기록한다.

기록관리자 (인)

※ 출처 : 보건복지부(2014), 2014년도 보육사업안내 부록 p. 186 (서식 II-2)

표 3-4

생활기록부(유아)

1. 인적사항

<table>
<tr><th colspan="3">어린이집명</th><td colspan="4"></td><th colspan="2">졸업대장</th><td></td></tr>
<tr><th rowspan="4">아동</th><th colspan="2">이 름</th><td colspan="2">(한글)
(한자)</td><td colspan="2">성 별</td><td colspan="2">남 · 여</td><td rowspan="4">사진
(2.5×3㎝)</td></tr>
<tr><th colspan="2">생년월일</th><td colspan="2"></td><td colspan="2">입 · 퇴소일</td><td colspan="2">입소
퇴소</td></tr>
<tr><th colspan="2">주 소</th><td colspan="6"></td></tr>
<tr><th colspan="2">전화번호</th><td colspan="3"></td><td colspan="2">혈액형</td><td></td></tr>
<tr><th rowspan="7">보호자</th><th colspan="2">아동과의
관 계</th><td>부</td><td colspan="3">모</td><td colspan="2">형제
(자매)</td><td>기 타</td></tr>
<tr><th colspan="2">이 름</th><td></td><td colspan="3"></td><td colspan="2"></td><td></td></tr>
<tr><th colspan="2">직 업</th><td></td><td colspan="3"></td><td colspan="2"></td><td></td></tr>
<tr><th colspan="2">근 무 지
(전화번호)</th><td></td><td colspan="3"></td><td colspan="2"></td><td></td></tr>
<tr><th rowspan="3">근무
시간</th><th>평 일</th><td></td><td colspan="3"></td><td colspan="2"></td><td></td></tr>
<tr><th>토요일</th><td></td><td colspan="3"></td><td colspan="2"></td><td></td></tr>
<tr><th>일요일</th><td></td><td colspan="3"></td><td colspan="2"></td><td></td></tr>
<tr><th colspan="3">데려오고,
데려가는 사람</th><td colspan="7">(성명 : 관계 :) (성명 : 관계 :)</td></tr>
</table>

※ 비고 : 보호자란 중 부 · 모가 있을 경우 양자 모두 기재

2. 출결상황

구분 \ 연령	3세	4세	5세
보육일수			
결석일수			
의 견			

(앞쪽)

3. 국가필수 예방접종

대상전염병	백신종류 및 방법	접종차수	접종일자
디프테리아 파상풍 백일해	DTaP	5차(추가)	
	폴리오	IPV	4차(추가)
홍역유행성이하선염풍진	MMR	2차	
일본뇌염	JEV(사백신)	3차	
4차(추가)			
인플루엔자	Flu(사백신)	매년 접종	
	Flu(생백신)		
장티푸스	주사용	고위험군에 한함	
기타 임시예방접종 등	명칭 기재		
	명칭 기재		

4. 신체발달상황

구분 \ 연령	3세	4세	5세
신 장(㎝)			
몸 무 게(㎏)			
의 견			
특이사항			

(뒷쪽)

5. 유아활동상황

성 명			
영 역 별 \ 연 령	3세	4세	5세
기본생활습관			
신체운동·건강			
의사소통			

사회관계			
예술경험			
자연탐구			
종합의견			

※ 출처 : 보건복지부(2014). 2014년도 보육사업안내 부록 p. 188 (서식 II-2-1)

4. 학급편성

1) 학급편성의 기본원리

2009년 3월부터 시행된 제7차 유치원 교육과정에 제시된 우리 나라의 학급 편성에 대한 사항은 시·도 교육청에서 유아, 교원, 유치원의 실정, 학부모 및 지역 주민의 요구, 지역의 특수성 등에 대한 조사 결과를 기초로 하여 시·도의 교육 중점을 설정하며 지역 교육청과 유치원에 지시하도록 되어 있다.

원아들의 효율적인 교육을 위해서 유아교육기관은 학급편성을 해야 한다. 학급 편성을 어떠한 기준에 따라 하느냐는 교육운영 면이나 효과 면에서 다른 결과를 초래할 수 있다. 학급 편성시 고려해야 할 사항은 다음과 같다(임재택, 1999).

① 유아교육기관의 전체 원아수
② 실내외 면적과 시설·설비 및 교재·교구의 확보 수준
③ 유아교육기관의 설립목적 또는 심리학적 관점
④ 대상 원아의 연령

⑤ 교사의 역량

⑥ 장애유아 통합

이상의 고려사항을 자세히 살펴보면 다음과 같다.

첫째, 학급편성시 유아교육기관의 전체 원아수를 고려해야 한다. 유아교육기관의 전체 공간면적에 의해 원아수가 결정된다. 유아교육기관은 초 · 중 · 고등학교 기관처럼 대규모로 운영하기보다는 유아의 연령 · 발달수준 및 관리의 어려움 등을 고려해 볼 때 소규모로 운영하는 것이 바람직하다.

둘째, 기관의 실내외 면적과 시설 · 설비 및 교재 · 교구의 확보 수준을 고려해야 한다. 기관의 실내공간 면적이 어떠한 형태로 교실이 나누어지느냐에 따라 학급당 원아수가 결정된다. 또한 기관의 인 · 허가 관청에서는 유아 1인당 실내외 면적을 고려하여 전체 원아수를 제한하고 있다.

셋째, 유아교육기관의 설립 목적이 무엇이고 어떠한 심리학적 관점을 취하느냐에 따라 학급 편성이 달라진다. 또한 유아교육의 접근 방법이 교사 중심적이냐 혹은 아동 중심적이냐에 따라서, 또는 행동주의적 입장이냐 인지주의적 입장에 따라서도 학급 편성의 방법이 달라진다.

넷째, 대상 원아의 연령을 고려해야 한다. 유아의 연령은 학급의 크기를 결정하는 중요한 요인이다. 학급의 크기란 교사 대 유아의 비율을 의미하는데, 일반적으로 연령이 낮을수록 교사 대 유아의 비율은 낮다. 우리 나라 유치원의 학급당 원아수는 유아교육법 시행령 제16조에 의하면 관할청이 정한다고 명시되어 있다. 그런데 유아교육 관련 종사자들은 교사 대 유아 비율이 높아서 유아의 최적의 발달을 이루기 위한 효과적인 학습활동이 이루어지기 어렵다는 데에 의견을 같이 하고 있다.

한편 어린이집의 경우 「영유아보육법 시행규칙」 제23조 [별표 8]에 "어린이집에서는 가능한 한 2세 미만 영아만, 2세 영아반과 3세 이상의 유아반을 동시에 운영"하는 것을 원칙으로 하고 있으며, 영아보육의 활성화를 위하여 가능한 한 영아반 비율을 높게 편성하도록 규정하고 있다. 또한 「영유아보육법 시행규칙」 제10조 [별표 2]에 보육교사 1인당 영유아 수를 기준으로 반을 편성하도록 규정하였는데, 보육교사 대 영유아의 비율은 다음과 같다. 이러한 기준은 2006년 3월부터 기존의 어린이집들도 적용하여 반편성을 하도록 하였다.

- 만 1세 미만 영아 3인당 보육교사 1인
- 만 1세 이상 ~ 만 2세 미만 영아 5인당 보육교사 1인
- 만 2세 이상 ~ 만 3세 미만 영아 7인당 보육교사 1인
- 만 3세 이상 ~ 만 4세 미만 영아 15인당 보육교사 1인
- 만 4세 이상 미취학 유아 20인당 보육교사 1인(유아 40인당 1인을 보육교사 1급 자격을 가진 자이어야 함)
- 취학아동 20인당 보육교사 1인
- 장애아동 3인당 보육교사 1인(장애아동 9인당 1인은 특수교사 자격증 소지자이어야 함)

여러 학자들의 연구에서 제시된 유아의 연령에 따른 교사 대 유아의 적정 비율을 참고로 제시하면 〈표 3-5〉와 같다.

표 3-5

연령별 교사 대 유아의 비율

연 구 자	연 령	비 율
Lavisa Cam Wilson	3주~2.5세	1 : 6
	2.5~4세	1 : 10
	4~6세	1 : 20
NAEYC	출생~12개월	1 : 3~1 : 4
	12~24개월	1 : 3~1 : 6
	24~36개월	1 : 4~1 : 6
	36~47개월	1 : 5~1 : 7
	3세	1 : 7~1 : 10
	4세	1 : 8~1 : 10
	4~5세	1 : 8~1 : 10
	5세	1 : 8~1 : 10
	6~8세(학령기)	1 : 10~1 : 12
MSDHS	22~36개월	1 : 7
	34~62개월	1 : 10
	60~72개월	1 : 12

연 구 자	연 령		비 율
Decker & Decker	0~18개월		1 : 3
	19~35개월		1 : 4
	35~56개월		1 : 7
	2.5~4세		1 : 10
	4~5세		1 : 20
	5~6세		1 : 20
National Day Care Center	3, 4, 5세		1 : 7
Federal Care	2세		1 : 4
	3, 4, 5세		1 : 8
Hymes	3세		1 : 6
	4세		1 : 8
	5세		1 : 10
Cohen	3~4.5세		1 : 7
	4.5~6세		1 : 10
	6~8세		1 : 10
Fowler	4~5세		1 : 5
미국 HEW : Day Care Center	3~4세		1 : 5
	4~6세		1 : 7
우리 나라	유치원	3~5세	1 : 40
	어린이집	1세 미만	1 : 3
		1~2세 미만	1 : 5
		2~3세 미만	1 : 7
		3~4세	1 : 15
		4세~미취학 유아	1 : 20
		장애아동	1 : 3
미국 HEW : Group Day Care Home Day Care Center	3~14세		1 : 16
	1세 이하		1 : 3
	1~2세		1 : 4
	6~14세		1 : 10

* 자료 : 김주건(1997)에서 재구성.

다섯째, 교사의 역량을 고려해야 한다. 교사 개인들 간에는 다소 능력의 차이가 있으므로, 그 교사의 능력에 맞추어 학급을 편성 · 운영해야 할 필요가 있다. 교사의 역량 이상으로 무리한 학급 편성을 하게 되면 오히려 유아교육의 부정적인 역효과를 초래하게 될 수도 있다.

여섯째, 일반학급에 장애유아를 혼합편성시 학급에 속해 있는 일반 유아들의 요구가 충족될 수 있도록 사전 점검 및 이해가 선행되어야 한다.

2) 학급편성의 유형

일반적으로 유아교육기관에서의 학급 편성은 동일 연령집단(homogeneous age group) 혹은 수평적 집단(horizontal group)과 혼합 연령집단(multiage group) 혹은 수직적 집단(vertical group)으로 구분된다.

동일연령 집단 혹은 수평적 집단은 유아의 능력, 경험 및 발달수준이 비슷하므로 학습 활동의 계획과 지도가 용이하며, 경험이 적은 교사도 유아들을 쉽게 지도할 수 있고 아울러 유아의 연령과 능력이 비슷하기 때문에 상호간의 충돌과 좌절의 경험을 줄일 수 있다(임재택, 1999).

한편 영아학교(infant school)와 몬테소리 유치원에서는 혼합 연령집단으로 학급을 편성하여 가족적인 집단 분위기 속에서 경험이 있고 나이든 아동이 나이 어린 아동의 모델링이 되어 주며 보조교사의 역할을 담당하도록 하는 것이 특징이다. 이러한 분위기에서 교사는 소수의 아동을 대할 수 있는 여유가 생겨 개별적인 학습을 실시할 수 있다(김주건, 1997).

이와 같이 혼합 연령집단의 장점은 나이 어린 유아가 나이든 아동으로부터 배우고, 나이든 아동은 나이 어린 유아를 도와줌으로써 배우며, 교사는 아동의 수준에 알맞은 다양한 학습활동을 선정할 수 있는 기회를 줄 수 있다. 또한 연령차와 발달수준의 차이도 줄일 수 있다.

반면, 혼합 연령집단의 단점은 첫째, 유아들 간의 발달수준이나 능력의 차이로 인해 학습활동의 계획과 지도에 어려움이 있다.

둘째, 나이 어린 유아는 나이든 유아로부터 억압과 좌절을 경험하게 된다.

셋째, 나이든 유아는 나이 어린 유아의 행동을 모방함으로써 퇴행하는 경향을 보인다.

넷째, 유능한 교사가 아니거나 학습활동이나 자료가 다양하지 않으면 교육의 효과를 얻기 어렵다(임재택, 1999).

이러한 두 가지 유형의 학급 편성은 절대적으로 고정된 것이 아니라 유동적이며 상당한 융통성이 있을 수 있다. 유아교육기관의 프로그램의 특성과 심리학적 · 철학적 배경 등에 따라 그 유형이 달라지나, 대부분의 유아교육기관에서는 동일 연령 학급 편성을 선호하고 있다. 일반적으로 유아교육기관에서 학급 편성을 하는 경우, 원아들의 생년월일과 남녀 비율, 거주지역과 사회계층 및 지역의 실정 그리고 스쿨버스 노선 등을 고려하여 편성해야 한다.

참 고 문 헌

· 강문희 외(1999). 유아교육기관 운영관리. 학지사.

· 김주건(1997). 유아교육기관의 경영관리. 창지사.

· 보건복지부(2014). 2014년도 보육사업 안내.

· 임재택(1999). 유아교육기관 운영관리. 양서원.

제4장

누리 · 보육과정의 계획과 운영

1. 우리나라 영유아 교육과정
2. 유아교육 과정의 계획과 운영

1. 우리나라 영유아 교육과정

우리나라의 영유아 교육과정은 유치원의 유아 교육과정과 어린이집의 보육과정을 통합한 「3~5세 연령별 누리과정」과 「표준보육과정」(0~2세)으로 나누어진다. 그 중 3~5세 연령별 누리과정은 다음과 같다.

1) 3~5세 연령별 누리과정(유치원과 어린이집 공통과정)

2013년 3월부터 시행되는 「3~5세 연령별 누리과정」은 어린이집의 보육과정과 유치원의 유아교육과정을 통합하고 초등학교 교육과정과 연계하여 새롭게 구성한 교육과정이다. 「3~5세 연령별 누리과정」은 3~5세 유아의 심신의 건강과 조화로운 발달을 도와 바른 인성을 갖춘 민주시민의 기초를 형성하는 것을 목적으로 하며, 0~2세 표준보육과정 및 초등학교 교육과정과의 연계를 강화하고 있다. 특히 바른 생활습관 형성을 위한 기본생활습관을 강조하고, 남을 배려하고 존중하며, 더불어 함께하는 다양한 내용으로 구성하여 '누리과정부터 인성교육을 강화'하고 있다. 이는 최근 사회적 문제가 되고 있는 학교폭력이 유아기의 사소한 따돌림 등으로부터 시작될 수 있고, 초 · 중 · 고교에서의 폭력성으로 습관화될 수 있다는 우려에 대처하기 위한 것이다. 또한 건강한 몸과 마음을 기르도록 다양한 신체활동 참여를 강화하고, 유아 단계에 맞는 인터넷 · 미디어 중독 예방, 녹색성장교육 및 다른 문화에 대한 이해 등의 내용도 추가하였다.「3~5세 연령별 누리과정」은 1일 3~5시간을 기준으로, 유연하고 탄력적으로 편성 · 운영 할 수 있도록 하여 어린이집과 유치원 모두 공통과정을 최대한 충실히 운영하도록 하고 있다.「3~5세 연령별 누리과정」은 신체운동 · 건강, 의사소통, 사회관계, 예술경험, 자연탐구 5개 영역으로 구성된 보육 · 교육과정을 제공하도록 구성되어 있으며, 각 영역별 내용체계와 세부내용은 다음과 같다.

(1) 3~5세 연령별 누리과정의 구성 방향과 목적 및 목표

[1] 구성 방향

① 질서, 배려, 협력 등 기본생활습관과 바른 인성을 기르는 데 중점을 두어 구성한다.

② 자율성과 창의성을 기르는 데 중점을 두고, 전인발달을 이루도록 구성한다.

③ 사람과 자연을 존중하고, 우리 문화를 이해하는 데 중점을 두어 구성한다.

④ 만 3~5세아의 발달 특성을 고려하여 연령별로 구성한다.

⑤ 신체운동 · 건강, 의사소통, 사회관계, 예술경험, 자연탐구의 5개 영역으로 구성한다.

⑥ 초등학교 교육과정과 0~2세 표준보육과정과의 연계성을 고려하여 구성한다.

[2] 목적

누리과정은 만 3~5세 유아의 심신의 건강과 조화로운 발달을 도와 민주시민의 기초를 형성하는 것을 목적으로 한다.

[3] 목표

① 기본 운동 능력과 건강하고 안전한 생활 습관을 기른다.

② 일상생활에 필요한 의사소통 능력과 바른 언어 사용 습관을 기른다.

③ 자신을 존중하고 다른 사람과 더불어 생활하는 능력과 태도를 기른다.

④ 아름다움에 관심을 가지고 예술 경험을 즐기며, 창의적으로 표현하는 능력을 기른다.

⑤ 호기심을 가지고 주변세계를 탐구하며, 일상생활에서 수학적 · 과학적으로 생각하는 능력과 태도를 기른다.

(2) 편성과 운영

1 편성

① 1일 3~5시간을 기준으로 편성한다.

② 5개 영역의 내용을 균형 있게 통합적으로 편성한다.

③ 유아의 발달 특성 및 경험을 고려하여 놀이를 중심으로 편성한다.

④ 반(학급) 특성에 따라 융통성 있게 편성한다.

⑤ 성별, 종교, 신체적 특성, 가족 및 민족 배경 등으로 인한 편견이 없도록 편성한다.

⑥ 일과 운영 시간에 따라 심화 확장할 수 있도록 편성한다.

2 운영

① 연간, 월간, 주간, 일일 계획에 의거하여 운영한다.

② 실내·외 환경을 다양한 흥미 영역으로 구성하여 운영한다.

③ 유아의 능력과 장애정도에 따라 조정하여 운영한다.

④ 부모와 각 기관의 실정에 따라 부모교육을 실시한다.

⑤ 가정과 지역사회와의 협력과 참여에 기반하여 운영한다.

⑥ 교사 재교육을 통해서 누리과정 활동이 개선되도록 운영한다.

3 교수-학습 방법

① 놀이를 중심으로 교수-학습활동이 이루어지도록 한다.

② 유아의 흥미를 중심으로 활동을 선택하고 지속할 수 있도록 한다.

③ 유아의 생활 속 경험을 소재로 하여 지식, 기능, 태도 및 가치를 습득하도록 한다.

④ 유아와 교사, 유아와 유아, 유아와 환경 간에 능동적인 상호작용이 이루어지도록 한다.

⑤ 주제를 중심으로 여러 활동이 통합적으로 이루어지도록 한다.

⑥ 실내 · 실외활동, 정적 · 동적활동, 대 · 소집단활동 및 개별활동, 휴식 등이 균형 있게 이루어 지도록 한다.

⑦ 유아의 관심과 흥미, 발달이나 환경 특성 등을 고려하여 개별 유아에게 적합한 방식으로 학습하도록 한다.

4 평가

① 누리과정 운영 평가

가. 운영 내용이 누리과정의 목표와 내용에 근거하여 편성 · 운영되었는지 평가한다.

나. 운영 내용 및 활동이 유아의 발달수준과 흥미 · 요구에 적합한지를 평가한다.

다. 교수-학습 방법이 유아의 흥미와 활동의 특성에 적합한지를 평가한다.

라. 운영 환경이 유아의 발달특성과 활동의 주제, 내용 및 효율성 등을 고려하여 구성되었는지를 평가한다.

마. 계획안 분석, 수업 참관 및 모니터링, 평가척도 등 다양한 방법을 활용하여 평가한다.

바. 운영 평가의 결과를 반영하여 운영계획을 수정 · 보완하거나 이후 누리과정 편성 · 운영에 활용한다.

② 유아 평가

가. 누리과정 목표와 내용에 근거하여 유아의 특성과 변화 정도를 평가한다.

나. 유아의 지식, 기능, 태도를 포함하여 평가한다.

다. 유아의 일상생활과 누리과정 활동 전반에 걸쳐 평가한다.

라. 관찰, 활동 결과물 분석, 부모면담 등 다양한 방법을 사용하여 종합적으로 평가하고, 그 결과를 기록한다.

마. 유아평가 결과는 유아에 대한 이해와 누리과정 운영 개선 및 부모 면담 자료로 활용할 수 있다.

(3) 3~5세 누리과정의 영역별 목표 및 내용체계와 세부내용

1 신체운동 · 건강

신체운동 · 건강 영역은 유아가 자신의 신체를 긍정적으로 인식하고 신체활동에 즐겁게 참여함으로써 유아기에 필요한 기본 운동 능력과 기초 체력을 기르고, 건강하고 안전한 생활을 실천하는 능력과 태도를 기르기 위한 영역으로 다음과 같은 목표를 지닌다.

① 목표

기본운동 능력과 건강하고 안전한 생활 습관을 기른다.

가. 감각 능력을 기르고, 자신의 신체를 긍정적으로 인식한다.

나. 신체를 조절하고 기본 운동 능력을 기른다.

다. 신체 활동에 즐겁게 참여한다.

라. 건강한 생활 습관을 기른다.

마. 안전한 생활 습관을 기른다.

② 연령별 세부내용체계

내용범주	내용	세부 내용		
		3세	4세	5세
신체 인식하기	감각능력 기르고 활용하기	감각적 차이를 경험한다.	감각적 차이를 구분한다.	감각으로 대상이나 사물의 특성과 차이를 구분한다.
		감각기관을 인식하고, 활용해 본다.	여러 감각기관을 협응하여 활용한다.	여러 감각기관을 협응하여 활용한다.
	신체를 인식하고 움직이기	신체 각 부분의 명칭을 알고, 움직임에 관심을 갖는다.	신체 각 부분의 특성을 이해하고 활용하여 움직인다.	신체 각 부분의 특성을 이해하고 활용하여 움직인다.
		자신의 신체를	자신의 신체를	자신의 신체를

내용범주	내용	세부 내용		
		3세	4세	5세
		긍정적으로 인식하고 움직인다.	긍정적으로 인식하고 움직인다.	긍정적으로 인식하고 움직인다.
신체 조절과 기본 운동하기	신체 조절하기	신체균형을 유지해본다.	다양한 자세와 움직임에서 신체균형을 유지한다.	다양한 자세와 움직임에서 신체균형을 유지한다.
		공간, 힘, 시간 등의 움직임 요소를 경험한다.	공간, 힘, 시간 등의 움직임 요소를 활용하여 움직인다.	공간, 힘, 시간 등의 움직임 요소를 활용하여 움직인다.
		신체 각 부분의 움직임을 조절해 본다.	신체 각 부분을 협응하여 움직임을 조절한다.	신체 각 부분을 협응하여 움직임을 조절한다.
		눈과 손을 협응하여 소근육을 조절해 본다.	눈과 손을 협응하여 소근육을 조절해 본다.	눈과 손을 협응하여 소근육을 조절해 본다.
	기본 운동하기	걷기, 달리기 등 이동운동을 한다.	걷기, 달리기, 뛰기 등 다양한 이동운동을 한다.	도구를 활용하여 여러 가지 조작운동을 한다.
		제자리에서 몸을 움직여 본다.	제자리에서 몸을 다양하게 움직인다.	걷기, 달리기, 뛰기 등 다양한 이동운동을 한다.
신체 활동에 참여하기	자발적으로 신체 활동에 참여하기	신체 활동에 자발적으로 참여한다.	신체 활동에 자발적이고 지속적으로 참여한다.	제자리에서 몸을 다양하게 움직인다.
		다른 사람과 함께 하는 신체 활동에 참여한다.	다른 사람과 함께 하는 신체 활동에 참여한다.	신체 활동에 자발적이고 지속적으로 참여한다.
	바깥에서 신체 활동하기	규칙적으로 바깥에서 신체 활동을 한다.	자신과 다른 사람의 운동능력의 차이에 관심을 갖는다.	다른 사람과 함께 하는 신체 활동에 참여한다.
	기구를 이용하여 신체 활동하기	여러 가지 기구를 이용하여 신체 활동을 한다.	규칙적으로 바깥에서 신체 활동을 한다.	자신과 다른 사람의 운동능력의 차이를 이해한다.
건강하게 생활하기	몸과 주변을 깨끗이하기	손과 이를 깨끗이 하는 방법을 알고 실천한다.	여러 가지 기구를 이용하여 신체 활동을 한다.	규칙적으로 바깥에서 신체 활동을 한다.

내용범주	내용	세부 내용		
		3세	4세	5세
		주변을 깨끗이 한다.	손과 이를 깨끗이 하는 방법을 알고 실천한다.	여러 가지 기구를 이용하여 신체 활동을 한다.
	바른 식생활하기	음식을 골고루 먹는다.	주변을 깨끗이 하는 습관을 기른다.	스스로 몸을 깨끗이 하는 습관을 기른다.
		몸에 좋은 음식에 관심을 갖는다.	음식을 골고루 먹는다.	주변을 깨끗이 하는 습관을 기른다.
		바른 태도로 식사한다.	몸에 좋은 음식을 알아본다.	적당량의 음식을 골고루 먹는다.
	건강한 일상생활하기	규칙적으로 잠을 자고, 적당한 휴식을 취한다.	음식을 소중히 여기고 식사예절을 지킨다.	몸에 좋은 음식을 선택할 수 있다.
		하루 일과에 즐겁게 참여한다.	규칙적으로 잠을 자고, 적당한 휴식을 취한다.	음식을 소중히 여기고 식사예절을 지킨다.
		스스로 화장실에서 배변한다.	하루 일과에 즐겁게 참여한다.	규칙적으로 잠을 자고, 적당한 휴식을 취한다.
	질병 예방하기	질병의 위험을 알고 주의한다.	바른 배변습관을 가진다.	하루 일과에 즐겁게 참여한다.
		날씨에 맞게 옷을 입는다.	질병을 예방하는 방법을 알고 실천한다.	규칙적인 배변습관을 가진다.
안전하게 생활하기	안전하게 놀이하기	놀이기구나 놀잇감, 도구를 안전하게 사용한다.	날씨와 상황에 알맞게 옷을 입는다.	질병을 예방하는 방법을 알고 실천한다.
		안전한 놀이장소를 안다.	놀이기구나 놀잇감, 도구를 안전하게 사용한다.	날씨와 상황에 알맞게 옷을 입는다.
		TV, 인터넷, 통신기기 등을 바르게 사용한다.	안전한 장소를 알고 안전하게 놀이한다.	놀이기구나 놀잇감, 도구의 바른 사용법을 알고 안전하게 사용한다.
	교통안전 규칙지키기	교통안전 규칙을 안다.	TV, 인터넷, 통신기기 등의 위해성을 알고, 바르게 사용한다.	안전한 장소를 알고 안전하게 놀이한다.
		교통수단을 안전하게	교통안전 규칙을 알고	TV, 인터넷, 통신기기

내용범주	내용	세부 내용		
		3세	4세	5세
		이용한다.	지킨다.	등의 위해성을 알고, 바르게 사용한다.
	비상 시 적절히 대처하기	학대, 성폭력, 실종, 유괴상황을 알고 도움을 요청한다.	교통수단을 안전하게 이용한다.	교통안전 규칙을 알고 지킨다.
		재난 및 사고 등 비상 시 적절하게 대처하는 방법을 안다.	학대, 성폭력, 실종, 유괴상황 시 도움을 요청하는 방법을 알고 행동한다.	교통수단을 안전하게 이용한다.

③ 연령별 지도시 유의점

연령	내용
3세	• 다양한 감각적인 경험과 흥미를 주기 위해 적절한 환경과 자료를 제공한다. • 신체조절과 기본운동능력을 키우기 위해 넓은 장소와 언어적 지시, 그림, 신체표현을 위한 음악을 사용한다. • 청결한 위생, 수면, 휴식, 바른 식생활 습관을 갖도록 한다. • 각종 안전교육을 실시하며 다양한 체험방식을 교육에 도입한다.
4세	• 자신의 움직임을 관찰하면서 스스로 느껴 보도록 한다. • 넓은 장소에서 움직임을 경험하고, 도전적인 활동을 안전하게 해 보면서 움직임을 탐색할 수 있도록 한다. • 안전교육을 생활 속에서 지속적으로 지도한다.
5세	• 신체인식과 감각능력의 즐거움과 유능감을 느낄 수 있도록 한다. • 다양한 조작운동을 통해 도전적인 활동으로 신체조절능력과 기본 운동능력을 키운다. • 기본생활습관으로 청결과 바른 식생활, 휴식이 습관화될 수 있게 한다. • 안전교육을 정기적으로 실시하여 안전에 대한 지식, 기능, 태도를 기른다.

출처: 경기도교육청(2013). 경기도유치원교육과정 편성 · 운영지침

2 의사소통

의사소통 영역은 언어의 기본 형태인 구어와 문어를 활용하여 나와 다른 사람의

느낌이나, 생각, 경험을 상황과 상대방에 알맞게 소통할 수 있는 능력을 기르는 영역이다. 또한 말과 글의 관계를 알고 읽기와 쓰기에 흥미를 가져 언어 사용을 즐기도록 하는 영역으로 다음과 같은 목표를 지닌다.

① 목표

일상생활에 필요한 의사소통 능력과 바른 언어 사용 습관을 기른다.

가. 다른 사람의 말을 주의 깊게 듣는 태도와 이해하는 능력을 기른다.
나. 자신의 생각과 느낌을 말하는 능력을 기른다.
다. 글자와 책에 친숙해지는 경험을 통하여 글자 모양을 인식하고 읽기에 흥미를 가진다.
라. 말과 글의 관계를 알고 자신의 생각, 느낌, 경험을 글로 표현하는 데 관심을 가진다.

② 연령별 세부내용체계

내용범주	내용	세부 내용		
		3세	4세	5세
듣기	낱말과 문장 듣고 이해하기	낱말의 발음에 관심을 가지고 듣는다.	낱말의 발음에 관심을 가지고 듣는다.	낱말의 발음에 관심을 가지고 비슷한 발음을 듣고 구별한다.
		일상생활과 관련된 낱말과 문장을 듣고 뜻을 이해한다.	일상생활과 관련된 낱말과 문장을 듣고 뜻을 이해한다.	다양한 낱말과 문장을 듣고 뜻을 이해한다.
	이야기 듣고 이해하기	다른 사람의 이야기를 관심 있게 듣는다.	다른 사람의 이야기를 듣고 이해한다.	다른 사람의 이야기를 듣고 이해한다.
	동요, 동시, 동화 듣고 이해하기	동요, 동시, 동화를 다양한 방법으로 듣고 즐긴다.	이야기를 듣고 궁금한 것에 대해 질문한다.	이야기를 듣고 궁금한 것에 대해 질문한다.
	바른 태도로 듣기	말하는 사람을 바라보며 듣는다.	동요, 동시, 동화를 다양한 방법으로 듣고 즐긴다.	동요, 동시, 동화를 다양한 방법으로 듣고 이해한다.

내용범주	내용	세부 내용		
		3세	4세	5세
말하기	낱말과 문장으로 말하기	친숙한 낱말을 발음해 본다.	전래 동요, 동시, 동화를 듣고 우리말의 재미를 느낀다.	전래 동요, 동시, 동화를 듣고 우리말의 재미를 느낀다.
		새로운 낱말에 관심을 가진다.	다른 사람의 이야기를 주의 깊게 듣는다.	다른 사람의 이야기를 끝까지 주의 깊게 듣는다.
		일상생활에서 일어나는 일들을 간단한 문장으로 말한다.	친숙한 낱말을 정확하게 발음해 본다.	정확한 발음으로 말한다.
	느낌, 생각, 경험 말하기	자신의 느낌, 생각, 경험을 말해본다.	다양한 낱말을 사용하여 말한다.	다양한 낱말을 사용하여 상황에 맞게 말한다.
	상황에 맞게 바른 태도로 말하기	상대방을 바라보며 말한다.	일상생활에서 일어나는 일들을 간단한 문장으로 말한다.	일상생활에서 일어나는 일들을 다양한 문장으로 말한다.
		바르고 고운 말을 사용한다.	자신의 느낌, 생각, 경험을 말한다.	자신의 느낌, 생각, 경험을 적절한 낱말과 문장으로 말한다.
읽기	읽기에 흥미 가지기	주변에서 친숙한 글자를 찾아본다.	주제를 정하여 함께 이야기를 나눈다.	주제를 정하여 함께 이야기를 나눈다.
		읽어 주는 글의 내용에 관심을 가진다.	이야기를 지어 말한다.	이야기 지어 말하기를 즐긴다.
	책 읽기에 관심 가지기	책에 흥미를 가진다.	듣는 사람의 생각과 느낌을 고려하여 말한다.	듣는 사람의 생각과 느낌을 고려하여 말한다.
		책의 그림을 단서로 내용을 추측해 본다.	차례를 지켜 말한다.	때와 장소, 대상에 알맞게 말한다.
쓰기	쓰기에 관심 가지기	말을 글로 나타내는 것에 관심을 보인다.	바르고 고운 말을 사용한다.	바르고 고운 말을 사용한다.
		자기 이름의 글자에 관심을 가진다.	주변에서 친숙한 글자를 찾아본다.	주변에서 친숙한 글자를 찾아 읽어 본다.

③ 연령별 지도시 유의점

연령	내용
3세	• 듣기 활동에 관심을 가질 수 있는 환경과 자료를 제공하고 이야기를 들을 수 있는 여건을 조성한다. • 말하는 것을 격려하고 다른 사람과 의견을 교환하게 한다. • 다양한 전략으로 읽기 방법을 모색한다. • 말하기, 듣기, 읽기, 쓰기가 균형있게 이루어질 수 있도록 기회를 다양하게 제공한다.
4세	• 문학작품, 다른 사람의 이야기를 들을 수 있는 분위기를 조성하고, 교사가 바른 모델이 된다. • 경험을 구체적으로 말해 볼 수 있도록 격려하고 일상생활 속에서 다른 사람과 의견을 교환하게 한다. • 다양한 읽을거리를 제공하고, 책에 흥미를 갖게 한다. • 듣기, 말하기, 읽기, 쓰기 활동이 통합적 경험이 되도록 한다.
5세	• 이야기의 내용과 수준을 고려하여 주의깊게 듣도록 지도하고 교사가 좋은 모델이 되어 준다. • 경험한 것을 육하원칙에 따라 말할 수 있도록 격려하고 의견을 다른 사람과 나눠 볼 수 있게 한다. • 관찰을 통해 다양한 읽기수준을 파악하여 수준별 읽기 경험을 제공한다. • 듣기, 말하기, 읽기, 쓰기가 의사소통의 방식으로 활용될 수 있도록 역동적인 관계에서 지도하도록 한다.

출처: 경기도교육청(2013). 경기도유치원교육과정 편성 · 운영지침

3 사회관계

사회관계 영역은 유아가 자신을 알고 소중하게 여기며 가족, 또래와 함께 원만하게 지내는 방법 뿐 아니라 공동체에서 함께 살아가는 방법을 익히고 사회에 관심을 가지며 적응해 나갈 수 있는 기초능력과 인성을 기르기 위한 영역으로 다음과 같은 목표를 지닌다.

① 목표

자신을 존중하고 다른 사람과 더불어 생활하는 능력과 태도를 기른다.

가. 자신을 소중히 여기며 자율성을 기른다.

나. 자신과 타인의 감정을 알고, 자신의 감정을 적절하게 표현하고 조절한다.

다. 가족과 화목하게 지내며 서로 협력한다.

라. 친구, 공동체 구성원들과 서로 돕고, 예의 · 규칙 등 사회적 가치를 알고 지킨다.

마. 우리 동네, 우리나라, 다른 나라에 관심을 가진다.

② 연령별 세부내용체계

내용범주	내용	세부 내용		
		3세	4세	5세
나를 알고 존중하기	나를 알고, 소중히 여기기	나에 대해 관심을 갖는다.	나에 대해 알아본다.	나에 대해 알아본다.
		나와 다른 사람의 차이에 관심을 갖는다.	나와 다른 사람의 차이점을 알아본다.	나와 다른 사람의 신체적, 사회적, 문화적 차이를 존중한다.
		나를 소중하게 여긴다.	나에 대해 긍정적으로 생각하고 나를 소중하게 여긴다.	나에 대해 긍정적으로 생각하고 나를 소중하게 여긴다.
	나의 일 스스로 하기	내가 할 수 있는 일을 알아본다.	내가 할 수 있는 일을 해 본다.	내가 할 수 있는 일을 스스로 한다.
		내가 하고 싶은 일을 선택해 본다.	하고 싶은 일을 계획하고 해 본다.	하고 싶은 일을 계획하고 해 본다.
나와 다른 사람의 감정 알고 조절하기	나와 다른 사람의 감정 알고 표현하기	자신에게 여러 가지 감정이 있음을 안다.	자신의 감정을 알고 표현한다.	자신의 감정을 알고 표현한다.
		다른 사람의 감정에 관심을 갖는다.	다른 사람의 감정을 안다.	다른 사람의 감정을 알고 공감한다.
	나의 감정 조절하기	자신의 감정을 조절해 본다.	자신의 감정을 조절해 본다.	자신의 감정을 상황에 맞게 조절한다.
가족을 소중히 여기기	가족과 화목하게 지내기	가족의 소중함을 안다.	가족의 소중함을 안다.	가족의 의미와 소중함을 안다.
	가족과 협력하기	가족 구성원을 알아본다.	가족 구성원의 역할에 대해 알아본다.	가족과 화목하게 지낸다.
		가족을 위하여 내가 할 수 있는 일을 알아본다.	가족을 위하여 내가 할 수 있는 일을 알아보고 실천한다.	다양한 가족구조에 대해 알아본다.

내용범주	내용	세부 내용		
		3세	4세	5세
다른 사람과 더불어 생활하기	친구와 사이좋게 지내기	친구와 함께 놀이한다.	친구와 협동하며 놀이한다.	가족은 서로 도와야 함을 알고 실천한다.
		나와 친구의 의견에 차이가 있음을 안다.	친구와의 갈등을 긍정적인 방법으로 해결한다.	친구와 협동하며 놀이한다.
	공동체에서 화목하게 지내기	교사 및 주변 사람과 화목하게 지낸다.	도움이 필요할 때 다른 사람과 도움을 주고받는다.	친구와의 갈등을 긍정적인 방법으로 해결한다.
	사회적 가치를 알고 지키기	다른 사람의 소유물을 존중한다.	교사 및 주변 사람과 화목하게 지낸다.	다른 사람과 도움을 주고받고, 서로 협력한다.
		약속과 규칙을 지켜야 함을 안다.	정직하게 말하고 행동한다.	교사 및 주변 사람과 화목하게 지낸다.
사회에 관심 갖기	지역사회에 관심 갖고 이해하기	우리 동네의 이름을 안다.	다른 사람의 생각, 행동을 존중한다.	정직하게 말하고 행동한다.
		우리 동네 사람들에 관심을 갖는다.	친구와 어른께 예의 바르게 행동한다.	다른 사람을 배려하여 행동한다.
	우리나라에 관심 갖고 이해하기	우리나라를 상징하는 것에 관심을 가진다.	다른 사람과 한 약속이나 공공규칙을 지킨다.	친구와 어른께 예의 바르게 행동한다.
		우리나라의 전통놀이와 풍습에 관심을 갖는다.	자연과 자원을 아끼는 습관을 기른다.	다른 사람과 한 약속이나 공공규칙을 지킨다.

③ 연령별 지도시 유의점

연령	내용
3세	• 자신에 대해 긍정적으로, 소중히 생각하도록 한다. • 다양한 감정을 인식하고 긍정적인 방법으로 조절하고 표현하도록 지도한다. • 가족, 친구, 우리동네에 관심을 갖고 약속, 규칙에 대해 알도록 지도한다.
4세	• 다른 사람과의 차이를 알고, 성공경험을 통해 자신을 긍정적으로 생각하도록 한다. • 긍정적인 방법으로 감정을 조절하고 표현할 수 있도록 한다.

	• 가족을 위해 할 수 있는 일을 실천하고 친구와 주변 사람과 원만한 관계를 형성하도록 한다. • 놀이와 일상생활을 통해 우리나라의 상징과 전통놀이, 풍습에 관심 갖도록 한다.
5세	• 자신이 하고 싶은 일을 선택, 계획, 실천해 보면서 자신에 대한 생각을 긍정적으로 갖도록 한다. • 나와 다른 사람의 감정을 알고 긍정적으로 표현하도록 지도한다. • 다양한 가족형태를 이해하고 화목한 가족을 만들기 위한 노력을 실천하게 한다. • 친구와 주변 사람들과 화목하게 지내도록 실천하게 한다. • 사회경제 원리를 이해하고 우리 문화와 풍습에 관심 갖도록 환경과 경험을 제공한다.

출처: 경기도교육청(2013). 경기도유치원교육과정 편성 · 운영지침

4 예술경험

예술경험 영역은 유아가 친근한 주변 환경에서 발생하는 소리, 음악, 움직임과 춤, 모양과 색 등의 미술 요소에서 아름다움을 느끼고, 또래와 교사, 부모, 지역사회의 주민이나 작가가 표현한 예술작품을 가까이 접하면서, 이를 탐색하고 창의적으로 표현하는 것을 즐기며 감상하기 위한 영역으로 다음과 같은 목표를 지닌다.

① 목표

아름다움에 관심을 가지고 예술 경험을 즐기며, 창의적으로 표현하는 능력을 기른다.

가. 자연과 주변 환경에서 발견한 아름다움과 예술적 요소에 관심을 갖고 탐색한다.

나. 자신의 생각과 느낌을 음악, 움직임과 춤, 미술, 극놀이를 통해 창의적으로 표현하는 것을 즐긴다.

다. 자연과 다양한 예술 작품을 감상하며, 풍부한 감성과 심미적 태도를 기른다.

② 연령별 세부내용체계

내용범주	내용	세부 내용		
		3세	4세	5세
아름다움 찾아보기	음악적 요소 탐색하기	다양한 소리, 음악의 셈여림, 빠르기, 리듬 등에 관심을 갖는다.	다양한 소리, 음악의 셈여림, 빠르기, 리듬 등에 관심을 갖는다.	다양한 소리, 악기 등으로 음악의 셈여림, 빠르기, 리듬 등을 탐색한다.
	움직임과 춤 요소 탐색하기	움직임과 춤의 모양, 힘, 빠르기 등에 관심을 갖는다.	움직임과 춤의 모양, 힘, 빠르기 등에 관심을 갖는다.	움직임과 춤의 모양, 힘, 빠르기, 흐름 등을 탐색한다.
	미술적 요소 탐색하기	자연과 사물의 색, 모양, 질감 등에 관심을 갖는다.	자연과 사물의 색, 모양, 질감 등에 관심을 갖는다.	자연과 사물에서 색, 모양, 질감, 공간 등을 탐색한다.
예술적 표현하기	음악으로 표현하기	간단한 노래를 듣고 따라 부른다.	노래로 자신의 생각과 느낌을 표현한다.	노래로 자신의 생각과 느낌을 표현한다.
		전래동요를 즐겨 부른다.	전래동요를 즐겨 부른다.	전래동요를 즐겨 부른다.
		리듬악기로 간단한 리듬을 표현해 본다.	리듬악기를 연주해 본다.	리듬악기를 연주해 본다.
		간단한 리듬과 노래를 즉흥적으로 만들어 본다.	간단한 리듬과 노래를 즉흥적으로 만들어 본다.	리듬과 노래 등을 즉흥적으로 만들어 본다.
	움직임과 춤으로 표현하기	신체를 이용하여 주변의 움직임을 자유롭게 표현한다.	신체를 이용하여 주변의 움직임을 자유롭게 표현한다.	신체를 이용하여 주변의 움직임을 다양하게 표현하며 즐긴다.
		움직임과 춤으로 자신의 생각과 느낌을 표현한다.	움직임과 춤으로 자신의 생각과 느낌을 표현한다.	움직임과 춤으로 자신의 생각과 느낌을 표현한다.
		도구를 활용하여 다양한 움직임으로 표현한다.	도구를 활용하여 다양한 움직임으로 표현한다.	다양한 도구를 활용하여 창의적으로 움직인다.
	미술 활동으로 표현하기	다양한 미술활동을 경험해 본다.	다양한 미술활동으로 자신의 생각과 느낌을 표현한다.	다양한 미술활동으로 자신의 생각과 느낌을 표현한다.
		미술활동에 필요한 재료와 도구에 관심을 가지고 사용한다.	협동적인 미술활동에 참여한다.	협동적인 미술활동에 참여하여 즐긴다.

내용범주	내용	세부 내용		
		3세	4세	5세
	극놀이로 표현하기	일상생활의 경험을 극놀이로 표현한다.	미술활동에 필요한 재료와 도구를 다양하게 사용한다.	미술활동에 필요한 재료와 도구를 다양하게 사용한다.
	통합적으로 표현하기	예술 활동에 참여하여 표현과정을 즐긴다.	일상생활의 경험이나 간단한 이야기를 극놀이로 표현한다.	경험이나 이야기를 극놀이로 표현한다.
예술 감상하기	다양한 예술 감상하기	다양한 음악, 춤, 미술작품, 극놀이 등을 듣거나 본다.	소품, 배경, 의상 등을 사용하여 협동적으로 극놀이를 한다.	소품, 배경, 의상 등을 사용하여 협동적으로 극놀이를 한다.
		나와 다른 사람의 예술 표현을 소중히 여긴다.	음악, 움직임과 춤, 미술, 극놀이 등을 통합하여 표현한다.	음악, 움직임과 춤, 미술, 극놀이 등을 통합하여 표현한다.
	전통예술 감상하기	우리나라의 전통예술에 관심을 갖는다.	예술 활동에 참여하여 표현과정을 즐긴다.	예술 활동에 참여하여 창의적으로 표현하는 과정을 즐긴다.

③ 연령별 지도시 유의점

연령	내 용
3세	• 자연과 일상 속에서의 소리, 음악, 움직임, 조형에 관심 갖는 경험을 준다. • 소리, 음악, 춤, 만들기, 극놀이 등을 통해 생각과 느낌을 표현하도록 지도한다. • 일상 속의 자연, 음악, 미술 작품을 경험하면서 아름다움을 느끼도록 지도한다. • 다양한 예술적 요소에 관심을 갖고 표현하는 활동이 통합적으로 이루어지도록 한다.
4세	• 주변환경의 예술적 요소를 찾아보는 경험을 제공한다. • 음악, 춤, 만들기, 극놀이 활동에서 자신의 생각이나 느낌을 자유롭고 창의적으로 표현하도록 지도한다. • 예술작품의 아름다움을 느끼고 표현하며 이를 즐겨 감상하도록 배려한다. • 예술표현 과정에 참여하고 표현하는 것을 존중해 주고 긍정적으로 지지해 준다. • 다양한 예술적 요소를 표현 · 감상하는 활동이 통합적으로 이루어지도록 한다.
5세	• 예술요소를 찾고 능률적으로 탐색하는 경험이 균형있게 이루어지도록 한다. • 예술활동을 통해 자신의 생각과 느낌을 창의적으로 표현하고 즐기도록 격려한다. • 예술경험을 통해 예술표현의 소중함을 알고 정서적으로 풍부한 삶을 누리도록 한다. • 예술경험 활동으로 예술적 감성과 창의적 표현력을 기르도록 한다. • 다양한 예술표현 · 감상활동이 통합적으로 이루어지도록 한다.

출처: 경기도교육청(2013). 경기도유치원교육과정 편성 · 운영지침

5 자연탐구

자연탐구 영역은 유아가 자신을 둘러싸고 있는 주변 세계에 대해 호기심을 가지고 궁금한 것을 해소하기 위해 탐구하며, 일상생활에서 부딪치는 현상이나 문제해결을 통해 수학적 · 과학적으로 생각하는 기초 능력과 태도를 기르기 위한 영역으로 다음과 같은 목표를 지닌다.

① 목표

호기심을 가지고 주변세계를 탐구하며, 일상생활에서 수학적 · 과학적으로 생각하는 능력과 태도를 기른다.

가. 주변의 사물과 자연 세계에 대해 알고자 하는 호기심을 가지고 탐구하는 태도를 기른다.

나. 생활 속의 여러 상황과 문제를 논리 · 수학적으로 이해하고 해결하기 위한 기초 능력을 기른다.

다. 주변의 관심 있는 사물과 생명체 및 자연현상을 탐구하기 위한 기초능력을 기른다.

② 연령별 세부내용체계

내용범주	내용	세부 내용		
		3세	4세	5세
탐구하는 태도 기르기	호기심을 유지하고 확장하기	주변 사물과 자연세계에 대해 호기심을 갖는다.	주변 사물과 자연세계에 대해 지속적으로 호기심을 갖는다.	주변 사물과 자연세계에 대해 지속적으로 호기심을 갖고 알고자 한다.
	탐구과정 즐기기	궁금한 점을 알아보는 과정에 흥미를 갖는다.	궁금한 점을 알아보는 탐구과정에 관심을 가지고 참여한다.	궁금한 점을 알아보는 탐구과정에 참여하고 즐긴다.
수학적 탐구하기	수와 연산의 기초개념 알아보기	생활 속에서 수에 관심을 갖는다.	일생생활의 문제를 해결하는 과정에서 탐색, 관찰 등의 방법을 활용해 본다.	탐구과정에서 서로 다른 생각에 관심을 갖는다.

내용범주	내용	세부 내용		
		3세	4세	5세
		구체물 수량의 많고 적음을 비교한다.	생활 속에서 사용되는 수의 여러 가지 의미를 안다.	일상생활의 문제를 해결하는 과정에서 탐색, 관찰, 비교, 예측 등의 탐구기술을 활용해 본다.
		다섯 개 가량의 구체물을 세어보고 수량에 관심을 갖는다.	구체물 수량에서 '같다', '더 많다', '더 적다'의 관계를 안다.	생활 속에서 사용되는 수의 여러 가지 의미를 안다.
	공간과 도형의 기초개념 알아보기	나를 중심으로 앞, 뒤, 옆, 위, 아래를 알아본다.	열 개 가량의 구체물을 세어보고 수량을 알아본다.	구체물 수량의 부분과 전체 관계를 알아본다.
		물체의 모양에 관심을 갖는다.	위치와 방향을 여러 가지 방법으로 나타내 본다.	스무 게 기량의 구체물을 세어보고 수량을 알아본다.
	기초적인 측정하기	두 물체의 길이, 크기를 비교해 본다.	기본 도형의 특성을 인식한다.	구체물을 가지고 더하고 빼는 경험을 해 본다.
	규칙성 이해하기	생활주변에서 반복되는 규칙성에 관심을 갖는다.	기본 도형을 사용하여 여러 가지 모양을 구성해 본다.	위치와 방향을 여러 가지 방법으로 나타내 본다.
	기초적인 자료 수집과 결과 나타내기	같은 것 끼리 짝을 짓는다.	일상생활에서 길이, 크기, 무게 등을 비교해 본다.	여러 방향에서 물체를 보고 그 차이점을 비교해 본다.
과학적 탐구하기	물체와 물질 알아보기	친숙한 물체와 물질의 특성에 관심을 갖는다.	생활주변에서 반복되는 규칙성을 알아본다.	기본 도형의 공통점과 차이점을 알아본다.
	생명체와 자연환경 알아보기	나의 출생과 성장에 대해 관심을 갖는다.	반복되는 규칙성을 인식하고 모방한다.	기본 도형을 사용하여 여러 가지 모양을 구성해 본다.
		주변의 동식물에 관심을 가진다.	필요한 정보나 자료를 수집한다.	일상생활에서 길이, 크기, 무게, 들이 등의 속성을 비교하고, 순서를 지어 본다.
		생명체를 소중히 여기는 마음을 갖는다.	한 가지 기준으로 자료를 분류해 본다.	임의 측정 단위를 사용하여 길이, 면적, 들이, 무게 등을 재 본다.

내용범주	내용	세부 내용		
		3세	4세	5세
	자연현상 알아보기	돌, 물, 흙 등 자연물에 관심을 갖는다.	친숙한 물체와 물질의 특성을 알아본다.	생활주변에서 반복되는 규칙성을 알고 다음에 올 것을 예측해 본다.
		날씨에 관심을 갖는다.	물체와 물질을 여러 가지 방법으로 변화시켜 본다.	스스로 규칙성을 만들어 본다.
	간단한 도구와 기계 활용하기	생활 속에서 간단한 도구와 기계에 관심을 갖는다.	나의 출생과 성장에 대해 관심을 갖는다.	필요한 정보나 자료를 수집한다.
		도구와 기계의 편리함에 관심을 갖는다.	관심 있는 동식물의 특성을 알아본다.	한 가지 기준으로 분류한 자료를 다른 기준으로 재분류해 본다.

③ 연령별 지도시 유의점

연령	내　　용
3세	• 탐구과정을 즐길 수 있도록 충분한 시간과 구체적 자료를 제공한다. • 수학적 경험을 통해 수의 활용에 관심을 갖도록 지도한다. • 생명체의 상호관계와 소중함을 알고 좋은 환경에 대해 생각해 볼 수 있도록 상황을 조성해 준다. • 유아가 스스로 궁금한 것을 알아보는 다양한 시도를 수 · 과학적으로 할 수 있도록 경험을 제공한다.
4세	• 탐구하는 태도를 기르도록 관찰, 조사, 실험이 가능한 구체적인 자료를 제시하고 충분한 시간과 풍부한 자료를 제시한다. • 수학적 탐구하기를 위해 추론과 해결책 마련을 지도하되, 또래와 활발한 상호작용을 하도록 격려한다. • 자연의 소중함과 의미를 경험하도록 지도하되, 물체와 물질의 정보를 알 수 있는 다양한 자료를 제시하고 변화과정을 탐구하는 환경을 마련한다. • 스스로 궁금한 것을 알아보는 다양한 시도를 할 수 있도록 수 · 과학적 경험을 제공한다.
5세	• 스스로 관찰, 조사, 실험이 가능하도록 구체적인 자료를 제시하고 충분한 시간과 자료를 제공하여 또래와 상호작용을 하는 과정에서 토론이 일어날 수 있도록 지도한다.

	• 놀이와 일상 속에서 수와 연산, 공간도형, 측정, 규칙성, 자료정리, 결과 등의 구체적인 경험이 수학적으로 이루어질 수 있도록 제공하고, 초등연계될 수 있는 방안도 고려한다. • 자연의 소중함, 물체와 물질 등에 관한 자료와 환경을 조성하고 지식보다는 변화과정에 관심 갖도록 한다. • 주변과 자연현상을 몰입해서 탐구하는 기회를 제공하고 궁금한 것을 알아보는 다양한 시도가 수 · 과학적으로 이루어질 수 있는 환경과 자료를 제시한다.

출처: 경기도교육청(2013). 경기도유치원교육과정 편성 · 운영지침

2) 표준보육과정

(1) 표준보육과정의 내용

우리 나라 어린이집의 표준보육과정은 「영유아보육법 시행규칙」 제 30조의 「별표 8의 3」에 규정되어 있다. 표준보육과정에 대한 내용은 다음과 같다.

(1) 보육과정의 목적

보육과정의 목적은 영유아의 전인적인 성장과 발달을 돕고 민주시민으로서의 자질을 길러 영유아가 심신이 건강하고 조화로운 사회 구성원으로 자랄 수 있도록 하는데 있다. 보육과정을 통해 추구하는 인간상은 다음과 같다.

① 자율적인 사람
② 창의적인 사람
③ 다양성을 인정하는 사람
④ 민주적인 사람
⑤ 우리 문화를 사랑하는 사람

(2) 보육과정의 목표

보육과정의 목표는 다음과 같다.

① 건강하고 안전하며 바르게 생활하는 태도와 습관을 가진다.
② 자신의 신체에 대해 긍정적으로 인식하고 기본운동능력을 기른다.
③ 자신을 존중하고 다른 사람들과 더불어 생활하는 태도를 가진다.
④ 기초적인 언어능력을 기르고 바른 언어생활 태도와 습관을 가진다.
⑤ 주변 환경에 호기심을 가지고 탐구하는 능력과 태도를 기른다.
⑥ 자연과 예술작품의 아름다움에 관심을 가지고 창의적으로 표현한다.

(3) 보육과정의 내용

보육과정은 기본생활, 신체운동, 사회관계, 의사소통, 자연탐구, 예술경험의 6개 영역으로 구성한다. 각 영역은 영유아가 건강하고 안전하며 바르게 생활하는 데 필요한 내용과 신체, 사회, 언어, 인지, 정서 등의 전인 발달을 위해서 영유아가 갖춰야 할 지식, 기술, 태도를 포함한다.

1 기본생활

기본생활 영역은 일생의 기초이며 사회생활의 기본이 되는 건강, 영양, 안전에 관한 지식과 기술을 습득하고 바르게 생활하는 태도를 기르는 내용으로 구성한다.

2 신체운동

신체운동 영역은 다양한 신체 활동을 통하여 자신의 신체에 대해 긍정적으로 인식하고, 일상생활에 필요한 기본운동능력을 기르며, 신체 활동에 즐겁게 참여하는 내용으로 구성한다.

3 사회관계

사회관계 영역은 자신을 존중하고, 가족과 또래 및 지역사회와 긍정적인 사회관계를 형성하며, 유능한 사회 구성원이 되기 위해 필요한 사회적 지식과 태도를 기르는 내용으로 구성한다.

4 의사소통

의사소통 영역은 듣고 말하는 것을 즐기고, 상황에 맞는 의사소통 능력과 기초적인 읽고 쓰는 능력을 익히는 데 필요한 올바른 언어생활 태도와 능력을 기르는 내용으로 구성한다.

5 자연탐구

자연탐구 영역은 다양한 감각을 이용하여 주변 사물과 환경을 지각하고 탐색하며, 이러한 과정에서 발생하는 의문점을 해결하는 데 필요한 수학적 · 과학적 기초 능력을 기르는 내용으로 구성한다.

6 예술경험

예술경험 영역은 사물이나 소리 · 자연 · 예술작품의 아름다움에 관심을 가지고 탐색하며, 생각이나 느낌을 음악 · 동작 · 극 · 미술로 표현하고, 표현된 것들을 보고 즐김으로써 풍부한 감성 및 창의성을 기르는 내용으로 구성한다.

(4) 보육과정의 운영

어린이집은 영유아보육법의 보육 이념과 목표를 달성하기 위하여 보육과정을 다음과 같이 편성 · 운영하도록 노력하여야 한다.

1 보육계획 수립

어린이집은 보육과정의 영역별 목표와 내용에 따라 연령별 보육계획을 편성하고 운영한다. 연간 · 월간 · 주간 보육계획을 수립하되, 계절이나 지역 내 특별 행사 또는 어린이집의 환경 등을 고려한다.

2 보육과정 편성

어린이집은 영유아의 연령, 발달 수준, 흥미, 장애 등 개인차와 가정환경을 반영하여 수준별 보육 내용을 편성하되, 각 어린이집과 지역사회의 특성을 고려한다.

3 보육과정 실시

어린이집은 보육 목표와 보육 내용에 적합한 보육 활동을 다양하게 선정하여 통합적으로 운영하고, 영역별 경험이나 활동을 균형 있게 제공한다.

4 보육과정 운영 평가

어린이집은 보육계획을 문서화하여 보육 내용의 선정과 실시 과정이 적절하였는지를 정기적으로 평가한다.

5 가정 및 지역사회의 협력

어린이집은 보육과정의 목표와 내용을 부모와 지역사회에 다양한 방법으로 알리고, 보육과정 운영 시 부모가 적극적으로 참여할 기회를 제공함으로써 가정과 지역사회의 긴밀한 협조를 얻는다.

(5) 그 밖의 사항

보육과정의 영역 및 연령별 보육내용, 교사지침 등의 구체적 사항은 보건복지부장관이 정하여 고시한다.

(2) 표준보육과정의 기초

1 추구하는 인간상

① 심신이 건강하고 행복한 사람
② 자율적이고 창의적인 사람
③ 자신과 타인을 존중하고 배려하는 사람
④ 자연과 우리문화를 사랑하는 사람
⑤ 다양성을 인정하는 민주적인 사람

2 표준보육과정의 기본전제

① 영유아는 개별적인 특성을 지닌 고유한 존재이다.
② 영유아는 연령에 따라 발달적 특성이 질적으로 다르다.
③ 영유아는 그 자체로서 존중 받아야 하는 존재이다.
④ 영유아는 직접적으로 경험할 때 의미 있는 지식, 기술 및 바람직한 태도를 형성해 간다.
⑤ 영유아는 일상생활이 편안하고 학습과 경험이 놀이중심으로 이루어질 때, 최대의 능력이 발휘된다.
⑥ 영유아는 민감하고 반응적인 성인과의 신뢰로운 관계 속에서 최적의 발달을

이룬다.

⑦ 영유아가 속한 가정, 지역사회가 함께 협력할 때 영유아에게 가장 긍정적인 영향을 미친다.

3 구성 방향 및 체계

① 구성방향

가. 영유아의 발달 특성과 개인차를 고려하여 연령 및 수준별로 구성한다.

나. 어린이집에서 편안하고 행복한 일상생활이 되도록 중점을 두어 구성한다.

다. 질서, 배려, 협력 등 기본생활습관과 바른 인성을 기르는 데 중점을 두어 구성한다.

라. 자율성과 창의성을 기르는 데 중점을 두고, 전인발달을 이루도록 구성한다.

마. 사람과 자연을 존중하고, 우리 문화를 이해하는 데 중점을 두어 구성한다.

② 구성 체계

가. 어린이집 표준보육과정은 0~1세 보육과정, 2세 보육과정, 3~5세 보육과정으로 구성한다.

나. 어린이집 표준보육과정은 영역, 내용범주, 내용, 세부 내용으로 구분하고, 내용 간에 연계가 이루어지도록 구성한다.

다. 세부내용이라 함은 0~1세 보육과정, 2세 보육과정에서는 수준별 세부내용을 의미하고 3~5세 보육과정에서는 연령별 세부내용을 의미한다.

라. 0~1세 보육과정은 기본생활, 신체운동, 의사소통, 사회관계, 예술경험, 자연탐구의 6개 영역을 중심으로 구성한다.

마. 2세 보육과정은 기본생활, 신체운동, 의사소통, 사회관계, 예술경험, 자연탐구의 6개 영역을 중심으로 구성한다.

바. 3~5세 보육과정은 신체운동 · 건강, 의사소통, 사회관계, 예술경험, 자연탐구의 5개 영역을 중심으로 구성한다.

사. 3~5세 보육과정은 초등학교 교육과정과의 연계성을 고려하여 구성한다.

4 목적과 목표

① 목적

영유아의 심신의 건강과 전인적 발달을 도와 행복을 도모하며 민주시민의 기초를 형성하는 것을 목적으로 한다.

② 목표

가. 0~1세 보육과정

㉮ 건강하고 안전한 일상생활을 경험한다.

㉯ 감각 및 기본 신체운동 능력을 기른다.

㉰ 말소리를 구분하고 의사소통의 기초를 마련한다.

㉱ 친숙한 사람과 관계를 형성한다.

㉲ 아름다움에 관심을 가진다.

㉳ 보고, 듣고, 만지면서 주변 환경에 관심을 가진다.

나. 2세 보육과정

㉮ 건강하고 안전한 생활습관의 기초를 마련한다.

㉯ 감각, 신체조절 및 기본 운동 능력을 기른다.

㉰ 의사소통 능력의 기초를 기른다.

㉱ 나를 인식하고 다른 사람과 더불어 생활하는 경험을 한다.

㉲ 아름다움에 관심을 가지고 예술경험을 즐긴다.

㉳ 주변 환경에 호기심을 갖고 탐색하기를 즐긴다.

다. 3~5세 보육과정

㉮ 기본 운동 능력과 건강하고 안전한 생활 습관을 기른다.

㉯ 일상생활에 필요한 의사소통 능력과 바른 언어 사용 습관을 기른다.

㉰ 자신을 존중하고 다른 사람과 더불어 생활하는 능력과 태도를 기른다.

㉣ 아름다움에 관심을 가지고 예술 경험을 즐기며, 창의적으로 표현하는 능력을 기른다.

㉤ 호기심을 가지고 주변세계를 탐구하며, 일상생활에서 수학적 · 과학적으로 생각하는 능력과 태도를 기른다.

5 편성과 운영

① 편 성

가. 어린이집의 운영시간에 맞추어 편성한다.

나. 표준 보육과정에 제시된 각 영역의 내용을 균형 있게 통합적으로 편성한다.

다. 영유아의 발달 특성 및 개인차, 경험을 고려하여 놀이를 중심으로 편성한다.

라. 영유아의 일과 중 일상생활을 포함하여 편성한다.

마. 어린이집과 보육실의 특성에 따라 융통성 있게 편성한다.

바. 성별, 종교, 신체적 특성, 가족 및 민족 배경 등으로 인한 편견이 없도록 편성한다.

② 운 영

가. 보육계획(연간, 월간, 주간, 일일 계획 등)에 의거하여 운영한다.

나. 실내 · 외 환경을 다양한 흥미 영역으로 구성하여 운영한다.

다. 영유아의 능력과 장애정도에 따라 조정하여 운영한다.

라. 부모와 각 기관의 실정에 따라 부모교육을 실시한다.

마. 가정과 지역사회와의 협력과 참여에 기반하여 운영한다.

바. 교사 재교육을 통해 어린이집 표준보육과정 운영을 개선해 나간다.

③ 교수–학습 방법

가. 주도적인 놀이를 중심으로 교수-학습활동이 이루어지도록 한다.

나. 흥미를 중심으로 활동을 선택하고 지속할 수 있도록 한다.

다. 생활 속 경험을 소재로 하여 지식, 기술, 바람직한 태도를 기르도록 한다.

라. 교사와 신뢰감을 형성하고 개별적인 활동이 이루어지도록 한다.

마. 교사, 환경, 또래와 능동적인 상호작용이 이루어지도록 한다.

바. 주제를 중심으로 여러 활동이 통합적으로 이루어지도록 한다.

사. 만 0~1세아, 만 2세아는 일상생활 및 개별 활동, 휴식 등이 균형 있게 이루어지도록 한다.

아. 만 3~5세아는 실내 · 실외활동, 정적 · 동적활동, 대 · 소집단활동 및 개별 활동, 일상생활 및 휴식 등이 균형 있게 이루어지도록 한다.

④ **평가**

가. 운영평가

㉮ 어린이집 표준보육과정의 목표와 내용에 근거하여 보육내용이 적절히 편성 · 운영되는지 평가한다.

㉯ 어린이집 표준보육과정의 운영 내용 및 활동이 영유아의 발달 수준과 흥미, 요구에 적합한지 평가한다.

㉰ 영유아의 발달수준, 흥미, 요구에 적합한 경험 및 학습을 촉진할 수 있는 다양한 활동과 교수학습 방법이 계획되고 통합적으로 운영되는지 평가한다.

㉱ 일과 운영 및 보육활동 구성 시 놀이 활동과 일상생활 활동의 양과 내용이 영아 및 유아 각 연령의 발달에 적합하게 계획되고 운영되는지 평가한다.

㉲ 만 0~1세아, 만 2세아는 집단 활동보다 개별적인 상호작용과 교수법을 중심으로 상호작용이 진행되는지를 평가한다.

㉳ 어린이집 표준보육과정 운영 평가 결과를 수시로 반영하여 보육과정 운영 계획을 수정 · 보완하거나 다음 연도의 계획 수립 및 운영에 반영하는지 평가한다.

나. 영유아 평가

㉮ 어린이집 표준보육과정의 목표와 내용에 근거하여 영 · 유아의 특성과 변화 정도를 평가한다.

㉯ 지식, 기술, 태도 등을 평가한다.

㉰ 일상생활과 보육과정 활동 전반에 걸쳐 평가한다.

㉣ 관찰, 활동 결과물 분석, 부모면담 등 다양한 방법을 사용하여 종합적으로 평가하고, 그 결과를 기록한다.

㉤ 평가 결과는 영유아에 대한 이해와 어린이집 표준보육과정운영 개선 및 부모면담 자료로 활용한다.

(3) 0~1세 보육과정

1 0~1세 보육과정의 영역별 목표

① **기본생활** : 건강하고 안전한 일상생활을 경험한다.
가. 건강하고 편안한 일상생활을 경험한다.
나. 안전한 생활을 경험한다.

② **신체운동** : 감각 및 기본 신체운동 능력을 기른다.
가. 감각기능을 발달시키고 자신의 신체를 탐색한다.
나. 대소근육을 조절하고 걷기 등의 능력을 기른다.
다. 규칙적으로 신체활동에 참여한다.

③ **의사소통** : 말소리를 구분하고 의사소통의 기초를 마련한다.
가. 주변의 소리와 말소리 듣기에 관심을 보인다.
나. 표정, 소리, 몸짓으로 자신의 생각과 느낌을 표현한다.
다. 짧은 그림책이나 친숙한 환경 인쇄물에 관심을 가진다.
라. 끼적이기에 관심을 가진다.

④ **사회관계** : 친숙한 사람과 관계를 형성한다.
가. 자신과 다른 사람을 구별된 존재로 인식한다.
나. 기본 정서를 표현하고 다른 사람의 감정에 주의를 기울인다.
다. 안정적인 애착을 형성하고 또래나 교사와 함께 지낸다.

⑤ **예술경험** : 아름다움에 관심을 가진다.

가. 자신의 신체와 주변의 감각 자극에 호기심을 가지고 반응한다.

나. 소리와 움직임으로 반응하고, 단순한 미술을 경험하며, 모방 행동을 즐긴다.

다. 친근한 소리나 노래를 즐겨 듣고, 자연물, 사물, 주변 환경에 관심을 가진다.

⑥ **자연탐구** : 보고, 듣고, 만지면서 주변 환경에 관심을 가진다.

가. 주변 사물에 대한 탐색을 시도한다.

나. 주변에서 일어나는 수학적 상황을 지각한다.

다. 감각과 조작을 통하여 주변 사물과 자연환경에 대해 지각한다.

2 0~1세 보육과정의 영역별 내용

① 기본생활

가. 내용체계

내용범주	내용
건강하게 생활하기	몸을 깨끗이 하기
	즐겁게 먹기
	건강한 일상생활하기
안전하게 생활하기	안전하게 지내기
	위험한 상황에 반응하기

나. 세부내용

내용범주	내용	1수준	2수준	3수준	4수준
건강하게 생활하기	몸을 깨끗이 하기	몸이 깨끗해졌을 때 기분이 좋음을 안다.			
		도움을 받아 손을 씻는다.			
			도움을 받아 이를 닦는다.		
	즐겁게 먹기	편안하게 안겨서 우유(모유)를	이유식에 적응한다.	고형식에 적응한다.	다양한 음식을 먹어본다.

<table>
<tr><th>내용범주</th><th>내용</th><th>1수준</th><th>2수준</th><th>3수준</th><th>4수준</th></tr>
<tr><td rowspan="7"></td><td rowspan="3"></td><td>먹는다.</td><td></td><td></td><td></td></tr>
<tr><td colspan="2"></td><td colspan="2">도구로 음식을 먹어 본다.</td></tr>
<tr><td colspan="4">즐겁게 먹는다.</td></tr>
<tr><td rowspan="4">건강한 일상생활하기</td><td colspan="4">수면을 충분히 취한다.</td></tr>
<tr><td colspan="4">편안하게 쉰다.</td></tr>
<tr><td colspan="4">하루 일과에 편안하게 참여한다.</td></tr>
<tr><td colspan="2"></td><td colspan="2">배변 의사를 표현한다.</td></tr>
<tr><td rowspan="4">안전하게 생활하기</td><td rowspan="3">안전하게 지내기</td><td colspan="3">안전한 상황에서 놀이한다.</td><td>놀잇감을 안전하게 사용한다.</td></tr>
<tr><td colspan="4">안전한 장소에서 놀이한다.</td></tr>
<tr><td colspan="4">차량 승하차 시 안전 장구를 착용한다.</td></tr>
<tr><td>위험한 상황에 반응하기</td><td></td><td>위험하다는 말에 반응을 보인다.</td><td colspan="2">위험하다고 알려주면 주의한다.</td></tr>
</table>

② 신체운동

가. 내용체계

<table>
<tr><th>내용범주</th><th>내용</th></tr>
<tr><td rowspan="3">감각과 신체 인식하기</td><td>감각적 자극에 반응하기</td></tr>
<tr><td>감각기관으로 탐색하기</td></tr>
<tr><td>신체 탐색하기</td></tr>
<tr><td rowspan="4">신체조절과 기본운동하기</td><td>신체 균형잡기</td></tr>
<tr><td>대근육 조절하기</td></tr>
<tr><td>소근육 조절하기</td></tr>
<tr><td>기본운동하기</td></tr>
<tr><td rowspan="3">신체활동에 참여하기</td><td>몸 움직임 즐기기</td></tr>
<tr><td>바깥에서 신체 움직이기</td></tr>
<tr><td>기구를 이용하여 신체활동 시도하기</td></tr>
</table>

나. 세부내용

내용범주	내용	1수준	2수준	3수준	4수준
감각과 신체 인식하기	감각적 자극에 반응하기	시각, 청각, 촉각, 후각, 미각으로 자극을 느낀다.			
		시각, 청각, 촉각, 후각, 미각으로 자극에 반응한다.			
	감각기관으로 탐색하기	감각기관으로 주변 환경을 탐색한다.			
	신체 탐색하기	손과 발 등을 바라보며 탐색한다.	주요 신체 부분의 움직임을 탐색한다.		
신체조절과 기본운동하기 신체조절과 기본운동하기	신체 균형잡기	몸의 균형을 잡기 위한 자세를 시도한다.	붙잡고 서 있기 등의 자세를 취한다.	안정되게 서 있기 등의 자세를 시도한다.	
	대근육 조절하기	뒤집기 등 몸을 조절하여 위치를 바꾼다.	누웠다 앉기 등 몸의 움직임을 조절한다.		
	소근육 조절하기	보이는 물체에 손을 뻗는다.	눈과 손을 협응하여 소근육을 활용해 본다.		
	기본운동하기	배밀이 등 이동운동을 시도한다.	기기, 걷기 등 이동운동을 시도한다.	걷기 등 이동운동을 시도한다.	
		팔 다리 뻗기, 흔들기 등 제자리 운동을 시도한다.		서 있기, 앉기 등 제자리 운동을 시도한다.	
신체활동에 참여하기	몸 움직임 즐기기	몸을 활발히 움직인다.		몸의 움직임을 다양하게 시도한다.	
	바깥에서 신체 움직이기	규칙적으로 바깥환경을 경험한다.		규칙적으로 바깥에서 신체활동을 한다.	
	기구를 이용하여 신체활동 시도하기		간단한 기구를 이용하여 신체활동을 시도한다.		

③ 의사소통

가. 내용체계

내용범주	내용
듣기	주변의 소리와 말소리 구분하여 듣기
	경험과 관련된 말 듣고 알기

내용범주	내용
	운율이 있는 말 듣기
	말하는 사람을 보기
말하기	발성과 발음으로 소리내기
	표정, 몸짓, 말소리로 말하기
	말할 순서 구별하기
읽기	그림책과 환경 인쇄물에 관심 가지기
쓰기	끼적이기

나. 세부내용

<table>
<tr><th>내용범주</th><th>내용</th><th>1수준</th><th>2수준</th><th>3수준</th><th>4수준</th></tr>
<tr><td rowspan="7">듣기</td><td rowspan="3">주변의 소리와 말소리 구분하여 듣기</td><td colspan="3">여러 가지 소리와 말소리 듣기에 흥미를 보인다.</td><td>친숙한 낱말의 발음에 흥미를 보인다.</td></tr>
<tr><td colspan="4">익숙한 목소리를 듣고 그것에 반응한다.</td></tr>
<tr><td colspan="2"></td><td colspan="2">높낮이와 세기 등 말소리의 차이에 반응한다.</td></tr>
<tr><td rowspan="2">경험과 관련된 말 듣고 알기</td><td colspan="4">눈 앞에 보이는 경험과 관련된 말에 반응한다.</td></tr>
<tr><td></td><td colspan="3">자신의 이름이 불리면 듣고 반응한다.</td></tr>
<tr><td>운율이 있는 말 듣기</td><td colspan="4">운율이 있는 짧은 말소리를 관심 있게 듣는다.</td></tr>
<tr><td>말하는 사람을 보기</td><td colspan="2">말하는 사람의 눈을 마주 바라본다.</td><td colspan="2">말하는 사람의 표정, 몸짓을 관심 있게 본다.</td></tr>
<tr><td rowspan="5">말하기</td><td rowspan="3">발성과 발음으로 소리내기</td><td colspan="2" rowspan="2">여러 가지 소리를 내고 옹알이를 한다.</td><td colspan="2">여러 말소리를 즐겁게 내 본다.</td></tr>
<tr><td colspan="2">의미 있는 음절을 내 본다.</td></tr>
<tr><td colspan="2">옹알이와 말소리에 대해 말로 반응해 주면 모방하여 소리 낸다.</td><td colspan="2">교사의 말을 모방하여 발음한다.</td></tr>
<tr><td>표정, 몸짓, 말소리로 말하기</td><td>표정과 소리로 의사표현을 한다.</td><td>표정, 몸짓, 소리로 의사표현을 한다.</td><td colspan="2">표정, 몸짓, 말소리로 의사표현을 한다.</td></tr>
<tr><td>말할 순서 구별하기</td><td colspan="4">말할 순서에 따라 표정, 몸짓, 말소리로 반응한다.</td></tr>
<tr><td rowspan="3">읽기</td><td rowspan="3">그림책과 환경 인쇄물에 관심 가지기</td><td colspan="4">다양한 감각 책을 탐색해 본다.</td></tr>
<tr><td colspan="2"></td><td colspan="2">사물과 주변의 친숙한 환경 인쇄물에 관심을 가진다.</td></tr>
<tr><td colspan="4">읽어주는 짧은 그림책에 관심을 가진다.</td></tr>
<tr><td>쓰기</td><td>끼적이기</td><td></td><td colspan="3">끼적이기에 관심을 가진다.</td></tr>
</table>

④ 사회관계

가. 내용체계

<table>
<tr><th>내용범주</th><th>내용</th></tr>
<tr><td rowspan="2">나를 알고 존중하기</td><td>나를 구별하기</td></tr>
<tr><td>나의 것 인식하기</td></tr>
<tr><td rowspan="2">나와 다른 사람의 감정 알기</td><td>나의 감정을 나타내기</td></tr>
<tr><td>다른 사람에게 주의 기울이기</td></tr>
<tr><td rowspan="4">더불어 생활하기</td><td>안정적인 애착형성하기</td></tr>
<tr><td>또래에 관심 갖기</td></tr>
<tr><td>자신이 속한 집단 알기</td></tr>
<tr><td>사회적 가치를 알기</td></tr>
</table>

나. 세부내용

<table>
<tr><th>내용범주</th><th>내용</th><th>1수준</th><th>2수준</th><th>3수준</th><th>4수준</th></tr>
<tr><td rowspan="3">나를 알고 존중하기</td><td>나를 구별하기</td><td colspan="2">거울 속의 나에게 관심을 가진다.</td><td colspan="2">거울 속의 나를 알아본다.</td></tr>
<tr><td rowspan="2">나의 것 인식하기</td><td colspan="4">자기 이름을 부르는 소리에 반응한다.</td></tr>
<tr><td colspan="2"></td><td colspan="2">친숙한 자기 물건을 안다.</td></tr>
<tr><td rowspan="2">나와 다른 사람의 감정 알기</td><td>나의 감정을 나타내기</td><td colspan="4">나의 욕구와 감정을 나타낸다.</td></tr>
<tr><td>다른 사람에게 주의 기울이기</td><td colspan="2">다른 사람의 말과 표정, 몸짓에 주의를 기울인다.</td><td colspan="2">다른 사람이 나타내는 여러 가지 감정에 주의를 기울인다.</td></tr>
<tr><td rowspan="6">더불어 생활하기</td><td rowspan="2">안정적인 애착형성하기</td><td>양육자와 시선을 맞춘다.</td><td colspan="3">양육자에게 적극적으로 관심과 욕구를 표현한다.</td></tr>
<tr><td colspan="2">주변의 친숙한 사람의 얼굴과 목소리를 인식한다.</td><td colspan="2">주변의 친숙한 사람에게 애정을 표현한다.</td></tr>
<tr><td>또래에 관심갖기</td><td colspan="4">다른 영아와 함께 지내는 것을 경험한다.</td></tr>
<tr><td>자신이 속한 집단 알기</td><td colspan="2">담임교사를 구별한다.</td><td colspan="2">자기 반에서 지내며 안정감을 가진다.</td></tr>
<tr><td rowspan="2">사회적 가치를 알기</td><td colspan="2"></td><td colspan="2">친숙한 물건의 자리를 안다.</td></tr>
<tr><td colspan="4">만나고 헤어지는 인사를 해 본다.</td></tr>
</table>

⑤ 예술경험

가. 내용체계

<table>
<tr><th>내용범주</th><th>내용</th></tr>
<tr><td>아름다움 찾아보기</td><td>예술적 요소에 호기심 가지기</td></tr>
<tr><td rowspan="4">예술적 표현하기</td><td>리듬 있는 소리로 반응하기</td></tr>
<tr><td>움직임으로 반응하기</td></tr>
<tr><td>단순한 미술 경험하기</td></tr>
<tr><td>모방행동 즐기기</td></tr>
<tr><td>예술 감상하기</td><td>아름다움 경험하기</td></tr>
</table>

나. 세부내용

<table>
<tr><th>내용범주</th><th>내용</th><th>1수준</th><th>2수준</th><th>3수준</th><th>4수준</th></tr>
<tr><td rowspan="2">아름다움 찾아보기</td><td rowspan="2">예술적 요소에 호기심 가지기</td><td colspan="4">주변의 소리와 움직임에 호기심을 가진다.</td></tr>
<tr><td colspan="4">주변 환경에서 색, 모양에 호기심을 가진다.</td></tr>
<tr><td rowspan="6">예술적 표현하기</td><td rowspan="2">리듬 있는 소리로 반응하기</td><td colspan="2">리듬 있는 소리에 관심을 가진다.</td><td colspan="2">노래를 부분적으로 따라 부른다.</td></tr>
<tr><td colspan="2">리듬과 노래에 소리로 반응한다.</td><td colspan="2">리듬과 음높이에 맞추어 소리를 낸다.</td></tr>
<tr><td rowspan="2">움직임으로 반응하기</td><td colspan="4">손발 흔들기와 몸 움직임으로 반응한다.</td></tr>
<tr><td colspan="2"></td><td colspan="2">간단한 도구를 활용하여 움직인다.</td></tr>
<tr><td>단순한 미술 경험하기</td><td colspan="2"></td><td colspan="2">감각적으로 단순한 미술경험을 한다.</td></tr>
<tr><td>모방행동 즐기기</td><td colspan="2">소리나 얼굴 표정, 몸 움직임 등을 모방한다.</td><td colspan="2">단순한 모방 행동을 놀이처럼 즐긴다.</td></tr>
<tr><td rowspan="2">예술 감상하기</td><td rowspan="2">아름다움 경험하기</td><td colspan="2">일상생활에서 반복되는 소리와 노래에 관심을 가진다.</td><td colspan="2">일상생활에서 리듬 있는 소리와 노래를 즐겨 듣는다.</td></tr>
<tr><td colspan="4">일상생활에서 자연이나 사물의 아름다움을 경험한다.</td></tr>
</table>

⑥ 자연탐구

가. 내용체계

<table>
<tr><th>내용범주</th><th>내용</th></tr>
<tr><td rowspan="2">탐구하는 태도 기르기</td><td>사물에 관심 가지기</td></tr>
<tr><td>탐색 시도하기</td></tr>
<tr><td rowspan="4">수학적 탐구하기</td><td>수량 지각하기</td></tr>
<tr><td>주변 공간 탐색하기</td></tr>
<tr><td>차이를 지각하기</td></tr>
<tr><td>간단한 규칙성 지각하기</td></tr>
<tr><td rowspan="4">과학적 탐구하기</td><td>물체와 물질 탐색하기</td></tr>
<tr><td>주변 동식물에 관심 가지기</td></tr>
<tr><td>주변 자연에 관심 가지기</td></tr>
<tr><td>생활도구 탐색하기</td></tr>
</table>

나. 세부내용

<table>
<tr><th>내용범주</th><th>내용</th><th>1수준</th><th>2수준</th><th>3수준</th><th>4수준</th></tr>
<tr><td rowspan="2">탐구하는 태도 기르기</td><td>사물에 관심 가지기</td><td></td><td colspan="3">주변 사물에 관심을 가진다.</td></tr>
<tr><td>탐색 시도하기</td><td>나와 주변 사물을 감각으로 탐색한다.</td><td colspan="3">주변의 사물에 대해 의도적인 탐색을 시도한다.</td></tr>
<tr><td rowspan="5">수학적 탐구하기</td><td>수량 지각하기</td><td></td><td>있고 없는 상황을 지각한다.</td><td>'있다'와 '없다'를 구별한다.</td><td>'한 개'와 '여러 개'를 구별한다.</td></tr>
<tr><td rowspan="2">주변 공간 탐색하기</td><td></td><td colspan="3">도움을 받아 주변의 공간을 탐색한다.</td></tr>
<tr><td colspan="4">주변 사물의 모양을 지각한다.</td></tr>
<tr><td>차이를 지각하기</td><td colspan="2"></td><td colspan="2">주변 사물의 차이를 지각한다.</td></tr>
<tr><td>간단한 규칙성 지각하기</td><td colspan="2"></td><td colspan="2">일상과 놀이에서 간단한 규칙성을 경험한다.</td></tr>
<tr><td rowspan="3">과학적 탐구하기</td><td>물체와 물질 탐색하기</td><td colspan="4">일상생활 주변의 몇 가지 친숙한 것들을 양육자와 함께 탐색한다.</td></tr>
<tr><td>주변 동식물에 관심 가지기</td><td colspan="2"></td><td colspan="2">주변 동식물의 모양, 소리, 움직임에 관심을 가진다.</td></tr>
<tr><td>주변 자연에</td><td></td><td colspan="3">생활 주변의 자연물을 감각으로 느껴본다.</td></tr>
</table>

내용범주	내용	1수준	2수준	3수준	4수준
	관심 가지기		바람, 햇빛, 비 등을 감각으로 느껴본다.		
	생활도구 탐색하기			도움을 받아 생활도구를 탐색한다.	

(4) 2세 보육과정

1 2세 보육과정의 영역별 목표

① **기본생활** : 건강하고 안전한 생활습관의 기초를 마련한다.
가. 건강한 생활습관의 기초를 경험한다.
나. 안전한 생활습관의 기초를 경험한다.

② **신체운동** : 감각, 신체조절 및 기본 운동 능력을 기른다.
가. 감각능력을 기르고, 자신의 신체 움직임을 탐색한다.
나. 안정된 자세로 대소근육을 조절하고 기본운동능력을 기른다.
다. 규칙적으로 신체활동에 참여한다.

③ **의사소통** : 의사소통 능력의 기초를 기른다.
가. 다른 사람의 말과 짧은 이야기 듣는 것을 즐긴다.
나. 자신의 생각과 느낌을 말로 주고받기를 즐긴다.
다. 그림책이나 환경 인쇄물에 관심을 가지며 글의 내용에 흥미를 가진다.
라. 글자 형태 끼적이기에 관심을 가진다.

④ **사회관계** : 나를 인식하고 다른 사람과 더불어 생활하는 경험을 한다.
가. 자기 존중감을 형성한다.
나. 자신의 감정을 알고 다른 사람의 감정에 반응을 보인다.
다. 가족을 사랑하고 또래, 교사와 즐겁게 지내며 간단한 규칙 등을 지킨다.

⑤ **예술경험** : 아름다움에 관심을 가지고 예술경험을 즐긴다.

가. 주변 생활에서 예술적 요소를 발견하고 흥미롭게 탐색한다.

나. 간단한 리듬이나 노래, 움직임, 자발적인 미술활동을 자유롭게 시도하고 모방이나 상상놀이로 표현한다.

다. 주변의 환경과 자연 및 다양한 표현에서 예술적 요소를 관심 있게 보고 즐긴다.

⑥ **자연탐구** : 주변 환경에 호기심을 갖고 탐색하기를 즐긴다.

가. 호기심을 가지고 주변 세계에 대해 다양하게 탐색한다.

나. 주변에서 경험하는 수학적 상황을 인식한다.

다. 다양한 탐색을 통하여 주변 사물과 자연환경을 인식한다.

[2] 2세 보육과정의 영역별 내용

① 기본생활

가. 내용체계

내용범주	내용
건강하게 생활하기	몸을 깨끗이 하기
	바르게 먹기
	건강한 일상생활하기
	질병에 대해 알기
안전하게 생활하기	안전하게 놀이하기
	교통안전 알기
	위험한 상황알기

나. 세부내용

내용범주	내용	1수준	2수준
건강하게 생활하기	몸을 깨끗이 하기	스스로 손과 몸 씻기를 시도한다.	
		스스로 이 닦기를 시도한다.	

<table>
<tr><th>내용범주</th><th>내용</th><th>1수준</th><th>2수준</th></tr>
<tr><td rowspan="8">건강하게 생활하기</td><td rowspan="3">바르게 먹기</td><td colspan="2">음식을 골고루 먹는다.</td></tr>
<tr><td colspan="2">도구를 사용하여 스스로 먹는다.</td></tr>
<tr><td colspan="2">정해진 자리에서 먹는다.</td></tr>
<tr><td rowspan="4">건강한 일상생활하기</td><td colspan="2">일과에 따라 규칙적으로 잠을 잔다.</td></tr>
<tr><td colspan="2">정해진 시간에 알맞게 휴식한다.</td></tr>
<tr><td colspan="2">하루 일과에 즐겁게 참여한다.</td></tr>
<tr><td>정해진 곳에서 배변한다.</td><td>화장실에서 배변한다.</td></tr>
<tr><td>질병에 대해 알기</td><td colspan="2">질병의 위험을 안다.</td></tr>
<tr><td rowspan="5">안전하게 생활하기</td><td rowspan="2">안전하게 놀이하기</td><td colspan="2">놀이기구나 놀잇감을 안전하게 사용한다.</td></tr>
<tr><td colspan="2">안전한 장소에서 놀이한다.</td></tr>
<tr><td>교통안전 알기</td><td>교통수단의 위험을 안다.</td><td>교통수단의 위험을 알고 조심한다.</td></tr>
<tr><td rowspan="2">위험한 상황알기</td><td>위험한 상황과 위험한 것을 안다.</td><td>위험한 상황과 위험한 것을 알고 조심한다.</td></tr>
<tr><td colspan="2">위험한 상황 시 어른의 지시에 따른다.</td></tr>
</table>

② 신체운동

가. 내용체계

<table>
<tr><th>내용범주</th><th>내용</th></tr>
<tr><td rowspan="3">감각과 신체 인식하기</td><td>감각능력 기르기</td></tr>
<tr><td>감각 기관 활용하기</td></tr>
<tr><td>신체를 인식하고 움직이기</td></tr>
<tr><td rowspan="4">신체조절과 기본운동하기</td><td>신체 균형잡기</td></tr>
<tr><td>대근육 조절하기</td></tr>
<tr><td>소근육 조절하기</td></tr>
<tr><td>기본운동하기</td></tr>
<tr><td rowspan="3">신체활동에 참여하기</td><td>신체활동에 참여하기</td></tr>
<tr><td>바깥에서 신체활동하기</td></tr>
<tr><td>기구를 이용하여 신체활동하기</td></tr>
</table>

나. 세부내용

내용범주	내용	1수준	2수준
감각과 신체 인식하기	감각능력 기르기	다양한 감각적 차이에 반응한다.	
	감각 기관 활용하기	감각기관으로 주변 환경을 탐색한다.	
	신체를 인식하고 움직이기	신체 각 부분의 명칭을 안다.	
		신체 각 부분의 움직임을 탐색한다.	
신체 조절과 기본 운동하기	신체균형잡기	안정된 자세를 취하려고 시도한다.	
	대근육 조절하기	팔, 다리, 목, 허리 등 움직임을 조절한다.	
	소근육 조절하기	눈과 손을 협응하여 소근육을 조절해 본다.	
	기본운동하기	걷기, 계단 오르기 등 이동운동을 한다.	
		제자리에서 몸을 움직여본다.	
신체 활동에 참여하기	신체활동에 참여하기	신체활동에 자발적으로 참여해 본다.	
	바깥에서 신체활동하기	규칙적으로 바깥에서 신체활동을 한다.	
	기구를 이용하여 신체활동하기	간단한 기구를 이용하여 신체활동을 한다.	

③ 의사소통

가. 내용체계

내용범주	내용
듣기	말소리 구분하여 듣고 의미알기
	짧은 문장 듣고 알기
	짧은 이야기 듣기
	말하는 사람을 주의 깊게 보기
말하기	낱말과 간단한 문장으로 말하기
	자신이 원하는 것을 말하기
	상대방을 바라보며 말하기
읽기	그림책과 환경 인쇄물에 흥미 가지기
쓰기	끼적이며 즐기기

나. 세부내용

내용범주	내용	1수준	2수준
듣기	말소리 구분하여 듣고 의미알기	친숙한 낱말의 발음에 흥미를 보인다.	친숙한 낱말의 발음에 관심을 가지고 듣는다.
		다양한 말소리의 차이를 구분한다.	
	짧은 문장 듣고 알기	낱말을 듣고 친숙한 사물과 사람을 찾아본다.	일상생활과 관련된 친숙한 낱말을 듣고 뜻을 이해한다.
		친숙한 짧은 문장을 듣고 반응한다.	
	짧은 이야기 듣기	짧은 이야기와 노랫말 등을 즐겁게 듣는다.	
	말하는 사람을 주의 깊게 보기	말하는 사람의 표정, 몸짓, 억양 등을 주의 깊게 보고 듣는다.	
말하기	낱말과 간단한 문장으로 말하기	눈앞에 보이는 친숙한 사물의 이름을 발음해본다.	친숙한 낱말을 발음해 본다.
		일상생활에서 경험한 새로운 낱말에 관심을 가진다.	
		일상생활의 반복적인 일이나 친숙한 상황을 한 두 낱말이나 간단한 문장으로 말해본다.	
	자신이 원하는 것을 말하기	표정, 몸짓, 말소리로 의사표현을 한다.	
		자신이 원하는 것을 한 두 낱말로 말해본다.	자신이 원하는 것을 낱말이나 짧은 문장으로 말해본다.
	상대방을 바라보며 말하기	말할 순서에 상대방을 바라보며 말을 주고 받는다.	
읽기	그림책과 환경 인쇄물에 흥미 가지기	그림책과 환경 인쇄물에 있는 그림과 내용에 관심을 가진다.	
		친숙한 그림과 환경 인쇄물을 보고 읽는 흉내를 내 본다.	
		선호하는 그림책들을 읽어주면 집중하여 듣는다.	
쓰기	끼적이며 즐기기	의도적으로 끼적인다.	
		자기 이름 끼적이기에 관심을 가진다.	

④ 사회관계

가. 내용체계

내용범주	내용
나를 알고 존중하기	나를 구별하기
	좋아하는 것 해 보기
나와 다른 사람의 감정 알기	나의 감정을 나타내기

내용범주	내용
	다른 사람의 감정에 반응하기
더불어 생활하기	내 가족 알기
	또래와 관계하기
	자신이 속한 집단 알기
	사회적 가치를 알기

나. 세부내용

내용범주	내용	1수준	2수준
나를 알고 존중하기	나를 구별하기	나와 다른 사람의 모습을 구별한다.	
	좋아하는 것 해보기	내가 좋아하는 것을 찾아본다.	
		좋아하는 놀이나 놀잇감을 선택해 본다.	스스로 선택한 놀이나 놀잇감을 즐긴다.
나와 다른 사람의 감정 알기	나의 감정을 나타내기	여러 가지 감정을 말과 행동으로 나타낸다.	
	다른 사람의 감정에 반응하기	다른 사람이 나타내는 여러 가지 감정에 반응을 보인다.	
더불어 생활하기	내 가족 알기	내 가족에게 애정을 표현한다.	내 가족에게 다른 사람과는 구별된 특별한 감정을 갖는다.
	또래와 관계하기	또래에게 관심을 보인다.	또래의 모습과 행동을 모방한다.
		또래의 이름을 안다.	또래가 있는 곳에서 놀이를 한다.
	자신이 속한 집단 알기	자신이 속한 반과 교사를 안다.	자신이 속한 반의 활동에 즐겁게 참여한다.

내용범주	내용	1수준	2수준
더불어 생활하기	사회적 가치를 알기	도움 받아 물건을 정리한다.	스스로 물건을 정리한다.
		자기 순서를 안다.	순서를 기다린다.
		바른 태도로 인사한다.	
		간단한 약속을 지킨다.	

⑤ 예술경험

가. 내용체계

내용범주	내용
아름다움 찾아보기	예술적 요소 탐색하기
예술적 표현하기	리듬 있는 소리와 노래로 표현하기
	움직임으로 표현하기
	자발적으로 미술활동하기
	모방과 상상놀이하기
예술 감상하기	아름다움 즐기기

나. 세부내용

내용범주	내용	1수준	2수준
아름다움 찾아보기	예술적 요소 탐색하기	주변 환경에서 나는 다양한 소리와 움직임을 탐색한다.	
		주변 환경에서 색, 모양을 탐색한다.	
예술적 표현하기	리듬있는 소리와 노래로 표현하기	친근한 노래를 따라 부른다.	
		신체, 사물, 리듬악기 등을 이용하여 간단한 리듬과 소리를 만든다.	
	움직임으로 표현하기	노래나 리듬에 맞춰 몸으로 표현한다.	
		간단한 도구를 활용하여 몸으로 표현한다.	
	자발적으로 미술활동하기	자발적으로 그리기, 만들기를 한다.	
		간단한 도구와 미술재료를 다룬다.	

<table>
<tr><th>내용범주</th><th>내용</th><th>1수준</th><th>2수준</th></tr>
<tr><td></td><td>모방과 상상놀이하기</td><td>모방행동을 놀이처럼 즐긴다.</td><td>일상생활 경험을 상상놀이로 즐긴다.</td></tr>
<tr><td rowspan="3">예술 감상하기</td><td rowspan="3">아름다움 즐기기</td><td colspan="2">자연이나 생활의 소리나, 움직임, 친근한 음악과 춤을 관심 있게 듣거나 본다.</td></tr>
<tr><td colspan="2">일상생활에서 자연과 사물의 아름다움에 관심을 가지고 즐긴다.</td></tr>
<tr><td colspan="2">자신과 또래가 표현한 노래, 춤, 미술품 등에 관심을 가지고 즐긴다.</td></tr>
</table>

⑥ 자연탐구

가. 내용체계

내용범주	내용
탐구하는 태도 기르기	호기심 가지기
	반복적 탐색 즐기기
수학적 탐구하기	수량 인식하기
	공간과 도형에 관심 가지기
	차이에 관심 가지기
	단순한 규칙성에 관심 가지기
	구분하기
과학적 탐구하기	물체와 물질 탐색하기
	주변 동식물에 관심 가지기
	자연을 탐색하기
	생활도구 사용하기

나. 세부내용

<table>
<tr><th>내용범주</th><th>내용</th><th>1수준</th><th>2수준</th></tr>
<tr><td rowspan="2">탐구하는 태도 기르기</td><td>호기심 가지기</td><td colspan="2">주변 사물과 자연 세계에 호기심을 가진다.</td></tr>
<tr><td>반복적 탐색 즐기기</td><td colspan="2">관심 있는 사물을 반복하여 주도적으로 탐색하기를 즐긴다.</td></tr>
<tr><td rowspan="2">수학적 탐구하기</td><td rowspan="2">수량 인식하기</td><td colspan="2">많고 적음을 구별한다.</td></tr>
<tr><td>두 개 가량의 수 이름을 말해본다.</td><td>세 개 가량의 구체물을 말하며 세어본다.</td></tr>
</table>

내용범주	내용	1수준	2수준
		구체물을 일대일로 대응해본다.	
	공간과 도형에 관심 가지기	나를 중심으로 익숙한 위치, 장소를 인식한다.	
		주변 사물의 모양에 관심을 가진다.	
	차이에 관심 가지기	주변 사물의 크기(속성의 차이)에 관심을 가진다.	
	단순한 규칙성에 관심 가지기	주변에서 단순하게 반복되는 규칙성에 관심을 가진다.	
	구분하기	주변 사물의 같고 다름에 따라 구분한다.	
과학적 탐구하기	물체와 물질 탐색하기	친숙한 물체와 물질을 능동적으로 탐색한다.	
	주변 동식물에 관심 가지기	주변 동식물의 모양, 소리, 움직임에 관심을 가진다.	
	자연을 탐색하기	돌, 물, 모래 등의 자연물을 탐색한다.	
		날씨를 감각으로 느낀다.	
	생활도구 사용하기	생활 속에서 간단한 도구에 관심을 가진다.	
		간단한 도구를 사용한다.	

2. 유아교육과정의 계획과 운영

1) 유아교육과정의 구성

유아교육과정은 일반적인 교육과정의 구성요소로 교육목적, 교육내용, 교육방법, 교육평가를 포함한다. 이러한 구성요소는 첫째, 명확한 교육목표를 갖고 있는지, 둘째, 정한 교육목표를 달성하기 위해 적절한 교육내용과 방법을 구성하고 있는지, 셋째, 교육목표와 교육내용의 조합과 성과가 교육평가에 들어갔는지를 질문하면서 교육과정을 운영해야 할 것이다.

이를 위해 유아교육기관에서는 교육부에서 발간한 교육과정 해설집과 교사용 지도 자료집, 그리고 해당 시 · 도 교육청 및 보건복지부에서 제시한 교육과정 편성 · 운영지침에 의거하여 각 기관의 실정에 적합한 교육프로그램 또는 교육계획안을 작성한다.

교육프로그램 계획 수립시 고려해야 할 구체적인 사항 다음과 같다(이혜원 외, 2013).

- 유아의 연령 및 개인차 등의 발달 수준
- 유아의 흥미와 관심
- 지역사회의 실정
- 가정환경 및 부모의 요구
- 교육내용 간의 통합성
- 유치원의 특성
- 연간 수업일수와 하루 운영 시간
- 학급당 원아수 및 교사 대 아동 비율
- 학급 편성 유형
- 시설 및 환경(실내 · 외 공간구성)
- 교재 · 교구의 확보정도

또한 유치원 교육프로그램 계획의 목적은 유아의 전인적 성장 · 발달을 도와주기 위한 양질의 교육활동을 제공하는데 있다. 이러한 목적을 토대로 유치원에서 교육프로그램을 계획할 때에는 여러 가지 자료를 참고하는 것이 좋다. 즉, 타기관에서 적용하고 있는 유아교육과정, 최근 유아교육과정의 동향에 대한 전문가의 의견, 교육부의 장학지침, 각 유아교육 학계의 연구물 등을 참고자료로 활용할 수 있다.

유치원에서 이루어지는 학습경험과 활동에 대한 일반적인 교육계획안은 연간교육계획안, 월간 교육계획안, 주간 교육계획안, 일일 교육계획안으로 나누어 수립된다. 이 때 전년도에 적용했던 교육계획안의 장 · 단점을 충분히 검토하고 개선해야 할 점을 찾아서 그것을 반영해야 할 것이다. 교육계획안은 아래와 같은 특성을 갖고 작성해야 할 것이다.

(1) 연월간 교육계획

연월간 교육계획안은 다음과 같은 특성을 고려하여 계획하도록 한다. 첫째, 유아의 발달과 학습을 위해 다양한 학습경험이 연간에 걸쳐 안배되도록 한다. 둘째, 연령별 목표에 따라 여러 개의 주제를 선정하고 예상되는 시기에 배치한다. 셋째, 획일적인 특별활동을 지양하고 유아들이 수준에 맞게 직접 체험해 볼 수 있는 내용으로 구성한다. 넷째, 연간 계획시, 유아교육기관의 일정과 함께 지역사회, 국가의 행사를 반영하여 사회문화적인 연관성을 가질 수 있도록 할 수 있다. 다섯째, 지속적으로 다루어야 할 내용은 연월간 계획에서 누락되지 않도록 안배를 잘 해 넣는다. 여섯째, 계열성과 연계성을 유지하면서 연월간 계획을 한다. 다음 〈표 4-1〉, 〈표 4-2〉, 〈표 4-3〉은 누리과정에 기초한 연간주제로서 만 3세, 4세, 5세의 계획안이다.

표 4-1

3세 연간보육계획 주제 및 소주제

월	주 제	주	소 주 제
3	유치원/어린이집과 친구	1	유치원/어린이집의 환경
		2	유치원/어린이집에서의 하루
		3	유치원/어린이집에서 만난 친구
		4	함께 놀이하는 유치원/어린이집
4	봄	1	봄의 날씨
		2	봄의 풍경
4-5	동식물과 자연	1	궁금한 동식물
		2	동식물과 우리생활
		3	식물과 우리생활
		4	자연과 더불어 사는 우리
5	나와 가족	1	나의 몸과 마음
		2	소중한 나
		3	소중한 가족
		4	행복한 우리집
6	우리 동네	1	우리 동네 모습
		2	우리 동네 생활
		3	우리 동네 사람들

월	주 제	주	소 주 제
7	건강과 안전	1	즐거운 운동과 휴식
		2	깨끗한 나와 환경
		3	맛있는 음식과 영양
		4	안전한 놀이와 생활
8	여름	1	여름의 날씨
		2	여름 꽃과 과일
8	교통기관	1	여러 가지 육상 교통기관
		2	고마운 육상 교통기관
		3	항공/해상 교통기관
		4	즐거운 교통생활
9	우리나라	1	우리나라 사람들의 생활
		2	우리나라의 놀이와 예술
		3	우리나라의 역사와 자랑거리
9–10	가을과 열매	1	가을 풍경(1권)
		2	가을의 변화
		3	풍성한 가을
		4	추석과 놀이
		5	가을 나들이
11	환경과 생활	1	물과 우리생활
		2	돌 · 흙과 우리생활
		3	바람 · 공기와 우리생활
		4	빛과 우리의 생활
		5	소리와 우리의 생활
12	겨울과 놀이	1	겨울 날씨(1권)
		2	겨울 풍경(1권)
		3	사랑을 나눠요
		4	건강한 겨울나기
		5	눈과 눈사람
1	생활도구	1	다양한 생활 도구
		2	생활도구를 움직이는 힘
		3	생활도구로서의 미디어
2	형님이 되어요	1	많이 컸어요
		2	동생들에게 알려 주어요
		3	형님이 될 준비를 해요
		4	즐거웠던 우리 반

출처: 진호유치원(2014). 2014 행복한 꿈나무를 위한 진호교육과정

표 4-2

4세 연간보육계획 주제 및 소주제

월	주 제	주	소 주 제
3	유치원/어린이집과 친구	1	유치원/어린이집의 환경
		2	유치원/어린이집에서의 하루
		3	유치원/어린이집에서 만난 친구
		4	함께 만드는 어린이집
4	봄	1	봄의 변화
		2	봄의 풍경
4–5	동식물과 자연	1	동식물과 우리생활, 궁금한 동식물
		2	식물과 우리생활 궁금한 동식물
		3	자연과 더불어 사는 우리
5	나와 가족	1	나의 몸과 마음
		2	소중한 나
		3	소중한 가족
		4	가족의 생활과 문화
6	우리 동네	1	우리 동네 모습, 우리 동네 생활
		2	우리 동네 사람들
		3	우리 동네 전통과 문화
6–7	건강한 안전	1	즐거운 운동과 휴식, 깨끗한 나와 환경
		2	맛있는 음식과 영양
		3	안전한 놀이와 생활
7	여름	1	여름의 날씨와 물놀이
		2	여름 풍경
7–8	교통기관	1	여러 가지 육상 교통기관
		2	고마운 육상 교통기관
		3	항공/해상 교통기관
		4	즐거운 교통생활
8–9	우리나라	1	우리나라 사람들의 생활
		2	우리나라의 놀이와 예술
		3	우리나라의 역사, 우리나라의 자랑거리
9	세계 여러 나라	1	세계 여러 나라 사람들의 생활
		2	세계 여러 나라의 문화유산
		3	세계 여러 나라와의 교류, 세계의 자연과 사회현상
10	가을과 열매	1	가을 풍경(1권)
		2	가을의 변화
		3	풍성한 가을

월	주 제	주	소 주 제
		4	추석과 놀이
		5	가을 나들이
11	환경과 생활	1	물과 우리생활
		2	돌 · 흙과 우리생활
		3	바람 · 공기와 우리생활
		4	빛과 우리의 생활, 소리와 우리의 생활
12	겨울과 놀이	1	겨울 날씨(1권)
		2	겨울 풍경(1권)
		3	감사와 사랑을 나눠요
		4	건강한 겨울나기
		5	신나는 겨울놀이
1	생활도구	1	다양한 생활 도구
		2	생활도구를 움직이는 힘
		3	생활도구로서의 미디어, 미래의 생활도구
2	형님이 되어요	1	많이 컸어요
		2	동생들에게 알려 주어요
		3	형님이 될 준비를 해요
		4	즐거웠던 우리 반

출처: 진호유치원(2014). 2014 행복한 꿈나무를 위한 진호교육과정

표 4-3

5세 연간보육계획 주제 및 소주제

월	주 제	주	소 주 제
3	유치원/어린이집 과 친구	1	유치원/어린이집의 환경
		2	유치원/어린이집에서의 하루
		3	유치원/어린이집에서 만난 친구
		4	함께 만드는 어린이집
4	봄	1	봄꽃과 식물
		2	봄 날씨와 생활
4-5	동식물과 자연	1	궁금한 동식물
		2	동물과 우리생활
		3	식물과 우리생활
		4	자연과 더불어 사는 우리
5	나와 가족	1	나의 몸과 마음
		2	소중한 나

월	주 제	주	소 주 제
		3	소중한 가족
		4	가족의 생활과 문화
6	우리 동네	1	우리 동네 모습
		2	우리 동네 생활
		3	우리 동네 사람들
		4	우리 동네 전통과 문화
6–7	건강한 안전	1	즐거운 운동과 휴식
		2	깨끗한 나와 환경
		3	맛있는 음식과 영양
		4	안전한 놀이와 생활
7	여름	1	여름의 날씨와 물놀이
		2	여름 풍경
7–8	교통기관	1	교통기관의 종류
		2	고마운 교통기관
		3	교통기관의 변천과정과 구조
		4	교통통신과 교통생활
8–9	우리나라	1	우리나라 사람들의 생활
		2	우리나라의 놀이와 예술
		3	우리나라의 역사
		4	우리나라의 자랑거리
9	세계 여러 나라	1	세계 여러 나라 사람들의 생활
		2	세계 여러 나라의 문화유산
		3	세계 여러 나라와의 교류, 세계의 자연과 사회현상
10	가을과 열매	1	가을 풍경(1권)
		2	가을의 변화
		3	풍성한 가을
		4	추석과 놀이
		5	가을 나들이
11	환경과 생활	1	물과 우리생활
		2	돌 · 흙과 우리생활
		3	바람 · 공기와 우리생활
		4	빛과 우리의 생활, 소리와 우리의 생활
12	겨울과 놀이	1	겨울 날씨(1권)
		2	겨울 풍경(1권)
		3	감사와 사랑을 나눠요
		4	건강한 겨울나기

월	주 제	주	소 주 제
		5	신나는 겨울놀이
1	생활도구	1	다양한 생활 도구
		2	생활도구를 움직이는 힘
		3	생활도구로서의 미디어, 미래의 생활도구
2	기대되는 초등학교	1	초등학교가 궁금해요. 1
		2	초등학교가 궁금해요. 2
		3	즐거웠던 우리반
		4	유치원/어린이집을 떠나요.

출처: 진호유치원(2014). 2014 행복한 꿈나무를 위한 진호교육과정

(2) 주간 교육계획

주간계획은 주단위의 활동을 균형있게 계획하기 위한 것이다. 주간 교육계획은 전주에 교육한 내용을 바탕으로 평가하고, 그 내용을 반영하면서 한 주를 계획해야 한다. 유아를 위한 주간 교육계획은 다음과 같은 특성을 갖는다(이혜원 외, 2013).

첫째, 월간계획을 기초로 각 주제의 시작과 종료, 견학이나 행사 등에 대한 일정을 구체적으로 적는다.

둘째, 지난 주의 내용과 다음 주와의 내용과 연계될 수 있도록 기술한다.

셋째, 요일별로 자유선택활동 시간의 각 흥미영역에서의 활동들을 기입하고, 집단활동에 대해서도 구체적으로 명시한다. 다음 〈표 4-4〉는 주간 교육계획안의 한 예이다.

표 4-4

주간 교육계획안

주 제 : 즐거운 유치원			반 명 : 분홍반		
소주제 : 분홍반에 왔어요			실시주간 : 3월 1주		
요일	월	화	수	목	금
아침모임	· 이야기나누기 : 선생님과 인사하기, 이름표 소개하고 붙여보기, 교실 둘러보기		· 이야기나누기 : 분홍반 하루 일과에 대하여 · 동시 : 계획하기	· 언어전달 : 유치원 이름알기	· 이야기나누기 : 분홍반 약속정하기

<table>
<tr><td rowspan="6">실
내
자
유
놀
이</td><td>언 어</td><td colspan="2">· 친구 이름 묻고 들어보기, 이름표 서로 찾아 붙여보기, 자음, 모음, 글자, 획순훈련</td><td colspan="3">· 그림보고 이야기하기, 친구이름 쓰기, 교실물건에 이름 붙여주기
· 동화 : 영희와 장난감, 아기코끼리 유치원</td></tr>
<tr><td>수
과 학</td><td colspan="2">· 동그라미, 세모, 네모 모양으로 붙여 꾸미기</td><td colspan="3">· 숫자쓰기, 확대경으로 관찰하기, 색카드 놓기</td></tr>
<tr><td>작 업</td><td colspan="2">· 환경판 꾸미기 : 나비(데칼코마니)</td><td colspan="3">· 나비얼굴에 자기얼굴 그려 붙여 나비 완성하기</td></tr>
<tr><td>소 꿉</td><td colspan="2">· 소꿉그릇 이용하여 상 차리기</td><td colspan="3">· 밀가루 반죽놀이(여러 가지 모양 찍기틀 첨가), 음식 만들어 먹기</td></tr>
<tr><td>블 록</td><td colspan="2">· 블록으로 자유롭게 꾸미기</td><td colspan="3">· 자동차길 꾸미기, 집 꾸미고 도로 연결하기</td></tr>
<tr><td>음 률</td><td colspan="2">· 새노래 : ○○유치원</td><td colspan="3">· 노래 : ○○유치원, 반갑다, 악기 만져 보고 정리해 보기</td></tr>
<tr><td colspan="2">정리정돈 및 전이</td><td colspan="2">· 노래 : 모두 제자리</td><td>· 손유희 : 거미가 줄을 타고</td><td colspan="2">· 노래 : 모두 제자리</td></tr>
<tr><td colspan="2">대 · 소그룹 활동</td><td>· 새노래 : ○○유치원
· 색종이접기 : 종이접기의 약속</td><td>· 언어전달의 약속 정하기
· 악기놀이 : 악기의 종류 및 다루는 법</td><td>· 체육활동</td><td>· 주제활동 : 주제활동 시간에 대한 약속</td><td>· 게임 : 신문지 모자</td></tr>
<tr><td colspan="2">실 외 놀 이</td><td colspan="3">· 실외놀이 영역 놀잇감 소개
· 모래놀이</td><td colspan="2">· 실외놀잇감 정리하며 정리방법 이야기하기</td></tr>
<tr><td colspan="2">학부모님께</td><td colspan="5">분홍반 등원은 9시입니다. 9시부터 이야기나누기, 놀이계획하기 등의 대그룹 활동이 진행될 예정입니다. 가급적 아동들을 9시까지는 등원시켜 주십시오.</td></tr>
</table>

(3) 일일 교육계획

일일 교육계획은 주간계획을 기초로 하루일과를 유아들이 어떻게 보낼 것인지 계획하는 것이다. 일일 교육계획안 작성시 다음과 같은 지침을 고려해야 한다(양옥승 외, 2011).

첫째, 교사는 일일 교육활동을 계획할 때, 그 동안의 유아들의 성장과 관심, 주제에 대한 이해를 고려해서 활동안을 구성해야 한다.

둘째, 하루 중의 활동은 균형감있게 계획한다. 실내-실외, 정적-동적, 집단-개별, 유아주도-교사주도 활동을 상호균형적으로 안배한다.

셋째, 매일의 계획은 일일 목표에 맞게 일관성 있게 작성한다.

넷째, 일일 활동의 평가는 매일 이루어지고, 다음 날의 활동 구성과 진행방식에 반영하도록 한다.

표 4-5

일일 교육계획안

생활 주제	유치원과 친구	소주제	친구와 사이좋게 놀이하기	수업 일수	13
목 표	· 얼굴표정을 보고 감정 상태를 적절히 인식한다.	중심 활동	이야기나누기 / 음악 / 사회 / 게임 / 안전		
시 간 및 활 동		활 동 내 용			
		1 수 준	2 수 준		
08:30 ~10:30 등원, 놀이계획 및 자유 선택활동	탄력밴드에 관심을 가지고 탄력밴드의 탄성을 탐색한다. 친구와 함께 과학 영역의 활동에 즐겁게 참여한다.	1. 등원하는 유아와 반갑게 인사를 나누고 자기 물건(가방, 신발)을 바르게 정리한다. 2. 자유선택활동 계획하기 및 우유 간식 먹기 3. 자유선택활동 과학 영역 – 얼마나 늘어날까? 1) 탄력밴드를 보며 이야기 나눈다. – (탄력밴드를 보며) 이것은 무엇일까? – 이것은 '탄력밴드'라고 한단다. 탄력밴드를 본 적 있니? – 탄력밴드는 어떻게 사용하는 것일까? 2) 탄력밴드를 당기면 얼마나 늘어날지 예측해 보고 다양한 방법으로 탐색해 본다. – 탄력밴드를 당기면 얼마나 늘어날까? – 탄력밴드의 원래 길이만큼 표시해 볼까? – 밴드를 힘껏 당겨 보자. 친구가 밴드를 늘리면 또 다른 친구가 늘어난 만큼 표시해 보자. – 다시 내려 놓으니 원래 처음의 길이로 돌아올까? – 이번엔 한쪽 발로 밴드의 가운데를 밟고 양 손으로 당겨 볼까? – 친구와 힘을 모아 양쪽에서 당겨 보자. 3) 다양한 방법으로 늘려 본 탄력밴드의 길이를 비교해 본다. – 탄력밴드의 원래 길이와 혼자서 당겼을 때의 길이는 얼마나 차이가 날까? – 탄력밴드의 원래 길이와 발로 밟아 당겼을 때의 길이는		· 자연탐구: 탐구하는 태도 기르기 – 탐구과정 즐기기 · 자연탐구: 과학적 탐구하기 – 물체와 물질 알아보기	탄력밴드

		얼마나 차이가 나니? – 이번에는 탄력밴드의 원래 길이와 친구와 양쪽에서 당겼을 때의 길이를 비교해 보자. – 어떤 경우가 가장 많이 늘어났니? – 탄력밴드를 당기지 않을 때는 모두 원래의 길이로 돌아왔는지 비교해 보자. ♥ 활동의 유의점 1) 친구와 양쪽에서 탄력밴드를 잡아당길 때 유아가 무게중심을 너무 뒤로 하거나 강하게 당기다가 밴드를 놓치면 다칠 위험이 있으므로 주의하도록 한다. 2) 탄력밴드의 늘어남 정도를 측정할 때에는 유아가 쉽게 다룰 수 있는 줄이나 블록 등의 임의의 단위를 사용하도록 한다. ♥ 활동 평가 1) 탄력밴드에 관심을 가지고 적극적으로 탐색하는지 평가한다. 2) 과학 영역의 활동에 즐겁게 참여하는지 평가한다. ★창의 · 인성관련 창의성: 인지적 요소 – 사고의 확장 인성: 질서 – 기초질서		
10:50 ~ 11:10 이야기 나누기 (서로의 마음을 알아 봐요.)	얼굴표정을 보고 감정 상태를 적절히 인식한다. 얼굴표정에 나타난 감정에 대해 자유롭게 이야기 나눈다.	1) 네 가지 얼굴 표정 사진을 한 장씩 보며 감정과 그 감정이 유발된 이유를 추론해 본다. – (얼굴표정 사진을 보며) 이 아이는 어떤 기분이니? – 왜 그렇게 생각했니? 무엇을 보고 이 아이의 마음을 알 수 있었니? – 또 어디를 보고 알 수 있니? 2) 주인공의 얼굴표정이 없는 상황 그림을 살펴본다. – 어떤 그림이니? – 그림에서 아이들은 무엇을 하고 있는 것 같니? 3) 주인공의 얼굴표정이 없는 상황 그림에 축소한 얼굴표정 사진을 붙이고, 그 이유에 대해 이야기 나눈다. – 표정이 없는 아이는 어떤 표정을 하고 있을 것 같니? 어떤 마음일까? – 네 가지 얼굴표정 중에서 한 가지를 골라 붙여 보자. – ○○는 어떤 얼굴표정을 골랐니? – 이 아이는 왜 그런 표정을 짓게 되었을까? – 같은 상황이라도 서로 다른 감정을 느낄 수 있겠구나! 4) 활동 후 평가한다. – 표정이 없는 이 아이에게 가장 어울리는 표정은 무엇이	· 의사소통: 말하기 – 생각, 느낌, 경험 말하기 · 사회관계: 나와 다른 사람의 감정 알고 조절하기	기본 감정(행복함, 슬픔, 화남, 놀람) 얼굴 표정 4장, 주인공의 얼굴 표정없는 상황그림 2장

<table>
<tr>
<td></td>
<td>상황에 따라 유발되는 감정을 추론한다.</td>
<td>니? 왜 그렇게 생각했니?
– 표정이 없는 아이에게 네 가지 얼굴 표정을 붙이면서 이야기 나누었는데, 어떤 느낌이 들었니?

♥ 활동의 유의점
1) 얼굴 표정이 없는 아이에게 행복함, 슬픔, 화남, 놀람 등의 네 가지 얼굴표정을 모두 붙여 보면서, 그 이유에 대해서 생각해 볼 수 있도록 한다.
2) 유아가 서로의 의견 차이를 인정하고, 존중할 수 있도록 격려한다.
♥ 활동 평가
1) 얼굴표정을 보고 감정 상태를 적절히 인식하는지 평가한다.
2) 얼굴표정에 나타난 감정에 대해 자유롭게 이야기를 나누는지 평가한다.
3) 상황에 따라 유발되는 감정을 이유를 들어 추론하는지 평가한다.

<행복함, 슬픔, 화남, 놀람 기본 감정 얼굴 표정 사진>

<행복함, 슬픔, 화남, 놀람 기본 감정 얼굴 표정 그림></td>
<td>–
나와 다른 사람의 감정 알고 표현하기</td>
<td>(친구가 놀이에 끼워 주지 않아 외로운 아이 장면, 싸움 놀이 하는 장면), 축소한 기본 감정 얼굴 표정 4장</td>
</tr>
<tr>
<td></td>
<td></td>
<td>★ 창의 · 인성관련
창의성: 성향적 요소 – 개방성
인성: 배려 – 친구에 대한 배려</td>
<td></td>
<td></td>
</tr>
<tr>
<td>11:10 ~ 11:30
음악
(친구야 쉿!)</td>
<td>노래를 통해 유치원에서 친구들과 지낼 때 바른 행동을 이해한다.</td>
<td>1) '친구야 쉿!' 그림을 보며 유치원/어린이집에서 함께 지낼 때 친구에게 해 주고 싶은 말이 무엇인지 이야기 나눈다.
– 이 아이가 지금 무엇을 하고 있는 걸까?
– 너희들도 친구들에게 '쉿! 잘 들어봐' 라며 말해 줄 것이 있니?
2) 노래 자료와 상황그림을 보며 노랫말을 알아본다.
– 친구들에게 '쉿! 잘 들어봐' 라며 들려주는 노래가 있어.
– 어떤 노랫말인지 알아보자. 친구야 쉿! 잘 들어보자.
– ('선생님이 유아들에게 이야기 들려주는 그림'을 보며)</td>
<td>· 사회관계:
나와 다른 사람의 감정 알고 조절하기</td>
<td></td>
</tr>
</table>

<table>
<tr>
<td></td>
<td>친구 간에 화가 날 때 감정조절이 필요함을 알고 실천한다.

곡의 셈여림에 따라 노래 부른다.</td>
<td>무얼 하는 그림일까? 저기 들리는 이야기! 선생님이 이야기 들려주신대.

<'친구야 쉿' 하는 그림>

<선생님이 유아들에게 이야기 들려주는 그림>
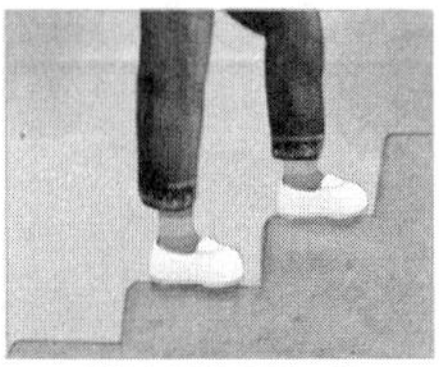
<계단에서 한 칸씩 올라가는 그림>

<화난 아이 그림>

3) 피아노 음에 맞춰 교사의 노래를 들어본다.
– 노래를 들으니 어떤 마음이 드니?
– 어떤 목소리로 부르는 게 이 노래와 어울릴까?
4) 피아노 소리에 맞춰 한 가지 소리를 넣어 부르며 음을 익힌다.
– 노랫말을 다 넣어 부르기 전에 한 가지 소리(아, 오, 우, 랄)를 넣어서 불러 볼까? 또?
5) 노래 자료를 보며 노랫말을 넣어 부른다.
– 이젠 노랫말을 넣어서 불러 볼까? 천천히 불러 보자.
6) 곡의 셈여림에 따라 노래를 두세 번 부른다.
– 처음부터 끝까지 똑같은 목소리 크기로 부를까?
– '친구야 쉿!' 이 부분은 어떤 목소리로 부르는 게 어울리니? '잘 들어봐'는?
– 처음부터 다시 불러 보자.
7) 노래를 다 부른 후 활동에 대한 평가를 한다.
– '친구야 쉿!' 그냥 말로 들었을 때와 노래로 불렀을 때 어떻게 다를까?
– 이 노래를 불러 보니 유치원/어린이집에서 친구랑 지낼 때 ~지내면 좋겠네! 생각이 떠올랐니?</td>
<td>–
나의 감정조절하기

· 예술 경험: 예술적 표현하기
–
음악으로 표현하기</td>
<td>노래 '친구야 쉿', 플래시, 악보 '친구야 쉿', 음원 '친구야 쉿', 상황그림(선생님이 유아들에게 이야기 들려주는 그림, 계단에서 한 칸씩 올라가는 그림, 화난 아이 그림, '친구야 쉿!' 하는 아이 그림)</td>
</tr>
</table>

		 ★ 창의 · 인성관련 창의성: 인지적 요소 – 문제해결력 인성: 질서 – 사회 질서		
11:40 ~ 12:00 **게임** **(친구와 함께 징검다리 건너기)**	징검다리를 건너면서 신체조절 능력과 몸의 균형감을 기른다. 게임을 통해 친구와 협력하는 경험을 갖는다.	1) 징검다리 건너기 놀이에 대해 이야기해 본다. – (돌이나 나무토막을 보며) 징검다리 건너기 놀이를 해 보자. 어떻게 놀이할까? – 징검다리 모양을 어떻게 만들면 좋겠니? – 징검다리를 건널 때 어떤 점이 재미있을까? – 징검다리를 건너면서 주의해야 할 것은 무엇일까? 2) 다양한 방법으로 징검다리를 건너며 놀이해 본다. 3) 활동을 회상해 본다. – 징검다리 건너기 놀이를 해본 느낌이 어땠니? – 가장 재미있었던 방법은 무엇이니? – 다른 방법으로 징검다리를 건너간다면 또 어떤 방법으로 건너갈 수 있을까? 〈징검다리 건너기 놀이 방법의 예〉 ① 징검다리 자유롭게 건너기 ② 징검다리 모양을 달리하면서 건너기 ③ 징검다리의 폭을 달리하면서 건너기	· 신체운동 · 건강: 신체활동에 참여하기 – 바깥에서 신체활동하기 · 사회관계: 다른사람과 더불어 생활하기 – 친구와 사이좋게 지내기	넓적한 돌이나 나무토막 징검다리, 신호기

		♥ 활동의 유의점 1) 징검다리 건너기 활동에서 유아들이 안전사고에 유의한다. 2) 몸의 균형을 잘 유지해 가면서 징검다리를 건너갈 수 있도록 유아들의 신체적 특성이나 발달적 특성을 고려해서 활동의 순서를 제시해 준다. 3) 혼자 할 수 있는 활동에서 점차 또래와 함께 해 보도록 도와 준다. 4) 장애통합을 할 경우, 놀이 규칙을 수정하거나 게임 방법을 달리 하여 장애유아가 일반 유아와 함께 참여할 수 있도록 한다. ♥ 활동 평가 1) 몸의 균형을 잘 유지하면서 징검다리를 건너는지 평가한다. 2) 게임을 통해 친구와 협력하는지 평가한다.		
		★ 창의 · 인성관련 창의성: 동기적 요소 – 몰입 인성: 배려 – 친구에 대한 배려		
13:50~ 14:00 **오늘의 활동 평가 및 안전 교육, 귀가지도**	바른 자세로 동화를 듣는다. 자전거와 인라인 스케이트를 안전하게 탈 수 있는 방법에 대해 안다.	★ 동화듣기 – 내일도 친구지? 1. 동화 노래를 부른다. 2. 오늘의 동화제목을 보고 어떤 동화일지 생각해 본다. 3. 동화를 듣는다. 4. 동화이야기를 회상하며 재미있었던 부분을 이야기 나눈다. 5. 평가한다. ★ 안전교육 – 바퀴달린 기구를 탈 때 이것만은 꼭 지켜요. 1) 자전거와 인라인스케이트를 보여주며 이야기 나눈다. – 이것이 무엇이니? – 이곳에 써져 있는 번호는 무엇일까? 2) 자전거와 인라인스케이트 중 자주 고장날 수 있는 곳을 살피고 점검의 필요성을 안다. – 어떤 고장이 날 수 있는지 한 번 볼까?	의사소통: 듣기 – 동요, 동시, 동화 듣고 이해하기 신체 · 운동 건강: 안전하게 생활하기 – 안전하게 놀이하기	동화책

	자전거를 점검해 봅시다. 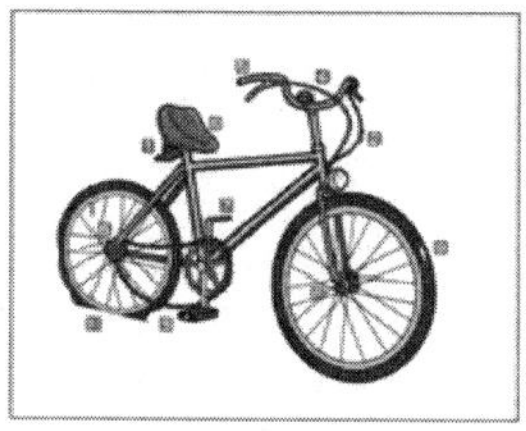 1 안장 뒤 반사재가 없어요. 2 브레이크 연결선이 닳았어요. 3 체인이 너무 느슨해요. 4 전조등이 너무 위에 달렸어요. 5 핸들에 손잡이가 없어요. 6 뒷바퀴의 바퀴살이 끊어졌어요. 7 페달의 한쪽이 없어요. 8 앞바퀴의 너트가 빠졌어요. 9 앞바퀴의 타이어가 찢어졌어요. 10 안장이 밑을 향해 있어요. 11 뒷바퀴의 타이어에 바람이 빠졌어요. 12 경음기가 손잡이에서 너무 멀리 떨어져 있어요. 인라인스케이트를 점검해 봅시다.  1 부츠가 낡았어요. 2 바퀴가 파손되었어요. 3 브레이크가 닳았어요. - 너희도 점검을 해 본 적이 있니? - 왜 점검을 해야 하는 것일까? 3) 평가한다. - 무엇을 알게 되었니?		
		★ 창의 · 인성관련 창의성: 동기적 요소 - 몰입 인성: 질서 - 기초질서		
평 가				
유아 관찰				

2) 보육 프로그램의 목적과 계획 및 운영

어린이집은 영유아가 낮시간의 대부분을 보내는 곳이기 때문에 보육프로그램의 계획 시 영유아의 신체적 · 사회적 · 정서적인 지적 · 언어적 발달에 기여할 수 있는 경험을 제공할 수 있도록 수립 · 운영되어야 한다.

어린이집에서 보육프로그램의 궁극적인 목적은 영유아의 기본적인 욕구를 충족시키고 안전하고 건강하게 보호하며, 조화로운 발달을 촉진시킬 수 있는 적합한 환경을 제공하여 건전한 성장을 도모하게 하는 것이다. 보육프로그램의 구체적인 목표를 제시하면 다음과 같다(삼성복지재단, 1996).

① 안전하고 건강하게 생활할 수 있는 능력을 기른다.
② 운동능력을 기른다.
③ 주변 사람과 긍정적 상호작용할 수 있는 사회적 능력을 기른다.
④ 언어적인 표현과 이해능력을 증진시킨다.
⑤ 논리적 · 수학적 · 과학적 사고를 기른다.
⑥ 창의적인 사고와 문제해결 능력을 기른다.
⑦ 정서적인 안정감을 기른다.
⑧ 창의적으로 표현하고 감상하는 능력을 기른다.

그러므로 어린이집에서 이와 같은 목표를 달성하기 위해서는 다음과 같은 사항을 보육프로그램 계획시 포함해야 한다.

① 신체발달, 언어발달, 인지발달, 정서 · 사회성 발달 등 전인적 발달을 위하여 계획된 활동
② 구조화된 활동/자유선택활동과 같은 비구조화 된 활동
③ 개별활동/소집단 활동/대집단 활동
④ 동적인 활동/정적인 활동
⑤ 실내 활동/실외 활동
⑥ 수유 · 배변 · 낮잠 등의 생리적 욕구에 대한 배려와 충분한 휴식시간의 안배

또한 보육프로그램을 계획하는데 있어서 고려해야 할 구성 요소로는 ① 기본 가정의 설정, ② 보육 목표의 설정, ③ 보육내용 및 보육활동의 선정, ④ 보육내용 및 보육 활동의 조직, ⑤ 생활주제(단원)의 선정과 조직 등이다(임재택, 1999). 이러한 구성요

소를 고려하여 각 보육기관들은 적절한 보육 계획안을 작성하여 운영해야 할 것이다.

〈표 4-6〉, 〈표 4-7〉, 〈표 4-8〉은 각각 연간 보육계획안, 주간 보육계획안, 하루일과표의 예를 제시한 것이다.

표 4-6

연간 보육계획안

월	주 제	소 주 제	행 사
3	즐거운 어린이집과 친구들	– 즐거운 어린이집 Ⅰ – 즐거운 어린이집 Ⅱ – 친구와 서로 돕기Ⅰ – 친구와 서로 돕기Ⅱ	– 입학식 – 부모교육
4	봄과 나와 가족	– 봄의 생활 – 봄의 식물과 곤충 – 나의 몸 – 우리 가족 – 우리 집	– 봄동산 돌아보기 – 학부모 면담
5	우리 이웃	– 우리동네 Ⅰ – 우리동네 Ⅱ – 우리 이웃의 기관 Ⅰ – 우리 이웃의 기관 Ⅱ	– 봄소풍 – 어린이날 행사
6	동 물	– 동물의 종류 – 집에 사는 동물 – 들에 사는 동물 – 내가 좋아하는 동물	– 견학(동물원) – 부모교육
7	여 름	– 여름의 날씨 변화 – 여름의 생활 변화 – 물과 물놀이 – 강과 바다	– 여름캠프
8	건강과 생활	– 건강과 질병 – 음식 – 병원의 종류 – 깨끗한 생활	– 병원놀이
9	가을과 운동경기	– 가을의 날씨 변화 – 가을의 생활 변화	– 가족운동회 – 부모교육

월	주 제	소 주 제	행 사
		- 운동경기 I - 운동경기 II	
10	우리 나라와 세계 여러 나라	- 우리나라의 생활 - 우리나라를 나타내는 것 - 옛날과 오늘 - 세계 여러 나라 I - 세계 여러 나라 II	- 한가위 큰잔치 - 견학(민속촌)
11	지구와 우주 보도기관	- 지구와 우주 - 환경보호 - 보도기관 I - 보도기관 II	- 견학(방송국)
12	겨울과 성탄절	- 겨울의 날씨 변화 - 겨울의 생활 변화 - 겨울철 놀이 - 즐거운 성탄절 - 겨울철 건강과 안전	- 견학(소방소) - 부모 교육 - 산타 잔치
1	기계와 도구	- 여러 가지 기계 - 여러 가지 도구 - 전기와 자석 - 설날	-학부모 면담 -인형극 관람
2	즐거웠던 어린이집	- 즐거웠던 어린이집 - 초등학교에 가려면	-견학(초등학교)

표 4-7

주간 보육계획안

주제 : 고운반 형님이 되었어요				실시기간 : 3월 1주		반 명 : 고운반	
요 일		월	화	수	목	금	토
등원 및 맞이하기		등원하여 선생님과 친구들과 반갑게 인사하기					
오전 실내	그리기, 만들기	자유화, 색종이접기 순서도 익히기, 재활용으로 교통기관 구성하기					
	소꿉영역	엄마놀이, 선생님 놀이, 음식 만들어 먹기					

주제 : 고운반 형님이 되었어요				실시기간 : 3월 1주		반 명 : 고운반	
요 일		월	화	수	목	금	토
자유선택활동	언어영역	친구이름카드, 글자 완성하기, 컴퓨터 카드놀이, 그림동화 「영희와 장난감」					
	쌓기영역	자동차길 꾸미기(단위 적목 구성), 집 꾸미고 도로 연결하기, 주차장 만들기					
	수, 과학영역	'10' 만들기, 셈하며 달리기, 담기 · 쏟기 놀이(마카로니 이용), 크기가 다른 그릇의 마카로니 비교					
	조작영역	자동차 실꿰기, 선잇기, 괴물나라 그림찾기					
	음률영역	여러 가지 악기 탐색하기(탬버린, 우드블록, 트라이앵글, 캐스터네츠)					
대 · 소집단 놀이		〈이야기 나누기〉 달라진 교실과 새로운 친구 소개 〈새노래〉 반갑다 〈동시〉 내 물건 〈동화〉 아기코끼리 유치원 〈게임〉 나무젓가락으로 종이컵 전달하기					
실외 자유 놀이		· 실외 자유놀잇감 소개 · 옥상놀이(주유소 놀이, 자동차, 오토바이 타기) · 우리 집에 왜 왔니(신체)					
점심 및 낮잠		조용한 음악 들으며 잠들기					
오후 실내 · 외 자유놀이		· 자기반 이름 읽고 써 보기 · 수수께끼 놀이하기 · 색종이 접기('튤립 접기') · 악기놀이('악기사용법 익히기') · 언어활동(새로운 친구에게 편지쓰기)					
기본생활습관		자기소지품 깨끗이 정리하기					
학부모님께		* 희망찬 고운반의 새로운 생활이 시작되었습니다. 먼저 삼성 어린이집에 처음으로 입학하게 된 신입원아들을 진심으로 환영합니다. 그리고 바른반에서 고운반 형님이 된 우리 친구들도 진심으로 축하드려요 !					

표 4-8

하루일과표

시 간	내 용	활 동
8 : 00 ~ 9 : 30	등원 및 실내놀이	· 맞아 들이기, 부모와의 간단한 대화 나누기 · 교실에서 실내놀이
9 : 30~10 : 00	손씻기, 오전 간식먹기	· 손을 씻고 간식을 함께 먹음
10 : 00~11 : 20	오전 실내놀이	· 교실에 준비된 여러 영역의 놀이를 개별적 혹은 소집단으로 선택하여 놀이함
11 : 20~11 : 35	정리정돈 및 화장실 가기	· 정리정돈을 하고 화장실을 다녀온 후 대 · 소집단 활동을 위한 준비를 함
11 : 35~12 : 15	전이활동 및 대 · 소집단 활동	· 전이활동을 통해 아동들의 주의를 환기시킨 후 동화/동극/게임/실험/신체표현/이야기나누기 등의 다양한 대 · 소집단 활동을 함
12 : 15~12 : 30	오전 실외 자유놀이	· 실외에서 자유놀이를 함
12 : 30~12 : 40	정리정돈 및 손씻기	· 정리정돈을 하고 손을 씻고 개별적으로 화장실에 감
12 : 40~13 : 20	점심	· 개별적인 상호작용을 하며 점심을 먹음
13 : 20~13 : 30	이닦기 및 화장실 가기	· 이를 닦고 화장실에 가며 낮잠자기에 편한 옷으로 갈아 입음
13 : 30~15 : 20	낮잠준비 및 낮잠	· 자기전에 동화를 읽고 조용한 음악을 들으며 낮잠을 잠
15 : 20~15 : 30	낮잠깨기	· 먼저깨는 아동들은 화장실을 다녀온 후 다른 아동이 일어날 때까지 책을 봄
15 : 30~17 : 40	오후 간식 및 실내놀이	· 오후 간식 후 교실에 준비된 영역의 놀이를 개별적 혹은 소집단으로 선택하여 놀이함
17 : 40~18 : 00	실외 자유놀이	· 날씨와 아동의 흥미에 따라 유희실, 실외에서 놀이함
18 : 00~	귀가준비 및 귀가	· 개별적으로 선택하여 자유놀이 중 귀가

표 4-9

보 육 일 지

주　제 : 나와 가족
소주제 : 사랑하는 우리 가족
목　표 : 나의 가족에 대해 알아보고, 가족의 소중함을 안다.

현원	출석	결석

년　　월　　일(　) 날씨 :

결재	담임	원장

일 과 (실시시간)	활동 계획 및 실행
등원 (　:　–　:　)	• 등원하는 영유아를 반갑게 맞이하며 인사한다. • 스스로 옷과 신발 등을 정리한다. • 투약의뢰서 및 가정 전달사항의 유무를 확인한다.
오전간식 (　:　–　:　)	• 간식 먹기 전 차례대로 손을 씻는다. • 맛있게 간식을 먹은 후, 접시와 컵을 정리한다.
오전 자유선택활동 (　:　–　:　)	• 개별적 혹은 소집단으로 원하는 영역에서 놀잇감을 가지고 자유롭게 놀이한다. • 놀이 후 스스로 놀잇감을 제자리에 정리한다. ◇ 언어 : 엄마, 아빠 이름 알아보기 (O) 　– 나를 사랑해 주시는 엄마, 아빠의 이름을 알아보고 불러 본다. 　– 엄마, 아빠 이름을 따라 쓴다. ◇ 수·조작 영역 : 가족의 수를 세어 보기 / 가족 퍼즐 맞추기 (O) 　– 가족사진 속에 있는 가족 구성원 수를 세어 본다. 　– 가족사진으로 만든 16조각 퍼즐을 맞춘다. ◇ 과학 : 씨앗 관찰하기 (X) → 나무 열매 관찰하기 (도토리, 솔방울을 관찰하고 비교한다.) 　– 해바라기씨, 호박씨를 관찰하고 비교한다. ◇ 음악 및 동작 : 사과 같은 내 얼굴 (O) 　– '사과 같은 내 얼굴'을 부르며 악기연주를 한다. 　– 노랫말에 맞추어 율동을 만든다. ◇ 미술 : 가족 얼굴 꾸미기 (O) 　– 수수깡, 색종이, 모루, 눈알 등을 종이접시에 붙여 가족 얼굴을 만든다. ◇ 역할 : 엄마, 아빠에게 전화하기 (O) 　– 장난감 전화기를 자유롭게 탐색하며 엄마, 아빠에게 전화하는 놀이를 한다. ◇ 쌓기 : 우리 집짓기 (O) 　– 벽돌블록, 와플블록을 이용하여 여러 가지 모양, 크기의 집을 구성한다.

일 과 (실시시간)	활동 계획 및 실행
오전실외활동 (: - :)	◇ 엄마, 아빠에게 달려가기 (O) - 엄마, 아빠 얼굴이 붙어있는 목표물까지 달려 간다. ◇ 모래성 쌓기 (O) - 모래와 물, 모종삽, 컵을 이용하여 모래성을 쌓는다. ◇ 자전거 타기 (O) - 친구들과 함께 순서대로 자전거를 탄다. ◇ 배추 크기 재어 보기 (O) - 우리가 심은 배추가 얼마큼 자랐는지 줄자로 길이와 둘레를 잰다.
전이 및 대소집단활동 (: - :)	◇「꽃밭에서」 손유희하기 (O) - 모든 유아들이 쌓기영역에 모일 때까지 「꽃밭에서」 손유희를 함께 한다. ◇ 우리 가족 소개하기 (O) - 가족사진을 보며 우리 가족을 친구들에게 소개한다.
점심 (: - :)	• 점심 먹기 전 차례대로 손을 씻는다. • 맛있게 점심을 먹은 후, 양치질을 한다.
낮잠 및 휴식 (: - :)	• 화장실을 다녀온다. • '자장가'를 들으며 낮잠을 잔다. • 개인이불을 스스로 정리한다. • 낮잠을 자지 않은 영아는 교실에서 조용한 놀이를 하거나, 휴식을 취한다.
오후간식 (: - :)	• 간식 먹기 전 차례대로 손을 씻는다. • 맛있게 간식을 먹은 후, 접시와 컵을 정리한다.
오후자유선택 활동 (: - :)	• 개별적 혹은 소집단으로 원하는 영역에서 놀잇감을 가지고 자유롭게 놀이한다. • 놀이 후 스스로 놀잇감을 제자리에 정리한다.
특별활동 (: - :)	• 튼튼체육교실 : 칼라 유니바 뛰어넘기 (O) - 두 발 모아 뛰어넘기, 한 발로 뛰어넘기 등 다양한 방법으로 균형을 잡으며 뛰어넘는다. - 유니바를 높이를 다양하게 하여 뛰어넘는다.
오후실외활동 (: - :)	◇ 우리 집에 친구 초대하기 - 모래 영역에 우리 집을 구성하여 소꿉놀이를 한다. - 친구들을 우리 집에 초대하여 함께 놀이한다. ◇ 자전거 타기 - 친구들과 함께 순서대로 자전거를 탄다. ◇ 배추 크기 재어 보기 - 우리가 심은 배추가 얼마큼 자랐는지 줄자로 길이와 둘레를 잰다. → (X) 실내놀이 (볼풀공놀이, 훌라후프 돌리기)

일 과 (실시시간)	활동 계획 및 실행
통합보육/귀가 (: - :)	• 각 흥미영역에서 개별적 혹은 소집단으로 원하는 놀이를 한다. • 부모님이 오시면 아이의 일과를 부모님께 전한 후 교사, 친구들과 인사하며 귀가한다.
평가 (일일평가)	– 아이들은 오전실외활동 중 '가족사진이 붙어 있는 목표물까지 달려가는 활동'에 많은 흥미를 보였으나, 아이들이 한꺼번에 목표물로 달려가 서로 부딪히는 경우가 발생하였다. 다음에는 규칙을 세워 게임으로 진행하는 것이 더욱 효과적일 것 같다. – 아이들이 가져온 가족사진을 이용하여 '우리가족 소개하기' 활동을 진행하였다. 프로젝터로 가족사진을 확대하여 제시함으로써 더욱 많은 흥미를 유발시킬 수 있었다. – 과학영역에서 '씨앗 관찰'을 계획하였으나, 아이들은 000이가 집에서 가져온 도토리와 솔방울에 더 많은 관심을 보여 관찰대상을 변경하였다. 아이들은 도토리와 솔방울의 생김새를 비교하며 적극적으로 활동에 참여하였다. – 꽃샘추위로 오후 기온이 많이 낮아 오후 실외활동은 실내 유희실에서 '볼풀공 놀이', '훌라후프 돌리기'로 변경하여 진행하였다.

※ 보육일지에 추가 기재 가능 사항

신입원아 적응절차실시/ 원아관찰	
안전교육/ 소방훈련	
영유아 관찰기록	
기타 원 상황에 맞게 추가 작성 가능	

※ 출처 : 보건복지부(2014). 2014 어린이집 평가인증안내-40인 이상 어린이집(부록) p. 435-437

다음은 표준보육과정(0~2세)에 기초한 연령별 연간 보육계획 주제 및 소주제이다.

표 4-10

0세 연간 보육계획 주제 및 소주제

주 제	소 주 제
낯설어요	엄마와 함께 해요
	선생님을 만나요
	선생님을 만져봐요
	선생님과 놀아요
	익숙해졌어요
느껴보아요	씻으며 느껴요
	입으며 느껴요
	먹으며 느껴요
	놀며 느껴요
	자연을 느껴요
움직여요	누워서 움직여요
	앉아서 움직여요
	기어요
	서고 걸어요
	잡아 보아요
놀이는 재미있어요 I	움직이는 놀잇감
	구멍이 있는 놀잇감
	굴러가는 놀잇감
	까꿍 놀잇감
	소리가 나는 놀잇감
놀이는 재미있어요 II	통 · 상자 놀이
	헝겊 천 놀이
	공놀이
	악기놀이
	그릇놀이
좋아해요	마주봐요
	안아줘요
	같이 해봐요
	함께 웃어요
	사랑해요

표 4-11

1세 연간 보육계획 주제 및 소주제

순서	주 제	주	소 주 제
1	새로운 것이 낯설어요	1	어린이집에 왔어요
		2	
		3	만나고 친해져요
		4	
		5	우리 반에 무엇이 있을까요?
		6	
		7	밖으로 나가 보아요
		8	
2	느낄 수 있어요	1	만져보아요
		2	
		3	살펴보아요
		4	
		5	들어보아요
		6	
		7	맡아보아요
		8	
		9	맛보아요
		10	온몸으로 느껴보아요
3	놀이할 수 있어요	1	놀잇감은 재미있어요 1
		2	
		3	놀잇감은 재미있어요 2
		4	
		5	물놀이는 재미있어요
		6	
		7	까꿍놀이는 재미있어요
		8	
4	나는 할 수 있어요	1	즐겁게 할 수 있어요
		2	
		3	말할 수 있어요
		4	
		5	찾을 수 있어요
		6	
5	움직이는 것이 재미있어요	1	바깥놀이는 재미있어요
		2	

순서	주 제	주	소 주 제
		3	몸을 움직여요
		4	
		5	
		6	움직이게 할 수 있어요
		7	
6	좋아하는 놀이가 있어요	1	그림책으로 놀아요
		2	
		3	춤추고 놀이해요
		4	
		5	흉내 내요
		6	
		7	
		8	응가, 쉬 놀이가 좋아요
		9	
7	새로운 것도 좋아요	1	함께 놀아요
		2	
		3	선생님이 좋아요
		4	

표 4-12

2세 연간 보육계획 주제 및 소주제

순서	주 제	주	소 주 제
1	어린이집이 좋아요 (7주)	1	나는 00반이에요
		2	엄마, 아빠와 헤어질 수 있어요
		3	우리 반 선생님과 친구들이에요
		4	재미있는 놀잇감이 있어요
		5	내가 좋아하는 놀잇감이에요
		6	편안하게 지내요
		7	안전하게 놀아요
2	봄나들이 가요 (5주)	1	바깥놀이가 재미있어요
		2	안전하게 바깥놀이해요
		3	꽃구경은 즐거워요
		4	벌레가 꿈틀꿈틀해요
		5	봄나들이 갈까요
3	나는요 (5주)	1	나는 000 이에요
		2	내 몸을 살펴보아요
		3	나는 느껴요
		4	내가 좋아하는 것이 있어요
		5	혼자서도 잘해요

순서	주 제	주	소 주 제
4	재미있는 여름이에요 (7주)	1	날씨가 더워졌어요
		2	비가 많이 와요
		3	깨끗하게 씻어요
		4	물놀이가 재미있어요 1
		5	물놀이가 재미있어요 2
		6	여행을 가요
		7	
5	나는 가족이 있어요 (5주)	1	엄마 아빠가 좋아요
		2	우리 가족을 흉내내요 1
		3	우리 가족을 흉내내요 2
		4	우리 가족을 소개해요 1
		5	우리 가족을 소개해요 2
6	동물놀이해요 (6주)	1	여러가지 동물이 있어요
		2	엄마농불 아기농불
		3	동물처럼 소리를 내어보아요
		4	동물처럼 움직여보아요
		5	00반이 좋아하는 동물
		6	동물을 사랑해요
7	알록달록 가을이에요 (6주)	1	가을이에요
		2	가을나들이
		3	단풍이 물들어요
		4	자연물로 놀이해요
		5	알록달록 색깔나라
		6	재미있는 그리기 나라
8	겨울과 모양을 즐겨요 (5주)	1	여러가지 모양이 있어요
		2	모양놀이해요
		3	즐거운 성탄이에요
		4	추워요
		5	따뜻하게 지내요
9	나는 친구가 있어요 (6주)	1	내 친구가 좋아요
		2	친구와 함께하는 놀이가 있어요
		3	우리는 00살 (설날)
		4	형 · 언니가 되었어요
		5	즐거웠던 우리반이에요
		6	

참 고 문 헌

· 경기도교육청(2013). 2013 경기도 유치원 교육과정 편성 · 운영지침.

· 삼성복지재단(1996). 삼성어린이집 유아프로그램 총론. 삼성복지재단 어린이개발센터.

· 양옥승, 최경애, 이혜원(2011). 영유아교육과정. 학지사.

· 이혜원, 임미혜, 황윤세(2013). 유치원 및 어린이집 운영관리. 공동체.

· 임재택(1999). 유아교육기관운영관리. 양서원.

· 진호유치원(2014). 행복한 꿈나무를 위한 진호교육과정.

제5장

교직원 인사관리

1. 유치원 인사관리
2. 어린이집 인사관리

1. 유치원 인사관리

1) 교직원의 종별 및 자격

유아교육기관에서 이루어지는 인사관리란 자격을 갖춘 교직원의 임용, 승진, 급여, 퇴직, 현직교육, 후생복지 등을 관리하는 것을 말한다. 여기서 교직원은 각급 학교의 교원과 직원을 포괄하는 용어이다. 일반적으로 '교원'이라 함은 각 학교에서 원아 · 학생을 직접 지도 · 교육하는 자를 말한다.

유아교육기관의 인사관리는 유능한 적임자를 선정하여 기관이 적절한 위치에 배치하여 각 개인의 능력을 최대한으로 발휘하게 함으로써 기관의 목표를 달성하도록 하는 것이 가장 중요한 요소일 것이다.

유아교육기관의 원활한 운영을 위해서는 기관에 필요한 교직원의 수를 확보해야 한다. 유치원의 경우 「유아교육법」 제20조 1항에 "유치원에는 교원으로 원장 · 원감 및 교사를 두되, 대통령령이 정하는 일정 규모 이하의 유치원에는 원감을 두지 아니할 수 있다."고 명시되어 있다.

유치원 교원의 종별과 자격기준은 「유아교육법」 제22조 제1항의 별표 1과 동조 2항의 별표 2에 명시되어 있는데, 유치원 교원의 종별 및 자격기준은 다음〈표 5-1〉과 같다.

표 5-1

유치원 교원의 종별과 자격기준

구 분	자 격 기 준
원 장	1. 유치원 원감의 자격증을 가지고 3년 이상의 교육 경력과 소정의 재교육을 받은 자

구 분	자 격 기 준
	2. 학식과 덕망이 높은 자로서 교원자격검정위원회의 추천에 의하여 교육과학기술부 장관의 인가를 받은 자
원 감	1. 유치원 정교사(1급) 자격증을 가지고 3년 이상의 교육 경력과 소정의 재교육을 받은 자 2. 유치원 정교사(2급) 자격증을 가지고 6년 이사의 교육 경력과 소정의 재교육을 받은 자
정교사(1급)	1. 유치원 정교사(2급) 자격증 소지자로서 3년 이상의 교육 경력을 가지고 소정의 재교육을 받은 자 2. 초등학교 정교사(1급) 자격증을 가진 자 3. 유치원 정교사(2급) 자격증을 소지하고 교육대학원 또는 교육과학기술부 장관이 지정하는 대학원의 교육과에서 유치원 교육과정을 전공하여 석사 학위를 받은 자로서 1년 이상의 교육 경력이 있는 자
정교사(2급)	1. 대학에 설치하는 유아교육과 졸업자 2. 대학(전문대학 및 각종 학교를 포함한다) 졸업자로서 재학 중 소정의 보육과 교직 학점을 취득한 자 3. 교육 대학원 또는 교육부장관이 지정하는 대학원의 교육과에서 유치원 교육과정을 전공하고 석사학위를 받은 자 4. 유치원 준교사 자격증 소지자로서 2년 이상의 교육 경력을 가지고 소정의 재교육을 받은 자 5. 초등학교 정교사(2급) 자격증을 가진 자
준교사	유치원 준교사의 자격 검정에 합격한 자
강 사	강사 1. 전문대학 졸업자 또는 이와 같은 수준 이상의 학력이 있는 사람으로서 유아교육과 관련되는 분야를 전공한 사람 2. 전문대학 졸업자 또는 이와 같은 수준 이상의 학력이 있는 사람으로서 유아교육과 관련되는 분야에 2년 이상 실무 경력이 있는 사람 3. 제1호 및 제 2호 외의 사람으로서 교육감이 따로 정하는 자격기준에 해당하는 사람
명예교사	법 제10호에 따른 유치원 규칙 또는 법인의 정관 등에서 정하는 자격기준에 해당하는 사람

2) 교직원의 임용

임용이란 특정한 직위에 임명하는 것으로서 신규채용, 승진, 승급, 전직, 전보, 휴직, 복직, 강임, 직위해제, 면직 및 파면 등을 포함한다. 임용에서 가장 핵심적인 사항은 선발과 임명이다. 선발이란 자격을 갖춘 후보자들 중에서 최적임자를 선정하는 것을 말하며 임명이란 선발된 후보자에게 직위를 보하는 것을 말한다(임재택, 1999).

교직원의 임용은 현행 제도상에서 자격, 재교육 성적, 근무 성적, 기타 능력 등에 근거하여 자격 임용주의와 성적주의 및 전형주의의 원칙을 따른다. 유치원의 교직원 임용은 공립 유치원의 경우 임용권자인 교육청장이 맡고, 법인체 사립 유치원의 경우 「사립학교법」 제53조의 2에 따라 원장의 제청으로 이사회의 의결을 거쳐 결정된다. 또한 법인체를 제외한 사립 유치원의 경우 원장의 제청으로 설립자의 의결을 거쳐 구비서류를 당해 교육청장에게 제출하여 최종적으로 결정된다.

사립유치원에서의 원장과 교사 임용에 따른 구비서류는 〈표 5-2〉와 같다.

표 5-2

원장과 교사 임용에 따른 구비서류

① 유치원 원장의 승인신청 : 유치원 원장을 임용하고자 할 때는 다음과 같은 서류를 구비하여 승인신청을 교육청장에게 해야 한다.

–신청공문 1부	–교원자격증 원본 및 사본 2부
–이력서 1부	–교원임용제청서 사본 1부
–취임승낙서 1부	–이사회회의록 사본 1부(법인체인 경우)
–경력증명서 1부	–민간인 신원진술서 5부
–공무원 인사기록카드 1부	–호적등본 2부

② 유치원 교사의 임용 : 유치원 교사를 신규채용하였을 때는 다음의 서류를 구비하여 7일 이내에 교육청장에게 임용결과를 보고하여야 한다(「사립학교법」 제54조 제1항).

–임용보고공문 1부	–공무원 인사기록카드 2부
–교원자격증 사본(원본 게시) 1부	–경력증명서(경력자에 한함 1부)
–취임승낙서 1부	–호적등본 2부
–임용장 사본 1부	–민간인 신원진술서 5부
–채용 신체검사서 1부	

③ 원장 및 교사의 해임보고 : 원장 및 교사를 해임하였을 때에는 다음 서류를 구비하여 즉시 보고하여야 한다.

〈원장의 경우〉

–해임보고공문 1부	–사직원(자필)원본 및 사본 2부
–해임제청서 사본 1부	–해임장 사본 2부
–확인서 1부	–교원자격증 원본 및 사본 2부
–해임사유서 2부(6하 원칙에 의거 구체적으로)	
–이사회회의록 사본(법인체인 경우) 1부	

〈교사의 경우(원감 포함)〉
-해임보고공문 1부
-사직원(자필) 원본 및 사본 1부
-확인서 1부
* 이상 교원 인사에 가한 구비서류의 종류와 부수 등은 주관 당국에 따라 다소 차이가 있으므로 관할 당국의 지시에 따라야 함.

이러한 구비서류의 양식은 당해 교육청에 비치되어 있는데, 그 서식은 교육청에 따라다소 차이가 있다. 참고로 교육공무원의 인사 발령을 위한 구비서류는 〈표 5-3〉과 같다.

표 5-3

인사발령을 위한 구비서류

순번	발령 구분	구 비 서 류	비 고
1	신규 채용	· 인사기록카드 1통(대통령이 임용하는 경우에는 2통) · 호적등본 및 초본 각 1통 · 병적 사항이 포함된 주민등록표 본 1통 · 최종 학력증명서 1통 · 경력증명서 1통 · 채용 신체 검사서 1통 · 신원 조사 회보서 1통 · 민간인 신원 진술서 3통(대통령이 임용하는 경우에는 4통) · 자격증 사본 또는 자격 인정 조서 1통 · 호봉획정표 1통 · 사진(명함판 상반신 탈모 3매)	편재 사유가 기재된 것(신원조사 의뢰용임) 제1국민역 및 실역 미필보충역은 병적증명서를 제출하여야 함 공무원 채용 신체 검사 규정 제3조의 규정에 의해 신체 검사 실시 의료기관 발행 행정자치부 장관 또는 국가 안전기획부장 발행 별지 제29호 서식 별지 제30호 서식 별지 제31호 서식
2	승 진	· 자격증 사본 또는 자격 인정 조서 1통 · 호봉획정표 1통	
3	전 직	· 인사 기록 카드 사본 1통 · 자격증 사본 또는 자격 인정 조서 1통 · 호봉획정표 1통	
4	강 임	· 강임 동의서(자필) 또는 직제 개폐, 예산 감소의 관계 서류 1통	

순번	발령 구분		구비서류	비고
			· 호봉획정표 1통	
5	면직	의원 면직	· 사직 원서(자필) 1통	
		직권 면직	· 징계위원회 동의서, 진단서, 직권 면직 사유 설명서 또는 직권 면직 사유를 증빙할 서류 1통 · 판결문 사본 1통	
		정년 퇴임	· 호적초본 1통	
6	징계		· 징계의결서 사본 1통	
7	추서		· 공적 조사서 1통 · 사망 진단서 1통 · 사망 경위서 1통	
8	휴직 및 복직		· 진단서 또는 판결문 사본, 현역 증서 사본, 입영통지서 사본 또는 휴직 사유를 증빙할 만한 서류 1통	진단서는 국 · 공립 병원장, 보건소장 및 공무원 연금법에 의하여 지정된 공무원 요양 기관 발행
9	전출 · 전입 · 겸임		· 전출 · 전입 · 겸임 동의서 1통 · 대학인사위원 동의서 1통	
10	직위 해제		· 직위 해제 사유서 1통	
11	정기 승급		· 정기 승급 조서 1통	별지 제32호 서식

* 자료 : 교육법전편찬회, 1996.

3) 교직원의 보수체계

유치원 교사는 초 · 중 · 고등학교 교사와 같은 보수 기준을 적용 받는다. 호봉체계는 전문대학 유아교육과를 졸업한 경우 2년제 6호봉, 3년제 전문대학은 7호봉, 학사학위심화과정 이수자는 8호봉을, 4년제 대학의 사범계열 유아교육과를 졸업하면 9호봉을 적용받는다. 이것은 학력 차이 2년에 따른 2호봉과 사범계 출신에 대한 우대 1호봉이 가산되기 때문이다.

4) 교직원의 역할 및 자질

교육의 질은 교사의 질을 능가하지 못한다는 말에서 알 수 있듯이 교사는 교육의 질을 좌우하는 가장 중요한 요소이다. 더욱이 유아교육기관의 교직원들은 다른 기관과 달리 어린 영유아들의 건전한 성장·발달을 도와주는 역할을 수행해야 하므로 그에 적합한 능력과 자질을 갖추어야 한다. 교직원의 역할은 유아교육기관의 유형이나 유아를 보는 관점에 따라 다소 달라질 수 있으나 일반적인 역할과 자질은 다음과 같다.

(1) 원장

원장은 유치원의 전체적인 운영 및 관리에 대한 책임을 지며 기관을 대표한다. 「유아교육법」 제21조 1항에 "원장은 원무를 통할하고 소속교직원을 지도·감독하며, 원아를 교육한다."고 그 역할을 명시하고 있다.

힐데브랜드(1993)가 제안한 관리자로서의 역할은 다음과 같다.

① 유능한 인재를 적재적소에 배치시키는 역할
② 창의적 수행과 협동적인 노력을 고무시키는 역할
③ 성공을 방해하는 장애물을 제거하는 역할
④ 학부모, 아동, 사회에서 바람직하게 여기는 높은 질의 서비스를 제공하는 역할
⑤ 교직원들을 지속적으로 동기화시키고 활성화시키는 역할
⑥ 교직원들간의 분위기가 좋아서 매일 일하는 것에 좋은 감정을 가지도록 하는 역할
⑦ 교직원들에게 일에 대한 인정과 보수를 충분히 보상하는 역할
⑧ 교직원들이 아동이나 학부모를 이용하지 못하도록 막는 역할
⑨ 교직원들이 편안히 일할 수 있는 물리적 환경을 제공하는 역할
⑩ 안정적인 전문적 집단으로 유지될 수 있는 근로 환경을 위하여 노력하는 역할

특히 힐데브랜드(1993)는 매슬로우(Maslow)의 '욕구이론'을 기본으로 하여 교직원의 동기와 욕구에 대해 강조하였다. 즉, 원장은 가장 기본적인 생리적 욕구로부터 시작하여 안전의 욕구, 사회적 욕구, 자존심의 욕구, 자아 실현의 욕구로 발전되어 가는 인간의 동기체제를 잘 이해함으로써 교직원들에게 높은 질의 서비스를 제공해야 할 것을 주장하였다. 원장이 실제적으로 담당해야 할 임무를 구체적으로 살펴보면 다음과 같다(Decker & Decker, 1992 ; Thomson, 1989).

① 전반적인 운영 계획의 수립과 운영관리

② 교육 목표 설정 및 교육과정의 계획과 관리
③ 교직원 채용 및 인사관리
④ 원아의 모집 및 관리
⑤ 시설 · 설비의 관리
⑥ 비품 및 교재 · 교구의 구입과 관리
⑦ 재정관리
⑧ 행정적 업무 처리 및 기록의 보관 유지
⑨ 부모교육 및 부모와의 관계 유지
⑩ 행정 당국, 지역사회 관련 기관 및 단체들과의 관계 유지

한편 원장은 교육지도자로서 법적인 의무 외에도 실천적 · 구체적인 교육내용을 수립, 운영하고, 교직원으로 하여금 그 역량을 최대한으로 발휘시킬 수 있도록 동기유발을 시키며, 격려하고 유아교육기관의 발전을 위한 장 · 단기 운영계획을 수립하고 지역사회와의 협조체제를 구축하는 일 등의 부가된 업무를 갖게 된다.

이러한 막대한 역할을 수행하기 위해 갖추어야 할 원장의 자질을 보면 우선 유아교육프로그램 및 교수법과 교육과정 조직에 관한 교육 심리학적인 충분한 지식을 갖고 있어야 하며, 사회체제로서의 유아교육기관과 지역사회를 이해할 수 있는 충분한 소양을 갖고 있어야 하며, 다양한 프로그램을 제작 · 활용할 수 있는 능력을 갖고 있어야 한다. 또한 학사 행정에 필요한 제반 처리규정을 알고 있고 교사 선발 및 관리에 대한 법규 및 기술을 갖고 있으며 창의성이 있어야 하고 미래적 안목, 교육평가에 대한 소양을 갖고 있어야 한다(곽덕영 외, 1999).

(2) 원감

원감의 역할은 「유아교육법」 제21조 2항에 "원감은 원장을 보좌하여 원무를 관리하고 원아를 교육하며, 원장이 부득이한 사유로 직무를 수행할 수 없는 때에는 그 직무를 대행한다. 다만, 원감을 두지 아니하는 유치원의 경우에는 원장이 미리 지명한 교사가 그 직무를 대행한다"라고 명시되어 있다. 원감의 역할은 일반적인 역할, 원장

대리자로서의 역할, 학급에서의 역할, 세 가지로 나눌 수 있는데, 그것은 다음과 같다(곽덕영 외, 1999).

1 일반적인 역할

- 신속하게 일을 처리한다.
- 항상 깨끗하고 단정한 차림을 한다.
- 협동정신으로 다른 모든 교사들과 같이 도우며 일한다.
- 교사회의에 참석하여 유아의 문제점과 유아의 놀이방의 경영방식을 교사와 원장에게 보고한다.
- 가능하면 교사 강습회에 참석하여 유아교육 분야의 지식 증진을 꾀한다.
- 유치원의 인사정책에 따른다.

2 원장 대리자로서의 역할

- 원장의 부재시에는 대리자의 역할로 책임을 맡는다.
- 원장 승인 하에 교사교육을 위한 교사 강습회를 계획하고 추진하는 책임을 맡는다.
- 원장의 장기간 동안 부재시에 대비 원장들의 모임과 긴밀한 접촉을 유지한다.

3 학급에서의 역할

- 교육계획안을 작성하고, 각 교실을 틈틈이 돌아보고 수업을 평가하며, 교실에서 이루어지는 유아지도에 대한 구체적인 지도 및 조언을 하고, 각 단원에 따른 연간행사계획을 진행한다.
- 다양한 영역별 교육활동을 효과적으로 가르칠 수 있는 교육 방법을 계획하고 실행한다.
- 개별 유아들의 사회적 · 인지적 · 신체적 발달과 건전한 정서발달을 위한 행동을 장려하고 보급시킨다.
- 교육활동에 필요한 시설 · 설비와 비품 등의 관리에 신경을 쓴다.

• 유아활동을 위한 전반적인 시설을 점검한다.

(3) 교사

교사의 역할은 「유아교육법」 제21조 3항에 “교사는 법령이 정하는 바에 따라 원아를 교육한다.”라고 명시되어 있다. 교사의 역할에 대해 데커와 데커(1992)는 유아를 보호하는 일과 교육하는 일의 이중적인 것이라고 주장한 반면에 스포덱(Spodek, 1985)은 보호역할, 교수역할, 인격함양 역할, 의사결정 역할의 4가지로 요약하고 있다.

일반적인 교사의 역할을 나열해 보면 다음과 같다(Decker & Decker, 1992).

① 유아의 신체적 · 심리적 안전관리
② 교육 목표달성을 위해 적절한 교육과정의 계획 및 운영
③ 비품, 교구, 교수 · 학습 자료의 구입, 제작, 활용
④ 실내 · 외 교육환경의 조성과 활용
⑤ 각 학급의 운영 및 관리
⑥ 유아 관찰 및 평가
⑦ 부모면담 및 상담, 부모교육 실시

한편 유치원 교사의 자질에 대한 초기의 관점은 교사의 개인적 인성에 중점을 두었다. 즉, 유아를 사랑하는 사람, 정서적으로 성숙한 사람, 친절, 인자함, 신뢰, 동정심을 지닌 사람 등의 요소를 강조하였다. 알미(Almy, 1975)는 성공적인 유치원 교사의 인성적 특성을 사랑, 인내, 온정 그리고 아동은 물론 성인과도 즐겁게 일하고자 하는 특성, 새로운 의견에 대해 개방성과 포용력을 갖는 것, 인간 관계에 대한 관심을 갖는 것, 융통성과 유머감각, 창의성 등으로 보고 있다.

또한 좋은 자질이 있는 교사를 국제적인 감각이 있는 교사로 보았고, 그 특성을 국제적인 안목이 있고, 학식이 있고 정보가 빠르며 타문화를 이해하고 감상할 수 있으며, 모든 면에서 국제사회에 적극적으로 참여하며 학습을 평생과정으로 삼아야 한다(이은화, 1985). 유아교사는 소명감, 사람을 사랑하는 마음, 신체적 건강, 정신 건강,

지도 기술에서의 다재 다능한 자, 교양을 갖춘 사람, 성숙한 지적 능력과 창의력, 강한 실천력 등의 자질을 갖추어야 한다고 하였다(이은화, 1985).

훌륭한 교사가 되기 위해서는 이상과 같은 개인적 자질이나 인성이 필요하지만 충분 조건은 아니다. 즉, 교사가 될 만한 개인적인 자질을 갖추는 것 이상으로 보다 전문적인 자질이 필요하다는 것이다. 최근 유아교육의 발전과 함께 교사의 개인적 자질은 물론 전문적 자질의 근원에 대해 밝히려는 노력이 계속되고 있다.

이기숙 외(1986)는 교사의 전문적 자질로서 프로그램을 계획하고 실천하는 능력, 부모 · 전문가 및 여러 관계자들을 참여시키는 능력, 유아의 성장 발달을 촉진시키는 능력, 고도의 지적 전문성, 직업 윤리, 지속적인 전문적 성장 등으로 지적하였다.

유해인(1990)은 교사의 전문적 자질의 특성으로, 교육적 태도 영역에 사명감, 개인차 고려, 전문적 지식과 기능 영역에 지적 능력, 전분지식, 융통성, 예능소실, 동기유발, 창의성 지도, 기술향상, 노력 등으로 제시하고 있다.

이상에서 제시한 여러 학자들의 관점을 보면 유아교사의 개인적 · 성격적 특성이나 교유기술, 가치관 등 개인적 자질은 물론 전문적 자질에 대한 관심이 증대되고 있음을 알 수 있다.

(4) 직원

유아교육법 제20조에 의하면 유아교육기관에는 교원 외에 촉탁의사, 영양사, 간호사 또는 간호조무사, 행정직원 등을 둘 수 있다고 규정하고 있는데, 최근 현대사회의 특징으로 인해 대부분의 유아교육기관에는 종일반을 운영하고 있다. 이로 인해 원아들에게 점심과 간식을 제공을 포함한 영양(식탁)관리가 중요하게 여기고 있다.

2. 어린이집 인사관리

1) 어린이집 종사자의 유형 및 배치기준

보육교직원은 영유아의 보호 및 교육에 직업적으로 참여하는 보육교사 이외에 어린이집의 운영관리에 관계하는 원장, 의사, 간호사, 영양사, 취사부, 관리인, 사무원, 운전기사 등을 말한다. 이러한 직원에 대하여는 학자에 따라 다양하게 분류하고 있다.

데커와 데커(1992)는 직원을 프로그램 관련직과 프로그램 비관련직으로 나누어 영유아의 보육에 직접적으로 참여하는 보육교사 및 원장을 프로그램 관련직으로, 그 밖에 보육프로그램을 원조하고 도와주는 일을 담당하는 의사, 간호사, 영양사, 취사부, 관리인, 사무원, 운전기사, 개별사회 사업가, 자원봉사자 등을 프로그램 비관련직으로 구분하고 있으며, 간혹 학자에 따라서는 사회사업가의 역할을 따로 설명하여 프로그램 관련직, 사회사업가, 관리요원으로 구분하기도 한다.

이은해(1990)는 아동과 직업적이고 지속적인 관계를 맺는 사람과 간접적이고 간헐적으로 관계를 맺는 사람으로 분류하여 보육교사를 아동과 직접적이고 지속적인 관계를 맺는 사람으로, 그 밖의 원장 · 의사 · 간호사 · 영양사 · 취사부 · 관리인 등을 아동과 간접적 또는 간헐적으로 관계를 맺는 사람으로 분류하고 아동에게 제공되는 통합적 서비스면에서 아동과 간접적 또는 간헐적으로 관계를 맺는 사람을 지원체계 또는 보조체계로 간주하고 있다.

김만두(1990)는 이를 보다 세부적으로 구분하여 관리적 기능 종사자, 보호적 기능 직원, 교육적 기능 직원, 사회적 서비스기능 직원, 건강 · 안전기능 직원으로 분류하였다. 즉, 원장 · 사무원 · 운전기사 · 관리인 등을 관리적 기능 직원으로, 보모를 보호적 기능 직원으로, 보육교사 · 보조원을 교육적 기능 직원으로, 사회사업가를 사회적 서비스 기능 직원으로, 취사부 · 영양사 · 간호사 · 의사 등을 건강 · 안전기능 직원으로 분류하였다(양옥승 외, 1999, 재인용).

김광웅 외(1997)는 교육기능 직원과 보호기능 직원 그리고 자원봉사자로 분류하며 원장, 원감, 유아교사, 보조교사를 교육기능 직원으로, 영양사, 간호사, 의사, 사회사업가, 상담자, 사무원, 운전기사, 관리인을 보호기능 직원으로 분류하였다. 그리고 자원봉사자는 월급을 받지 않으며, 기관의 필요나 그들의 능력에 따라 교육 기능을 할 수도 있고 보호기능을 할 수도 있다고 하였다.

이와 같이 어린이집은 교사 또는 사회복지 전문가 혼자서 전담할 수 있는 곳이 아니라 여러 분야의 전문가들이 힘을 합해야 유아들의 전인적인 발달을 도모할 수 있게 되는 것이다. 기관의 직원 유형 및 수는 기관의 필요나 지역적 상황, 그리고 기관의 규모에 따라서 약간씩 차이가 있을 수 있다. 선신국의 경우도 각각의 보호기능 직원을 두기보다는 풀 시스템(full system)으로 운영하고 있다.

현행 우리 나라 보육교직원은 영유아보육법(2005) 2조에서는 다음과 같이 정의하였다.

영유아보육법 제2조

"보육교직원"이라 함은 어린이집에서 영유아의 보육, 건강관리 및 보호자와의 상담 그 밖에 어린이집의 관리 · 운영 등의 업무를 담당하는 자로서 어린이집의 원장 및 보육교사와 그 밖의 직원을 말한다.

영유아보육법에 명시하고 있는 바와 같이 보육직원은 어린이집에서 영유아에게 보육을 제공하는 인력을 칭하며, 영유아에 대한 보육의 실무, 건강관리, 학부모관리 및 제반 보육시설의 관리 및 운영을 담당하는 업무를 담당하며, 업무수행에 요구되는 각각의 전문적 자질과 역할 수행능력을 지녀야 한다.

또한 우리 나라에서는 보육의 질 관리를 위해서는 보육교직원들의 역할이 중요하다는 사실이 대두됨에 따라 2004년 1월 30일 개정된 영유아보육법의 제21조에서는 보육교사 자격제도를 국가자격증제로 상향 조정하도록 명시하였다. 이 제도의 실행을 위해 2005년 4월부터는 보육교사 자격관리사무국을 두고 보육교사에 대한 국가자격증(certificate)제도를 시행하고 보육교사 자격증 발급 업무를 수행하게 하였다.

보육교사의 국가자격증 제도 도입으로, 기존에 자격인정 기준만 갖추고 자격증 발급을 시행하지 않던 자격관리의 미비를 개선하게 되었고, 보육교사의 자질향상 및 전문성의 함양, 보육교사에 대한 사회적 인식 제고 및 인력관리의 효율성을 가져올 것으로 기대된다. 또한 2005년 12월 국회를 통과한 영유아보육법 개정안에 의해 어린이집 직원 역시 자격관리를 받도록 하고 있다.

보육교직원 배치기준은 「영유아보육법 시행규칙」 제10조와 관련한 별표 2에 규정되어 있는데, 보육교직원의 자격 기준은 다음 〈표 5-4〉와 같다.

표 5-4

보육교직원 배치기준

직원의 종류 및 수	배 치 기 준
어린이집 원장	· 어린이집 원장 1인. 단, 영유아 20인 이하를 보육하는 기관은 어린이집 원장이 보육교사를 겸임할 수 있음.
보육교사	· 만 1세 미만의 영아 3인당 1인을 원칙으로 함. · 만 1세 이상 만 2세 미만의 영아 5인당 1인을 원칙으로 함. · 만 2세 이상 만 3세 미만의 영아 7인당 1인을 원칙으로 함. · 만 3세 이상 만 4세 미만의 유아 15인당 1인을 원칙으로 함. · 만 4세 이상 미취학 유아 20인당 1인을 원칙으로 하며, 이 경우 유아 40인당 1인은 보육교사 1급 자격을 가진 자이어야 함. · 취학아동 20인당 1인을 원칙으로 한다. · 장애아 보육은 장애아 3인당 1인을 원칙으로 하되, 장애아 9인당 1인은 특수교사 자격소지자로 함.
간호사	· 영유아 100인 이상을 보육하는 시설의 경우 간호사(간호조무사를 포함) 1인을 두어야 함.
영양사	· 영유아 100인 이상을 보육하는 기관의 경우 영양사 1인을 두는 것을 원칙으로 하되, 보육시설 단독으로 영양사를 두는 것이 곤란한 때에는 동일 시 · 군 · 구의 5개 이내 보육시설이 공동으로 영양사를 둘 수 있음.

직원의 종류 및 수	배 치 기 준
취사부	· 영유아 40인 이상 80명 이하를 보육하는 시설의 경우 취사부 1인을 두며, 영유아 매 80인을 초과할 때마다 1인씩 증원함.
그 밖의 직원	· 기관의 규모와 특성에 따라 의사(또는 촉탁의사), 사회복지사, 사무원, 관리인, 위생원, 운전기사, 치료사 등의 종사자를 둘 수 있음.

* 어린이집 원장이 간호사 또는 영양사 자격이 있는 때에는 간호사 또는 영양사를 겸직하게 할 수 있음.

2) 보육교직원의 자격

(1) 어린이집 원장의 자격기준

영유아보육법 제21조에는 어린이집 원장 및 보육교사의 자격기준에 대한 조항을 명시하고 있다. 〈표 5－5〉는 영유아보육법 제21조 제1항 및 제3항에 의한 어린이집을 설립 · 운영할 수 있는 어린이집 원장의 자격기준이다.

표 5-5

어린이집 원장의 자격기준

구 분	자 격 기 준
일반 기준	(1) 보육교사 1급 자격을 취득한 후 2년 이상의 보육 등 아동복지업무 경력이 있는 자 (2) 「유아교육법」에 의한 유치원 정교사 2급 자격을 취득한 후 5년 이상의 보육 등 아동복지 업무 경력이 있는 자 (3) 유치원 원장의 자격을 가진 자 (4) 「초 · 중등교육법」에 의한 초등학교 정교사 자격을 취득한 후 5년 이상의 보육 등 아동복지 업무 경력이 있는 자 (5) 「사회복지사업법」에 의한 사회복지사 1급 자격을 취득한 후 5년 이상의 보육 등 아동복지 업무 경력이 있는 자 (6) 「의료법」에 의한 간호사 자격을 취득한 후 7년 이상의 보육 등 아동복지 업무 경력이 있는 자 (7) 국가 또는 지방자치단체에서 7급 이상의 공무원으로 보육 등 아동복지 업무에 5년 이상 근무한 경력이 있는 자

구 분	자 격 기 준
가정 어린이집	(1) 일반기준에서 정한 자격을 갖춘 자 (2) 보육교사 2급 이상의 자격을 취득한 후 2년 이상의 보육업무 경력이 있는 자
영아전담 어린이집	* 만 3세 미만의 영아만을 20인 이상 보육하는 어린이집 (1) 일반기준에서 정한 자격을 갖춘 자 (2) 간호사 자격증을 취득한 후 5년 이상의 아동간호 업무 경력이 있는 자
장애아 전담 어린이집	* 「장애인복지법」 제29조의 규정에 의하여 장애인으로 등록된 영유아만을 20인 이상 보육하는 어린이집 – 일반기준에서 정한 자격을 갖춘 자로서 다음 각 호의 어느 하나에 해당하는 자 (1) 대학(전문대학을 포함한다)에서 장애인복지 및 재활관련학과를 전공한 자 (2) 장애아어린이집에서 2년 이상의 보육업무 경력이 있는 자 (3) 보건복지가족부령이 정하는 장애아보육 직무교육을 받은 자
기타	* 「고등교육법」에 의한 대학(전문대학을 포함한다) 또는 법 제21조제2항제2호의 규정에 의한 교육훈련시설이 운영(위탁 또는 부설 운영을 말한다)하는 어린이집 – 어린이집을 운영하는 대학의 전임강사 또는 교육훈련시설의 전임교수 이상으로 보육관련 교과목에 대하여 3년 이상의 교육경력이 있는 자

(2) 보육교사의 자격기준

1 보육교사 1급

보육교사 1급 자격은 보육교사 2급 자격을 취득한 후 3년 이상의 보육업무 경력과 보건복지가족부장관이 정하는 일정의 승급교육을 받거나, 보육교사 2급 자격과 대학원에서 석사학위를 취득한 한 후 1년 이상 보육업무 경력과 보건복지가족부장관이 정하는 승급교육을 받아야 한다.

2 보육교사 2급

보육교사 2급 자격은 전문대학 또는 이와 동등 이상의 학교에서 보건복지가족부령이 정하는 보육관련 교과목 및 학점을 이수하고 졸업한 자 또는 대학원에서 석사학위 이상을 취득한 자로 대학원 또는 대학(전문대학을 포함한다)에서 보건복지가족부령이 정하는 바대로 보육관련 교과목 및 학점을 이수하고 졸업한 경우이거나, 보육교사 3급에서 승급한 자로 구분된다.

개정된 영유아보육법에 의해 2005년부터 국가자격제도로 보육교사 자격제도를 상향 조정되면서 2년제, 4년제 대학의 관련학과 졸업시 보육교사 2급을 받도록 자격제도 변경하였다.

보육교사 자격을 취득하기 위해서 필수적으로 이수해야 할 교과목과 학점을 <표 5-6>과 같이 제시하여 해당 과목 중 12과목 35학점 이상을 이수하도록 권장하고 있다.

표 5-6

보육관련 교과목 및 학점

구 분	교 과 목	이수과목(학점)
보육기초	아동복지(론), 보육학개론, 아동발달(론), 보육과정	4과목(12학점) 필수
발달 및 지도	인간행동과 사회환경, 아동관찰 및 행동연구, 아동생활지도, 아동상담(론), 특수아동지도	1과목(3학점) 이상 선택
영유아교육	놀이지도, 언어지도, 아동문학, 아동음악과 동작, 아동미술, 아동 수 · 과학지도, 영유아프로그램 개발과 평가, 영유아교수방법(론)	3과목(9학점) 이상 선택
건강 · 영양 및 안전	아동건강교육, 아동간호학, 아동안전관리, 아동영양학, 정신건강(론)	2과목(6학점) 이상 선택
가족 및 지역사회 협력 등	부모교육(론), 가족복지(론), 가족관계(론), 지역사회복지(론), 자원봉사(론), 보육정책(론), 보육교사(론), 어린이집운영과 관리	1과목(3학점) 이상 선택
보육실습	보육실습	1과목(2학점) 필수
전 체	12과목(35학점) 이상	

* 자료 : 영유아보육법 시행규칙.

보육실습은 필수적으로 이루어져야 하며, 법적으로 인가받은 어린이집 및 종일제 유치원에 한해 보육실습기관으로 인정한다. 실습기관에서는 보육교사 1급 또는 유치원정교사 1급 자격을 가진 자가 실습을 지도하여야 한다. 실습기간은 4주, 160시간을 원칙으로 하며, 야간대학 등의 경우에는 실습을 2회에 나누어 실시할 수 있다.

보육실습은 명칭과 무관하게 실습기관과 실습기간의 조건을 만족하는 경우 보육실습으로 인정한다. 실습의 평가서는 실습계획서에 근거하여 작성하되, 평가점수가 80점 이상인 경우에만 실습을 이수한 것으로 인정하고, 자격증 교부시 실습 이수여부를 확인받기 위해서는 실습이수 연도에 따라 〈표 5-7〉, 〈표 5-8〉, 〈표 5-9〉의 보육실습확인서를 제출하여야 한다.

또한 보육교사 2급 자격과 관련하여 아동복지학과, 아동학과, 유아교육과 등 유사학과 졸업생의 경우 교과목명이 상이하더라도 〈표 5-10〉과 같이 교과목의 내용이 유사하면 동일교과목으로 인정한다. 이 경우에는 해당교과목의 이수 확인을 위해 〈표 5-11〉과 같은 유사교과목 확인서를 제출하여야 한다.

표 5-7

보육실습확인서(1998. 3. 1. 이후 2005년까지 보육실습자)

보 육 실 습 확 인 서

성 명 :

주민등록번호 :

대학 · 학과명 :

실 습 기 관 명 :

주소 및 연락처 :

시 설 종 류 :

※ 보육시설 · 유치원(종일제) · 사회복지시설(아동복지시설 · 장애영유아시설) 중 해당사항 기재

실 습 기 간 : 주(시간)

위 사람은 종전 법 시행규칙 제8조제2항에 의한 보육실습을 충실히 이수하였음을 확인합니다.

년 월 일

시설장 (서명 또는 인)

학과장 (서명 또는 인)

※ 1998. 3. 1일 이후 졸업자에서 2005년 보육실습자까지 적용.

표 5-8

보육실습확인서(2006년 보육실습자에 한하여 사용)

보 육 실 습 확 인 서

성　　　　명 :

주민등록번호 :

대학 · 학과명 :

실 습 기 관 명 :

주소 및 연락처 :

시 설 종 류 :

실 습 기 간 :　　부터　　까지(　　주,　　시간)

위 사람은 영유아보육법시행규칙 제12조제1항에 의한 보육실습을 충실히 이수하였음을 확인합니다.

년　　월　　일

시설장　　　　　　　　(서명 또는 인)

학과장　　　　　　　　(서명 또는 인)

주) ① 적용대상 : 2006년 보육실습자
② 실습기관은 15인 이상 어린이집, 종일제 유치원에 한함
③ 기관의 종류에는 어린이집, 종일제 유치원으로 구분하여 기재함
④ 실습기간은 연월일의 기간을 기재하되, 주 · 시간을 (　　)에 내서함

표 5-9

보육실습확인서(2007년 이후 실습이수자)

보 육 실 습 확 인 서

1. 실습 이수자 기본사항

이　름	주민등록번호	학교명	학과명	이수 교과목(학점)

2. 실습기관

실습기관명	시설종류	주　　소	연락처

3. 실습 지도교사

이　름	자격 종류	자격번호

4. 실습 기간

실습기간	년　월　일 ~　년　월　일(　주간)
실습시간	총　시간(매주　요일 ~　요일까지, 1일　시간)

위 사람은 영유아보육법시행규칙 제12조제1항에 의한 보육실습을 충실히 이수하였음을 확인합니다.

년　월　일

원 장　　　　　　(서명 또는 인)

학과장　　　　　　(서명 또는 인)

※ 첨부서류

1. 실습기관 시설인가증 사본 1부 2. 실습 지도교사 자격증 사본 1부

※ 기관종류 : 어린이집, 종일제 유치원 중 선택

※ 자격종류 : 보육교사 1급, 유치원 정교사 1급 중 선택

※ 실습지도교사가 보육교사 1급 자격증 소지자인 경우 자격증 사본 제출 불필요

표 5-10

보육관련 유사교과목 인정 범위

영역별	영유아보육법 시행규칙상 교과목 명	유사교과목 인정 교과목 명
보육기초	보육학개론	영유아보육학, 유아교육(개)론
	보육과정	영유아보육과정, 유아교육과정
보육실습	보육실습	보육현장실습, 교육실습

* 자료 : 영유아보육법 시행규칙.

표 5-11

유사교과목 확인서

성　　　명 :

주민등록번호 :

대학 · 학과명 :

실습기관명 :

유사교과목(명) 확인내역

구분	종전 영유아보육법 시행규칙 [별표 4] 교과목 명	전공 · 이수한 교과목 명 (유사교과목명)	유사교과목 인정 사유	비고
영유아 보육에 대한 기초이론 등				
영유아 발달과 교육 등				
영유아 건강, 안전, 영양 등				
영유아보육관련 기타 일반적인 이론 등				

위 사람이 종전 영유아보육법 시행규칙 제8조제2항 [별표 4]의 규정에 의하여 전공 이수한 교과목이 상기와 같이 유사교과목에 해당됨을 확인합니다.

200 년 월 일

○○○대학(교) ○○○대학 ○○학과장 ○○○ (인)

* 자료 : 영유아보육법 시행규칙.

3 보육교사 3급

보육교사 3급은 교육훈련시설에서 정해진 교육을 이수한 경우 발급되는 자격으로서, 보육교사 3급의 자격을 취득하기 위하여 다음의 〈표 5-12〉에 제시되어 있는 교육과정을 이수하여야 한다.

표 5-12

교육훈련시설의 교육과정

영 역	교 과 목[학점]	이수과목(학점)
보육기초	아동복지(론)[3], 보육학개론[3], 보육과정[3]	3과목(9학점) 필수
발달 및 지도	아동발달(론)[3], 인간행동과사회환경[3], 아동생활지도[3], 아동상담(론)[3], 특수아동지도(특수교육학)[3], 방과후아동지도[2], 영유아보육의 실제[3]	7과목(20학점) 필수
영유아교육	놀이지도[3], 언어지도[2], 아동음악과 동작[2], 아동미술[2], 아동 수 · 과학지도[2], 교재 · 교구개발[3], 영유아교수방법(론)[3]	7과목(17학점) 필수
건강 · 영양 및 안전	아동간호학[2], 아동안전관리[2], 아동영양학[2]	2과목(4학점) 이상 선택
가족 및 지역사회 협력 등	부모교육[3], 지역사회복지[3], 보육정책[2], 정보화교육[2], 보육시설운영과 관리[3]	5과목(13학점) 필수
보육실습	보육실습[2]	1과목(2학점) 필수
계	25과목(65학점) 이상	

* 출처 : 영유아보육법 시행규칙.

※ 비고 ① 각 과목당 평가점수가 70점 이상인 경우에만 이수한 것으로 인정한다.
② 학점 당 시간은 15시간을 기준으로 하되, 보육실습 기간은 4주 이상, 160시간 이상으로 한다.
③ 보육실습은 별표 4의 보육실습에 관한 기준을 준용한다.

다음의 〈표 5-13〉은 보육교사 등급별 자격기준이다.

표 5-13

보육교사 등급별 자격기준

등 급	자 격 기 준
보육교사 1급	1. 보육교사 2급 자격을 취득한 이후 3년 이상의 보육업무 경력과 보건복지가족부장관이 정하는 승급교육을 받은 자 2. 보육교사 2급 자격과 보육관련 대학원에서 석사학위를 취득한 자로서 1년 이상 보육업무 경력과 보건복지가족부장관이 정하는 승급교육을 받은 자
보육교사 2급	1. 전문대학 또는 이와 동등 이상의 학교에서 여성가족부령이 정하는 보육관련 교과목 및 학점을 이수하고 졸업한 자 2. 보육교사 3급 자격을 취득한 이후 1년 이상의 보육업무 경력과 보건복지가족부장관이 정하는 승급교육을 받은 자
보육교사 3급	고등학교 또는 이와 동등 이상의 학교를 졸업한 자로서 보건복지가족부령이 정하는 교육훈련시설에서 소정의 교육과정을 수료한 자

* 출처 : 영유아보육법 시행규칙.

(3) 보육교사 자격관리

1 자격증 발부

영유아보육법 제22조의 보육교사자격증의 교부 등에 관한 규정에서 보건복지가족부장관은 보육교사의 자격을 검정하고 자격증을 교부하도록 명시하고 있으며, 이러한 규정에 의한 자격의 검정 및 자격증의 교부 등에 관하여 필요한 사항은 여성가족부령으로 정하도록 하고 있다. 보건복지가족부는 자격증 발급에 관한 업무를 보육교사 자격관리사무국에서 관장하도록 하고 있다. 보육교사 자격증 발급 및 교부의 방법은 〈표 5-14〉의 보육교사자격증 교부신청을 작성하여 업무담당기관인 한국보육진흥원 보육교사자격관리 사무국에 신청한다.

2 자격증 발부 및 교부절차

인터넷이나 우편, 방문신청 등의 방법을 통해 신청구비 서류와 함께 자격증 신청을 하면, 보육교사 자격관리사무국에서는 자격검정위원회에서 해당 자격기준에 의거 자격인정여부를 평가하고 해당 자격증을 발급해 주게 된다.

3 보수교육

보육교직원은 전문성 향상을 위해 계속적인 자기개발에 노력해야 하며, 이를 위해 여성가족부장관은 보육교직원의 자질 향상을 위한 보수교육을 실시하여야 한다.

보수교육은 크게 직무교육과 승급교육으로 구분한다. 직무교육은 보육에 필요한 지식과 능력을 유지 · 개발하기 위하여 보육시설 종사자가 정기적으로 받는 교육으로서 교육시간은 40시간을 원칙으로 하며, 승급교육은 보육교사가 3급에서 2급 또는, 2급에서 1급으로 승급하기 위하여 필요한 교육으로서 교육시간은 80시간을 원칙으로 실시된다.

보수교육의 내용은 보육기초, 발달 및 지도, 영유아교육, 영유아의 건강 · 영양 및 안전, 가족 및 지역사회 협력, 보육사업의 운영에 관한 영역이 포함되도록 해야 한다.

표 5-14

보육교사자격증 교부신청서

사진 (3×4cm)	**보육교사 자격증 교부신청서**	처리기간 14일

신청인				
신청인	① 성 명		② 주민등록번호	
	③ 주소(자격증수령지)		④ 전화(핸드폰, 이메일)	
	⑤ 현근무시설명	어린이집	⑥ 신청등급	급

⑦ 학력	부터	까지	최종학교명	전공 또는 부전공학과목	학위등록번호
	. . .	. . .			
	. . .	. . .			

⑧ 교육훈련시설	부터	까지	교육훈련시설명	수료증번호
	. . .	. . .		
	. . .	. . .		

⑨ 근무경력	부터	까지	근무시설명	자격구분(등급)	발 령 자
	. . .	. . .			
	. . .	. . .			
	. . .	. . .			
	. . .	. . .			
	. . .	. . .			

⑩ 보수교육	부터	까지	교육훈련기관	교육훈련내용(직무, 승급교육)
	. . .	. . .		
	. . .	. . .		

「영유아보육법」 제22조 및 「영유아보육법 시행규칙」 제18조제1항의 규정에 의하여 위와 같이 보육교사자격증 교부를 신청합니다.

년 월 일

신청인 (서명 또는 인)

귀하

※ 첨부서류	수 수 료

1. 대학 또는 이와 동등 이상의 학교의 졸업증명서, 성적증명서 및 보육실습확인서. 다만, 보육실습확인서는 1998년 3월 이후 졸업한 해당자에 한합니다.
2. 교육훈련시설 수료증(해당자에 한합니다)
3. 보수교육 이수증명서(승급자에 한합니다)
4. 경력증명서(첨부서류 포함)
5. 사진(6월 이내에 촬영한 탈모정면 상반신 반명함판) 2매

* 출처 : 영유아보육법 시행규칙.

3) 보육교직원의 채용 및 임면보고

어린이집 원장은 보육교직원의 임면 후 14일 이내에 관련 서식에 의거해 임면사항을 시장·군수·구청장에게 보고해야 하며, 해당 시장·군수·구청장은 임면보고를 받고 신원조회 등을 통해 임면보고 받은 직원이 보육교직원 제한자가 아닌지 여부를 확인한 후 이들에 대해 한 임면 및 경력에 관한 사항을 관리하여야 한다. 다음의 〈그림 5-1〉은 보육교직원 채용 및 임면보고 절차이다.

보육교직원 임면에 대한 규정은 「영유아보육법 시행규칙」 제11조 제3항 관련하여 다음과 같다.

보육교직원의 임면(「영유아보육법 시행규칙」 제11조 제3항 관련)

1. 보육교직원의 채용은 공개경쟁을 원칙으로 한다.
2. 임면권자는 보육시설종사자 채용 시 임금, 계약기간 등 근로조건을 명시한 근로계약을 체결하여야 한다. 이 경우 부당한 내용이 포함되어서는 아니되며, 관할행정기관은 이를 적극 지도·감독하여야 한다.
3. 보육교직원 채용 시 제출하여야 하는 서류는 다음과 같다.
   가. 별지 제7호 서식에 의한 인사기록카드
   나. 최종학교 졸업증명서
   다. 성적증명서(보육교사에 한한다)
   라. 자격증 사본
   마. 경력증명서(경력자에 한한다)
   바. 주민등록등본
   사. 채용신체검사서
4. 임면권자는 보육교직원 결원시 1월 이내에 보육시설종사자를 채용하여야 한다.
5. 임면권자는 보육 등 아동복지에 관련된 학과의 학생 또는 육아경험이 있는 여성들을 자원봉사자로 활용할 수 있다. 이 경우 시설의 사정에 따라 수당을 지급할 수 있다.

직원 채용 및 임면보고 절차

보육교직원 채용 (원장, 보육교사, 특수교사, 취사부 등)	– 채용주체 : 어린이집 설치자 – 채용조건 : 자격기준을 갖춘 자 ※ 원장 및 보육교사 국가자격증을 발급받지 않은 자는 자격증을 발급받도록 지도
↓	
직원 임면보고	– 임면보고 절차 : 어린이집 → 시 · 군 · 구청장(채용 후 14일 이내) – 임면보고시 구비서류 · 인사기록카드, 채용신체검사서, 자격증 사본(국가자격증을 발급받지 않은 자는 자격을 증명하는 서류), 성범죄경력조회결과서 ※ 자격증 사본은 일정자격이 필요한 자(원장, 보육교사, 간호사 등)에 한함.
↓	
직원 자격의 적격성 확인	– 확인주체 : 시 · 군 · 구청장 – 확인대상 : 어린이집 원장, 보육교사, 특수교사, 치료사, 영양사, 간호사 – 확인방법 : 각 자격별 자격증명 서류
↓	
직원 신원조회	– 신원조회 주체 : 시 · 군 · 구청장 – 내용 : 직원 결격 사유(영유아보육법 제20조)
↓	
경력관리시스템 입력 관리	– 직원 임면 사항을 경력관리시스템에 입력 관리

〈그림 5-1〉 직원 채용 및 임면보고절차

* 자료 : 보건복지부(2014). 2014년도 보육사업안내

또한 임면권자가 보육교직원을 채용할 경우에는 반드시 아래 구비서류를 제출받아 자격의 적격 여부를 판단하고, 관련 서류를 보관하여야 하는데 보육교직원들이 구비해야 할 구체적인 서류는 각각 다음과 같다.

가) 공통서류

○ 인사기록카드(규칙 별지 제7호 서식)

○ 주민등록등본

○ 채용신체검사서(공무원채용기준 신체검사서 양식 준용)

※ 채용기간이 1개월 미만인 대체교사(임시교사)는 보건소의 전염성질환(간염, 결핵, 장티푸스, 성병 등)에 대한 채용신체검사서로 갈음할 수 있음.

나) 원장 및 보육교사

○ 원장 및 보육교사 국가자격증 사본

– 국가자격증을 발급받지 않은 경우에는 졸업증명서, 성적증명서, 경력증명서 등 시설장 및 보육교사 자격을 증명할 수 있는 서류

※ 원장 및 보육교사 자격증명서류 : V. 보육교직원 자격기준 중 자격증 발급을 위한 구비서류 참고

다) 특수교사 및 치료사

○ 특수교사 및 치류사 자격증 사본(보육자격관리사무국장이 발급하는 어린이집 특수교사 인정서 포함)

라) 간호사 · 영양사 등 자격을 요하는 교직원 : 자격증 사본

4) 직원 결원의 채용시기

○ 임면권자는 보육교직원 결원시 1월 이내에 신규종사자를 채용하여야 한다.

5) 졸업예정자에 대한 채용 특례

○ 대학(전문대학 포함) 졸업예정증명서를 제출받아 보육교사로 채용할 수 있다(원장 제외). 단, 2개월 이내에 졸업증명서를 제출하여야 한다.

한편, 원장 임면에 대해 살펴보면 국 · 공립어린이집은 시장, 군수 또는 구청장이 임면하되 시설 설치자가 직원 임면권을 위탁 운영자에게 위임한 경우에는 위탁 운영자가 임면한다.

영유아의 건전한 성장과 발달을 돕기 위해 직원의 자질과 자격은 매우 중요한 일이다. 영유아보육법 제16조와 20조는 다음의 〈표 5-15〉에 해당되는 경우 어린이집 설치 및 근무를 제한하도록 규정하고 있다.

표 5-15

어린이집 설치 제한 규정

구분	결격사유
보육 원장 보육 원장	〈영유아보육법 제16조〉 다음 각 호의 1에 해당하는 자는 어린이집을 설치 · 운영할 수 없다. 1. 미성년자 · 금치산자 또는 한정치산자 2. 정신질환자 3. 마약 · 대마 또는 향정신성의약품중독자 4. 파산자로서 복권되지 아니한 자 5. 금고 이상의 실형을 선고받고 그 집행이 종료(집행이 종료된 것으로 보는 경우를 포함한다)되거나 집행이 면제된 날부터 3년이 경과되지 아니한 자 6. 금고 이상의 형의 집행유예 선고를 받고 그 유예기간 중에 있는 자 7. 제45조의 규정에 의하여 어린이집의 폐쇄명령을 받고 1년이 경과되지 아니한 자
보육 교직원	〈영유아보육법 제20조〉 다음 각 호의 1에 해당하는 자는 어린이집에 근무할 수 없다. 1. 제16조 각호의 1에 해당하는 자 2. 제46조 또는 제47조의 규정에 의하여 업무가 정지되거나 자격 정지 중인 자 3. 제48조의 규정에 의하여 자격이 취소된 후 1년이 경과되지 아니한 자

* 자료 : 영유아보육법 시행규칙.

표 5-16

어린이집 원장 및 보육교사에 대한 행정처분 세부기준

위 반 사 항	근거법령	1 차	2 차	3 차
어린이집 원장의 업무정지 개별기준				
1. 어린이집 원장의 업무수행 중 고의 또는 중대한 과실로 손해를 가한 경우	법 제46조 제1호	3월 이내 업무정지	6월 이내 업무정지	1년 이내 업무정지
2. 보육교사 · 간호사 또는 영양사 등 당해 업무수행에 필요한 자격이 없는 자를 채용하여 해당 업무를 수행하게 한 경우	법 제46조 제2호	3월 이내 업무정지	6월 이내 업무정지	1년 이내 업무정지
3. 법 제23조의 규정에 의한 보수 교육을 연속하여 3회 이상 받지 아니한 경우	법 제46조 제3호	2월 이내 업무정지	6월 이내 업무정지	1년 이내 업무정지
보육교사의 자격정지 개별기준				
1. 보육교사의 업무수행 중 당해 자격과 관련하여 고의 또는 중대한 과실로 손해를 가한 경우	법 제47조 제1호	2월 이내 자격정지	6월 이내 자격정지	1년 이내 자격정지
2. 법 제23조의 규정에 의한 보수 교육을 연속하여 3회 이상 받지 아니한 경우	법 제47조 제2호	2월 이내 자격정지	6월 이내 자격정지	1년 이내 자격정지

* 자료 : 영유아보육법 시행규칙.

4) 보육교직원의 보수체계 및 복무

(1) 직원의 보수체계

보육교직원의 보수기준은 보육교사 등의 호봉, 근무성적과 기관의 운영 여건 및 당해연도 "보육교직원 인건비 지급기준"을 참고하여 지급하되, 교직원 자격기준 이외의 직원(사무원 등)은 별도 기준을 정하여 적용한다(보건복지가족부, 2010). 그러나 지방자치단체의 장 또는 어린이집을 설치 · 운영하는 자가 이 기준에도 불구하고 재정형편에 따라 기준을 초과하여 보수를 보조 또는 지급할 수 있다. 또한 국고보조시설이 아닌 시설(미지원 시설)은 다른 법령에서 특별히 규정한 경우를 제외하고는 기관의 재정형편에 따라 원장과 직원이 협의(근로계약서 체결)하여 보수기준을 달리 정할 수 있다. 다음 〈표 5-17〉은 2014년도 보육교직원 인건비 지급기준이다.

표 5-17

2014년도 보육교직원 인건비 지급기준

(단위 : 원)

호봉	원장		보육교사		취사부	
	보수총액	월지급액	보수총액	월지급액	보수총액	월지급액
1	21,399,840	1,783,320	17,724,840	1,477,070	14,559,120	1,213,260
2	21,978,000	1,831,500	18,238,080	1,519,840	14,988,000	1,249,000
3	22,695,360	1,891,280	18,800,640	1,566,720	15,599,880	1,299,990
4	23,374,680	1,947,890	19,391,160	1,615,930	15,924,960	1,327,080
5	24,060,120	2,005,010	19,986,840	1,665,570	16,275,480	1,356,290
6	25,569,840	2,130,820	21,360,240	1,780,020	17,014,320	1,417,860
7	26,474,520	2,206,210	22,265,520	1,855,460	17,758,800	1,479,900
8	27,065,760	2,255,480	22,672,800	1,889,400	18,050,040	1,504,170
9	27,846,480	2,320,540	23,291,880	1,940,990	18,644,400	1,553,700
10	28,634,640	2,386,220	23,962,680	1,996,890	19,220,520	1,601,710
11	29,623,800	2,468,650	24,833,400	2,069,450	19,996,320	1,666,360
12	30,488,520	2,540,710	25,581,240	2,131,770	20,673,960	1,722,830
13	31,142,640	2,595,220	26,235,600	2,186,300	21,234,960	1,769,580
14	31,843,800	2,653,650	26,819,640	2,234,970	21,819,000	1,818,250
15	32,544,720	2,712,060	27,404,040	2,283,670	22,380,000	1,865,000
16	33,440,040	2,786,670	28,229,040	2,352,420	23,135,040	1,927,920

호봉	원장		보육교사		취사부	
	보수총액	월지급액	보수총액	월지급액	보수총액	월지급액
17	34,117,800	2,843,150	28,836,720	2,403,060	23,695,800	1,974,650
18	34,865,520	2,905,460	29,444,400	2,453,700	24,280,080	2,023,340
19	35,590,080	2,965,840	30,051,960	2,504,330	24,840,960	2,070,080
20	36,220,800	3,018,400	30,659,400	2,554,950	25,424,880	2,118,740
21	37,287,240	3,107,270	31,655,640	2,637,970	26,351,160	2,195,930
22	37,988,280	3,165,690	32,263,200	2,688,600	26,888,640	2,240,720
23	38,619,120	3,218,260	32,800,920	2,733,410	27,426,000	2,285,500
24	39,249,960	3,270,830	33,408,360	2,784,030	27,940,080	2,328,340
25	39,951,120	3,329,260	33,969,000	2,830,750	28,500,840	2,375,070
26	40,605,360	3,383,780	34,529,880	2,877,490	29,015,040	2,417,920
27	41,213,040	3,434,420	35,020,560	2,918,380	29,459,160	2,454,930
28	41,843,880	3,486,990	35,557,920	2,963,160	29,973,240	2,497,770
29	42,428,040	3,535,670	36,142,080	3,011,840	30,463,920	2,538,660
30	43,082,280	3,590,190	36,656,280	3,054,690	30,977,880	2,581,490

주 1) 보육교사 : 간호사, 영양사, 특수교사, 치료사 포함
주 2) 특수교사 수당 10만원은 별도 지급

(2) 직원의 복무

보육교직원 종사자의 복무와 관련한 사항은 다음과 같다(보건복지가족부, 2009).

① 보육교직원의 휴가는 보육공백을 최소화할 수 있도록 순번제로 실시하고, 보수교육, 출산휴가 등으로 공백이 생기는 경우에는 대체교사를 배치하여야 한다.

※ 보육교직원의 휴가 등에 관하여서는 근로기준법 등 노동관련법령에 의한다.

② 휴가, 휴일, 휴식 등 근로시간과 관련이 있는 사항에 대하여서는 근로기준법의 규정을 준용한다.

③ 고용, 산전후휴가, 육아휴직 등과 관련이 있는 사항에 대하여서는 남녀고용평등법의 규정을 준용한다.

④ 보육교직원의 최저임금 보장 등과 관련이 있는 사항에 대하여서는 최저임금법의 규정을 준용한다.

⑤ 기타 보육교직원의 복무, 근로 등과 관련하여서는 각 개별법을 준용토록 한다.

표 5-18

근로계약서 양식

○○어린이집(　　　년)

○○○ 어린이집

문서번호 :
수　　신 : ○○시 · 군 · 구청장
제　　목 : 보육교직원 임면사항 보고

1. 영유아보육법 시행규칙 제11조 제1항의 규정에 따라 보육교직원 임면사항을 아래와 같이 보고합니다.
2. 인적사항 등

연번	직종별	성명 (한자)	생년월일	주소	등록 기준지[1]	발령 일자	발령 사항	기록자 (날인)	비고

주) ① 직종별란에는 원장, 보육교사 1, 2, 3급, 기타 교직원의 직위를 기재함
② 주소란과 등록기준지란은 주소 및 구 본적지를 정확하게 기재하여야 함
(예시 : ○○도 ○○군 ○○면 ○○리 ○○번지)
③ 발령일자란에는 채용일을 기재
④ 발령사항란에는 임용, 전출, 퇴직, 출산휴가, 육아휴직 등 신분변동사항을 기재함

○○○ 어린이집원장(직인)

1) 등록기준지는 구, 본적지를 의미함

(기관명) 대표 ×××(이하 '갑'이라 함)와 근로자 △△△(이하 '을'이라 함)는 다음과 같이 근로계약을 체결하고 상호 성실히 이행할 것을 확약한다.

제1조(담당업무)
"을"의 담당 업무는 (   )로 하되, 업무상 필요한 경우 갑은 을의 담당 업무를 변경할 수 있다.

제2조(근로 장소)
"을"의 근로 장소는 (   )로 하되, 업무상 필요한 경우 갑은 을의 근무장소를 변경할 수 있다.

제3조(근로시간 및 휴게시간)
"을"의 근로일 및 근로일별 근로시간과 휴게시간은 다음과 같다. 단, 업무상 필요한 경우 근로자대표와 서면합의를 통해 휴게시간을 변경할 수 있다.
가. 근 로 일 - 평일, 토요일
나. 근로시간 - 평일 00:00 ~ 00:00(휴게시간 00:00 ~ 00:00)
토요일 00:00 ~ 00:00(휴게시간 00:00 ~ 00:00)

제4조(임금)
① "을"의 임금은 월급여 총액은 (   )원으로 한다.
(※ 월 급여는 매년 ○○시 보육정책위원회에서 결정되는 최저임금을 기본으로 직원의 경력, 능력, 태도, 업무성과, 기여도 등을 반영하여 상향 조정할 수 있다.)

구성항목	급여액	계산방법
기본급	원	시급 × (209 시간)
수당 1 ( )	원	
수당 2 ( )	원	
수당 3 ( )	원	
수당 4 ( )	원	

② 임금의 구성항목과 그 계산방법은 다음 표와 같다.
③ 전항의 임금은 매월 일부터 일까지 기산하여 당월 일에 "을"이 지정하는 은행 계좌로 송금한다.

※ '국고보조어린이집'의 경우 아래 조항으로 대체

제4조(임금)
① "을"의 임금은 매년 보건복지부 장관이 정한 인건비지원 기준에 따라 (   ) 호봉 갑(을) 월급 총액
(   )원으로 시작한다.
(※ 필요한 경우 수당별 금액 기재)
② 전항의 임금은 매월 일부터 일까지 기산하여 당월 일에 "을"이 지정하는 은행계좌로 송금한다.

제5조(휴일)
① "을"의 유급휴일은 주휴일(매주 O요일)과 근로자의 날로 한다.
② 그 밖의 유급휴일은 "갑"의 복무규정에 따른다.

제6조(휴가)
① "갑"은 "을"에게 근로기준법에 따라 연차유급휴가(전년도 8할 이상 출근 시 연간 15일, 입사 첫해는 전월 개근 시 1일을 주며 실제 사용한 일수는 이듬해 15일에서 차감)를 주며, 그 외 휴가는 "갑"의 복무규정에 따른다.
② "을"의 복무규정상 부여되는 휴가를 사용하는 경우 연차유급휴가를 사용한 것으로 하며, "을"의 근로의욕 고취 및 "갑"의 계산상 편의를 도모하기 위해 연차유급휴가의 사용을 제한하지 아니하는 범위 내에서 매월 "을"의 급여에 연차유급휴가 미사용 수당을 산입하여 지급할 수 있다.

제7조(준용)
본 계약서에 명시되지 않은 사항은 복무규정 및 근로기준법의 관련조항을 준용하도록 한다.

20 년 월 일

갑(사용자)		을(근로자)	
사업장명 :		이 름 :	(인)
대 표 자 :	(인)	주 소 :	
소 재 지 :			

○○ 어린이집

※ 출처 : 보건복지부(2014). 2014년도 보육사업안내 부록 p. 219 (서식 Ⅵ-2서식)

5) 보육교직원의 역할 및 자질

보육교직원은 영유아들의 보호와 교육을 담당하고 있으며, 직접적 또는 간접적으로 영향을 주고 있으므로 이들의 자질은 보육시설의 질을 좌우하는 중요한 요인임에 틀림없다. 우선 모든 종사자들은 영유아들이나 다른 종사자들에게 피해를 줄 수 있는 신체적 · 정신적 병이 없어야 하며, 보육교직원으로서 기본적인 자격을 갖추어야 한다. 또한 보육교직원들은 영유아들을 이해하고 사랑할 수 있으며, 각자 맡은 바 직무를 수행할 능력이 있으며, 대인관계가 원만한 사람이어야 한다.

보육교직원은 원장, 보육교사, 의사, 간호사, 영양사, 사무직, 관리인, 취사부, 운전기사 등으로 구성되나, 여기에서는 비교적 보육 서비스에 많은 영향을 미친다고 볼 수 있는 원장과 보육교사를 중심으로 그 역할 및 자질에 대해 살펴보고자 한다.

(1) 원장의 자질 및 역할

어린이집의 원장은 어린이집의 제반 업무를 통괄하며 법적으로 시설의 모든 책임을 지는 사람이다. 그러므로 원장의 능력과 자질은 보육프로그램의 성패 여부를 좌우한다고 해도 과언이 아니다. 어린이집의 운영자인 원장은 기관의 운영과 관련된 관계행정가, 교직원, 원아, 학부모, 지역사회 인사 등과 원만한 대인관계를 유지하는 것이 필수적이며, 이를 위해 훌륭한 지도자로서의 자질을 갖추고 있어야 한다. 어린이집의 원장이 갖추어야 할 바람직한 자질은 다음과 같다.

① 원장은 올바른 아동관과 유아교육 및 보육에 대한 확고한 철학을 지니고 있어야 한다. 즉, 인간에 대한 사랑과 믿음을 바탕으로 인간의 기본적 권리를 존중하는 인본주의 사상에 대한 신념을 가지고 있어야 하며, 아동의 인격과 개성을 존중하고 아동이 갖고 있는 무한한 잠재 가능성에 대한 깊은 신뢰감을 가져야 한다. 이러한 시설장의 아동관은 어린이집을 운영하는 철학적 바탕이며, 경영방침의 원동력으로 작용한다. 결국 유아교육 및 보육에 대한 원장의 철학은 올바른 아동관에서 비롯되며, 이것은 교사나 다른 직원들의 역할과 태도에 직접·간접으로 영향을 미치게 되어 바람직한 어린이집 운영이 가능해진다.

② 원장은 지역사회 봉사자로서의 자질을 가져야 한다. 어린이집 운영자 및 경영자인 원장은 보육사업을 통해 국가와 사회에 봉사한다는 자세와 신념을 가져야 한다. 따라서 원장은 영유아들을 보호하고 교육하는 일 자체에 목적을 두고 있을 때 서로 보람과 자부심을 느낄 수 있으며, 나아가 영유아들과 그 부모들에게는 물론 지역사회에 기여하게 된다.

③ 원장은 원만한 대인관계 능력이 있어야 하며, 직원들간의 바람직한 인간관계형성에 노력해야 한다. 어떤 조직이든 그 조직 내의 구성원들간의 인간관계가 얼마나 좋으냐에 따라 그 조직이나 기관의 효율적 운영이 좌우된다. 어린이집의 원장은 교사를 비롯한 직원들을 항상 따뜻하게 보호하고 신뢰하며 존중하는 태도로 대하는 대인관계 능력이 있어야 한다. 따라서 원장은 교사들을 동료로서

인정하고 그들의 인격을 존중해야 한다. 직원은 교사들이 어린이집의 생활에 보람과 만족을 느낄 수 있도록 격려하고, 서로간의 화합과 신뢰로운 분위기 조성에 힘써야 한다.

④ 원장은 어린이집 운영에 대한 행정적 능력과 관리기술이 있어야 한다. 어린이집 원장의 일차적 임무는 어린이집을 합리적으로 운영하여 유아보육 및 교육목표를 달성토록 하는데 있다. 이를 위해 원장은 직원 인사관리, 재정관리, 보육 프로그램의 효율적 운영, 대외관계 유지 등에서 충분한 능력과 기술을 갖추어야 한다. 그리고 어린이집의 운영과 관련된 중앙정부나 지방자치단체의 정책방향 및 관계 법령이나 규정에 대해서도 충분히 이해하고 있어야 한다.

⑤ 원장은 어린이집 운영에 있어서 민주적이고 합리적인 의사결정을 해야 한다. 원장은 어린이집을 운영하는 과정에서 의사결정을 해야 할 크고 작은 수많은 문제에 당면하게 되는데, 어떤 문제를 결정하는데 있어 교사, 사무직원, 학부모 등의 의견을 충분히 수렴하여 보다 합리적이고 실현 가능한 의사결정을 할 수 있어야 한다. 이것은 어린이집의 효율적인 운영의 핵심적 요소이다.

양옥승 외(1999)가 제시한 원장의 역할은 다음과 같다.

① 업무를 계획하고 평가한다. 원장은 기관의 철학과 정책을 고려하여 업무를 계획해야 한다. 업무 분담을 하면서 직원의 책임을 분명하게 해 주며 각각의 업무를 평가하기 위한 절차를 만든다.

② 사무적인 일을 처리한다. 사무적인 일이란 건물, 장비, 직원에 대한 예산을 세울 뿐만 아니라 재정적 지원을 얻어내고, 자금을 분배하고, 수입과 지출을 계산하는 것을 말한다.

③ 직원에 대한 서비스를 시작하고 유지한다. 교사의 지위를 결정하고, 직원을 신규 채용, 승진, 보상해 주며, 업무에 있어서 필요한 훈련, 지원, 감독, 평가를 해 준다. 그리고 직원의 기록을 보관한다.

④ 보조적인 업무를 감독한다. 이 업무는 기관마다 다양하지만 굉장히 중요한 것이다. 대개 보조적 업무는 귀가 차량 운영, 식사 제공, 건물 유지 등을 하는 것을 말한다.

⑤ 의사소통을 위한 연결과 정보교환을 제공한다. 원장은 지도자 회의를 주관하고, 직원 및 부모 회의를 결정하고 주관하며, 직원을 돕고, 프로그램을 계획 · 실행 · 평가하는 것에 대해서도 보육교직원들과 상의한다. 또한 어린이집 운영에 대하여 부모 및 다른 어린이집의 원장과도 협의한다.

(2) 보육교사의 역할

보육교사의 주된 역할은 영유아를 위한 보호와 교육적 서비스를 제공하는 것이다. 그러므로 보육교사는 아동발달에 대한 전반적인 지식과 통찰력을 가지고 영유아를 가르치고 지도하는 역할을 해야 한다.

보육교사는 유아의 부모를 신뢰하고 자신의 교수 역할이 무엇인지를 알아야 하며 세상에 대한 바른 정신, 인간발달에 대한 이해, 이성에 대한 존중 같은 개인적인 특징을 가져야 하며, 유아에 대한 사랑과 인내심, 친절함, 개방성, 안전을 중요하게 생각해야 한다(서영숙 외, 1996).

보육교사의 주요 역할은 교사와 부모의 역할을 하는 것이다. 즉, 유아의 신체적 욕구를 채워주고 유아들의 정서적 · 사회적으로 성장하도록 도와주며 지적 발달을 자극해 주는 것이다(양옥승 외, 1999).

어린이집에서의 보육교사의 역할을 간략하게 제시하면 다음과 같다(김광웅 외, 1997).

① 보육교사는 아동 개개인의 특성을 파악한다.

② 보육교사는 교육적 내용의 프로그램을 구성하는 역할을 한다.

③ 보육교사는 아동의 욕구 및 흥미에 적합한 프로그램을 개발한다.

④ 보육교사는 상담자로서의 역할을 한다.

⑤ 보육교사는 가족기능의 평가와 가족의 기능 향상을 위한 역할을 병행한다.

⑥ 보육교사는 위탁아동과 부모에 대한 특성을 파악함과 동시에 보육 서비스 전반에 대한 설명을 해 준다.

⑦ 보육교사는 어린이집이 지역사회 복지센터로서 이용될 수 있도록 노력한다.

⑧ 보육교사는 적극적인 부모지원의 역할을 수행한다.

(3) 그 외 종사자들

1 간호사(또는 간호조무사)

영유아들의 건강, 안전, 위생 등에 관한 업무를 담당하는 간호사 또는 간호조무사를 두도록 규정하고 있다. 간호사는 영유아의 신체적 성장(키, 체중, 가슴둘레 등)과 운동발달에 관한 정기적인 체크, 건강진단, 전염성 질환의 예방과 격리조치, 안전사고의 예방과 치료, 투약, 응급조치를 위한 비상약품 및 의료기구의 비치 및 관리, 응급조치 요령의 전달교육 등의 역할을 수행한다.

2 영양사 및 취사부(또는 조리사)

영양사의 역할은 영유아들의 건강증진을 위하여 적당한 영양을 공급하는데 있다. 이를 위해 영양사는 영양가가 충분하고 다양한 메뉴의 간식과 식사를 제공하기 위한 식단계획을 수립하고, 식품재료를 구입하고, 취사부들의 취사활동을 지도하며, 영유아들의 영양교육과 식습관 지도는 물론 교직원과 부모들을 대상으로 영유아의 건강, 영양 및 식습관에 관한 교육활동을 담당한다.

조리사는 원아들의 간식과 식사를 직접 만들어 제공하는 역할을 수행하며, 주방, 식기, 식료품의 위생적 보관과 청결을 유지한다.

3 사무원

어린이집의 전반적인 행정사무를 담당하는 직원으로서 각종 공문서의 처리, 교직원과 원아들에 대한 각종 기록의 관리, 원아들의 보육료 수압을 포함한 보육시설의 재정 및 기타 행정업무를 담당한다. 대체로 규모가 큰 기관인 경우에는 별도로 사무원(총무)을 두고 있으나 소규모 기관인 경우에는 원장이나 주임교사가 이 업무를 담당하는 경우가 많다.

4 관리인 및 운전기사

유아교육 및 보육기관에는 시설의 보수, 관리, 경비 등의 역할을 담당하는 관리인을 두고 있다. 관리인은 비품이나 교구의 운반, 실내 · 외 공간의 관리 및 청소 등을 담당한다. 대부분의 유아교육 및 보육기관에서는 관리인을 따로 두고 있지만 소규모 기관에서는 운전기사나 조리사들이 관리인의 역할을 대행하기도 한다.

차량의 운전기사는 면허증을 소지해야 하며, 원아들의 수송시 모든 안전상의 책임을 맡는다. 원아들의 수송활동 자체가 원아들에게는 중요한 교육활동의 하나이므로 운전기사는 유아들을 사랑하고 이해하는 태도와 자세가 요구된다.

5 의사 또는 치과의사

의사와 치과의사는 영유아들의 건강진단과 치료를 직접 담당하는 것은 물론이고, 어린이집의 지원인사로서 영유아들에 대한 건강, 안전교육 활동에 참여한다. 이들은 원아들이 야외학습의 일환으로 일반병원이나 치과병원을 방문했을 때 훌륭한 교사로서의 역할을 수행할 수 있다.

6) 교직원 평가 양식

표 5-19

교사 직무평가표(각 항목별 10점 만점)

영역	관 점	분 기			
		1/4	2/4	3/4	4/4
직무 수행 태도	• 교사로서의 교육철학(개혁의지) –교육관 –경영관				
	• 학급 경영인으로서의 품성 –혁신성, 책임성, 공정성, 봉사성				
직무 수행 능력	• 전문 지식 및 기술 –전문성(교육, 심리) –관리기술(사무, 인화적 기술)				
	• 신체, 정서적 건강				

영역	관점	분기			
		1/4	2/4	3/4	4/4
	• 학급운영 기획, 조정, 판단능력				
	• 원의 업무수행				
활동 및 성과	• 학급 사무 및 통계 –학급 사무 –제장부의 기재 및 관리 · 생활기록부 · 나의 유치원 생활 · 출석부 · 유치원 일지 · 학급 교육활동 운영록 · 안전점검 일지				
	• 교육과정 운영(계획 · 실천 · 성과) –시간운영 –연(월)간 교육과정 운영계획 –주간교육활동 계획 –일일교육활동 계획 –연구수업 –다양한 평가활동				
	• 각종 교육활동(계획 · 실천 · 성과) –행사계획 –바른생활(기본 · 안전 · 근검절약) 습관지도 –부모교육 –교사연수 및 자율장학 –초등과의 연계지도				
교사의 생각		/100	/100	/100	/100

참 고 문 헌

- 곽덕영 · 김미화(1999). 유아교육기관 운영관리의 이론과 실제. 학문사.
- 교육법전편찬회(1996). 교육법전. 교학사.
- 김광웅 · 박인전 · 방은령(1997). 영유아보육론. 중앙적성출판사.
- 보건복지가족부(2010). 2010년도 보육사업안내. 보건복지가족부.
- 보건복지가족부(2009). 2009년도 보육사업안내. 보건복지가족부.
- 보건복지부(2001). 2001년도 보육사업안내, 보건복지부.
- 보육사업지침(1999). 보건복지부.
- 서영숙 · 김경혜(1996). 보육학개론. 양서원.
- 양옥승 외(1999). 영유아보육개론. 학지사.
- 유해인(1990). 유치원 교사 자질에 대한 부모들의 기대와 평가. 숙명여대 교육대학원 석사학위 논문.
- 이기숙 · 이연섭 · 이영자(1986). 유아교사 양성대학의 교육과정 모형에 대한 이론적 고찰. 유아교육연구, 6, 30-50.
- 이은해(1990). 탁아기관종사자의 자격과 양성과정에 대한 토론. 한국 탁아사업의 어제, 오늘, 내일. 전국탁아세미나 자료집.
- 이은화(1985). 유아교육교사의 역할과 자세. 유아교사연수 교재. 새세대육영회 부설 유치원교원 연수원,
- 임재택(1999). 유아교육기관운영관리. 양서원.

- Almy, M.(1975). The early childhood education at work. N.Y. : Mcgrow Hill Book Co.
- Decker, C. A. & Decker, J. R.(1992). Planning and administering early childhood program(5th Ed.). N.Y. : MacMillan Publishing Co.
- Hildebrand, V.(1993). Management of child development centers. N.Y. : MacMillan Publishing Co.
- Spodek, B.(1985). Teaching in the Early Years. Englewood Cliffs. N.J. : Prentice-Hall, Inc.
- Thomson, S. D.(1989). Teaching : Foundation for the Principalship. NASSP Bulletion.

제6장

시설 · 설비의 운영관리

1. 시설 · 설비의 계획
2. 시설 · 설비의 기준
3. 실내공간의 구성
4. 실외공간의 구성

1. 시설 · 설비의 계획

1) 유아교육기관의 시설 · 설비 특성

유아교육기관은 교육시설(school facilities)로서, 유아들의 교육을 위해 일정한 장소에서 계속적으로 활용되는 일체의 물리적 환경(physical setting)을 의미하기도 한다. 교육시설은 교사 혹은 건물, 교지, 공작물, 그리고 설비의 4가지 측면으로 구분될 수 있다.

건물은 그 용도에 따라 교사, 부속 건물, 체육관, 식당, 기숙사, 관리실 등을 포함하며 교지는 학교 건물이 소재하고 있는 토지로서 운동장, 실습장, 교재원, 녹지대 등을 뜻한다. 공작물은 교문, 담장, 상 · 하수도 시설 등을 말하며 설비는 방송시설, 조명장치, 급수 및 배수시설, 녹음 장치, 영사기 등을 의미한다.

한편 설비는 시설의 의미 속에 포함시키거나 구분하여 사용하기도 한다. 유아교육기관에서 설비의 개념은 시설의 모든 부속된 부분으로서 시설과 관련시켜 유아교육의 기능을 수행하는데 있어 필요한 모든 물적 요소의 총체라고 규정할 수 있다(김주건, 1997).

유아교육기관의 시설은 다른 교육기관과 같은 고정된 관념의 학교 시설과는 상당한 거리가 있다고 할 수 있다. 즉, 획일화되고 정형화된 고정된 학교시설과는 달리 유아교육 기관의 시설은 유아들이 신체적으로나 정서적으로 안정감을 갖고 편안하게 생활할 수 있도록 부드럽고 온화한 분위기를 조성해야 한다. 따라서 유아교육기관은 유아가 가정과 같은 편안하고 안락한 분위기를 느낄 수 있도록 만들어져야 한다.

유아교육기관의 제반 시설들은 유아가 안정된 분위기 속에서 즐겁게 학습할 수 있도록 실용성, 유용성, 건강성, 그리고 아름다움 또는 매력을 지니고 있어야 한다(김주건, 1997).

유아교육기관의 시설은 밝고 아늑한 교실, 흙 · 잔디 · 모래 · 시멘트 길과 동물사육장 · 꽃밭 · 나무 그리고 그네 · 미끄럼틀 · 정글짐을 비롯한 실외 고정놀이 시설이 있는 실외 공간, 실내외의 화장실과 세면장, 간식과 식사를 위한 깨끗하고 청결한 주방시설, 카펫, 방석, 개인 보관장, 소파 등 가구나 비품이 있는 실내공간, 다양한 학습활동이 가능한 실내 흥미영역 등이 적절하게 마련되어야 한다.

또한 교실 안에서 교사는 다른 교육기관의 학교와는 달리 고정된 위치에 있는 것이 아니라 교실의 흥미영역별로 돌아다니면서 유아들과 자유롭게 상호작용할 수 있다. 유아들도 고정된 자리에서 획일적인 학습 활동을 하는 것이 아니라 자신의 흥미와 관심에 따라 장소를 이동해 가며 흥미영역별 활동을 할 수 있도록 허용되어야 한다.

이와 같이 유아교육기관에서 이루어지는 학습활동은 다른 교육기관의 학습 활동과는 많은 차이가 있기 때문에 기관의 시설 · 설비도 그러한 교육의 방향, 목적에 따라 알맞게 계획 · 운영되어야 한다.

일반적으로 유아교육기관의 시설이 갖추어야 할 바람직한 특성은 다음과 같다(임재택, 1999).

① 교육과정 운영에 적합할 것
② 심미적인 부분을 고려할 것
③ 안전과 건강에 대해 고려할 것
④ 융통성과 미래성을 고려할 것
⑤ 상호 기능적 조정이 가능할 것
⑥ 경제적일 것
⑦ 효율성과 이용도가 높을 것

2) 시설 · 설비 계획시 고려사항

일반적으로 유아교육기관의 시설을 설치할 때 고려해야 될 특성으로는 안전성, 융통성, 심미성, 연계성, 효용성, 관리성, 경제성 등이 있다. 카스탈디(Castaldi, 1982)는 교육기관 시설의 기본 개념으로 충분성, 적절성, 효율성, 경제성, 안정성, 건강성, 편의성 등을 제시하고, 미래의 교육적 요구 및 교육 프로그램의 변화 등에 대처할 수 있도록 시설의 확장 가능성, 축소 가능성, 적응성, 융통성 등을 고려할 것을 제의하였다.

유아교육기관은 다른 교육기관의 시설 · 설비와는 다른 독특한 특성을 가지고 있기 때문에 유아교육기관의 시설 · 설비를 계획하는 과정에서 특히 고려해야 할 사항들이 있다. 이러한 제 특성들을 고려하여 유아교육기관의 시설에서 고려해야 할 사항은 다음과 같다(Decker & Decker, 1992).

(1) 유아교육 시설은 아동 중심적이어야 한다.

유아교육기관의 성격이나 목적에 관계 없이 그 기관의 주된 사용자는 유아들이기 때문에 그들의 발달 수준, 흥미, 욕구 등이 고려되어야 함은 물론 교육 목적을 효율적으로 달성하도록 하기 위해 유아교육기관의 시설과 설비는 아동중심으로 계획 · 조성되어야 한다.

(2) 유아들과 교직원들의 안전을 최대한 중요시해야 한다.

유아교육 시설을 계획할 때 나이 어린 유아들과 교직원들의 안전과 보호를 위해 다음 몇 가지 사항들을 염두에 두어야 한다.

① 건물에 사용되는 기자재는 내화성이 있을 것
② 신속하고 안전하게 대피할 수 있도록 몇 개의 비상구를 만들 것
③ 벽이나 건물의 적당한 위치에 소화기를 설치할 것
④ 출구는 화재가 번지는 것을 막을 수 있는 내화성 문이어야 하고 앞뒤로 열릴 수 있도록 만들 것

(3) 건물 형태는 유아들의 발달 수준이나 흥미 및 요구에 알맞게 결정되어야 한다.

유아교육기관은 그 나름대로 설립 목적이나 환경 특성에 따라 교육 목표를 설정하

고, 그러한 교육 목표를 가장 효율적으로 달성할 수 있도록 시설을 설계해야 할 것이다. 또한 건물의 설계시에는 심미적인 특성도 고려해야 한다. 모든 유아교육기관들이 반드시 신축되는 것이 아니라 기존의 시설을 개축하거나 수리하여 사용하는 경우도 많이 있다. 기존의 시설을 이용하는 경우에도 대상 유아들의 발달 수준이나 흥미 등을 최대한 고려하여 시설과 설비를 수리 · 보완하는 노력이 필요하다.

(4) 건물은 장애아들을 고려해서 계획하는 것이 중요하다.

신체적으로 장애를 받고 있거나 시각적으로 손상받은 아동들을 위하여, 특별한 건축 설계 또는 교실 배정이 고려되어야 한다. 그리고 지체 부자유아들이 일반 교실에 통합 유영될 때는 소음이나 활동 수준이 보다 더 통제되어야 한다.

(5) 공간과 교구의 배치를 변화시킴으로써 건물 사용의 효율성을 높일 수 있다.

이러한 공간과 교구의 배치에 다양한 변화를 가져오기 위해서 다음 몇 가지 점을 고려할 수 있다.

① 공간 내에서의 비품과 교구의 배치시 위치나 높이를 고려할 것
② 공간의 구성과 교구의 배치에 있어 흥미영역간의 기능적 연결과 소요 면적을 고려할 것
③ 소음 수준(시끄러운 영역과 조용한 영역)을 고려할 것
④ 산만하고 긴장감을 주는 색상과 조용하고 이완된 감을 주는 색상 등 조명과 색감을 고려할 것

(6) 시설이나 설비를 계획할 때는 융통성을 중요시해야 한다.

유아교육 시설의 계획 시에는 유아나 교사의 개인적 목적이나 활동뿐 아니라 집단적 목적이나 활동이 가능하도록 세심한 주의를 기울여야 한다. 유아교육기관에서는 그 교육활동의 성격상 좁은 공간을 필요로 하기도 하고 넓은 공간을 필요로 하기도 하며 여러 가지 비품이나 교구를 사용하는 경우도 있지만, 때로는 아무런 교구나 비품이

필요 없는 경우도 있다. 그러므로 유아교육 시설은 가구나 비품은 물론 어떤 영역과 공간을 교육활동의 성격이나 필요에 따라 늘리거나 좁히거나 완전히 치워 버리거나 심지어 실외 공간에 옮겨 사용할 수 있도록 건축 계획시 부터 충분히 고려해야 할 것이다.

(7) 유아교육기관의 시설이나 설비를 계획할 때는 비용을 고려해야 한다.

유아교육기관의 건물이나 물리적 시설을 처음 설립할 때는 많은 투자를 해야 하므로 재정적인 어려움을 겪게 마련이다. 특히 우리 나라와 같이 정부의 재정적 지원이 거의 없이 개인이나 단체에서 유아교육 시설을 갖추기 위해서는 상당한 연구와 검토가 있어야 한다.

(8) 유아교육기관을 설립하고자 할 때에는 시설의 위치를 중요시해야 한다.

시설의 위치를 선정할 때 고려해야 할 준거는, 행정상의 편의나 비용 절감보다는 대상 유아들의 필요나 욕구를 충족시킬 수 있고 각 기관이 교육 목표를 효율적으로 달성하는 데 도움이 될 수 있느냐에 있다.

이상과 같이 유아교육기관의 시설과 설비는 각 기관의 철학적 방향과 교육 목표, 유아들을 지도하는 교사들의 능력, 교육 활동의 유형과 편의성, 비품과 교구 활용의 용이성, 작업 장소와 놀이 장소의 인접성, 보고 듣기의 용이성 및 유아들의 안전 등을 고려하여 계획되고 운영되어야 한다(김주건, 1997).

2. 시설 · 설비의 기준

1) 시설의 위치 및 건물의 구조

(1) 시설의 위치

인간형성과정 중 유아기는 가역성이 풍부한 시기로 신체적 · 심리적으로 외부 환경의 영향을 쉽게 받는 시기이다. 따라서 유아를 위한 교육시설 환경은 주변에 유해한 요소가 없는 곳으로써 유아의 발달을 촉진시킬 수 있도록 세심히 계획되어야 한다.

유치원의 교사(원사)와 체육장(유원장)의 입지조건과 기준면적은 2001년 10월 31일에 공포되고 수차례 걸쳐 개정된 「고등학교 이하 각급 학교 설립 · 운영 규정」에 다음과 같이 제시되어 있으며, 유치원의 원사와 유원장의 기준면적은 다음의 〈표 6-1〉과 같다.

표 6-1 유치원의 원사 및 유원장의 기준면적

구분	원아수별 기준면적	
교사(원사)	40명 이하	41명 이상
	5N	80+3N
체육장(유원장)	40명 이하	41명 이상
	160	120+N

* 제3조(교사)

① 각급학교의 교사(교실, 도서실 등 교수 · 학습활동에 직 · 간접적으로 필요한 시설물을 말한다)는

교수 · 학습에 적합하여야 하고, 그 내부환경은 「학교보건법」 제4조의 규정에 의한 환경위생 및 식품위생의 유지 · 관리에 관한 기준에 적합하여야 한다. 〈개정 2005. 11. 4〉

② 제1항의 규정에 의한 교사의 기준면적은 [별표 1]과 같다.

* **제4조**(교사용 대지) 교사용 대지의 기준면적은 건축관련법령의 건폐율 및 용적률에 관한 규정에 따라 산출한 면적으로 한다.
* **제5조**(체육장) ① 각급학교의 체육장(옥외체육장을 말한다. 이하 같다)은 배수가 잘 되거나 배수시설을 갖춘 곳에 위치하여야 한다.

② 제1항의 규정에 의한 체육장의 기준면적은 [별표 2]와 같다.

③ 교육과학기술부장관 또는 시 · 도교육감(이하 "시 · 도교육감"이라 한다)은 다음 각호의 1에 해당하는 경우로서 교육상 지장이 없다고 인정되는 경우에는 제1항의 규정에 의한 체육장을 두지 아니하거나 제2항의 규정에 의한 체육장의 기준면적을 완화하여 인가할 수 있다.

1. 새로이 설립되는 각급학교가 「초 · 중등교육법」 제2조 또는 「고등교육법」 제2조의 규정에 의한 학교의 체육장 또는 공공체육시설 등과 인접하여 공동 사용이 용이한 경우
2. 도심지 및 도서 · 벽지 등 지역의 여건상 기준면적 규모의 체육장의 확보가 곤란한 경우

한편 어린이집의 입지조건은 「영유아보육법 시행규칙」[일부개정 2009. 7. 3 보건복지가족부령 제124호] 제9조 관련 [별표 1]에 다음과 같은 어린이집의 입지조건에 대해 명시되어 있다.

* 어린이집의 입지조건

가. 어린이집은 보육수요 · 보건 · 위생 · 급수 · 안전 · 교통 · 환경 및 교통편의 등을 충분히 고려하여 쾌적한 환경의 부지를 선정하여야 한다.

나. 어린이집은 위험시설로부터 50m 이상 떨어진 곳에 위치하여야 한다. 이 경우 위험시설이라 함은 「주택건설기준 등에 관한 규정」 제9조 제3항 각호의 시설을 말한다.

다. 어린이집은 「건축법 시행령」 [별표 1]에 따라 각 보육시설을 설치할 수 있는 곳에 설치한다. 다만, 영유아 20인 이하를 보육하는 직장어린이집과 부모협동어린이집은 가정어린이집을 설치할 수 있는 곳에도 설치할 수 있다.

오스만(Osman, 1971)은 유아교육기관의 설립지역을 선정할 때 그 기관의 특성이나 설립목적 외에도 ① 부모들의 직장 근처나 학교 근처, ② 유아들의 집 근처, ③ 집단적 주거지역 내의 가정집 등 세가지 사항을 고려해야 한다고 하였다. 임재택(1999)은 ① 도시지역의 공해가 심한 공업지역은 피해야 하며, ② 유아들의 통학로가 안전한 지역

을 선정해야 하고, ③ 유아들의 건강상 유해지역을 피하여야 한다고 하였다.

한편, 유아교육기관은 유아가 가정이라는 보금자리를 떠나 처음으로 접촉하는 장소이며, 자신을 사회의 일원으로서 자각하게 만드는 여러 가지 경험들과 마주치는 장소이다. 따라서 유아교육기관은 유아의 주거지역과 가까워야 하며 이상적인 위치는 안전한 도로를 따라 걸어올 수 있는 거리 이내에 혹은 교통수단을 이용하여 안전하게 올 수 있는 곳에 위치하여야 한다.

(2) 건물의 구조

일반적으로 유아는 계획된 환경을 필요로 하기 때문에 모든 유아교육기관은 다른 기관이나 건물과 독립되어서 자체의 대지와 건물, 설비를 갖추는 것이 좋다. 유아교육시설의 건물은 단층 건물이 바람직한데 그 이유는 다음과 같다(Fowler, 1980).

① 유아의 모든 활동이 한 층에서 이루어지게 되면 교사는 시간과 노력을 절약할 수 있다.

② 교사가 실내놀이와 실외놀이간의 감독 및 의사소통을 쉽게 할 수 있다.

③ 교사를 포함한 성인들의 자원이 보다 능률적으로 활용될 수 있다.

④ 유아가 실내 · 외를 쉽게 드나들 수 있으므로 활동이 바뀔 때 유아들간의 갈등이 감소된다.

또한 특별한 사정으로 2층 이상의 건물을 사용할 때와 다른 건물에 부속된 경우에는 가능한 유아의 활동공간(활동실, 화장실)은 1층에 두고 그 밖의 시설은 윗층에 두는 것이 좋으며 계단의 경사, 폭과 깊이, 난간의 높이와 간격, 방화시설 등을 병행하여 설치해야 한다(이영자 외, 1997).

2) 유치원의 시설 · 설비 기준

유치원의 시설 · 설비에 대한 기준은 「고등학교 이하 각급학교 설립 · 운영규정」[타법개정 2009. 11. 5 대통령령 제21809호]에 규정되어 있다. 유치원의 시설 · 설비에는 원사대지, 유원장, 원사(보통 교실, 유희실, 원장실, 교무실 등), 기타 시설인 화장실, 급수시설 등이 속한다. 특히 유치원의 급식시설·설비기준은 「유아교육법 시행규칙」[일부개정 2009. 2. 27 교육과학기술부령 제30호] 제3조에 명시되어 있는데 다음과 같다.

제3조 (급식시설·설비기준 등)

① 법 제17조 제3항의 규정에 의하여 급식을 실시하는 유치원에서 갖추어야 할 시설·설비기준은 다음의 별표 1과 같다.

〈별표 1〉(신설 2007. 6. 21)

1. 조리실

가. 조리실은 교실과 떨어지거나 차단되어 유아의 학습에 지장을 주지 않는 시설로 하되 식품의 운반과 배식이 편리한 곳에 두어야 한다.

나. 조리실은 작업과정에서 교차오염(交叉汚染)이 발생하지 않도록 벽과 문을 설치하여 전처리실(前處理室), 조리실 및 식기구세척실로 구획한다. 다만, 100인 이상 급식을 실시하는 경우로서 이러한 구획이 불가능한 경우와 100인 이하 급식을 제공하는 경우에는 교차오염을 방지할 수 있는 다른 조치를 취하여야 한다.

다. 조리실의 내부벽, 바닥 및 천장은 내화성(耐火性), 내수성(耐水性) 및 내구성(耐久性)이 있는 재질로 하여, 청소와 소독이 쉽고 화재예방이 되도록 하여야 한다.

라. 출입구와 창문에는 해충 및 쥐의 침입을 막을 수 있는 방충망 등 적절한 설비를 갖추어야 한다.

마. 조리실 내의 증기와 불쾌한 냄새 등을 빨리 배출할 수 있도록 환기시설을 설치하여야 한다.

바. 조리실의 조명은 220룩스(lx) 이상이 되도록 하여야 한다.

사. 조리실에는 필요한 위치에 손 세척(洗滌)시설이나 손 소독시설을 설치하여 손에 의한 오염을 막아야 한다. 다만, 100인 이상에게 급식을 제공하는 경우에는 손 세척시설과 손 소독시설을 모두 설치하여야 한다.

아. 조리실에는 온도 및 습도관리를 위하여 적정 용량의 급배기(給排氣)시설 또는 냉·난방시설 등 적절한 시설을 갖추거나 적절한 조치를 취하여야 한다.

2. 설비·기구

가. 냉장실 또는 냉장고와 냉동고는 식재료의 보관, 냉동 식재료의 해동(해동), 가열 조리된 식품의 냉각 등에 충분한 용량과 온도(냉장고 5℃ 이하, 냉동고 −18℃ 이하)를 유지하여야 한다.

나. 조리, 배식 등의 작업을 위생적으로 하기 위하여 식품 세척시설, 조리시설, 식기구 세척시설, 식기구 보관장, 덮개가 있는 폐기물 용기 등을 갖추어야 하며, 식품과 접촉하는 부분은 내수성 및 내부식성 재질로 씻기 쉽고 소독·살균이 가능한 것이어야 한다.

다. 식기구를 소독하기 위하여 전기살균소독기 또는 열탕소독시설을 갖추거나 충분히 세척·소독할 수 있는 세정대(洗淨臺)를 설치하여야 한다.
라. 냉장식품 검수(檢收) 시와 가열조리 식품의 중심온도를 잴 수 있는 전자식 탐침(探針) 온도계를 구비하여야 한다.
마. 조리 작업을 하는 위치에 사용하는 쓰레기통은 뚜껑이 있는 페달식으로 하여 파리와 같은 해충의 접근을 막아야 한다.
3. 식품보관실
가. 식품보관실은 환기와 방습(防濕)이 쉬워 식품과 식품재료를 위생적으로 보관하는데 적합한 곳에 두되, 해충 및 쥐의 침입을 막을 수 있는 방충망 등 적절한 설비를 갖추어야 한다.
나. 식품과 소모품은 별도로 구분된 장소에서 보관하여야 하나, 부득이하게 함께 보관할 경우 서로 섞이지 않도록 분리하여 보관하여야 한다.
다. 환기시설이나 환기창 등 통풍을 위한 적절한 시설이나 조치를 취하여야 한다.
4. 이 기준에서 정하지 않은 사항에 대하여는 「식품위생법 시행규칙」에 따른 집단급식소 시설기준에 따른다.

② 1회 급식 유아가 100인 이상인 유치원에는 「식품위생법」 제37조의 규정에 의하여 면허를 받은 영양사 1인을 두어야 한다. 다만, 급식시설과 설비를 갖추고 급식을 실시하는 2개 이상의 유치원이 인접하여 있는 경우에는 「지방교육자치에 관한 법률 시행령」 제21조의 규정에 의한 동일 교육청의 관할구역에 소재하는 5개 이내의 유치원은 공동으로 영양사를 둘 수 있다.

유치원의 보통 교실은 유아들의 학습 활동과 생활 활동을 촉진하도록 하기 위해서는 교실 안에서 행해지는 유아들의 활동의 유형을 파악하고, 각 활동별 · 흥미별로 어느 정도의 공간과 비품이 필요한지를 파악하는 것이 필요하다. 유아들의 욕구를 파악하고 그에 따른 교구나 교재를 제공해 주는 것이 무엇보다도 필요하다.

3) 어린이집의 시설 · 설비 기준

어린이집을 설치 · 운영하기 위해서는 우선 법적인 구비요건을 기본적으로 갖추고 있어야 한다. 이 때 법적인 구비요건은 인적 요건과 물적 요건을 다 포함한다. 보육시설의 시설기준은 「영유아보육법 시행규칙」[일부개정 2009. 7. 3, 보건복지가족부령 제124호] 제9조와 관련한 별표 2에 명시되어 있는데 그 내용을 요약하면 다음 〈표

6-2>와 같다.

표 6-2

일반어린이집의 시설 · 설비 기준 : 국 · 공립 · 민간어린이집

구 분		내 용
시설	입지	· 보육수요, 보건, 위생, 급수, 안전, 교통, 환경 및 교통편의 등을 충분히 고려하여 쾌적한 환경의 부지를 선정 · 위험시설로부터 50m이상 떨어진 곳에 위치 (위험시설은「주택건설기준 등에 관한 규정」에 의한 시설)
	시설 규모	· 보육시설 면적 : 1인당 4.29㎡ · 보육실 면적 : 1인당 2.64㎡ · 정원은 총 300인을 초과할 수 없음 – 국 · 공립보육시설 : 상시 영유아 11인 이상 – 직장어린이집 : 상시 영유아 5인 이상 – 법인어린이집 및 민간어린이집 : 상시 영유아 21인 이상 – 가정어린이집 : 상시 영유아 5인 이상 20인 이하 – 부모협동어린이집 : 보육 영유아를 둔 보호자 15인 이상 출자 및 상시 영유아 11인 이상
	건물 및 층	· 단층 원칙, 1층 원칙 · 층 4면의 80/100이상이 지상에 노출, 주출입구의 하단이 지표면으로부터 1m 이내인 경우 · 2층과 3층을 사용할 경우 – 보건복지가족부장관이 인정하는 경우 – 사업장 내에 직장어린이집을 설치할 경우
	보육실	· (거실, 포복실 및 유희실을 포함) 영유아 1인당 2.64㎡ 이상 · 침구, 놀이기구 및 쌓기놀이 활동, 소꿉놀이활동, 미술활동, 언어활동, 수 · 과학활동, 음율활동에 필요한 교재 · 교구를 갖추어야 함 · 환기 · 조명 · 온습도가 적절히 유지 · 관리되도록 함 · 바닥 : 난방시설을 갖추어야 함
	목욕실	· 난방시설을 갖추어야 함 · 바닥 : 미끄럼 방지장치를 설치 · 수도꼭지 : 온수사용시 온도를 조정 및 고정할 수 있어야 함 · 샤워설비, 세면설비 및 냉온수 공급을 위한 설비 · 보육실과 인접한 공간에 위치
	화장실	· 바닥 : 미끄럼 방지장치를 설치 · 세정장치와 수도꼭지 등은 냉온수의 온도를 조정 및 고정할 수 있어야 함 · 수세식 유아용 변기를 설치

구분		내 용
시설		· 보육실과 동일한 층의 인접한 공간에 설치
	조리실	· 채광이 잘되어야 함 · 기계 환기시설을 하여 청정한 실내환경 유지 · 창문에는 방충망을 설치 · 식기를 소독, 위생적으로 취사 및 조리할 수 있는 설비를 갖춤 · 공공기관, 사회복지관 안에 설치된 보육시설의 경우에는 동일 건물에 있는 조리실을 함께 사용 가능함
	교재실	· 아래 부분에 무거운 비품을 보관 · 선반을 설치할 때 물건이 추락하지 않도록 지지대를 설치 · 무거운 물건은 많이 쌓아 놓지 않음
	실외놀이터	· 영유아 50인 이상을 보육하는 시설에 한함 · 모래밭 – 영유아(12개월 미만 영아를 제외) 1인당 $3.5m^2$이상 규모 – 천연 및 인공잔디, 고무매트, 폐타이어 블록도 가능함 – 대근육 활동시설 등 놀이시설물 3종 이상 설치 · 놀이시설물 –「품질경영 및 공산품안전관리법」,「어린이 놀이시설 안전관리법」 및「환경보건법」에서 정한 기준을 준수한 제품을 사용 – 안전하게 설치, 제조업자의 취급설명서에 따라 설치 – 영유의 신장 및 체중을 고려, 표변도색의 독성여부를 확인 – 추락할 가능성이 있는 시설물 아래와 주변의 공간은 충격을 흡수할 수 있도록 안전장치를 설치 – 영유아가 걸려 넘어지거나 부딪칠 수 있는 방해물이 없도록 해야 함 – 날카로운 부분, 모서리, 뾰족한 부분이 없도록 함 · 구멍이나 틈이 있는 경우 – 영유아의 몸이 빠지거나 끼는 사고가 없도록 조치 – 돌출 부분인 볼트와 너트는 위로 튀어나오지 않아야 함 – 너트가 위를 향해 있을 때 : 높이가 3.2ml를 넘지 않아야 함 · 인근놀이터를 활용할 경우 – 인근놀이터 이용계획서를 어린이집 인가를 신청하는 때에 제출
	실내놀이터	· 업무용시설 밀집지역 등 지역적 특수성에 따라 설치 · 지하 또는 옥상에는 설치 불가
환경 설비	비상재해 대비시설	· 소화용 기구를 비치함, 비상구를 설치 · 소방시설 –「소방시설설치유지 및 안전관리에 관한 법률 시행령」 별표 4의 규정에 의함 · 비상구

구 분		내 용
환경 설비		– 상단에 비상구 유도등을 달고 잠금장치를 문 안쪽에 설치 · 어린이집이 2층 이상인 경우 – 비상계단과 영유아용 미끄럼대를 반드시 설치 – 안전사고 및 비상재해에 대비한 대비시설, 장비 등을 구비 · 가스를 사용할 경우 – 「도시가스사업법」, 「액화석유가스의 안전관리 및 사업법」 규정에 따라 설치하고 관리
	커튼 블라인드 카펫	· 어린이집 내부의 마감재료 – 「건축법 시행령」 제 2조 법령의 규정에 의해 불연재, 준불연재 또는 난연재를 사용 · 실내장식물과 창문에 설치하는 커텐류, 카펫 등 – 「소방시설 설치 유지 및 안전관리에 관한 법률」 제12조 법령에 의해 방염성능이 있는 것으로 설치
	급배수시설	· 상수도, 간이상수도에 의해 먹는 물을 공급할 경우 – 저수조를 경유하지 않고 직접 수도꼭지를 연결하여 공급 (직접 수도꼭지에 연결하기가 곤란한 경우는 제외) · 보육시설에서 음용수로 지하수를 사용할 경우 – 저수조 등의 시설을 경유 · 더러운 물, 빗물 등이 잘 처리되도록 설치
	실내 설비	· 영유아가 접근할 수 없는 안전한 장소에 응급조치를 위한 비상품 및 간이의료기구 비치 · 비상구를 제외한 모든 출입문 및 창문 – 안쪽에서 잠길 우려가 없어야 함 – 밖에서 쉽게 열 수 있어야 함 – 출입문 및 창문의 가장자리에 손끼임 방지 고무패킹, 완충장치 설치 · 돌출형 방열기 – 영유아의 신체가 직접 닿지 않도록 울타리 설치 – 유사한 온열기는 적절한 보호장치를 설치 · 가구의 모서리 – 둥글고 표면이 매끄럽게 처리 – 고무 등으로 모서리 보호 · 보일러 설비, 퓨즈박스(두꺼비집), 화기, 소독수, 살충제, 조리실의 칼, 가위, 포크, 랩 등은 영유아의 손이 닿지 않는 위치에 배치

* 자료 : 영유아보육법 시행규칙.

표 6-3

장애아 어린이집의 시설 · 설비 기준(20명 이상 기준)

구 분		내 용
환경 설비	시설 규모	· 어린이집 면적 : 1인당 7.83제곱미터 이상 · 보육실 면적 : 1인당 모두 6.6제곱미터 이상
	보육실	· 교실, 거실, 포복실, 유희실, 치료교실, 집단활동실을 포함
	집단활동실	· 강당, 놀이실을 포함함 · 문턱없이 접근이 가능한 통로로 연결 · 휠체어, 보행기 등의 출입에 장애가 없어야 함
	출입구	· 비상재해시 대피하기 쉽도록 복도, 넓은 공간에 직접 연결되게 설계 · 시각장애아를 위해 점자블록, 유도장치를 설치
	실내놀이터	· 업무용시설 밀집지역 등 지역적 특수성에 따라 설치 · 지하 또는 옥상에는 설치 불가
	비상재해 대피시설	· 옥외 피난계단의 유효폭 : 0.9미터 이상
	실내 설비	· 회전문과 재재문은 금함 · 자동문 설치시 문의 개폐시간은 3초 이상 확보 · 휠체어에 앉은 영유아가 문의 손잡이를 잡을 수 있어야 함 · 계단 외에 엘리베이터, 기울기 1/12 이하의 경사로를 설치

* 자료 : 영유아보육법 시행규칙.

표 6-4

장애아 어린이집의 시설 · 설비 기준(3명 이상 기준)

구 분		내 용
환경 설비	실내설비	· 2층 이상의 시설 – 엘리베이터를 설치 – 한 곳 이상에 1/12 이하의 경사로 설치 · 복도, 문, 화장실은 휠체어의 출입에 장애가 없어야 함
	출입구	· 비상재해시 대피하기 쉽게 복도 또는 넓은 공간에 직접 연결 · 시각장애아를 위한 점자블록이나 유도장치를 설치
	비상재해 대피시설	· 옥외 피난계단의 유효폭 : 0.9미터 이상

* 자료 : 영유아보육법 시행규칙.

시설 기준을 근거로 어린이집의 안전점검 체크리스트가 〈표 6-5〉에 있다. 월별, 일별로 어린이집 시설관련 점검은 체크리스트를 중심으로 실행할 수 있다.

표 6-5

어린이집 안전점검 체크리스트

[1] 일별체크리스트

(점검상태 : 양호○, 보통△, 불량×)

구분	점 검 항 목	점검결과						조치사항
		/	/	/	/	/	/	
		월	화	수	목	금	토	
실외환경	- 어린이집 보호벽 및 주변의 관리 상태는 양호한가?							
	- 실외놀이 공간 주변의 돌, 유리조각, 요철, 녹슨 부분, 벗겨진 페인트, 돌출된 모서리가 방치되어 있지는 않은가?							
	- 확인되지 않는 식물이나 잡초는 모두 제거 하였는가?							
	- 놀이터 바닥에 오물, 방치된 물 웅덩이가 없는가?							
실내환경	- 문과 창문 등의 추락 위험은 없는가?							
	- 바닥에는 다칠 수 있거나 미끄러운 곳이 없는가?							
	- 복도, 계단, 비상계단, 미끄럼대 등에 방치된 물건이 없어 피난계단, 미끄럼대 등을 사용하기에 양호한가?							
	- 모든 보육용품과 비품이 제자리에 있는가?							
	- 보육용품이나 비품 유리창 등에 날카로운 모서리 등이 없는가?							
놀잇감 및 놀이기구	- 망가져 날카롭고 위험한 것은 없는가?							
	- 유해 색소가 칠해진 놀잇감은 없는가?							
	- 영유아가 삼킬만한 작은 놀잇감이나 부품은 없는가?							
	- 부품이 빠지거나 작은 볼트 등이 빠진 것은 없는가?							
	- 놀잇감 및 놀이기구의 수납 상태가 양호한가?							
화장실·세면대	- 화장실 내 세제나 락스 등 위험한 물건이 영유아들의 손이 닿는 곳에 방치되어 있지 않는가?							
전기·화기·위험물	- 콘센트는 안전덮개로 보호되어 있는가?							
	- 전선이 늘어져 있지 않는가?							
	- 화기에 의한 안전사고 위험은 없는가?							
	- 위험물에 의한 안전사고 위험은 없는가?							
	- 가스밸브와 가스 중간밸브 잠금은 양호한가?							
차량안전	- 차량 내 소화기 · 비상약품 비치여부 및 비치상태가 양호한가?							
	- 차량 내 안전벨트 등 안정장비의 상태는 양호하며 영유아와 보호자는 차량 내 안전벨트를 착용하는가?							
	- 차량에 영유아를 보호할 수 있는 사람(보육교사 등)이 탑승하는가?							
기타	- 응급전화번호 및 비상연락망 등이 잘 관리되고 있는가?							

[2] 월별체크리스트

(점검상태 : 양호○, 보통△, 불량×)

구분	점 검 항 목	점검결과	조치시항
		월	
안전관리	- 안전관리의 책임 및 위기관리 체계가 적합한가?		
	- 일별 안전점검 체크리스트에 의해 관리되고 있는가?		
실외환경	- 어린이집 주변에 감전 위험은 없는가?		
	- 위험한 적치물, 축대 붕괴, 맨홀 등에 대한 위험은 없는가?		
실내 환경	- 모든 설비는 움직이거나 떨어지지 않도록 바닥과 벽면에 단단히 고정되어 있는가?		
	- 창문, 방충망의 상태는 안전한가?		
	- 어린이집 내 비품 및 보육용품에 풀린 나사나 못은 없는가?		
현관 · 통로 · 계단 · 비상구	- 출입문, 현관문 등의 안전장치는 정상 작동하는가?		
	- 계단, 통로부분에 미끄럼 방지처리가 되어 있는가?		
	- 계단의 안전 상태는 양호한가?		
화장실 · 세면대	- 화장실 내 전기 콘센트 등 전기용품은 안전한가?		
	- 세면대의 고정 상태는 안전한가?		
조리실 · 식당	- 환기가 잘되고 있는가?		
	- 조리용 칼이나 기타 위험한 주방기구는 지정된 안전한 장소에 보관하고 있는가?		
	- 영유아의 출입이 잘 통제되고 있는가?		
	- 급식담당직원의 위생 상태는 양호한가?		
	- 배수가 잘되고 배수구에는 덮개가 설치되어 있는가?		
실외놀이 기구 및 공간	- 모든 놀이기구가 바닥에 안전하게 고정되어 있는가?		
	- 놀이 시설물의 상태(틈새나 간격)가 영유아의 몸에 끼이지 않는 넓이 인가?		
	- 기초대, 지지대 등 매설부분이 노출되지 않았는가?		
	- 모든 놀이기구 아래와 주위(안전지대)의 충격흡수재 성능은 양호한가?		
	- 보수가 필요한 놀잇감 및 놀이기구가 방치되어 있는가?		
	- 놀이기구의 높이가 영유아에게 적합한가?		
	- 품질경영 및 공산품 안전관리법에 의한 안전검사를 필한 제품인가?		

구분	점 검 항 목	점검결과	조치시항
		월	
전기 · 가스 · 위험물 안전관리	– 전선, 콘센트, 플러그 등 손상된 부분은 없는가?		
	– 한 개의 콘센트에 용량을 초과해 사용하고 있지 않은가?		
	– 전기기구는 규격 전선을 사용하고 있는가?		
	– 각종 전기기구의 접속 상태가 노후, 파손된 곳은 없는가?		
	– 분배전반 및 각종 전기기구의 노후 및 파손된 것은 없는가?		
	– 가스경보기의 설치상태가 양호한가?		
소방시설 관리	– 대피를 위한 대피도가 잘 관리되어 있는가?		
	– 소화기, 스프링쿨러 등 소화장비의 작동 및 관리상태는 양호한가?		
	– 자동화재 탐지설비의 설치상태가 양호한가?		
	– 옥내소화전의 관리 및 작동이 양호한가?		
비상대피 시설관리	– 비상계단 및 미끄럼대 등이 화재 등 유사시 사용이 가능한가?		
	– 피난유도등 유도표지 등이 잘 갖추어져 있고 정상 작동하는가?		
	– 건물 내 대피경로에 장애가 되는 요소는 없는가?		
차량 안전관리	– 차량은 점검기준에 의해 정기적으로 안전점검을 실시하고 있는가?		
석면 안전 관리	– 석면조사를 실시하였는가?		
	– 석면조사를 미실시한 경우 석면조사 생략대상 건축물에 해당하는가?		
	– 석면조사 관련 자료(조사결과보고서, 석면지도 등)는 잘 관리되고 있는가?		
	– 석면함유자재가 파손되거나 노출된 곳은 없는가?		
	– 위의 경우에 경고문 등을 설치하고 철거 또는 개보수 조치는 하였는가?		
	– 석면관리정보가 가정통신문 등을 통해 학부모에게 제공되고 있는가?		

3. 실내공간의 구성

1) 실내 기본시설

유아교육기관의 설계시 계획해야 할 실내공간들은 출입구 및 현관, 활동실, 휴식 및 낮잠을 위한 방, 화장실, 교사실, 양호실, 조리실, 식당, 교재 · 교구실, 부모대기실 겸 관찰실, 창고 등이다. 「고등학교 이하 각급학교 설립 · 운영규정」 제3조에 의하면 원사는 교수 · 학습과 보건위생에 적합하여야 한다. 원사의 실내 기본시설로는 최소한 학급 수에 상당하는 활동실(보통교실), 유희실, 화장실, 교사실, 양호실, 조리실 등이 있다.

(1) 출입구 및 현관

유아교육기관의 출입구 및 현관은 유아교육기관을 방문하는 사람들을 맞이하는 곳이기 때문에 기관의 첫인상을 좌우하게 되는 곳이라고 말 할 수 있다. 특히 현관은 유아가 또래나 교사를 만날 수 있는 지점인 동시에 등원하는 유아들이 보호자와 헤어지는 지점이므로 다음의 조건을 갖추어야 한다(Osman, 1971).

〈그림 6-1〉 유치원의 출입구

〈그림 6-2〉 현관에 위치한 게시판

① 활동실과 가까우며 현관에서 실내 활동실과 실외가 보여야 한다.
② 출입문 입구에서 헤어지기 어려운 경우 보호자가 현관 앞에 잠시 머물면서 자녀를 살펴주고 유아가 스스로 놀이영역에 흡수되는 과정을 지켜볼 수 있는 공간이 있어야 한다.
③ 규모가 작은 기관일수록 실내에 상담실을 따로 마련하기보다는 현관 부분에 그 기능을 포함시키는 것이 좋다.
④ 현관의 문과 바닥은 사고를 예방할 수 있도록 해야 한다. 현관문은 2/3이상이 투명하거나 또는 투시가 가능하도록 제작되는 것이 좋으나, 얇은 유리가 아래 부분까지 연결되어 있을 경우 위험하다.
⑤ 출입구와 현관은 신체 장애아도 출입이 용이하도록 계단이 없이 경사로여야 한다.

(2) 활동실(보통 교실)

보통 활동실을 유치원에서는 교실이라고 하고, 보육시설에서는 보육실이라고 부른다.

활동실은 유아들이 대부분의 시간을 보내는 곳이기 때문에 유아교육 시설에서 가장 핵심이 되고 중요한 공간이다. 활동실은 학급의 운영시간에 따라 크기가 달라지므로 설계 시 이를 명확히 해야 한다.

① ②

〈그림 6-3〉 교실

먼저 유치원의 경우, 「고등학교 이하 각급학교 설립 · 운영규정」 제3조 제2항관련 〈별표 1〉에 규정된 원사의 기준이 40명 이하일 때는 5N이며 41명 이상일 경우에는 80 + 3N이다(N은 원아의 정원을 말함). 여기서 원사는 활동실(교실), 유희실 등 교수 · 학습활동에 직 · 간접적으로 필요한 시설물을 말한다. 그러므로 활동실의 기준 면적은 명확하게 정해지지는 않고 있지만, 보통 유아당 필요한 최소 공간 면적은 2.13m^2(0.64평)가 되어야 하므로 우리의 여건을 감안하여 보면 학급당 유아수를 40명으로 볼 때, 활동실의 면적은 최소 85.2(25.6평)이상이 되어야 할 것이다. 게다가 일반적인 학자들의 견해에 따르면 이상적인 활동실의 면적이 유아당 3.3m^2(1평)이므로 우리 나라의 경우 한 학급당 132m^2(40평) 정도가 이상적이라 하겠다.

한편 어린이집과 유치원의 종일반은 반일반과 달리 휴식과 낮잠을 잘 수 있는 공간이 있어야 한다. 아울러 하루의 많은 시간을 활동실에서 보내야 하기 때문에 유아를 위해 가정과 같은 분위기를 마련하여야 한다. 일반적으로 활동실에서 낮잠을 자는 경우 낮잠을 고려한 종일반 활동실의 크기는 유아당 최소 3.2m^2(1평) 이상이어야 한다. 그러므로 어린이집과 유치원 종일반인 경우, 학급인원수가 20명일 때 이상적인 활동실 면적은 최소 20평 이상이 되어야 한다.

현행 어린이집의 보육실 면적 기준은 「영유아보육법 시행규칙」 제9조와 관련한 별표 2에 명시되어 있는데, 보육실 면적의 기준은 유아 1인당 2.64m^2이다.

활동실의 창문은 채광의 강도를 조절할 수 있도록 커튼이나 블라인드를 설치하는 것이 바람직한데, 이는 직사광선이 유아들의 시력에 장애를 일으키는 원인이 되기 때문이다.

또한 소음을 방지하기 위해서 커튼, 깔개, 방음벽, 천장의 재료, 이중창, 칸막이를 설치하고 책상과 의자에는 고무를 끼우며 영역간의 소음은 교구장으로 방지할 수 있다(강문희 외, 1999).

활동실의 바닥은 위생적이고 청소하기에 용이하며 따뜻함을 주는 재료로 구성되어야 하며, 유아들이 활동하기에 편리하고 안전사고를 예방할 수 있도록 습기가 없으면서 탄력성이 있는 재료로 구성되는 것이 바람직하다.

활동실 천장의 높이를 부분에 따라 다르게 할 경우 소음통제에 바람직하다. 활동실의 천장 높이는 2.2~3.3m 등의 제안이 있다. 천장이 너무 높을 경우에는 유아에게 교사가 지배적인 느낌을 줄 수 있고, 너무 낮을 경우 공기 순환이 어려워 비위생적이 될 수 있다.

또한 활동실의 벽면은 많으면 소음을 줄여 주지만, 교실의 구성에 융통성이나 다양성을 줄이므로 가능한 고정된 내외 벽면은 적은 것이 좋다. 외벽의 면적은 실내의 통풍, 환기, 난방, 채광, 소음을 고려하여야 한다.

마지막으로 출입문은 유아들이 쉽게 여닫을 수 있도록 가볍고 안전해야 한다. 출입문은 실외로 열리도록 해야 하며 자동으로 잠기거나 안팎으로 열리도록 하는 것은 피해야 한다.

(3) 유희실

유희실은 주로 동적인 놀이나 대집단 활동에 활용되는 공간이다. 유희실은 비나 눈이 오는 경우 실외놀이를 하기 곤란할 때 유원장을 대신해서 이용하게 되므로 실내 운동장으로 특히 체육설비를 갖추는 것이 필요하다.

유희실 안 또는 가까운 곳에 화장실, 손씻는 곳, 물 마시는 곳과 교구 및 놀이도구를 수납할 수 있는 공간이 있어야 한다. 또한 유희실의 바닥재는 탄력성이 좋고 청소하기 쉬우며 소리가 적게 나는 것이 좋으며 적절한 보온을 유지할 수 있는 것이어야 한다.

카펫은 소음을 흡수하고 손상이나 파손을 막아 주지만 세균과 먼지를 보유하게 되므로 바람직하지 않다. 어떤 경우 유희실이 강당의 역할을 하기도 해서 부모교육 장소로 활용되기도 한다. 유희실은 보통 활동실보다 훨씬 넓어야 하며 실내공간 면적의 여유가 있으면 지상층에 두는 경우도 있지만 지하층에 두는 경우가 많으며, 유희실 내에 공수영장을 설치하는 경우가 많다.

〈유희실〉

〈공수영장〉

〈그림 6-4〉 유희실과 공수영장

(4) 사무실 및 교사실

사무실은 기관 운영에 필요한 행정업무를 처리하는 곳이며, 교사실은 교사들이 교육활동을 준비하거나 학습자료의 제작 및 회의 등을 하는 장소이다. 교사실의 크기는 각 유아교육기관의 규모와 교사의 수를 고려하여 정한다.

교사실은 교사들이 교육활동을 계획하고 준비하는 장소이며, 유아들의 전체 서류를 보관하는 장소로 활용되기도 하므로 서류장, 책장, 컴퓨터, 책상, 의자, 옷장 등을 갖추고 있어야 한다.

(5) 낮잠 또는 휴식을 위한 방(수유실, 포복실, 침실)

어린이집이나 종일반을 운영하는 유치원인 경우 낮잠 또는 휴식을 위한 방이 따로 분리되어 있으면 편리하다. 낮잠실을 분리하면 다음과 같은 이점이 있다(Osman, 1971).

① 유아의 휴식 환경을 바람직하게 하며 매트나 담요 등이 한 곳에 있음으로 교사의 번거로운 노력을 줄 일 수 있다.

② 가정에서와 같은 안락감과 편안함을 제공해 준다.

③ 유아가 잠자는 동안 활동실이 정돈될 수 있으며 수면 습관의 차이에 부응할 수 있다.

④ 교실을 옮겨 다니게 함으로써 공간의 변화를 느끼게 한다.

⑤ 잠에서 먼저 깬 유아가 다른 유아의 잠을 방해하지 않고 다른 곳에서 활동할 수 있다.

①

②

〈그림 6-5〉 교사실

유아들이 낮잠을 잘 수 있도록 조용하고 아늑하고 따뜻한 별도의 침실을 두는 것이 바람직하나 별도의 공간을 따로 마련할 수 없는 경우 활동실에 낮잠을 위한 공간을 마련해야 한다. 낮잠실을 분리한 경우 그 위치는 유아가 활동하는 방 가까이 있어야 이동에 따르는 문제와 교사의 수고를 덜어 준다. 또한 영아를 보육하는 어린이집이나 놀이방에서는 영아를 위한 별도의 포복실과 어머니들의 젖먹이 자녀들의 수유를 위한 시설을 필요로 한다. 수유실은 영유아보육에 지장이 없는 범위 안에서 다른 시설과 겸용이 가능하다.

(6) 양호실

유아교육기관에는 아프거나 다친 유아들의 간단한 치료와 안정을 위해 양호실을 갖추어야 한다. 양호실은 조용하고 아늑하며 따로 격리된 공간이 바람직하다. 양호실 안에는 몇 개의 침대, 약간의 구급약품 및 놀이도구를 비치해야 한다. 양호실의 약품장은 유아의 손이 닿지 않는 위치가 적당하고 옆에 별도의 화장실을 마련해 두는 것이 좋다.

(7) 화장실

화장실은 유아들의 건강과 청결을 유지하고 위생습관을 배우는 곳이다. 유치원이나 어린이집의 화장실은 최소한 법적인 시설기준에 적합하게 만들어야 한다.

화장실의 위치는 활동실과 실외 양쪽에서 출입이 가능한 곳에 있어야 한다. 창문은 통풍과 채광이 잘 되도록 하며 성교육상 건전한 태도를 기르기 위해서 화장실은 남녀용으로 분리해 설치하지 않는다. 그러나 대변기 사이에 낮은 칸막이를 해 줌으로써 유아의 개인적 자유를 보장해 주고 필요한 경우 감독할 수 있도록 한다. 변기는 유아용이어야 하며, 변기의 수는 유아 8~10명당 1개를 설치하는 것이 이상적이다. 그리고 세면대는 학급당 2개 이상 설치되어야 하고, 화장실 안에 두는 것이 좋으며, 높이는 유아의 기에 알맞아야 한다. 화장실의 문은 유아들이 스스로 열고 단기 편한 격자모양의 문을 다는 것이 바람직하다. 또한 유아들이 손을 씻으면서 보게 되는 거울의 위치도 유아들의 키에 적합하게 설치하여 유아들의 상체를 모두 거울에 비추어 볼 수 있게 한다.

〈그림 6-6〉 화장실

(8) 주방(조리실)

주방은 유아들의 간식과 점심을 준비하는 곳으로 밝고 청결하며 환기가 잘 되어야 하고 유아의 놀이영역과는 떨어져 있어야 한다. 조리실은 적당한 공간으로 구성되어야 하며 기본적으로 필요한 시설 · 설비 · 비품을 갖추어야 한다.

기본적으로 갖추어야 될 시설 및 설비들에는 전열기, 냉장고, 싱크대, 조리대, 소독기, 환기장치, 식료품 보관시설, 조리기구, 식기류 등이 있다. 주방은 밀폐된 구조보다는 개방된 구조가 오히려 위생상 좋으며, 조리사들은 위생복이나 앞치마를 입어 깨끗이 요리할 수 있도록 한다.

(9) 교재 · 교구 보관실

교재 · 교구 등 교육활동에 필요한 자료들을 체계적으로 보관하는 것이 유아교육기관에서는 매우 중요하다. 자료를 보관할 때는 그 자료의 주제와 특성(예를 들어 내용 주제별, 영역별, 재료별, 계절별, 사용빈도별 등)에 따라 체계적이고 기능적으로 잘 분류해서 보관 · 관리하여야 한다. 그리고 다른 교사가 그 활동자료를 사용하려고 할 때 쉽게 찾아서 활용할 수 있도록 교재 · 교구 대장과 목록표를 만들어 관리하는 것이 효과적이다. 교구나 학습자료를 보관하는 캐비닛이나 보관장은 이동을 용이하게 하기 위해서 바퀴가 달린 것이 좋다.

(10) 부모 · 방문객을 위한 공간

기관을 방문하는 방문객과 부모들이 유아를 기다리거나 잠시 머물러 있을 수 있는 공간이 마련되어 있어야 한다. 이 공간에서 부모들은 다른 유아의 부모들과 서로 만나고 교사로부터 유아의 성장과 발달에 관한 이야기를 들을 수 있다. 이러한 공간은 유아의 놀이공간으로 들어가는 통로상에 위치해야 하며, 모든 부모들이 쉽게 이용할 수 있도록 개방되어야 한다. 여기에는 방문객들이 간단하게 차나 음료를 마실 수 있는 개수대와 편안히 앉을 수 있는 소파 및 전화를 설치해 두는 것이 바람직하다. 이 공간은 독립된 하나의 공간으로 계획되는 것이 보다 바람직하며, 기관의 진입부나 사무실, 교사실과 연결되도록 하는 것이 좋다(강문희 외, 1999).

〈학부모 기다리는 의자〉

〈입구게시판〉

〈그림 6-7〉 부모 · 방문객을 위한 공간

2) 실내 설비

유아교육기관의 실내 설비는 크게 환경설비와 기본 설비로 나누어진다. 기본설비는 유아의 활동을 돕고 신체 크기에 맞으며, 안전하게 설계되어 갖추어져야 한다.

(1) 환경설비

1 조명 및 채광

채광과 조명은 유아의 시력에 영향을 주고 감각기관을 통해 구체적인 물체의 개념을 획득하기 위해 사물을 정확히 보아야 하는 유아에게는 학습의 중요한 조건이 된다(이영자 외, 1997).

조명은 교실의 실내환경에 적절해야 하며, 날씨가 흐리거나 비오는 날에는 실내가 어둡기 때문에 인공조명 설비가 필요하다. 조명의 효과를 높이기 위해 천장은 빛의 70%를 반사하고 벽면은 빛의 50%를 반사할 수 있도록 무광택이고 밝은 색으로 처리하는 것이 바람직하다.

채광이란 창문이나 문 등을 통해 자연적인 햇빛을 받는 것으로 자연 채광을 충분히 받기 위해서는 창 가까이에 햇빛을 차단하는 장치를 제거하고, 활동실 벽면에 창을 내어 자연 채광을 받을 수 있는 면적을 넓혀야 한다. 채광은 창문의 넓이, 높이, 채광문의 유무, 태양의 고도 등에 좌우된다. 창문의 면적은 바닥면적의 1/5이 되게 하고 창틀의 높이는 60~70㎝ 정도로 유아들이 쉽게 밖을 내다볼 수 있도록 하는 것이 바람직하다(Decker & Decker, 1992).

2 창문

창문의 유리는 파손되지 않도록 제조된 특수유리를 사용하며, 면적은 바닥면적의 1/5 ~1/4 정도가 적절하다. 창문은 유아가 바닥에 서서 밖을 내다보기에 편한 높이여야 한다. 즉, 영아반의 경우는 50~60㎝, 유아반의 경우는 60~70㎝ 정도가 적절하다.

환기를 위하여 실외놀이 시설과 인접한 벽은 가능한 남향으로, 그 전면에 창을 내는 것이 좋다. 또한 창이 너무 넓고 낮게 설치될 경우에는 파손의 위험이 있으며, 너무 투명한 창일 때에는 부딪칠 위험이 있으므로 이에 대비하는 것이 필요하다.

3 바닥

바닥자재는 탄력이 있고 발디딤이 좋고, 견고하며, 관리하기 용이한 자재를 선택해야 한다. 바닥에 카펫이나 고무 재질을 깔거나 벽면, 천장에 방음 재료를 사용하여 유아 상호간, 교사와 유아간의 언어전달이 용이하도록 한다.

바닥에 카펫을 까는 것은 안정되고 소음을 적게 해주는 효과가 있으나 물감이나 물 등을 쏟는 일이 빈번하므로 전체를 카펫으로 까는 것보다 부분적으로 까는 것이 좋다.

4 교실의 벽

벽은 게시판이나 다른 자료를 쉽게 붙일 수 있는 표면 재료를 사용하는 것이 바람직하고, 게시판은 유아의 키 높이에 있어 유아가 전시물을 붙일 수 있고 유아 자신이 만든 것을 게시하기 쉬워야 한다(이영자 외, 1997).

5 냉 · 난방 및 환기

유아교육기관의 실내는 유아들이 활동하는데 적절한 온도를 유지하는 것이 바람직하다. 따라서 냉 · 난방시설은 유아교육기관에 필수적인 시설이다. 적절한 실내온도는 20～22℃이며 습도는 50～65%가 적절하다. 또한 난방은 유아에게 안전하고 따뜻한 바닥 온도를 유지할 수 있도록 바닥에 난방용 파이프를 묻어 놓는 패널 히팅(panel heating)으로 하는 것이 가장 적당하다(이영자 외, 1997).

또한 유아교육기관의 실내공간은 유아들의 건강 · 위생을 위해 항상 청결하고 맑은 공기가 유지되도록 하는 것이 대단히 중요하다. 특히 유아들은 활동량이 많기 때문에 입김, 체온, 땀, 기침 등 인체에서 배출되는 것과 실내의 공기가 불결한 경우가 많다. 그러므로 자연환기와 인공환기를 통해 청결하고 맑은 실내환경의 조성에 유의해야 한다(임재택, 1999).

(2) 기본 설비

유아교육기관의 실내공간(활동실)에 비치되어야 할 대표적 기본설비로는 책상, 의자, 개인사물함, 교구정리장, 싱크대 등을 들 수 있다. 그에 대해 간략하게 살펴보면 다음과 같다(이영자 외, 1997).

1 책상

유아교육기관에서 책상은 여러 가지 활동을 위해 사용되며, 사용 방법도 다양하므로 활동실 내의 기본 설비 중 책상이 차지하는 비중을 매우 크다. 활동실의 책상은 2~4인용이 바람직하며 직사각형 또는 정사각형이 좋으며 독서영역에는 낮은 원형 책상이 유아에게 매력적이다. 높이는 유아의 체위 기준에 따라 상이하다. 3 · 4 · 5세로 구성된 학급의 교실에 구비할 책상은 90×60×45cm 크기가 적당하다.

〈그림 6-8〉 유아용 책상과 의자

2 의자

의자의 형태는 쌓을 수 있는 형태가 보관하기에 좋으며, 주로 책상에서 활동할 때 사용되므로 팔걸이는 없는 것이 좋다. 또한 등받이가 있어 허리와 등을 받쳐주는 역할을 하는 의자가 좋다. 의자의 무게는 유아가 쉽게 들 수 있도록 3.6～4.5㎏을 초과하지 않도록 한다(Jefferson, 1968).

3 개인 사물함

유아 개인의 소지품을 일정한 장소에 보관하는 것은 유아를 하나의 독립된 개체로 존중하는 것의 표현이며, 동시에 유아 스스로 자신의 물건을 정리하는 습관을 기르는 면에서 아주 중요한 의미를 갖기 때문에 개인 사물함의 관리는 중요하다. 유아의 개인 소지품을 정리하고 보관하는 공간은 실내의 면적 및 주요 가구 배치와 실내·외의 출입 등을 고려하여 적절히 배치되어야 한다.

4 교구 정리장

실내 교구 및 각종 자료를 적절히 보관하기 위해서는 교구 정리장이 있어야 한다. 교구 정리장은 두 가지 유형으로 나누어지는데, 문이 없는 개방식 또는 선반식 교구 정리장이 있고, 폐쇄식 교구 정리장이 있다(Osman, 1971).

일반적으로 개방식 교구 정리장이 유아교육 현장에 적절하다. 개방식 교구 정리장은 유아의 눈높이를 고려하고 유아의 손이 닿을 수 있는 곳에 자료와 교구가 보관되어야 하며, 유아의 호기심을 유발할 수 있도록 정리되어야 한다. 교구 정리장의 위치는 흥미영역간의 구분을 돕고 유아가 자료 및 교구를 가지고 활동할 작업 공간을 근처에 마련하도록 배치되어야 한다.

우리나라 유아에게 적절한 교구 정리장의 최대 높이는 3세아 85㎝, 4세아 92㎝, 깊이는 30㎝ 정도가 적당하다. 교구 정리장의 길이는 활동실의 크기 및 용도에 따라 다르나 일반적으로 120㎝가 많이 사용되고 있다. 또한 교구 정리장은 이동이 용이하도록 바퀴가 달려 있는 것이 좋다.

〈그림 6-9〉 이동이 편리한 바퀴달린 교구장

5 싱크대

가능하면 각 교실마다 싱크대 및 수로를 설치하여 유아들이 손을 씻거나 미술 활동, 요리활동에 필요한 용구나 자료를 씻고 활동에 필요한 물을 공급받도록 한다. 연령별 싱크대의 높이는 3세아 45㎝, 4세아 50㎝, 5~6세아 55㎝가 적절하다.

〈그림 6-10〉 싱크대

4. 실외공간의 구성

1) 실외공간 구성의 특성

실외환경은 공간적으로 실내와는 다른 특징을 지니기 때문에 유아에게 독특한 놀이 경험을 제공하게 된다. 실외놀이는 유아교육 프로그램의 통합적 부분으로 유아에게 개념 학습 기회, 사회적 기술과 사회적 관계의 발달 기회, 창작 활동에의 참여기회, 놀이활동을 통해 즐기는 기회를 제공한다. 일반적으로 실외공간이 갖추어야 할 몇 가지 특성을 살펴보면 다음과 같다(이숙재, 1999 ; 이영자 외, 1997 ; 임재택, 1999).

(1) 위치 및 면적

실외공간은 2, 3세 영아와 4, 5, 6세 유아를 위한 공간이 분리하여 위치하는 것이 바람직하다. 실외공간은 실내공간보다 유아들의 지도 · 감독이 어렵기 때문에 건물로 가려져서는 안 되며, 가능하면 건물의 남쪽에 위치하는 것이 바람직하다. 아울러 실외공간은 실내와 연결되어 유아들이 자유롭게 나가고 들어올 수 있어야 하며, 설계시 유아의 안전을 위하여 실내와 실외공간 높이에 차이가 있을 때는 층계보다는 경사진 길이 되도록 고려한다. 또한 실내 · 외 공간의 출입문은 유아들이 드나들기 쉬워야 하며, 실외공간에 화장실이나 식수대를 설치하는 것이 바람직하다.

실외공간의 면적은 나라마다, 학자마다 주장하는 기준이 다르다. 데커와 데커(1992)는 유아 1인당 최소한의 면적이 6.3㎡이어야 하며 실외공간 중 1/3은 조용한 활동공간으로 활용하고 나머지 2/3는 활동적인 놀이공간으로 활용하는 것이 좋다고 하였다. 일본의 木村(1982)은 유치원 유원장의 최저면적을 학급수를 기준으로 1학급일 경우 330㎡(유아 1인당 8.25㎡), 2학급일 경우 360㎡, 3학급은 400㎡, 4학급 이상은 매학급

증가당 80m^2씩 가산할 것을 제시하였다.

우리나라의 경우 「고등학교 이하 각급학교 설립 · 운영규정」에 명시된 유원장의 기준면적은 원아 40명 이하 유치원인 경우, 160m^2이며, 41명 이상인 유치원은 120+Nm^2이다(N은 유치원 원아의 정원).

한편 어린이집의 경우 「영유아보육법 시행규칙」 제9조와 관련한 〈별표 1〉에 보면, 실외공간(놀이터)의 기준면적은 영유아 1인당 3.5제곱미터 이상으로 하고 모래밭 및 대근육 활동시설 등 놀이시설물 3종 이상을 설치해야 한다고 명시되어 있다.

(2) 울타리

관목이나 나무로 울타리를 설치하면 유아보호에 대한 교사의 과중한 책임 부담을 덜어 주게 되고 외부의 방해를 받지 않고 유아들이 자유롭게 활동할 수 있도록 해준다. 실외놀이 공간이 큰 길과 인접해 있는 경우에는 적어도 120㎝ 높이로 울타리를 세워야 한다. 일반적으로 울타리는 목재(견고한 삼나무 등)나 철사를 여러 가지 형태로 엮어서 만든 것, 또는 키 작은 관목을 심어서 설치할 수 있다.

(3) 지면

실외공간의 지면은 유아의 놀이와 안전에 직접적인 영향을 미치는 중요한 요소이다. 실외공간의 지면은 단일 지면으로 구성하기보다 다양하게 구성하는 것이 이상적이다. 실외공간의 전체 면적 중 1/2~1/3 정도는 잔디를 심는 것이 좋고 자전거 길이나 통로는 딱딱한 지면으로 하고, 꽃이나 나무를 심을 수 있는 곳에는 흙으로 두며, 놀이기구를 배치할 부분은 모래를 깔아두는 것이 좋다. 모래를 깔 때는 20~30㎝정도의 두께로 깔아야 탄력성을 유지하게 된다.

〈그림 6-11〉 실외놀이터

(4) 창고

실외공간에는 지면에 고정된 놀이 시설물 이외에 이동 가능한 놀이기구가 많이 제공되기 때문에 이러한 놀이기구를 정리 · 보관할 수 있는 창고가 필요하다. 놀이기구를 창고에 보관하게 되면, 놀이기구를 바람, 비, 눈, 먼지 등의 피해로부터 보호할 수 있기 때문에 놀이기구의 수명을 연장시킬 수 있으며, 유아로 하여금 정리 · 정돈하는 습관을 갖도록 하는데 효과적이다. 창고는 별채의 건물을 사용하거나 원사에 덧붙여 지어서 사용할 수 있는데, 놀이기구를 효과적으로 운반하고 정돈할 수 있도록 실외 놀이장과 인접한 곳에 설치해야 한다. 창고를 설치하는 지역은 물이 고이지 않도록 약간 경사지게 하는 것이 좋으며, 딱딱한 표면으로 된 영역 가까이에 위치하도록 한다(Decker & Decker, 1992).

창고의 문은 폭이 1m 80㎠에 상하 개폐식이거나 여닫는 형태가 적절하다. 또한 창고의 크기는 실외 유동적 설비에 따라 달라진다.

2) 실외공간의 설비

유아교육기관의 실외 유원장에서 제공할 수 있는 대표적인 놀이기구 및 시설물로는 운동놀이 시설물(기어오름대, 그네, 시소, 복합놀이 시설)과 상상놀이 · 구성놀이 시설물(동물 모형, 자동차 모형, 놀이집, 모래밭 등), 기타(사다리, 트램폴린, 블록 등) 등이 있다. 그 중 가장 대표적인 놀이기구인 복합놀이기구, 그네, 시소, 미끄럼틀, 모래밭 등에 대해 살펴보기로 한다(이숙재, 1999 ; 이영자 외, 1997).

〈그림 6-12〉 실외 축구골대

(1) 복합놀이기구

복합놀이기구는 유아가 기어오르고 매달리고 미끄럼타기 등과 같이 여러 가지 운동을 할 수 있도록 제작된 복합기능을 갖춘 놀이시설이다. 이 놀이기구는 넓은 공간을 필요로 하므로 실외놀이 공간의 면적을 고려하여 그 시설물의 규모를 결정한다. 공간이 협소한 경우에는 두세 가지의 기능을 갖춘 소규모 복합놀이 시설물을 설치하는 것이 효과적이다.

복합놀이 시설물에 설치하는 놀이기구는 특징이나 용도에 따라 적절한 위치에 배치하며, 유아가 한 놀이기구에서 다른 놀이기구로 안전하고 편리하게 이동할 수 있도록 효율적으로 연결한다. 복합놀이기구의 최대 높이는 2.5m가 넘지 않도록 한다.

〈그림 6-13〉 복합놀이 기구

(2) 그네

그네는 앞뒤로 흔들기, 높이 올라가기 및 빨리 흔들기 등 움직임을 주로 하는 시설물이다. 유아에게는 타이어 그네, 안장 그네가 적절하며, 유아의 연령에 따라 그네의 높이와 그네줄의 길이가 조절되어야 한다. 그네는 유아의 왕래가 많지 않은 장소에 설치해야 하는데 움직이는 놀이기구이므로 그네의 앞, 뒤, 좌, 우로 충분한 간격을 두고 설치하여야 한다. 또한 그네 밑에 부드러운 모래를 깔아서 유아가 떨어졌을 때 다치는 것을 예방한다. 그네가 서로 부딪치는 것을 방지하기 위해 그네틀에 2개 이상의 그네를 매달아서는 안된다. 그네틀과 그네 ,그네와 그네의 간격을 70㎝ 이상이 되도록 한다. 또한 그네줄의 쇠사슬 고리는 유아의 손가락이 끼지 않도록 8mm 이하로 되어져야 하며, 고리의 구멍이 클 경우 그네줄에 플라스틱 호스를 끼워서 손가락이 끼는 것을 방지한다. 그네의 좌석은 나무처럼 단단한 자료는 피하고 부드럽고 탄력있는 자료(예를 들어 캔버스, 고무판 등)로 만든다.

(3) 시소

시소는 유아가 양쪽에 앉아서 올라가고 내려오는 움직임을 반복하는 운동 놀이기구이다. 시소는 2인용 시소와 다인용(多人用) 시소가 있다. 시소를 설치할 때는 시소가 땅에 닿는 부분에 타이어를 묻어 두거나 모래를 많이 깔아서 유아의 뇌나 척추에 충격이 가지 않도록 배려한다. 또한 손잡이를 부착하여 유아가 붙잡고 안전하게 탈 수 있도록 하며, 시소의 기울기는 30° 이내로 한다(Frost, 1992).

(4) 미끄럼틀

미끄럼틀은 경사진 판을 미끄러져 내려오는 놀이를 할 수 있도록 제작된 고정 놀이기구이다. 실외공간에 미끄럼틀을 설치할 때는 유아의 왕래가 빈번하지 않은 장소가 적절하다. 특히 미끄럼판이 실외 유원장 통로와 마주치지 않도록 배치해야 한다. 미끄럼판의 재료는 다양하나 재료에 따라 장단점이 있다. 가령 스테인리스는 견고하고 매끄러우나 온도변화에 민감해서 여름에는 뜨겁고 겨울에는 차가운 단점이 있다. 반면 목재는 부드럽고 온도에 덜 민감하나 내구성이 약하다는 단점을 지니고 있다. 미끄럼틀은 재료뿐만 아니라 크기나 형태를 다양하게 만들 수 있다. 즉, 공간이 넓은 경우에는 미끄럼판은 직선 형태 이외에 꼬불꼬불하게 변형시킬 수 있다. 미끄럼틀의 경사도는 30~40° 가 적당하며 높이는 보통 2.5m 이하가 적절하다. 또한 미끄럼틀의 꼭대기에는 연단(platform)이 있어서 미끄럼을 타기 전에 유아가 안정된 자세를 취한 후 미끄럼을 타게 한다. 연단에는 또한 보호벽을 만들어서 유아가 떨어지는 것을 예방한다. 이 때 보호벽은 8~15㎝ 높이가 적당하다(Esbensen, 1987).

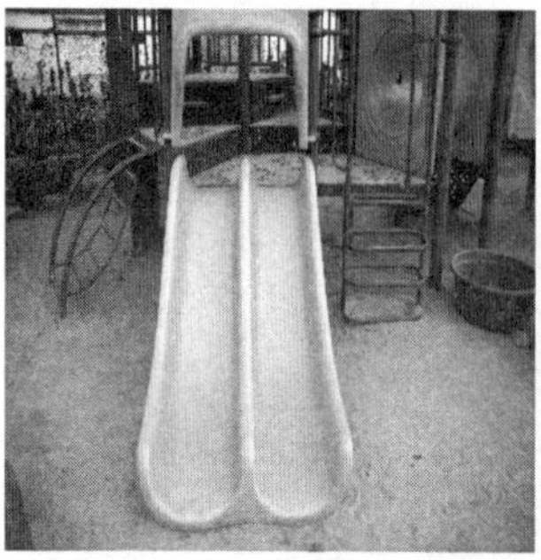

①

②

③

④

⑤

〈그림 6-14〉 다양한 형태의 미끄럼틀

(5) 모래밭

실외공간에 배치된 모래밭은 유아의 터널파기, 집짓기, 수로 만들기, 모래 음식 만들기 등 여러 가지 놀이를 할 수 있는 대표적인 고정시설물이다. 모래밭의 형태는 직사각형, 정사각형, 타원형 등 다양하며, 모래밭의 테두리도 타이어, 통나무, 콘크리트 등 여러 가지 재료를 활용할 수 있다. 모래밭은 배수가 잘 되며 습기가 차지 않는 양지 바른 곳에 위치하는 것이 좋으나 햇볕이 너무 뜨거울 경우를 대비해서 파라솔이나 차양, 격자 무늬의 지붕 등을 이용해서 적당한 그늘이 생기도록 하는 것이 바람직하다. 또한 동적 놀이 영역과 조금 떨어진 위치에 설치하는 것이 적절하다. 모래밭의 밑 부분은 자갈을 깔고 그 위에 벽돌을 놓고, 벽돌 위에 45～60㎝ 정도의 모래를 덮는다. 모래밭의 모래는 최소한 1년에 한 번씩은 갈아 주거나 소독하여 먼지나 더러운 것이 쌓이지 않도록 한다.

①

②

〈그림 6-15〉 모 래 밭

〈유아들이 직접 가꾼 텃밭〉

〈휴식공간〉

〈기어오름대〉

〈야외 휴식공간〉

〈그림 6-16〉 실외공간에 설치할 수 있는 기타 시설물

참 고 문 헌

- 강문희 외(1999). 유아교육기관 운영관리. 학지사.
- 김주건(1997). 유아교육기관의 경영관리. 창지사.
- 이숙재(1999). 유아를 위한 놀이의 이론과 실제. 창지사.
- 이영자 · 권영례(1997). 유아교육기관의 운영관리. 창지사.
- 임재택(1999). 유아교육기관 운영관리. 양서원.

- Barker, R. G.(1968). Ecological psychology. Stanford : Stanford University Press.
- Castaldi, B.(1982). Creative Educational Facilities, Boston : Allyn and Bacon, Inc.
- Decker, C. A. & Decker, J. R.(1992). Planning and administering early childhood program(5th Ed.). N.Y. : MacMillan Publishing Co.
- Esbensen, S. B. (1987). The Early Childhood Playground : An Outdoor Classroom. Ypsilanti, Michigan : The High/Scope Press.
- Fowler, W.(1980). Infant and Child Care : A Guide to Education in Group Setting. Boston: Allyn and Bacon, Inc.
- Frost, J . L.(1992). Play and Playscapes. Albany, N.Y. : Delmar Publishers Inc.
- Jefferson, R. W.(1968). Indoor Facilities. In Sunderland, S. & Gray, N.(eds.), Housing for early childhood education. Washington, D.C. : ACEI.
- Osman, F. L.(1971). Patterns for designing children's centers. N.Y. : Educational Facilities Laboratories, Inc.

제7장

비품 및 교재 · 교구 관리

1. 비품 및 교재 · 교구의 개념
2. 비품 및 교재 · 교구의 분류기준
3. 비품 및 교재 · 교구의 배치 및 관리

1. 비품 및 교재 · 교구의 개념

1) 비품 및 교재 · 교구의 개념과 종류

유아교육기관에서 정상적인 교수-학습활동이 이루어지기 위해서는 비품 및 교재 · 교구를 갖추는 것이 필수적이다. 이러한 비품과 교재 · 교구는 유사한 의미로 사용되고 있으나, 이를 좀더 구체적으로 분류해 보면 다음과 같다.

(1) 비품

책상, 의자, 칠판, 컴퓨터, 녹음기 등 교수-학습활동에 사용되는 설비 및 갖추어야 할 물품으로 비교적 간접적이고 보조적인 자료이다.

(2) 교재

교구와 혼용해서 사용되는 경우가 많으나 교재는 그림자료, 인쇄자료, 녹음자료, 영상자료 등과 같은 교수-학습활동에 직접적으로 활용되는 각종 자료이다.

(3) 교구

교재와 마찬가지로 교육목표를 달성하기 위하여 교수-학습활동에 활용되는 각종 자료로써, 일반적으로 모형자료나 교수-학습 활동에 쓰이는 도구나 고안된 기구이다.

한편, 교구를 유아들이 가지고 놀이하는 물건이라 하여 흔히 완구, 유구, 장난감이라고 부른다. 그러나 유아들의 놀이는 이 시기에 발달적으로 중요한 활동이므로 장난감이라는 용어 대신 놀잇감이라는 용어를 사용한다. 또한 동일한 놀이도구를 교수-학습

과정에서 교육적으로 사용할 때는 장난감, 놀잇감이라는 용어보다는 교재 · 교구라는 용어로 사용된다.

2) 비품 및 교재 · 교구의 분류기준

비품 및 교재 · 교구는 보다 효율적인 보관과 활용을 위해 적절한 기준, 즉 유아의 연령, 발달수준, 활동 목표, 비품 및 교구의 특성 등에 따라 분류해 놓을 필요가 있다.

우리나라는 유치원에 기본적으로 갖추어야 할 교구의 품목과 기준은 다음의 〈표 7-1〉과 같으며, 비품 및 교구를 주로 활용되는 활동영역에 의해 구분하였다. 유치원 교구 기준의 영역은 쌓기(3), 전통(7), 역할(10), 언어(8), 조작(4), 음률(6), 신체활동(10), 과학(4), 조형(2), 수(2), 컴퓨터(3), 요리(2) 등의 12개 영역이며, 교구 종목은 각 영역별 1종류 내지 10종류로 모두 71종류를 갖추도록 규정되어 있으며(경기도교육청, 2013) 교구의 규격과 학급당, 원당 소요 기준을 제시하고 있다. 이를 자세히 살펴보면 〈표 7-1〉과 같다.

또한 유치원에서 보통교실, 특별교실(유희실 포함), 시청각 교실, 양호실에 갖추어야 할 설비(비품)에 대해서도 학교 교구설비 기준으로 제시하고 있는데 다음의 〈표 7-2〉와 같다.

한편 우리 나라 어린이집에서 갖추어야 할 비품 및 교재 · 교구의 품목이나 기준에 대해서는 보육사업 지침에 어린이집 교재 · 교구 소요기준을 제시하고 있다. 어린이집에서 갖추어야 할 비품 및 교재 · 교구의 영역은 학습활동 교구, 시청각 교육기재, 음률활동 교구, 실내놀이 기구, 실외놀이 기구, 시설 · 설비, 주방용기구, 비품으로 구분되어 있다(표 7-3 참조).

일반적 유아교육기관에서 사용되는 비품 및 교재 · 교구는 유아교육 목표에 따라 구분할 수도 있고, 유아의 연령이나 발달 수준 또는 시설의 유형에 따라 구분하기도 한다. 교육적 상품정보 교환연구소(EPIE : Educational Product Information Exchange Institute, 1972)는 비품 및 교재 · 교구의 특성 또는 자료의 특성에 따라 다음과 같이 여섯 가지 유형으로 구분하였다.

① **구체물 혹은 실물자료** : 찰흙, 어항, 화분 등 실물 자료

② **모형자료** : 인형, 실물크기의 모형, 복제품 등 3차원 자료

③ **그림자료** : 그림, 도표, 사진, 필름, 지도 등 2차원 자료

④ **언어자료** : 동화책, 노래 및 동화 등의 녹음 자료, 인쇄물 자료

⑤ **활동자료** : 영화나 비디오 테이프 등으로 된 자료

⑥ **기타 자료** : 이상의 다섯 가지 유형이 종합된 자료

표 7-1

유치원 영역별 교구 기준

영역명 : 쌓기

영역	종목	규격(교구종류)	소요기준	구분		비고
				필수	권장	
쌓기	① 다양한 블록	종이 벽돌블록 세트	급당 3종 이상	○		
		단위 블록 세트				
		공간 블록 세트				
		우레탄 블록 세트				
		유니트 블록 세트(적목)				
	② 소품류	다양한 자동차류(미니카, 소방차 등)	급당 5종 이상	○		
		인형류(각종 사람모형)				
		동물류(여러 가지 동물모형)				
		식물류(다양한 식물모형)				
		모자류(소방원, 헬멧 등)				
		교통표지판류				
		관련책, 화보				

영역명 : 역할

영역	종목	규격(교구종류)	소요기준	구분		비고
				필수	권장	
역할	① 소꼽놀이	주방용품 (싱크대, 모형냉장고, 각종 그릇류 등)	급당 5종 이상	○		

영역	종목	규격(교구종류)	소요기준	구분		비고
				필수	권장	
	② 가족놀이	각종의상, 모자류, 가방류, 신발류, 인형류	급당 5종 이상	○		
	③ 병원놀이	병원놀이 세트(청진기, 주사기 등)	급당 5종 이상	○		
	④ 우체국놀이	우체통, 집배원 가방 등	급당 5종 이상	○		
	⑤ 미장원놀이	헤어드라이어, 빗 등	급당 5종 이상	○		
	⑥ 은행놀이	모형돈, 지갑 등	급당 5종 이상	○		
	⑦ 가게놀이	모형 과일, 모형 채소 등	급당 5종 이상	○		
	⑧ 소방서놀이	소방관 옷, 소방차 등	급당 5종 이상	○		
	⑨ 교통기관놀이	교통경찰관 모자, 교통표지판, 자동차, 주유기, 호스 등	급당 5종 이상	○		

영역명 : 언어

영역	종목	규격(교구종류)	소요기준	구분		비고
				필수	권장	
언어	① 말하기 자료	작은 융판 및 융판 자료	원당 3종 이상	○		
		이야기 꾸미는 자료(그림카드, 언어 게임 등)	급당 2	○		
		인형극 자료(손 인형, 막대 인형, 인형극 틀 등	급당 3종 이상	○		
	② 듣기 자료	녹음기와 CD자료	급당 1	○		
		소리상자	급당 1		○	
	③ 읽기 자료	동화, 동시 등(전래동화, 세계명작동화, 창작동화, 위인전, 수수께끼, 속담 등)	급당 50권	○		
		그림백과사전	원당 1	○		
		기타 유아용 도서(과학, 미술, 음악, 수학 등)	급당 2종 이상	○		
	④ 쓰기 자료	모양종이, 글자 바느질, 칠판, 쓰기 도구 등	급당 5종 이상	○		

영역명 : 수 · 조작

영역	종목	규격(교구종류)	소요기준	구분		비고
				필수	권장	
수 · 조작	① 그림 맞추기 자료	퍼즐(그림, 도형)	급당 3종 이상	○		
	② 일상생활 자료	끼우기(구슬, 끈 등)	급당 3종 이상	○		
		바느질 자료(바늘, 실 등)				
		옮겨 담기(구슬, 씨앗, 접시 등)				
		일상생활 훈련(단추 끼우기, 지퍼 올리기, 볼트 · 너트 맞추기 등)				
	③ 구성놀이 자료	끼우기블록(레고, 코코, 꽃블록 등)	급당 3종 이상	○		
	④ 수놀이 자료	분류, 비교, 서열, 전체와 부분, 기초 통계 활동 자료 등	급당 5종 이상	○		
		수 게임카드				
	⑤ 게임 자료	각종 카드게임(게임판과 주사위)	급당 5종 이상	○		
		윷놀이 자료				

영역명 : 과학

영역	종목	규격(교구종류)	소요기준	구분		비고
				필수	권장	
과학	① 동 · 식물 기르기	동 · 식물 사육재배	급당 1	○		
	② 여러 가지 측정기구	저울(양팔저울, 접시저울 등)	급당 1	○		
		자(줄자, 미터자 등)	급당 1	○		
		시계(모래시계, 초시계 등)	급당 1	○		
		온도계	급당 1	○		
	③ 실험 및 관찰 도구	돋보기	급당 2	○		
		자석	급당 3	○		
		거울(오목, 볼록 거울 등)	급당 1	○		
		비커	원당 3종 이상	○		
		공구류(드라이버, 나사못 등)	원당 3종 이상	○		
		감각상자(소리, 무게상자 등)	급당 1	○		
	④ 요리용 도구	도마, 플라스틱 칼, 접시, 냄비, 가열기, 프라이팬 등	원당 5종 이상	○		
		요리 관련책(요리책, 요리순서 카드, 요리 스크랩북 등)	원당 2종 이상	○		

영역	종목	규격(교구종류)	소요기준	구분 필수	구분 권장	비고
	⑤ 과학도서	동·식물, 물, 바람, 흙, 도구에 관한 책	원당 30권 이상	○		
	⑥ 기 타	다양한 기계 및 부품류	급당 1	○		
		지구본	원당 1	○		
		지도(우리나라, 세계지도 등)	원당 1	○		

영역명 : 미술

영역	종목	규격(교구종류)	소요기준	구분 필수	구분 권장	비고
미술	① 각종 자료	종이류(도화지, 색종이, 시험지, 화방지, 흑지, 벽지, 모조지, 포장지, 골판시, 신문지, 집지, 셀로판지, 힌지 등)	급당 5종 이상	○		
		그리는 도구류(크레파스, 색연필, 파스텔, 연필, 물감, 붓, 사인펜, 먹물, 색소 등)	급당 5종 이상	○		
		만드는 도구류(가위, 접착제, 테이프류, 스테이플러, 펀치 등)	급당 5종 이상	○		
	② 기타 자료	명화집, 민화집, 그림화보, 폐품류 등	급당 10종 이상	○		

영역명 : 음률

영역	종목	규격(교구종류)	소요기준	구분 필수	구분 권장	비고
음률	① 전통 악기	소고, 장구, 북, 꽹과리, 징 등	원당 3종 이상	○		
	② 리듬 악기	트라이앵글, 탬버린, 캐스터네츠, 방울, 리듬 막대, 우드블록, 헨드벨, 마라카스 등	원당 5종 이상	○		
	③ 멜로디 악기	피아노 또는 오르간(키보드 대체 가능)	급당 1	○		
		멜로디언, 실로폰, 목금, 철금 등	원당 2종 이상	○		
	④ 감상 활동 자료	녹음기, CD자료, 그림카드 등	급당 2종 이상	○		
		헤드폰	급당 1	○		

영역	종목	규격(교구종류)	소요기준	구분		비고
				필수	권장	
	⑤ 움직임을 위한 자료	리듬 막대, 리본 막대, 스카프, 한삼 등	원당 1종 이상	○		

영역명 : 운동

영역	종목	규격(교구종류)	소요기준	구분		비고
				필수	권장	
운동	① 매트	2m×1.2m, 2.2m×1.8m	원당 2	○		
	② 공	여러 가지 종류의 공	원당 3종 이상	○		
	③ 훌라후프		학급당 3개 이상	○		
	④ 줄	다양한 여러 종류의 줄	원당 3종 이상	○		
	⑤ 줄넘기		급당 5개 이상	○		
	⑥ 고리던지기		원당 1	○		
	⑦ 평균대		원당 2	○		
	⑧ 뜀틀		원당 1	○		
	⑨ 유니바세트		원당 1		○	
	⑩ 자전거		원당 1		○	

표 7-2

교재 · 교구 및 시설 · 설비 현황

구 분	기 준	현 황	과부족	비 고
교 지	m^2	m^2	m^2	- 학교의 설립운영에 필요한 토지로 교사용 대지와 체육장의 면적을 합한 것.
체육장(유원장)	m^2	m^2	m^2	- 40명 이하 : 160 - 41명 이상 : 120+학생정원
교 사	m^2	m^2	m^2	- 40명 이하 : 5×학생정원 - 41명 이상 : 80+3×학생정원
교사용대지	m^2	m^2	m^2	건축면적/건폐율
기타 사항	- 급수시설을 두되 수질검사결과 위생상 무해하다고 판명된 것. -온수를 공급할 수 있는 시설을 갖추어야 한다.			

구 분	기 준	현 황	과부족	비 고
교사의 내부환경	구 분	기 준	현 황	
	조 도	300룩수 이상		
	소 음	50데시빌 이하		
	실 내 온 도	섭씨 18도 이상		

표 7-3

유치원 실별 기준

○-필수, △-권장

영역	종목	소요기준	설립별		비고
			공립	사립	
공통	① 원장실	원당 1	○	△	
	② 교무실	원당 1	○	○	
	③ 보통교실	급당 1	○	○	
	④ 자료실	2학급당 1	○	△	
	⑤ 바깥놀이장(유원장)	원당 1	○	○	
	⑥ 강당	원당 1	△	△	
	⑦ 행정실	원당 1	○	△	
	⑧ 관리실	원당 1	○	△	
	⑨ 방송실	원당 1	○	△	
	⑩ 자료제작실	원당 1	△	△	
	⑪ 보건실(기타실 겸용)	원당 1	○	○	
	⑫ 급식실 또는 부속실	원당 1	○	○	
	⑬ 문서보관실	원당 1	○	△	
	⑭ 창고	원당 1	○	△	
	⑮ 화장실		○	○	
	⑯ 통학차량 주차시설	원당 1	○	△	
	⑰ 방과후과정반 교실		△	△	
계	17		14(3)	6(11)	
특별실	① 유희실	원당 1	△	△	
	② 유치원운영위원회실	원당 1	△	△	
계	2		0(2)	0(2)	

표 7-4

유치원 실별 교구 기준

○-필수, △-권장

영역	구분	종목	규격	소요기준	설립별		비고
					공립	사립	
원장실	환경설비	① 냉난방시설		원당 1	○	○	
		② 바닥 난방시설		원당 1	○	○	
		③ 수도시설		원당 1	○	△	
	기본설비	① 사무용책상, 의자		원당 1	○	○	
		② 사물함		원당 1	○	△	
		③ 책장		원당 1	○	△	
		④ 옷장		원당 1	○	△	
		⑤ 서류보관함		원당 1	○	△	
		⑥ 현황판		원당 1	△	△	
		⑦ 응접세트		원당 1	○	△	
		⑧ 전화기		원당 1	○	○	
		⑨ 냉장고		원당 1	△	△	
		⑩ 프린터		원당 1	○	△	
		⑪ 컴퓨터		원당 1	○	△	
교무실	환경설비	① 냉난방시설		원당 1	○	○	
		② 바닥 난방시설		원당 1	○	○	
		③ 수도시설		원당 1	○	△	
	기본설비	① 교사용 책상, 의자		1명당 1	○	△	
		② 교사용 사물함		1명당 1	○	△	
		③ 교사용 책장		1명당 1	○	△	
		④ 캐비닛 및 옷장		원당 1	△	△	
		⑤ 게시판		원당 1	○	○	
		⑥ 서류보관함		원당 1	○	○	
		⑦ 전화기			○	○	
		⑧ 팩스		원당 1	○	○	
		⑨ 복사기(복합기)		원당 1	○	○	
		⑩ 컴퓨터(사무용)		1명당 1	○	○	
		⑪ 프린터(사무용)			○	○	
		⑫ 문서파쇄기		원당 1	○	○	
		⑬ 약장		원당 1	○	○	
		⑭ 냉장고		원당 1	△	△	
		⑮ 정수기		원당 1	△	△	

영역	구분	종목	규격	소요기준	설립별		비고
					공립	사립	
보통교실	환경설비	① 냉난방시설		급당 1	○	○	
		② 바닥 난방시설		급당 1	○	○	
		③ 수도시설		급당 1	△	△	
	기본설비	① 태극기		급당 1	○	○	
		② 책상	유아용		○	○	
		③ 의자	유아용		○	○	
		④ 교구장		급당 5개 이상	○	○	
		⑤ 책꽂이		급당 1	○	○	
		⑥ 사물함	유아용		○	○	
		⑦ 칠판		급당 1	○	○	
		⑧ 게시판		급당 1	△	△	
		⑨ 시계		급당 1	○	○	
		⑩ 거울		급당 1	△	△	
		⑪ 살균소독기		급당 1	○	○	
		⑫ 교육용 컴퓨터		급당 1	○	○	
		⑬ 교육용 프린터		급당 1	△	△	
		⑭ TV		급당 1	○	○	
		⑮ 피아노 or 키보드		급당 1	○	○	
		⑯ 카세트 녹음기		급당 1	△	△	
		⑰ 전화기		급당 1	○	△	
		⑱ 청소도구 및 보관함		급당 1	△	△	
		⑲ 공기청정기		급당 1	△	△	
		⑳ 가습기		급당 1	△	△	
		㉑ 환풍기		급당 1	△	△	
자료실	기본설비	① 교재 · 교구장		원당 3	○	○	
		② 캠코더		원당 1	△	△	
		③ 디지털카메라		급당 1	○	○	
		④ 실물화상기		급당 1	○	△	
		⑤ OHP		원당 1	△	△	
		⑥ 확성기(이동식마이크)		원당 1	△	△	
		⑦ 기자재 보관함		원당 1	○	△	
		⑧ 자료제작용 책상, 의자		원당 1	△	△	
		⑨ 도서정리용 책장		원당 1	○	○	
		⑩ 코팅기		원당 1	○	○	
		⑪ 종이재단기		원당 1	△	△	
		⑫ 제본기		원당 1	△	△	
		⑬ VCR		원당 1	△	△	

영역	구분	종목	규격	소요기준	설립별		비고
					공립	사립	
바깥놀이장(유원장)	운동 놀이시설	① 종합놀이 기구	유아용	① 또는 원당 3종 이상	○	○	
		② 그네					
		③ 시소					
		④ 미끄럼틀					
		⑤ 정글짐					
		⑥ 터널					
		⑦ 구름다리					
		⑧ 망오름대					
		⑨ 수도시설		원당 1	○	○	
	모래 놀이장	① 모래놀이장(대)	깊이5~20cm	원당 1	○	○	
		② 모래놀이도구		원당 1	○	○	
		③ 도구정리장		원당 1	○	○	
	물놀이장	① 물놀이장	높이50~60cm	원당 1	○	○	
		② 물놀이도구		원당 1	○	○	
		③ 도구정리장		원당 1	○	○	
	목공 놀이장	① 목공놀이대	높이50~60cm	원당 1	△	△	
		② 목공놀이도구		원당 1	△	△	
		③ 도구정리장		원당 1	△	△	
	기타시설	① 진흙놀이장		원당 1	△	△	
		② 교통놀이장		원당 1	△	△	
		③ 감각놀이장		원당 1	△	△	
		④ 동물사육장		원당 1	△	△	
		⑤ 식물재배장		원당 1	△	△	
강당	환경설비	① 냉난방시설			○	○	
		② 바닥 난방시설			△	△	
		③ 화장실		원당 1	△	△	
		④ 부속시설		원당 1	○	△	
		⑤ 방송시설		원당 1	○	○	
	기본설비	① 정수기		원당 1	△	△	
		② 교탁		원당 1	○	△	
		③ 환풍기		원당 1	△	△	
		④ 의자			△	△	
		⑤ 태극기		원당 1	○	○	
		⑥ 피아노		원당 1	△	△	
		⑦ 빔프로젝트(스크린포함)		원당 1	○	△	

영역	구분	종목	규격	소요기준	설립별		비고
					공립	사립	
행정실	환경설비	① 냉난방시설			○	△	
		② 바닥 난방시설			△	△	
	기본설비	① 사무용책상, 의자		1인당 1조	○	△	
		② 팩스		원당 1	○	△	
		③ 전화기			○	△	
		④ 서류보관함		원당 1	○	△	
		⑤ 게시판		원당 1	○	△	
		⑥ 복사기(복합기)		원당 1	○	△	
		⑦ 프린터기		원당 1	○	△	
		⑧ 컴퓨터			○	△	
		⑨ 문서파쇄기			○	△	
		⑩ 윤전기			△	△	
관리실	환경설비	① CCTV감지기		원당 1	○	△	
		② 냉난방시설		원당 1	○	△	
		③ 바닥 난방시설		원당 1	○	△	
		④ 주방		원당 1	△	△	
		⑤ 화장실		원당 1	△	△	
	기본설비	① TV		원당 1	○	△	
		② 이불장		원당 1	○	△	
		③ 전화기		원당 1	○	△	
		④ 침구류		원당 1	○	△	
		⑤ 냉장고		원당 1	△	△	
방송실	환경설비	① 방송시설		원당 1	○	△	
		② 냉난방시설		원당 1	○	△	
		③ 바닥 난방시설		원당 1	△	△	
	기본설비	① 다목적 의자		원당 1	○	△	
		② 교탁		원당 1	○	△	
		③ 마이크		원당 1	○	△	
		④ 동영상촬영기		원당 1	○	△	
		⑤ VCR		원당 1	△	△	
		⑥ 컴퓨터		원당 1	○	△	
자료제작실	환경설비	① 환기시설			○	△	
		② 냉난방시설			○	△	
		③ 바닥 난방시설			△	△	

영역	구분	종목	규격	소요기준	설립별		비고
					공립	사립	
	기본설비	① 자료제작용 책상			○	△	
		② 보관장			○	△	
		③ 의자			○	△	
보건실(기타실 겸용)	환경설비	① 냉난방시설		원당 1	○	○	
		② 바닥 난방시설		원당 1	○	○	
		③ 수도시설		원당 1	○	○	
	기본설비	① 약장		원당 1	○	○	
		② 신장계		원당 1	○	○	
		③ 체중계		원당 1	○	○	
		④ 침대	유아용	원당 1	○	○	
		⑤ 가습기		원당 1	○	○	
		⑥ 침구류	유아용	원당 10	○	○	
		⑦ 이불장		원당 1	○	○	
급식실 또는 부속실(주방)	환경설비	① 가열대		원당 1	○	○	
		② 작업대		원당 1	○	○	
		③ 식품저장실		원당 1	○	○	
		④ 개수대		원당 1	○	○	
		⑤ 냉온수 싱크대		원당 1	○	○	
		⑥ 배식대		원당 1	○	○	
		⑦ 식기구 보관장		원당 1	○	○	
		⑧ 환기 시설		원당 1	○	○	
		⑨ 방충망		원당 1	○	○	
		⑩ 가스누출탐지기		원당 1	○	○	
		⑪ 식기세척및건조기		원당 1	△	△	
		⑫ 냉장고		원당 1	○	○	
	기본설비	① 급간식 운반대		급당 1	△	△	
		② 주방용 도구		원당 1	○	○	
		③ 전자레인지		원당 1	○	○	
		④ 정수기		원당 1	○	○	
		⑤ 온도계		원당 1	○	○	
		⑥ 살균소독기		원당 1	○	○	
		⑦ 식탁			○	△	
		⑧ 의자			△	△	
		⑨ 손소독기		원당 1	○	○	
		⑩ 손세척시설		원당 1	○	○	

영역	구분	종목	규격	소요기준	설립별		비고
					공립	사립	
문서 보관실	환경설비	① 환기시설			○	△	
	기본설비	① 보관장			○	△	
창고	환경설비	① 환기시설			○	△	
	기본설비	① 보관장			○	△	
화장실	환경설비	① 대변기		유아 15명당 1개 이상	○	○	
		② 소변기		유아 15명당 1개 이상	△	△	
		③ 세면대		실당 2개 이상	△	△	
		④ 샤워기		실당 1	○	○	
	기본설비	① 손소독기		실당 1	△	△	
		② 핸드드라이기(핸드타월)		실당 1	○	△	
		③ 세탁기		원당 1	○	○	
통학 차량 주차 시설	환경설비	① 안전대			○	△	
		② CCTV			○	△	
		③ 방지턱			○	△	
방과후 과정 반교실	환경설비	① 냉난방시설		급당 1	○	○	
		② 바닥 난방시설		급당 1	○	○	
		③ 수도시설		급당 1	△	△	
	기본설비	① 태극기		급당 1	○	○	
		② 책상	유아용		○	○	
		③ 의자	유아용		○	○	
		④ 교구장		급당 5개 이상	○	○	
		⑤ 책꽂이		급당 1	○	○	
		⑥ 사물함	유아용		○	○	
		⑦ 칠판		급당 1	○	○	
		⑧ 게시판		급당 1	△	△	
		⑨ 시계		급당 1	○	○	
		⑩ 거울		급당 1	△	△	
		⑪ 살균 소독기		급당 1	○	○	
		⑫ 교육용 컴퓨터		급당 1	○	○	
		⑬ 교육용 프린터		급당 1	△	△	
		⑭ TV		급당 1	○	○	
		⑮ 피아노 or 키보드		급당 1	○	○	
		⑯ 카세트 녹음기		급당 1	△	△	

영역	구분	종목	규격	소요기준	설립별 공립	설립별 사립	비고
		⑰ 전화기		급당 1	○	△	
		⑱ 청소도구 및 보관함		급당 1	△	△	
		⑲ 공기청정기		급당 1	△	△	
		⑳ 가습기		급당 1	△	△	
		㉑ 환풍기		급당 1	△	△	
유희실	환경설비	① 냉난방시설			○	△	
		② 바닥 난방시설			○	△	
	기본설비	① 도구정리장		원당 1	○	△	
		② 기타 활동 기구		원당 3종 이상	△	△	
유치원 운영 위원회실	환경설비	① 냉난방시설			○	△	
		② 바닥 난방시설			△	△	
	기본설비	① 회의용 책상			○	△	
		② 의자			○	△	
		③ 의결봉		원당 1	○	△	

3) 비품 및 교재 · 교구의 종류

유아교육기관에서 기본적으로 갖추어야 할 비품 및 교재 · 교구의 종류에 대해 살펴보고자 한다. 기본적인 비품 및 가구, 시청각 자료, 그리고 교재 · 교구로 분류하였으며 교재 · 교구는 유아의 연령에 따라 흥미영역별로 나누어서 제시하였다(Decker & Decker, 1992; Koralek, Collker, & Dodge, 1993; 이기숙, 심성경, 1995; 이영자 · 권영례, 1997). 기본비품과 가구는 기관의 교육목표에 적절하면서 동시에 유아에게 심미감과 안락감을 줄 수 있어야 한다.

(1) 기본 비품 및 가구

유아교육기관에서 기본적으로 갖추어야 할 비품 및 가구는 영아용, 유아용, 그리고 교사용으로 나눌 수 있다.

1 영아를 위한 비품 및 가구

영아는 3·4·5세 유아들과는 다른 특별한 배려를 해야 하므로 이를 위해서는 다음과 같은 비품들이 준비되어야 한다(Decker & Decker, 1992).

① **급식용 비품** : 개인용 식탁, 높고 낮은 식탁용 의자, 음식을 먹을 때 사용하는 도구들(턱받이, 병, 컵, 접시, 숟가락), 식탁(약 39cm 높이), 팔걸이 없는 의자, 뚜껑이 있는 휴지통, 보관장

② **옷 갈아 입히기(기저귀갈기) 및 배변용 비품** : 옷을 갈아 입힐(기저귀 갈기) 테이블, 스프레이, 노즐이 달린 싱크대, 영아용 등 없는 의자, 배변 훈련용 의자, 뚜껑이 있는 휴지통, 보관장

③ **다른 가구 및 필수품** : 통의자, 영아용 의자, 아기용 안락 의자, 소파, 사물함, 영아의 어깨 높이 크기의 옷걸이가 있는 개인장, 침대와 매트리스(1세 미만 낮잠용), 공기를 넣은 매트리스 또는 스펀지 매트(1~2세 낮잠용), 베개, 이불장, 유모차, 식탁(영아용), 보행기, 보관장

〈쌓기놀이〉

〈영아반 신체놀이〉

〈영아반 영역〉

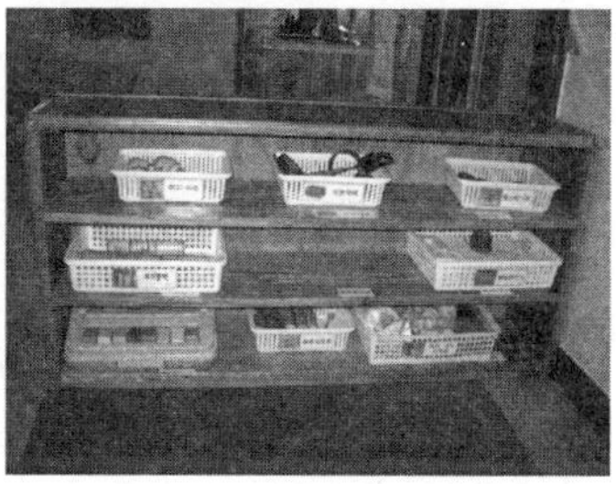

〈영아교구〉

〈그림 7-1〉 영아용 비품

② 3, 4, 5세 유아를 위한 비품 및 가구

책상, 걸상, 소파, 벤치, 등 없는 의자, 칸막이, 칠판, 융판, 스크린, 이동식 교재·교구 보관장(2단 또는 3단 선반), 고정식 교재·교구 보관장, 개인장 등의 설비와 학교 교구 설비 기준에 제시된 것을 준비한다. 어린이집과 유치원의 종일반을 위해서는 매트, 이불장 등을 구비해야 한다. 가구와 설비는 앞의 시설·설비에서 제시한 바와 같이 연령에 따른 적정 크기여야 하며 안전 기준에 적절해야 한다. 책상과 걸상은 4~6명의 유아가 함께 활동할 수 있도록 배치하는 것이 바람직하다.

③ 교사용 기본비품

교직원이나 학부모들을 위한 기본 비품으로는 책상, 의자, 캐비닛, 책장, 서류보관함(화일장), 작업대, 안락의자, 긴의자, 탁자, 컴퓨터, 복사기, 스캐너, 코팅기, 궤도걸이, 주방기구 등이 있다.

〈교사용 책상〉

〈교사용 프린터〉

〈복사기〉

〈그림 7-2〉 교사실 비품

(2) 시청각 교재 · 교구

유아교육기관에는 사진기, 플라로이드 사진기, 실물화상기, 필름 스트립 프로젝터와 필름 스트립, 헤드폰, 8mm 영사기, 16mm 영사기와 필름, 오버헤드 프로젝터(OHP)와 투시화, 빔 프로젝터와 노트북, 오디오와 음반, 스크린, 슬라이드 프로젝터와 필름, 스테레오 녹음기와 테이프, 자료를 보관할 보관장, TV, 비디오와 비디오테이프, 탁자 등을 준비하여 필요시 영 · 유아를 위한 개별 또는 집단 활동이나 부모 교육시 활용할 수 있다.

(3) 교재 · 교구

1 1세 미만 영아를 위한 교재 · 교구

이동능력이 없는 영아기는 감각 운동기로서 물체를 감각으로 탐색하기 때문에 영아에게 여러 가지 다양한 자극을 줄 수 있는 자료가 적합하다.

① **언어 발달** : 천이나 판지로 된 책(집에서 만들거나 산 것), 그림카드 상자(판지에 그림을 붙이고 겉을 밀착지로 싸서 만든 그림카드가 가득 들어 있다), 천으로 된 인형, 가족, 친근한 물건, 동물들에 관한 그림들

② **감각 자극** : 모빌(만들거나 산 것), 거울(깨지지 않는 것), 벽걸이(직조된 것이어서 만질 수 있는 것), 성인용 흔들의자, 놀람상자(손잡이를 돌리면 상자 안에서 갑자기 무엇이 튀어 올라옴), 손에 잡을 수 있는 공, 딸랑이(만들거나 산 것), 누르면 소리나는 놀잇감, 빨거나 씹거나 무는 놀잇감, 종이달린 팔지, 아기 양말로 만든 손인형, 팥주머니, 껴안는 놀잇감, 동물, 인형, 밀고 당기고 누르는 놀잇감, 음악 상자(감거나 당기면 소리나는 상자), 전축이나 카세트, 천으로 만든 공, 다양한 자료로 만들어진 천 장갑(성인이 끼는 장갑), 물놀이 탁자나 플라스틱 욕조, 물놀이를 위한 대야, 물놀이를 위한 플라스틱 용기들, 컵, 단지, 병, 주전자 등

③ **조작적 놀잇감** : 모양 분류상자, 톡 튀어나오는 놀잇감, 큰 구슬, 끼워 넣는 상자세트, 크고 부드러운 블록, 큰 종이블록, 크기가 점차 달라지는 용기(플라스틱 단지나 컵 세트), 큰 구멍의 나무 못판과 크고 색깔 있는 나무못, 뚜껑 있는 종

이상자들

④ **극화놀이** : 지갑이나 손가방, 나무나 플라스틱으로 만든 큰 숟가락, 모자, 장난감 전화기, 깨지지 않는 찻잔 세트, 인형들(부드럽고 깨지지 않으며 물로 닦을 수 있는 다양한 인종의 인형들)

⑤ **창작적 놀이**(미술 활동) : 커다란 무독성 크레용과 종이, 굵은 수성펜, 점토, 연장으로 쓸 무딘 나무 못, 다양한 질감과 색깔의 헝겊조각들이 담긴 상자, 작업복(비닐로 된 작업복), 바닥 깔개용 낡은 식탁보나 플라스틱 깔개

⑥ **대근육놀이** : 작은 차와 트럭, 다양한 크기의 부드러운 공들, 페달 없이 팔이나 발로 움직여서 타는 놀잇감, 커다란 카드보드 상자

⑦ **실외놀이** : 얕은 물놀이용 풀(pool), 물놀이나 모래놀이를 위한 탁자나 플라스틱 욕조 또는 대야, 플라스틱 용기들, 컵, 단지, 주전자(물놀이나 모래놀이를 위한 것), 유모차, 수레(wagon)와 타는 놀잇감, 초기 영아가 기거나 누워 있을 수 있는 담요, 공, 큰 상자들, 낮은 기어오르기대

[2] 1~2세 영아를 위한 교재 · 교구

1~2세 영아들을 수용하는 시설에는 여러 가지 자료들이 사용된다. 이 시기에 적절한 교재 · 교구를 제시하면 다음과 같다(Decker & Decker, 1992 ; 이기숙 · 심성경, 1995).

① **들을 수 있는 것**(음악, 언어 등) : 음악 소리가 나는 완구들, 딸랑이, 전축이나 카세트 녹음기, 책의 내용, 동요, 음악, 동물 소리가 녹음된 카세트 녹음 테이프, 리듬악기(예 : 종, 북, 우드블록, 리듬막대, 탬버린, 실로폰 등), 풍경(windchimes)

② **볼 수 있는 것** : 수족관, 헝겊, 비닐, 하드보드 등 다양한 재질로 만든 그림책(가족과 친구, 일상생활의 경험, 과학과 자연, 오락과 공상 등의 내용), 융판, 깨지지 않고 손에 들거나 벽에 부착할 거울, 눈 높이에 있는 모빌, 가족 사진, 그림(동물, 친숙한 물건) 및 벽걸이, 여러 모양으로 자른 스펀지, 테라리엄

③ **만질 수 있는 것**(촉감) : 부드러운 촉감의 그림책, 부드러운 공, 상자, 치아발육용 완구, 질감이 있는 카드와 벽걸이, 유아가 안아 줄 수 있는 봉제완구

④ **블록** : 크고 부드러운 블록, 큰 종이 블록, 공간 블록, 소형차와 트럭, 동물 소품

(농장/동물원), 사람 소품(가족 인형 세트와 여러 직종의 사람 인형들)

⑤ **조작적 놀잇감** : 모양 분류하기 상자, 크게 조각난 간단한 퍼즐, 레고(큰 사이즈), 튀어나오는 놀잇감, 큰 구슬, 크기 순서대로 끼워 넣는 상자세트, 고리걸기, 점점 크기가 커지는 용기세트(플라스틱 국그릇이나 컵), 큰 구멍의 나무못판과 크고 색깔 있는 나무못, 큰 나무 구슬꿰기(큰 나무 구슬과 짧고 두꺼운 실이나 신발끈), 플라스틱 큰 구슬, 뚜껑 달린 종이 상자들, 팥주머니, 밀고 당기는 놀잇감, 거울(깨지지 않는 것)

⑥ **극화놀이** : 가방, 담요, 옷 입히고 목욕시킬 수 있는 인형, 봉제 인형, 인형 침대, 인형 유모차, 여러 가지 옷, 모자, 가정놀이용품(놀이용 냉장고, 싱크대, 난로, 식탁과 의자, 놀이용 음식, 음식담을 그릇, 냄비, 팬, 플라스틱 접시, 그 밖의 가정 놀이용 기구), 작은 모형(인형집, 농장, 공항 등), 거울, 베개, 손인형, 지갑, 핸드백, 얇은 스카프, 동물 모형, 놀잇감 전화기

⑦ **창작적 놀이**(미술 활동) : 비닐 깔개, 작업복, 이젤, 풀, 자르기용 잡지, 굵은 수성펜, 이젤용 물감, 손가락 그림용 물감, 물감 붓, 점토와 점토놀이 기구, 여러 종류의 종이, 모래와 모래 놀잇감, 무독성 색분필, 끝이 뭉뚝하고 부드러운 가위, 물감용 스펀지

⑧ **대근육놀이** : 여러 종류의 공, 구슬 끼우기 용품, 상자와 카드보드, 플라스틱 볼링핀과 공, 비누 거품(방울) 자료, 낮은 오르기대, 매트, 레일용 놀이 기차, 밀고 당기는 놀잇감, 벤치, 경사로(ramp), 바퀴 달린 놀이기구, 고리던지기, 여러 가지 움직이는 완구들(배, 말 등), 모래 놀이대와 모래놀이 용품, 낮은 미끄럼틀, 2단이나 3단의 계단, 그네, 트럭, 터널, 짐수레

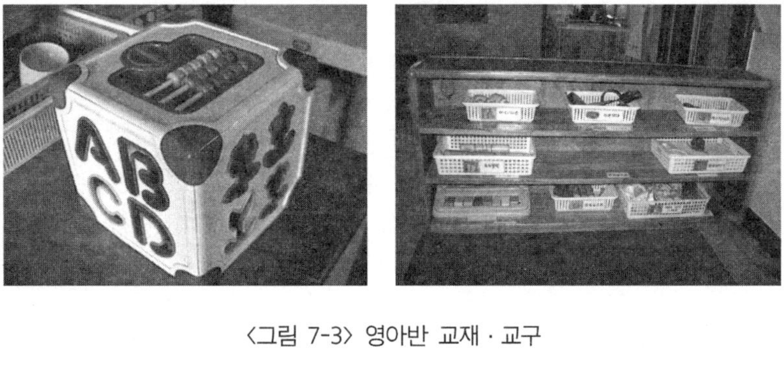

〈그림 7-3〉 영아반 교재 · 교구

[3] 3 · 4 · 5세 유아를 위한 활동 영역별 교재 · 교구

3 · 4 · 5세 유아를 위한 교재 · 교구는 활동 영역별로 제시될 수 있다. 각 활동 영역별 교재 · 교구를 제시하면 다음과 같다(이영자, 1992 ; 이영자 외, 1993).

표 7-5

3 · 4 · 5세 유아를 위한 활동 영역별 교재 · 교구

<table>
<tr><th colspan="2">연령
영역</th><th>3세</th><th>4세</th><th>5세</th></tr>
<tr><td colspan="2">대근육 활동 영역</td><td colspan="3">낮은 오르기 기구, 미끄럼틀, 흔들보트, 밀고 당기는 놀이 기구, 평균대, 터널, 팥주머니 던지기</td></tr>
<tr><td rowspan="8">언어영역</td><td>듣 기</td><td colspan="3">녹음기와 녹음테이프(동화, 각종 소리), 이어폰, 책, 전화기, 전축과 음반</td></tr>
<tr><td rowspan="2">말하기</td><td colspan="3">융판과 융판자료(동물, 사람, 탈것들, 집, 나무 등), 자석판과 자석자료, 인형류(손가락인형, 손인형, 테이블인형, 막대인형), 아크릴판 이야기 꾸미기 자료, 그림 보고 상상해서 이야기 꾸미기 자료, 수수께끼 카드와 상자, 말하기 게임 카드, 사진 및 그림 자료</td></tr>
<tr><td></td><td>깡통 자석놀이</td><td>녹음할 수 있는 자료(녹음기, 공테이프, 마이크)</td></tr>
<tr><td rowspan="2">읽 기</td><td colspan="3">책(동화책, 큰 동화책, 민속 이야기, 그림 백과사전 등), 글자와 그림 맞추기, 이야기꾸미기(이야기꾸미기 자료), 컴퓨터 상자와 글자카드, 만세 게임, 글자카드, 수수께끼 그림 카드, 동시 차트, 유아가 만든 책</td></tr>
<tr><td colspan="2">같은 모양 짝짓기, 모양 변별 카드</td><td>첫 글자카드 게임, 깡통을 이용한 단어놀이, 성씨 분류판과 이름카드</td></tr>
<tr><td rowspan="2">쓰 기</td><td colspan="3">필기 도구 : 색연필, 크레파스, 매직펜, 수성펜, 분필
종이류 : 다양한 크기와 다양한 색깔의 모양 종이(자동차, 꽃, 동그라미 등)
쓰기판 : 화이트 보드(90×60cm), 개인용 칠판(60×40cm), 자석판
글자카드 : 부직포 글자, 순서대로 쓰기카드, 모래 종이 글자카드, 장판 글자카드, 자석 글자카드
기타 : 색 모래, 색 톱밥, 풀, 지우개, 스탬프 고무 글자와 스템프</td></tr>
<tr><td></td><td></td><td>연필</td></tr>
<tr><td>수학영역</td><td>분 류</td><td colspan="3">다양한 크기와 모양의 단추, 다양한 모양의 도형들, 구멍뚫린 구슬과 끈, 분류통, 플라스틱 패턴 블록, 촉감 도미노, 모양 분류 카드, 돌, 다양한 종류의 병 뚜껑, 조개껍데기 등</td></tr>
</table>

<table>
<tr><th colspan="2">연령
영역</th><th>3세</th><th>4세</th><th>5세</th></tr>
<tr><td></td><td></td><td></td><td>윷놀이 1~5
꽃과 화병 1~5
주사위를 이용한 보드 게임</td><td>윷놀이 1~10
꽃과 화병 1~10
주사위를 이용한 보드 게임
숫자카드 게임</td></tr>
<tr><td rowspan="8"></td><td rowspan="2">공간 관계</td><td colspan="3">도형 퍼즐, 융판과 도형, 색 입방체와 블록과 패턴카드, 나무목판과 고무밴드</td></tr>
<tr><td></td><td></td><td>'네모 모양 있니?' 카드 게임</td></tr>
<tr><td rowspan="2">시간관계 및 측정하기</td><td colspan="3">시계, 모래시계, 달력, 자, 줄자, 체중계, 우유통, 계량컵과 계량스푼 등</td></tr>
<tr><td></td><td></td><td>온도계, 센티미터 큐브, 평형 저울, 막대, 줄, 클립, 면적 게임, 평형 저울</td></tr>
<tr><td rowspan="2">일반적 도구</td><td colspan="3">거울(손거울, 대 · 소 거울), 프리즘, 전지, 확대경, 돋보기, 청진기, 녹음기, 못
자석 : 막대자석(U형자석, 고리자석, 원반자석), 핀</td></tr>
<tr><td></td><td>스포이드</td><td>스포이드</td></tr>
<tr><td rowspan="2">측정 도구</td><td colspan="3">시계, 자(막대기, 줄자), 노끈, 리본 끈, 조리용 시계, 모래시계, 측정용 컵과 스푼(비커), 키재기용 기구, 측정 단위가 될 수 있는 선이 똑바른 나무막대나 카드 보드</td></tr>
<tr><td></td><td></td><td>온도계(실내외용), 저울</td></tr>
<tr><td rowspan="6">과학 영역</td><td rowspan="2">동 물</td><td colspan="3">오리, 올챙이, 금붕어, 토끼 기니픽, 흰 쥐, 다람쥐, 잉꼬, 병아리, 거북이, 열대어, 칠면조, 동물에 관한 책, 사육에 필요한 물품들(예 : 어항), 테라리엄, 송사리, 미꾸라지, 올챙이 알, 동물먹이, 다람쥐(유치원 주변에 숲이 울창한 경우) 동물장, 먹이통</td></tr>
<tr><td></td><td></td><td>기록 용지</td></tr>
<tr><td rowspan="2">곤 충</td><td colspan="3">곤충 표본, 곤충에 관한 책, 달팽이, 배추벌레, 여치, 메뚜기, 무당벌레, 개미, 풍뎅이, 사마귀, 방아깨비, 나비, 지렁이, 곤충 먹이, 곤충 채집망, 개미집(아크릴 이용)</td></tr>
<tr><td></td><td></td><td>기록 용지</td></tr>
<tr><td>식 물
식 물</td><td colspan="3">관엽 식품들(아이비, 샐러리 등), 식물에 관한 책, 씨앗류(채송화, 코스모스, 민들레, 해바라기, 나팔꽃, 분꽃, 강낭콩, 맨드라미, 조롱박), 1년초 식물(금잔화, 매리골드, 페츄니아, 팬지, 데이지), 구근 식물(고구마, 감자, 홍당무, 무, 양파), 곡식류(밀, 보리, 쌀, 벼, 옥수수, 조, 팥), 민들레 등의 풀꽃, 구입 품목의 씨앗류와 동일, 우유통 화분으로 이용, 열매(밤, 대추), 나뭇가지(솔방울, 밤껍질, 도토리), 씨앗을 담을 수 있는 상자, 꽃잎들, 낙엽(은행잎, 단풍잎, 후박나무 잎 등)</td></tr>
<tr><td>일반적 물체</td><td colspan="3">종이, 색연필, 쿠킹호일, 고무밴드, 로프, 클립, 종이 클립, 분필, 신문지, 물감, 다양한 플라스틱 용기, 셀로판 테이프, 식용색소, 소리내는 물체들, 기름종이, 다양한 종류의 천(목면, 나일론, 모직), 모델 동물, 빨대, 비닐봉투, 종이봉투, 종이컵, 스티로폼 접시, 비밀상자, 비밀주머니, 촉감상자, 후각상자, 눈가리개, 비닐상자</td></tr>
</table>

<table>
<tr><th colspan="2">연령
영역</th><th>3세</th><th>4세</th><th>5세</th></tr>
<tr><td rowspan="3"></td><td>기계류</td><td colspan="3">시계(괘종시계, 탁상시계,), 라디오, 텔레비전, 부속품, 열쇠와 자물쇠, 다양한 바퀴(망가진 장난감, 자동차에서 나온 바퀴류), 다양한 기어(gear)</td></tr>
<tr><td>무생물</td><td colspan="3">바위, 조개 껍데기, 돌멩이</td></tr>
<tr><td>요리용 도구</td><td colspan="3">모래시계, 도마, 계량스푼과 계량컵, 주걱, 뒤집개, 쟁반 등의 그릇류, 플라스틱 칼, 요리 순서표</td></tr>
<tr><td>조작영역</td><td></td><td>그림 맞추기(조각 수 5~15 조각 정도), 손잡이 그림 맞추기, 코코 블록, 와플 블록, 브리스틀 블록, 꽃 블록, 쥬플로(대형 레고 블록), 팅거토이, 페그 보드와 나무못, 큰 구슬과 끈 소품(사람, 인형류, 자동차류)</td><td>꽃 블록, 코코 블록, 와플 블록, 브리스틀 블록, 띠 블록, 레고 블록, 렉스 블록, 브리오멧, 빨래집게 구성, 그림 맞추기(조각 수 8 24 조각), 작은 구슬과 끈, 일상 생활 훈련틀(끈 끼우기, 단추 끼우기, 지퍼 올리기), 바늘, 바느질용 종이, 실, 헝겊, 소품(동물류, 자동차류, 자동찻길 하드보드지로 제작)</td><td>그림맞추기)(조각 수 15 30 조각), 브리오맷, 레고 블록, 빨래 집게 구성, 띠블록, 일상 생활 훈련틀(끈끼우기, 단추끼우기, 지퍼올리기), 바늘, 바느질용 종이 실, 헝겊, 소품(동물류, 자동차류, 자동찻길-하드 보드지로 제작), 꽂 블록</td></tr>
<tr><td rowspan="8">미술영역</td><td rowspan="2">그리기 자료</td><td colspan="3">색연필, 사인펜, 유성 매직, 붓(15호, 18호, 20호), 분필 종류</td></tr>
<tr><td>크레파스(6~7 색깔)</td><td>크레파스(7색깔 이상),
4B 연필</td><td>크레파스(7색깔 이상),
4B 연필, 파스텔</td></tr>
<tr><td>종이류</td><td colspan="3">도화지(16절, 8절), 색도화지(16절, 8절), 색종이, 셀로판지, 모양(원, 삼각형, 동물 모양) 도화지, 벽지, 모조지, 포장지, 골판지, 신문지, 잡지, 헌 카탈로그</td></tr>
<tr><td>붙이는 자료</td><td colspan="3">풀, 셀로판 테이프, 종이 테이프</td></tr>
<tr><td>수집 품목</td><td colspan="3">상자류(크고 작은 상자, 우유팩, 두루마리 휴지 속심, 테이프 속심, 종이컵, 라면 그릇, 필름통, 요구르트통, 요플레통), 자연물(솔방울, 도토리, 돌멩이, 낙엽), 기타(천 조각, 가죽 조각, 리본, 나무젓가락, 칫솔, 가는 철망 스크린, 벽지 조각, 스티로폼, 리본</td></tr>
<tr><td rowspan="2">반죽놀이 자료</td><td colspan="3">밀가루 반죽, 모양틀, 밀대, 플라스틱 칼, 비닐 덮개</td></tr>
<tr><td></td><td></td><td>찰흙 반죽</td></tr>
<tr><td>이젤 페인팅 자료</td><td>이젤판, 2절 크기 시험지 물감 또는 포스터 컬러 (빨강, 노랑, 파랑)</td><td>물감 또는 포스터 컬러 (빨강, 노랑, 파랑, 검정, 밤색 등)</td><td>물감 또는 포스터 컬러 (빨강, 노랑, 파랑, 검정, 밤색 등)</td></tr>
</table>

<table>
<tr><th>연령
영역</th><th></th><th>3세</th><th>4세</th><th>5세</th></tr>
<tr><td rowspan="6">역할놀이영역</td><td>가정놀이</td><td colspan="3">· 부엌기구(영아의 크기에 맞는 식탁과 의자, 싱크대, 스토브, 냉장고, 찬장, 부엌 도구와 접시들), 옷 종류(모자, 코트, 드레스, 양복, 치마, 스카프 등과 같은 남자와 여자 옷), 음식 모형(플라스틱이나 종이로 만든 과일과 채소, 밀가루 반죽으로 만든 음식들), 기타(구두, 손거울, 전신 거울(45×100cm), 인형, 옷장, 빗자루, 먼지떨이, 빈 콘플레이크 상자, 인형 가구(높은 의자, 침대)
· 부엌기구(싱크대, 스토브, 냉장고(모형), 테이블과 의자, 선반, 테이블보 또는 테이블 매트, 여러 종류의 그릇류, 팬, 숟가락, 젓가락, 여러 종류의 접시들, 요리 도구, 밀가루 점토 용기, 우유병), 옷 종류(인형 옷, 성인용 모자, 장갑, 재킷, 넥타이, 스카프, 다양한 유형의 옷들), 신발류(모조 보석류, 목걸이, 가방), 기타(과일과 채소 모형-플라스틱 또는 종이로 된 것, 유아용 요리책, 종이 봉투나 쇼핑백, 먼지떨이, 쓰레받기, 빗자루, 빈 통, 인형과 동물들, 옷장, 인형 침대, 화병, 꽃)</td></tr>
<tr><td>병원놀이</td><td colspan="3">간호사와 의사가 사용하는 모자, 장갑, 가운, 마스크, 의사 가방, 인형 등
옷 종류(의사 및 간호사 가운, 환자 가운, 간호사 모자-유아 제작, 스커트 또는 블라우스), 병원놀이도구(청진기, 체온계, 주사바늘이 없는 주사기, 붕대, 핀셋, 설압자, 약솜), 기타(인형과 인형 옷, 신체 부위가 찍혀진 X레이 필름, 전화, 연필, 병원 진료 중 팻말, 의사 약속 장부, 바늘을 돌릴 수 있는 시계 모델, 시력 차트 그림, 인간의 신체 부위를 나타내는 포스터</td></tr>
<tr><td>식료품 가게 놀이</td><td colspan="3">여러 가지 모형들(과일, 생선, 옷, 채소), 기타(선반, 하드보드로 만든 상품들, 식품이나 가정용품을 위한 다양한 크기의 빈 상자, 종이 놀이 돈, 금전등록기-놀이용 또는 실제의 것으로 낡은 것, 숫자 스탬프와 스탬프 물감판-식료품 가격 표시, 식품 판매 신문 광고, 열었음 , 금일 휴업 팻말, 광고를 적을 종이와 매직펜, 식품 무게를 재는 저울, 자석판과 특별 세일용 팻말을 만들 때 사용할 글자들</td></tr>
<tr><td>미장원 (이용원) 놀이</td><td colspan="3">작동되지 않는 드라이기, 작동되지 않는 면도기, 빗종류, 거울, 가운(손님용, 이용사용), 가발, 머리 마는 도구</td></tr>
<tr><td>소방서 놀이</td><td colspan="3">소방서 놀이에 사용할 수 있는 오르기 상자나 블록, 소방 모자, 소방서 아저씨들의 재킷, 물 호스로 사용할 짧은 호스, 소방 경보기로 사용할 벨, 손전등, 놀이용 전화기, 소방서라고 쓴 팻말, 활동실 지도, 소방 안전에 대한 그림 포스터, 종이와 연필</td></tr>
<tr><td>우체국 놀이</td><td colspan="3">우체통, 집배원 가방, 종이, 편지 봉투, 유아가 만든 우표</td></tr>
<tr><td>쌓기놀이영역</td><td></td><td>큰 블록(스펀지 블록, 우레탄 블록, 큰 종이 블록, 와플 블록) 작은 블록(유니트 블록), 소품(작은 자동차, 나무 동물 인형, 끌차, 천막집, 작은 자동차, 종이 벽돌 블록)</td><td colspan="2">큰 블록(공간 블록〈나무〉, 우레탄 블록, 원형 블록, 종이 벽돌 블록), 작은 블록(유니트 블록), 소품(여러 가지 교통 신호 표시, 세울 수 있는 사람과 인형류, 운전대, 주유소 모형, 소방원 모자, 경찰 모자, 오토바이용 모자)</td></tr>
</table>

<table>
<tr><th colspan="2">연령
영역</th><th>3세</th><th>4세</th><th>5세</th></tr>
<tr><td rowspan="7">음률영역</td><td>악기 연주 활동 자료</td><td colspan="3">멜로디 악기(피아노, 풍금, 전자오르간, 실로폰, 스텝벨 등), 리듬 악기(소고, 꽹과리, 목탁, 징, 장구, 심벌즈, 큰북, 작은북, 리듬막대, 샌드 블록, 마라카스, 방울, 기로, 탬버린, 트라이앵글, 캐스터네츠, 우드 블록 등), 하모니 악기(기타, 오토하프, 우크렐레, 만도린 등), 리듬 악보(음의 장단을 일정한 기호로 표시하여 카드로 만든 악보</td></tr>
<tr><td rowspan="2">노래 활동 지도 자료</td><td colspan="3">노랫말 적은 종이, 노래책(교사가 사용하는 일반 동요 모음집), 융판과 융판자료, 막대자료</td></tr>
<tr><td></td><td colspan="2">색깔 악보</td></tr>
<tr><td>감상 활동 지도 자료</td><td colspan="3">녹음기와 녹음 테이프(동요, 주제가 분명한 고전 음악), 전축과 음반, 음악 관련 서적(음악 해설 그림책, 음악가에 대한 이야기, 악기에 대한 이야기), 다양한 소리가 녹음된 테이프와 그림 카드(소리에 맞는 카드를 찾기), 헤드폰, 거울</td></tr>
<tr><td>움직임을 위한 자료</td><td colspan="3">리듬막대, 리본막대, 스카프</td></tr>
<tr><td rowspan="2">기타 자료</td><td colspan="3">색연필, 종이, 길고 짧은 막대, 리듬 패턴 카드</td></tr>
<tr><td></td><td colspan="2">유리컵과 색 물감, 연필, 오선지(16절지에 칸을 넓게 하여 오선을 세줄 정도 그려 놓아 둔다.)</td></tr>
<tr><td colspan="2">낮잠영역</td><td colspan="3">유아 개인용 침구, 책, 인형, 쿠션, 녹음기, 녹음 테이프</td></tr>
<tr><td rowspan="4">실외놀이영역</td><td>물놀이 영역</td><td>물놀이대(높이 45cm), 그릇류(다양한 크기와 모양의 투명한 통, 휘저어 섞는 기구, 계량컵, 깔때기, 플라스틱 튜브), 뜨거나 가라앉는 물체(나무토막, 비치볼, 구슬, 스펀지, 탁구공, 골프공, 돌멩이)</td><td colspan="2">물놀이대(높이 55cm), 그릇 및 측정 도구(크기, 모양, 용량이 다른 투명한 통, 주전자, 깔때기, 계량컵, 플라스틱 튜브, 구멍 뚫린 위치가 다른 투명한 통, 수도), 뜨거나 가라앉는 물체(나무토막, 비치볼, 구슬, 스펀지, 탁구공, 골프공, 돌멩이), 세탁할 수 있는 물체(플라스틱 인형, 인형 옷, 손수건), 기타(방수용 앞치마, 붓, 물뿜이개, 비누, 수건, 유아가 만든 배, 자석, 낚싯대, 고무 물고기 등</td></tr>
<tr><td>모래 놀이 영역</td><td></td><td colspan="2">모래놀이 테이블(실내)과 소독한 모래, 그릇 및 측정 도구(양동이, 플라스틱 컵, 다양한 크기와 모양의 플라스틱 그릇, 모양찍기 틀, 모래채, 물뿌리개, 계량컵, 계량스푼), 모래를 파거나 뜨는 도구(플라스틱 삽, 포클레인, 숟가락, 나무막대, 국자), 기타(플라스틱 소형 블록, 다양한 종류의 병뚜껑, 비닐 앞치마, 빗자루와 쓰레받기)</td></tr>
<tr><td>바퀴 달린 놀이 기구</td><td>작고 가벼운 손수레, 보조 바퀴가 있고 앉은 좌석에서 페달까지의 길이가 짧은 세발자전거, 스쿠터, 자전거 길에 사용할 교통표지판</td><td>보조 바퀴가 있는 네발자전거, 스쿠터, 물건을 싣거나 유아를 태워서 끄는 손수레(끌차), 자전거 길에 사용할 교통표지판</td><td>보조 바퀴가 없는 두발자전거, 스쿠터, 물건을 싣거나 유아를 태워서 끄는 손수레(끌차), 자전거 길에 사용할 교통표지판</td></tr>
<tr><td>동물 기르기</td><td colspan="3">동물 사육장, 기니픽, 병아리, 닭, 토끼, 오리 등</td></tr>
</table>

영역 \ 연령		3세	4세	5세
	식물 기르기	꽃과 꽃씨, 꽃삽, 팻말, 확대경, 앞치마, 물뿌리개 등		
	사회 극놀이	의자, 모형 자동차, 차량 모형, 와플 블록, 큰 플라스틱 공간 블록, 실내 활동의 역할놀이 영역에서 제공되는 자료들		
		플라스틱 놀이집	원두막, 테이블과 의자가 있는 놀이집	
	개방 영역	안전사다리, 흔들보트	농구골대, 농구공, 축구공, 밧줄, 줄넘기, 훌라후프, 널빤지, 타이어, 고무줄	
	다용도 영역	동화책 종류, 돗자리, 책상, 언어, 미술, 조작 등을 위한 자료		

* 자료 : 이영자 · 권영례, 1997.

①

②

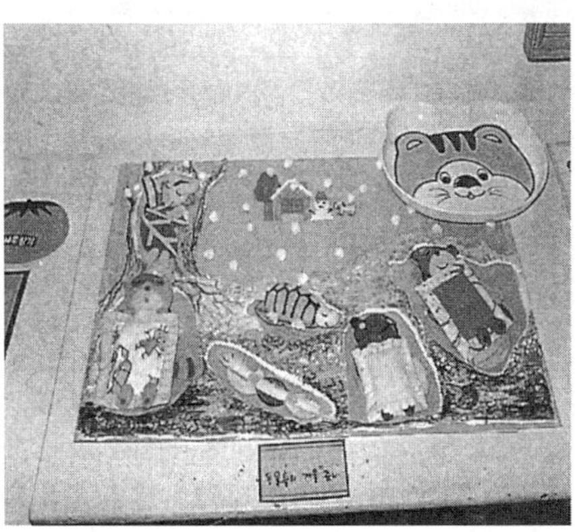

③

④

〈그림 7-4〉 유아반 교재 · 교구

④ **교사와 부모를 위한 교재**

교사와 부모를 위한 교재로는 유아교육전문 도서류, 동화책류, 동요집류, 교구제작용 자료집류, 놀이활동 자료집류, 교육부 유치원 교육과정, 교사용 각종 지침서, 유아용 잡지류, 교사 · 부모용 잡지류, 문구, 의학 · 육아 · 교육 등의 백과사전류, 다른 유아교육기관의 각종 교육 · 행사자료, 비품 · 교구의 구입, 수선에 관한 정보, 지역사회기관에 관한 정보, 유아교육 관련기관 · 단체에 대한 정보, 교재용 각종 그림모음집(동물류, 식물류, 교통기관류, 직업류, 학교류, 음식류, 민속 · 행사류, 풍경류, 각국 문화류 등) 등이 있다.

〈그림 7-5〉 교사용 도서 교사 휴게실

2. 비품 및 교재 · 교구의 선정기준

유치원이나 어린이집에서 비품 및 교재 · 교구는 유아교육에 필수적인 교수 · 학습

자료이므로 비품 및 교재 · 교구의 선정과 구입은 매우 중요하다. 그 기관의 교육프로그램에 적합하지 않거나 충분하지 않은 양의 자료를 비치하게 되면 교수-학습활동의 교육적 효과를 오히려 저해하게 된다. 어떤 기관에 어떤 형태의 비품 및 교재 · 교구가 준비되고 어느 정도 마련되었는가에 따라 유아교육기관의 목표 달성과 교육 내용 및 학습방법은 결정된다고 할 수 있다. 또한 비품 및 교재 · 교구를 선정 · 구입하는데는 교육적인 효과와 가치 그리고 소요되는 비용도 고려해야 한다. 유아교육기관에서 교구 및 비품을 선정 · 구입할 때 고려해야 할 요소들은 다음과 같다(Decker & Decker, 1992 ; 이영자 외, 1997).

① 기관의 교육목표에 적합한 비품과 교구를 구입해야 한다. 해당기관의 프로그램이 어떤 심리적 배경을 기초로 하고 있느냐에 따라 비품과 교구의 선정이 달라진다. 예를 들어, 행동주의에 기초한 프로그램의 기관은 과제 중심적 혹은 보상적인 교구를 선정하는 반면, 성숙주의나 상호작용주의에 기초한 프로그램의 기관은 유아의 인지적 발달과 또래와의 상호작용을 촉진하는 교구와 비품을 선택할 것이다.

② 비품 및 교구 구입에 소요되는 경비와 구입 방법 및 절차를 점검해야 한다. 이 때 해당 기관의 책정된 예산안에서 비품과 교구를 구입해야 하므로 물품구입에 소요되는 경비를 미리 세워서 예산을 초과하지 않도록 한다. 또한 물품의 구입방법 및 절차에 따라 경비가 증감되기 때문에, 좀더 경제적인 구입을 하기 위해 구입방법과 절차를 점검하는 것 또한 중요하다.

③ 필요한 비품 및 교구의 목록을 작성한 후 우선 순위를 결정한 후 구입한다. 전체 기관에서 공통적으로 필요한 물품과 각 반이나 교사 개인이 필요한 물품을 그때그때 필요할 때마다 구입하게 되면 효율적인 물품구입이 되지 못하고 중복구입으로 예산을 낭비할 우려가 있다. 따라서 교사회의 등을 통해 특정한 날(예를 들어 매월 첫째주 월요일 교사회의 시간 등)을 선정해서 필요한 물품의 리스트를 선정된 날에 모아서 일괄적으로 구입하는 것이 경제적이다. 이 때 물품의 목록을 작성하고 우선 순위를 정해서 급한 순서에 따라 구매해 나가는 것이 효과적이다.

④ 비품 및 교구의 보관과 활용에 필요한 공간을 고려해야 한다. 비품과 교구를

활용하고 보관하는데는 공간이 필요하므로 비품과 교구를 보관할 수 있는 공간을 확보해 두는 것이 좋다. 또한 비품과 교구를 구입할 때 보관할 수 있는 공간의 크기도 고려해야 한다. 아울러 비품과 교구를 편리하게 사용하고 보관할 수 있도록 공간을 디자인해야 한다.

⑤ 경제성과 내구성을 고려해야 한다. 비품과 교구의 경제성과 내구성은 상호관련이 있으므로 두 가지 측면을 동시에 고려해야 한다. 즉 가격이 경제적이면서 견고한 비품과 교구를 선택해야 한다.

⑥ 소모품은 한번에 과다하게 구입하지 말아야 한다. 특히 식료품, 풀, 페인트 등 오래 보관하기 어려운 소모품들은 한꺼번에 과다하게 구입하지 말고, 적절한 양을 구입한다.

⑦ 구입할 비품이나 교구를 사전에 점검해 보고 신뢰할 만한 제품인지 확인하고 구입해야 한다.

⑧ 안정성이 있는 비품과 교구를 구입해야 한다. 구입한 비품이나 교구가 법적 안전기준에 합격한 제품인지를 확인해야 함은 물론 교구 자체에 위험요소(예를 들어 끝이나 모서리가 날카로운지, 깨지기 쉬운 유리 제품은 아닌지, 혹은 영아를 위한 교구일 경우, 인체에 유해한 재질로 되어 있는지 등)가 없는지도 확인해야 한다.

⑨ 견고하고 보관 · 관리하기에 용이한 비품과 교구를 선택해야 한다. 아무리 교육적인 효과와 가치가 높은 교구 혹은 비품일지라도 보관 · 관리하기에 무리가 있다면 그 활용도는 떨어질 것이다.

⑩ 유아교육기관은 예산과 공간에 있어서 언제나 한계가 있으므로 가능한 여러 가지 용도로 활용할 수 있으면서 유아의 개인차도 적절하게 수용하고 자주 사용하는 비품과 교구를 구입한다.

⑪ 매력적이고 심미적 즐거움을 주는 비품과 교구를 선정한다. 유아들은 교구의 색깔, 질감, 형태, 소리, 냄새 등에 민감하므로 매력적이고 심미적인 즐거움을 줄 수 있는 교구를 선정해야 한다.

한편, 미국의 비품 및 소모품 위원회(Equipment and Supplies Committee, 1976)에서는

비품과 교구를 선정하는 준거로 기능적 요구(functional requirement)와 교육적 요구(educational requirement)를 충족시켜야 하며 이 두 가지 요구는 상호 보완적 관계에 있다고 지적하였다.

1) 기능적 요구

(1) 안전성(safety)

유독성이 없고 깨끗하며, 끝이나 모서리가 날카롭지 않으며 정전기가 일어나지 않는 등 유아들의 건강, 위생 및 안전보호를 위한 안전성을 고려해야 한다.

(2) 내구성(durability)

부딪치거나 눌려져도 손상되지 않을 정도로 견고하며, 열에 잘 견디고 껍질이나 칠이 벗겨지지 않고, 관리나 보관이 용이해야 한다.

(3) 적합성(adaptability)

해당 연령에 알맞은 크기나 형태이어야 하며, 다용도로 활용할 수 있으며, 성(sex)의 구분없이 활용될 수 있어야 한다.

(4) 경제성(accountability)

가격이 적절하며 오랫동안 사용할 수 있는 비품이나 교구를 선정하도록 한다.

2) 교육적 요구

(1) 지적 측면(intellectual factor)

정해진 영역이나 관련된 영역에서 여러 목적으로 사용될 수 있고 연령, 욕구, 흥미,

능력 등이 달라도 사용할 수 있으며, 창의성, 주도성 및 탐구 능력을 촉진할 수 있고 여러 가지 감각발달에 적절하며, 사고력과 문제해결력을 증진시키고 지능발달과 개념 확장을 자극할 수 있는 교구를 선정한다.

(2) 신체적 측면(physical factor)

행동의 동기를 부여해 주고 운동의 자유를 주며, 근육발달과 협응능력을 촉진할 수 있는 교구를 선정한다.

(3) 사회 · 정서적 측면(social-emotional factor)

자신과 타인에 대해 우호적인 태도를 형성하고 상상력과 창의력을 자극하며, 다양한 개인 · 집단적 활동의 기회를 제공해 주고 즐거움을 주는 교구를 선정한다.

표 7-6

교재 · 교구 제작서

<table>
<tr><td>교 구 명</td><td colspan="4"></td></tr>
<tr><td>제 작 일</td><td colspan="4">년 월 일</td></tr>
<tr><td rowspan="2">대 상 연 령</td><td rowspan="2"></td><td>반 명</td><td rowspan="2">준 비 물</td><td rowspan="2"></td></tr>
<tr><td></td></tr>
<tr><td>교 육 목 표</td><td colspan="4"></td></tr>
<tr><td>영 역</td><td colspan="4"></td></tr>
<tr><td>제 작 방 법</td><td colspan="4"></td></tr>
<tr><td>활 용 방 법</td><td colspan="4"></td></tr>
<tr><td>기대되는 효과</td><td colspan="4"></td></tr>
</table>

출처: 혜원어린이집

3. 비품 및 교재 · 교구의 배치 및 관리

1) 비품 및 교재 · 교구의 배치

유아교육기관에 질적으로 우수하고 다양한 비품과 교재 · 교구를 확보하는 것만큼 자료를 적절하게 배치하여 효과적으로 잘 활용하는 것은 매우 중요한 일이다.

실내외 공간을 흥미영역이나 학습활동 영역으로 구성하여 교육 활동을 전개하는 시설에서는 일별, 주별 혹은 월별 교육목표나 교육내용과 관련된 여러 가지 교구나 자료들을 각 흥미영역에 배치해 둠으로써 유아들이 그들의 발달수준, 흥미, 욕구에 따라 자발적인 학습활동이 이루어지도록 한다. 여기서 교구나 자료들을 각 흥미영역에 배치할 때 몇 가지 사항들을 고려해야 한다. 즉, 교육목표나 교육내용과의 관련성, 교구의 사용 빈도, 교구나 자료의 난이도와 복잡성 정도, 교구와 자료의 무게 · 형태 · 색깔 · 점유공간, 보관장이나 선반 등 보관 · 진열 비품의 정도 등 여러 가지 요인들이 관련되어 있다(임재택, 1999).

비품 및 교재 · 교구를 배치할 때 고려해야 할 사항들은 다음과 같다(Decker & Decker, 1992 ; Day, 1983 ; 이대균 외, 2010).

① 유아가 교재를 잘 볼 수 있고 꺼낼 수 있도록 개방된 낮은 선반에 교재를 배열한다.

② 각 교재 · 교구를 기능적으로 활용할 수 있도록 하기 위해서는 각각이 차지하는 공간을 확보해 놓아야 한다.

③ 교재의 내용, 수준에 따라 체계적으로 배열한다.

④ 매일 정기적으로 사용하는 교재는 항상 일정한 장소에 배열해 두어야 한다.

⑤ 정돈된 상태로 배열하는 것은 활동 후에 유아가 정리하는 데 모델이 된다.

⑥ 유아가 이동시키기 힘든 교재 · 교구는 책상이나 선반에 고정시켜 놓고 사용할 수 있도록 한다.

⑦ 교재 · 교구장이나 선반은 충분해야 되고 다양한 형태이어야 하며 특별한 용도로 활용될 수 있는 것이면 좋다.

⑧ 교재 · 교구는 흥미영역별로 구분하여 둔다.

⑨ 유아나 교사 자신이 사용하고 정리하기 편하도록 장에 표시하여 둔다.

⑩ 시청각 기재나 과학기기 중 파손되기 쉬운 교구는 안전한 장소에 배치해 두어야 한다.

⑪ 교재 · 교구의 형태와 활용방법에 따라 다양한 방법으로 배치하도록 한다. 예를 들면, 벽면에 매달거나 기둥이나 장의 뒷면을 이용한다든지 바닥에 부착시키는 등의 창의적인 방법을 활용한다.

〈그림 7-6〉 유아가 쉽게 교재 · 교구를 꺼낼 수 있도록 개방된 낮은 교구장

2) 비품 및 교재 · 교구의 보관 및 관리

유아교육기관에서 비품 및 교재 · 교구를 잘 보관하고 관리하는 일은 무엇보다 경제적인 측면에서 자원을 절약하는 길이다. 효과적인 비품 및 교재 · 교구의 보관 · 관리를 위해서는 기관에 확보된 비품 및 교재 · 교구의 현황을 파악하여 목록을 작성해 두고 비품 및 교재 · 교구의 상태를 점검하면서 필요할 때 활용할 수 있도록 적절하게 보관 · 관리해야 한다.

비품 및 교재 · 교구의 목록작성은 비품 및 교재 · 교구를 구입 · 제작한 후에 활용 목적 및 흥미 영역별, 종류별, 크기별 등 일정한 분류기준에 입각하여 품목 목록 리스트에 기록하여 전체적인 현황을 파악해야 한다. 비품과 교새 · 교구 목록 리스트 양식은 다음과 같다.

표 7-7

비품 목록 리스트 양식

고유 번호	품목명	제원 및 특성	수량	가격	구입 날짜	구입처	비고

표 7-8

교재 · 교구 목록 리스트 양식

고유 번호	교재 · 교구명	배치영역	교재 · 교구상태	보관위치	비고

〈그림 7-7〉 교재보관

이와 같은 비품 및 교재·교구의 현황 파악과 목록 리스트 작성은 일정기간(분기별, 학기별, 학년별 등)마다 실시한다. 이러한 자료의 현황파악을 통해 어떤 종류의 비품이나 교재·교구가 파손되거나 손실되었는가를 알 수 있으며, 전체적인 물품의 구입을 계획할 때 참고할 수 있을 뿐만 아니라 유지 및 관리대책을 수립할 때에도 도움을 준다. 아울러 교재·교구 대장을 만들어서 각 반에서 활용되고 있는 교재·교구의 현황을 파악하고 교재·교구 대장의 분실을 방지하고 분실되었을 때 책임 소재를 파악할 수 있도록 한다. 교재·교구의 보관 요령은 다음과 같다(이대균 외, 2010).

교재·교구를 사용하고자 할 때에는 먼저 교재·교구 목록 리스트에서 사용할 교재를 찾아 보관 위치를 확인 후, 교재·교구 대장에서 다른 학급에서 사용하고 있는지를 여부를 확인하고, 교재·교구를 찾아 활동에 적절한가를 체크해 보고 교재·교구 대장에 교구명, 날짜와 자신의 서명을 기입한다.

교재·교구를 사용한 후에는 원래의 보관함에 담아 교재·교구실의 원래 보관 위치에 갖다 둔다. 교재·교구 대장에 반납한 날짜와 사용 중 첨가되었던 사항이나 새로운 활용 방법 등 자신의 의견을 간단히 기재한다.

참 | 고 | 문 | 헌

· 경기도교육청(2013). 경기유아교육 운영계획(경기도교육청 고시 제 2003-24호)

· 이기숙 · 심성경(1995). 효과적인 영유아 교육 어떻게 할 것인가 : 영유아교육기관, 가정보육의 현장 지침서. 이화여자대학교 출판부.

· 이대균 · 송정원(2010). 유아교육기관의 운영관리. 양서원.

· 이영자(1992). 유치원의 실내 공간 구성과 교재 · 교구. 한국 사립유치원연합회 설립자. 원장 연수회. 유치원 현장의 과제와 발전 전망, 1~16.

· 이영지 · 권영례(1997). 유아교육기관의 운영관리. 창지사.

· 이영자 · 이영 · 박미라 · 김온기 · 유희정 · 최경애(1993). 유치원 교사용 지도서 : 종일반 운영지도자료. 교부.

· 임재택(1999). 유아교육기관 운영관리. 양서원.

· Day, D. E.(1983). Early childhood education : A human ecological approach, Glenview, Illinois: Scott. Foresman and Co.

· Decker, C. A. & Decker, J. R.(1992). Planning and administering early childhood program(5th Ed.). N.Y. : MacMillan Publishing Co.

· EPIE(1972). Early Childhood Education : How to Select and Evaluate Materials. N.Y. : EPIE Institute.

· Equipment and Supplies Committee(1976). Criteria for selection of single items of equipment and materials In E. Deans, M. D. Cohen, & S. Hardley(eds.), Selecting educational equipment and materials : For school and home. Washington, D.C. : ACEI.

· Koralek, D. G., L. J. Collker, & D. T. Dodge(1993). The What, Why, and How of Quality Early Childhood Education : A Guide for on Site Supervision. Washington, D.C. : NAEYC.

제8장

재정 및 사무관리

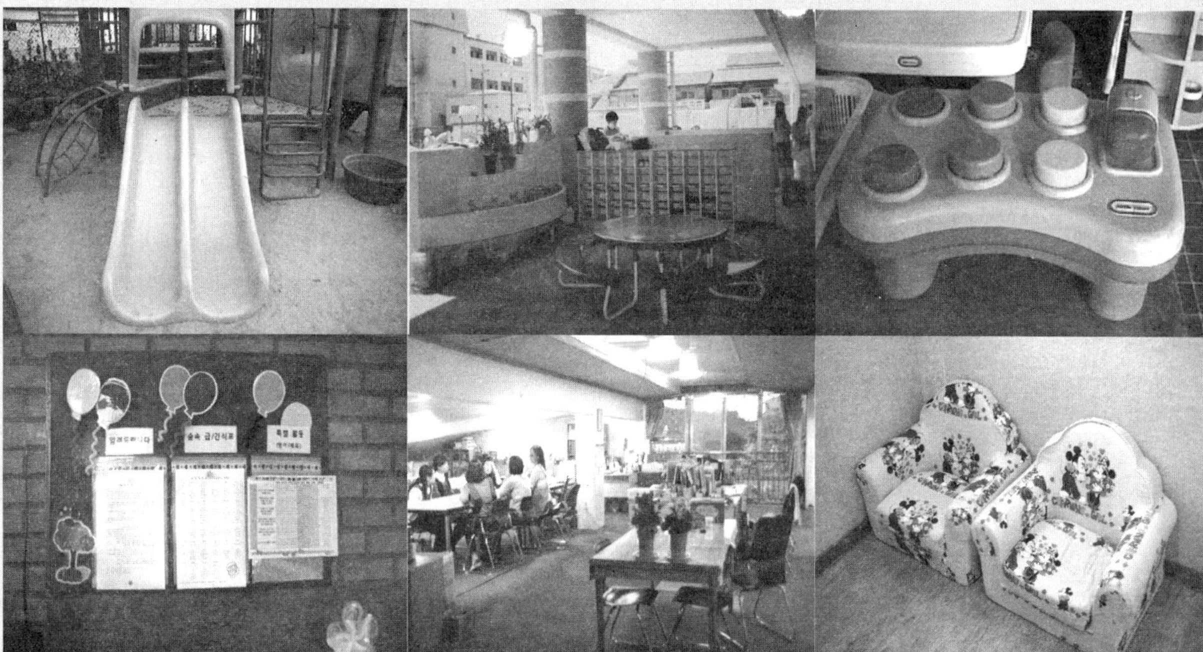

1. 재정관리
2. 사무관리

1. 재정관리

1) 유아교육기관의 재정관리 개념과 특징

유아교육기관의 교육활동이 정상적으로 수행되기 위해서는 그에 상응하는 인적·물적 조건이 구비되어야 한다. 이러한 인적·물적 조건을 바람직하게 뒷받침하기 위해서는 교육재정이 확보되어야 하며 이를 위한 재원이 마련되어야 한다.

유아교육기관의 재정관리는 유치원 교육활동과 경영 및 운영관리 활동을 지원하기 위하여 필요한 재정을 확보하고 그것을 관리·운영하는 활동이라고 정의할 수 있다. 우리나라 유치원 재정관리의 두드러진 특징 중의 하나는 영세한 재원을 가지고 최대한의 목표를 달성하는데 있다. 그러나 유아를 위한 프로그램은 경비가 많이 든다. 미국의 경우, 양질의 종일제 프로그램을 실시하기 위해 매해 한 아동당 최소한 4천 달러 정도의 경비가 든다고 한다(Decker & Decker, 1992). 유아교육의 질적 수준은 유아교육기관의 재정확보 능력에 의해 결정된다고 해도 지나치지 않다. 시설의 원장이나 교사의 교육계획이 아무리 훌륭하다 하더라도 그것을 뒷받침해 줄 수 있는 재정이 확보되어 있지 않으면 그 실효를 거두기가 어렵다. 그러므로 오늘날 교육활동도 다른 분야의 활동과 마찬가지로 건실한 재정적 기반의 조성이 필수불가결한 요건이다.

유아교육기관 재정의 특징은 다음과 같다.

① 교육비의 확보 및 지출은 공경제의 성격을 띠며 수입, 보관, 지출은 합법적 절차로 운영되어야 한다.

② 유아교육기관 재정은 교육목표 달성을 위한 유치원 경영관리 활동의 수단적인 성격을 띠고 있다.

③ 유아교육비에 대한 산출 효과는 장기적이다. 유아기에 투입되는 교육비의 효과는 장래에 더 큰 생산에 기여할 수 있는 인력을 길러내게 된다는 점을 중요하게 인식해야 한다.

2) 재정관리의 운영원리

유아교육기관의 재정관리에 있어서 다음과 같은 운영원리를 고려해야 한다.

(1) 회계 연도 독립

유아교육기관은 일반적으로 존립이 항구적이어서 그 활동의 기간을 설정할 수는 없으나, 일정 기간을 정하여 수지를 예측하고 설계하고 집행의 현실화를 도모하며 그 결과를 분석, 평가하여 개선하는 것이 필요하기 때문에 회계 연도를 설정하는 것이 좋다.

우리나라의 교육기관 회계 연도의 기간은 매년 3월 1일에 개시하여 다음해 2월 말일로 종료된다. 예산은 이 기간에 수입될 재원과 지출될 경비를 추정하여 책정하는 것이며, 예산의 집행과 결산도 이 기간을 단위로 구분, 정리된다.

(2) 건전 재정

단위 유아교육기관이나 학교의 예산 운영에 있어서 부득이한 경우 외에는 지방채나 차입금 등을 재원으로 해서는 안 되고, 예산이 없는 교육 활동으로 부채를 지지 않도록 해야 한다.

(3) 합리적인 경비 절약

교육 활동에 있어서도 최소의 경비로 최대의 효과를 올려야 하는 경제주의적 원리는 지켜져야 한다. 절약과 경제 윤리는 교육 재정에서도 지켜져야 하되 일반 기업의 생산과는 근본적으로 다르다는 점을 충분히 고려해야 한다.

(4) 재정 운영의 공개

모든 재정 상황은 분명해야 하고 아울러 회계관리는 공개하는 것이 좋다. 원장이나 서무 담당자가 재정을 자기 것인 양 혼동하여 사적으로 지출한다면 교직원으로부터 비난을 받기 쉽다.

3) 유치원의 재정관리

「유아교육법」 중 재정관리와 관계되는 사항을 살펴보면 다음과 같다.

제24조 (무상교육)

① 초등학교 취학직전 3년의 유아교육은 무상(無償)으로 실시하되, 무상의 내용 및 범위는 대통령령으로 정한다. [개정 2012.3.21] [[시행일 2013.3.1]]

② 제1항에 따라 무상으로 실시하는 유아교육에 드는 비용은 국가 및 지방자치단체가 부담하되, 유아의 보호자에게 지원하는 것을 원칙으로 한다.[개정 2010.3.24]

③ 제2항에 따라 국가 및 지방자치단체가 부담하는 비용은 제4항의 표준유아교육비를 기준으로 교육과학기술부장관이 예산의 범위에서 관계 행정기관의 장과 협의하여 고시한다. [신설 2012.3.21] [[시행일 2013.3.1]]

④ 교육과학기술부장관은 제5조제1항에 따른 중앙유아교육위원회의 심의를 거쳐 표준유아교육비를 정한다. [신설 2012.3.21] [[시행일 2013.3.1]]

⑤ 제2항에 따른 지원방법, 제3항에 따른 비용 고시 및 제4항에 따른 표준유아교육비 산정 등에 관하여 필요한 사항은 교육과학기술부령으로 정한다. [개정 2012.3.21] [[시행일 2013.3.1]]

제26조(비용의 부담 등)

① 삭제 [2012.3.21] [[시행일 2013.3.1]]

② 삭제 [2012.3.21] [[시행일 2013.3.1]]

③ 국가 및 지방자치단체는 대통령령으로 정하는 바에 따라 사립유치원의 설립 및 유치원교사의 인건비 등 운영에 드는 경비의 전부 또는 일부를 보조한다.[개정 2010.3.24.]

제27조(방과후 과정 운영 등에 대한 지원)

국가 및 지방자치단체는 방과후 과정을 운영하거나 제12조제3항에 따라 대통령령으로 정하는 수업일수를 초과하여 운영하는 유치원에 대하여는 대통령령으로 정하는 바에 따라 운영에 드는 경비를 보조할 수 있다. [개정 2010.3.24, 2012.3.21]

[본조제목개정 2012.3.21]

제28조(보조금의 반환)

① 국가 및 지방자치단체는 사립유치원의 장이 다음 각 호의 어느 하나에 해당하는 경우에는 이미 지급한 보조금의 전부 또는 일부의 반환을 명할 수 있다. [개정 2010.3.24, 2012.3.21] [[시행일 2013.3.1]]

1. 유치원 목적 외에 보조금을 사용한 경우
2. 거짓이나 그 밖의 부정한 방법으로 보조금을 지급받은 경우
3. 제22조에 따른 교원자격기준을 갖추지 아니한 사람을 교원으로 임용한 경우

② 국가 및 지방자치단체는 유아의 보호자가 거짓이나 그 밖의 부정한 방법으로 제24조제2항에 따른 비용을 지원받은 경우에는 그 비용의 전부 또는 일부의 반환을 명할 수 있다. [신설 2012.3.21] [[시행일 2013.3.1]]

③ 제1항 및 제2항에 따라 보조금 등을 환수하는 경우에 반환할 자가 기한 내에 반환하지 아니한 때에는 국세 체납처분 또는 지방세 체납처분의 예에 따라 징수한다. [신설 2012.3.21] [[시행일 2013.3.1.]]

다음으로 공립유치원과 사립유치원으로 나누어 그 재정관리에 관한 법적 근거를 중심으로 살펴보고자 한다(강문희 외, 1999).

(1) 공립유치원

공립유치원의 재정관리는 지방자치단체의 재정 및 회계에 관한 법령인 「지방재정법」(법률 제4868호, 1995. 1. 5) 제54조 관서의 일상경비 등의 지급에 관한 규정과 제56조 도급경비에 관한 규정 및 「지방재정법 시행령」(대통령령 제14391호, 1994. 9. 29) 제 60조 일상경비 등의 범위에 관한 규정, 그리고 「도급경비사무처리규칙」(재무부령 제 1971호, 1994. 4. 18)에 의거하여 관할 교육(구)청으로부터 전도자금 형식으로 이루어진다. 즉, 공립유치원의 경우는 별도로 자체 예산편성 및 결산의 과정이 필요하지 않으므로 회계절차가 비교적 단순하다. 물론 유치원 원아들의 수업료 등 세입금은 관할 교육(구)청 금고에 납입하고, 해당 유치원에 배정된 도급 경비를 받는 것이다.

공립유치원의 재정관리 형태는 지출관이나 지출업무를 담당할 공무원을 두기 곤란한 관서나 재외관서의 경우 도급관서의 장이나 도급관서의 장이 그 소속 공무원 중에

서 지정한 자(도급경비 취급공무원)가 도급경비를 집행하도록 하고 있다. 여기서 도급경비의 범위는 ① 수당 중 초과 근무수당, ② 비정규직 보수, ③ 관서 운영비, ④ 여비, ⑤ 특수활동비, ⑥ 업무추진비, ⑦ 재산취득비 중 비품 구입비를 말한다. 다시 말해서, 도급경비 범위 이외의 사항(예컨대, 교원의 보수, 유치원 개 · 보수비 등)은 교육(구)청 예산에서 집행한다는 것이다.

도급경비 집행 후 보고는 매분기 종료 후 15일까지와 회계연도 종료시는 다음 연도 2월 15일까지로 규정하고 있으며, 도급경비를 지급하는 각 중앙관서의 장(관할 교육청)의 감독을 받아야 한다.

(2) 사립유치원

대부분 우리 나라 유치원은 사립 형태의 유치원이다. 사립유치원은 일반적으로 공립유치원과는 달리 운영경비를 학부모들이 부담하는 수업료나 입학금 및 기타 비용으로 거의 충당하고 있다.

이와 같은 사립유치원의 재정관리는 「사립학교법」, 「사립학교법 시행령」 및 「사학기관 재무회계규칙」(교육부령 제 553호, 1987. 2. 6) 등에 명시된 규정에 의한다. 사립유치원의 재정관리는 공립유치원의 경우와는 달리 자체적인 예산의 편성과 집행, 결산 등이 규정된 회계규칙에 의거해야 하므로 상당히 복잡하다. 그 구체적인 사항은 「사학기관 재무회계규칙」에 명시되어 있으므로 이를 충분히 검토한 후 재정관리를 해야 한다. 여기서 이 규칙에 명시된 규정 중에서 중요한 몇 가지 기본적인 사항을 살펴보면 다음과 같다.

1 재무와 회계운영의 기본원칙

사립유치원의 재무와 회계는 건전하게 운영하여야 하며, 국가의 정책과 사회의 공공기관으로서의 의무와 설립목적에 반해서는 안된다. 즉, 사립유치원의 재정운영은 수입과 지출의 균형이 유지되도록 건실하게 해야 한다.

2 회계연도

사학기관의 회계연도의 기간은 1년간으로 하며, 매년 3월 1일에 개시하여 다음해 2월 말일에 종료된다.

3 재산관리

학교법인이 그 기본재산을 매도·증여·임대·교환 또는 용도 변경하거나 담보에 제공하고자 할 때 또는, 의무의 부담이나 권리를 포기하고자 할 때에는 감독청의 허가를 받아야 한다. 또한 학교 교육에 직접 사용되는 학교법인의 재산 중 대통령령이 정하는 것은 이를 매도하거나 담보에 제공할 수 없다.

4 회계의 구분

학교법인의 회계는 그 설치·경영하는 학교에 속하는 회계와 법인이 업무에 속하는 회계로 구분된다.

5 수업료 및 입학금의 액수와 징수방법

공·사립유치원의 수업료 및 입학금은 학교의 실정과 경제적 사정을 고려하여 시·도 교육청이 정하되, 수업료는 연 4기로 나누어 균등하게 징수하도록 한다.

6 예산 및 결산의 제출과 시기

학교법인이 예산 및 결산을 감독청에 제출함에 있어서는 예산의 경우에는 매 회계연도 종료 2개월 이내에 하여야 한다. 또 연도 중 예산을 추가 또는 경정(更正)하고자 할 때는 그 성립한 날로부터 7일 이내에 당해 예산을 감독청에 제출하여야 한다.

7 비치장부 및 서류

사립유치원에서는 재정관리를 위해 다음과 같은 장부와 서류를 비치해야 한다.

- 재산대장(교육용 재산)과 도면
- 비품대장과 소모품대장

• 징수대장
• 수입부
• 금전출납부와 세출내역부
• 수입 · 지출의 현금출납부
• 기타 서류

이들 장부 및 서류는 규정된 양식이 있으며, 법인이나 학교의 세입 · 세출 예산과목 및 해소를 비롯한 서식은 「사학기관 재무회계규칙」의 별지(1호~49호)에 명시되어 있다.

4) 어린이집의 재정관리

「영유아보육법」에 어린이집의 재정관리의 목적을 경비를 조달, 집행, 관리함으로써 영유아들을 건전하게 보호 · 교육하는 데에 있다고 제시되어 있다. 어린이집의 재정관리에 관한 구체적인 사항은 「어린이집의 예산편성 및 관리요령」에 규정되어 있다(보건복지부, 1999).

일반적으로 어린이집의 재정관리는 다음의 과정을 거쳐 이루어진다.

예산편성 → 예산집행 → 회계처리 → 결 산 → 감 사

〈그림 8-1〉 어린이집 재정관리의 과정

어린이집의 재정관리에 있어서는 어린이집의 종류에 따라 약간의 차이가 있다. 소규모 가정어린이집인 놀이방의 경우는 ① 총계원장과 ② 수입 · 지출보조부, ③ 예산서, ④ 결산서, ⑤ 금전출납부 및 그 증빙서류, ⑥ 물품출납부 및 그 증빙서류, ⑦ 재산목록과 그 소유를 증명하는 서류(임차인 경우 임대차계약서) 등을 구비해야 함으로써 구비서류의 종류와 회계처리의 상세화 정도에서 차이가 있다. 또한 국 · 공립어린이집과 법인어린

이집은 민간어린이집에 비해 재정관리를 보다 엄격하게 해야 하는 것이 통상적인 관례이다.

육아종합지원센터 홈페이지(http://www.childcare.go.kr)에 제시된 '어린이집 운영—회계'의 과정을 자세히 살펴보면 다음과 같다.

(1) 예산의 의의

예산은 법인(기관)의 1회계연도에 있어서의 활동에 수반되는 지출 경비와 그 경비의 재원을 계수화하여 집계한 시한적 재정계획이며 사회복지법인 재무 회계규칙에 따르면 법인과 기관의 1회계연도의 모든 수입을 세입으로 모든 지출을 세출로 하여야 하며, 수입과 지출은 모두 예산에 편입하도록 하는 예산의 총계수를 채택하고 있다(규칙 제7조 제8조).

(2) 예산의 종류

예산은 예산의 성립 내용을 중심으로 본예산, 수정 예산, 추가 경정예산으로 구분할 수 있다.

① **본예산** : 당초 이사회의 심의를 얻어 확정 성립된 예산

② **수정예산** : 예산안을 이사회에 제출한 후 부득이한 사정으로 그 내용의 일부를 수정하여 제출하는 예산

③ **추가경정예산** : 예산 성립 후에 생긴 사유로 인하여 필요한 경비의 부족이 생길때 추가 또는 변경을 가한 예산(규칙 제13조)

(3) 예산의 내용

재무회계 규칙은 예산의 내용을 예산 총칙, 세입세출 예산(추정 대차대조표), 추정수지계산서 등을 구비하도록 되어 있다(규칙 제11조).

① **예산 총칙** : 예산 전반에 관한 "총괄적 규정", "차입금의 한도액", "예산의 전용 범위" 등 필요 사항 규정

② **세입 세출 명세서** : 당 회계연도의 세입 세출의 예정액과 산출 내역서
③ **추정 대차대조표** 〈복식 부기로 회계처리시 작성〉
④ **손익계산서**(수지 예산서)〈단식 부기 회계시 작성〉 : 법인(시설)의 수지계산서

(4) 예산의 절차

예산은 매년 대표이사 및 원장이 편성 이사회의 심의의결을 거쳐 확정하여 이에 따라 집행되고 집행이 완료되면 결산 사항을 감사 받아 이사회에 제출되어 의결을 거치면 예산집행 책임이 해제되고, 당해 예산의 기능이 완결된다. 이렇게 예산 편성, 심의, 집행, 결산에 이르는 일련의 과정을 예산의 절차라고 한다.

(5) 예산편성

1 예산편성의 원칙

어린이집의 예산편성의 원칙은 다음과 같다.

- 회계연도는 정부의 회계연도와 같이하며, 매년 1월 1일에 시작하여 동년 12월 31일에 종료한다.
- 1회계연도의 모든 수입은 세입으로, 모든 지출은 세출로 하고 예산내용과 산출기초는 명백하게 표기하여야 하며, 모든 수입금과 지출금은 반드시 예산서에 표기되어야 한다.
- 세입과 세출 예산은 건전한 내용으로 균형을 유지하도록 한다. 실행 가능성이 없는 수입을 재원으로 한 지출은 계산하지 않는다.
- 모든 예산의 내용은 구청장에게 사전 통보하여야 하며 시설장은 매회계연도 개시 5일전까지 예산을 시장, 군수에게 제출하여야 한다.
- 예산은 세출 예산이 정한 목적 외에 이를 사용하지 못한다.
- 연간 예산 내용은 필요에 따라 수정(변경)할 수 있다. 이때는 시장, 군수에게 통보하여야 한다.
- 지출예산에 편성되지 않은 경비는 지출할 수 없으며 연중 돌발적이고 시급하여

지출이 불가피한 경우에는 우선 지출하고 사후에 예산을 조정한다.

- 법인의 경우 당해법인의 업무 전반에 관한 법인회계, 당해 법인이 설치 운영하는 시설 회계와 법인이 수행하는 수익사업에 관한 수익사업 회계로 구분한다.

2 예산 과목 및 해소

① **법인 회계** : 당해 법인 업무 전반에 관한 회계로서 사회복지법인 재무회계 규칙을 참고한다.

② **기관 회계** : 당해 법인이 설치 · 운영하는 어린이집에 관한 회계는 〈표 8-1〉과 같다.

3 예산의 편성의 절차 및 예산편성의 요령

① 예산편성의 절차

- 원장은 회계연도 개시 5일전까지 예산을 편성하여 시 · 군 · 구청장에게 제출한다.
- 시 · 군 · 구청장은 예산서를 검토 사정 후 원장에게 승인 통보한다.
- 예산승인 후 예산을 추가 또는 변경할 사유가 발생하면 시설장은 예산서를 재작성하여 즉시 시 · 군 · 구청장에게 제출하여야 한다.
- 법인의 경우 대표이사는 법인 회계에 속하는 예산을 편성하여 매 회계연도 개시 30일전까지 이사회의 의결을 거쳐 확정한다.
- 법인의 대표이사는 예산이 확정된 후 지체없이 시설 회계에 관계되는 예산 내역을 당해 기관의 장에게 통보한다.
- 기관의 장은 기관 회계의 예산안을 편성하여, 매 회계연도 개시 20일전까지 이를 당해 법인의 대표이사에게 제출하고, 대표이사는 이를 회계년도 개시 10일전까지 이사회의 의결을 거쳐 확정한다.
- 법인의 대표이사는 매 회계연도 개시 5일전까지 예산서를 시 · 군 · 구청장에게 제출한다.

표 8-1

기관 회계 : 예산 과목 및 해소

가. 세입예산

과목						해소
관		항		목		
01	입소자 부담금	11	입소비용	114	보육료	보육료 및 입소비
				115	기타 비용	보육료 이외의 기타 비용
02	사업수입	21	사업수입	211	○○ 사업 수입	시설 운영으로 인하여 발생되는 사업 수입
03	과년도 수입	31	과년도 수입	311	입소비용	전년도 중에 세입 조정된 수입으로서 금년도 중에 수입으로 확정된 것
				312	법인 부담금	
				313	정부 보조금	
				323	기부금	
04	보조금	41	정부보조	411	국고보조	(법인의 부담금 중) 국가의 부담금
				412	지방비 보조	(법인의 부담금 중) 지방자치단체의 보조금
				413	기타보조	(법인의 부담금 중) 사회 복지 사업 기금 등의 보조금
		42	기부금	421	민간단체 보조금	국내 민간단체로부터 받은 보조금
				427	기타	그 밖의 기부금
06	전입금	61	법인 전입금	611	법인 전입금	법인의 외의 부담금(법인이 아닌 경우 해당사항 없음)
07	전입금	71	전년도 이월금	711	전년도 이월금	전년도 불용액으로부터 이월된 금액
				712	이월 사업비	전년도 중 종료되지 못한 사업비
08	잡수입	81	물품수입	811	불용품 매각대	비품, 집기, 기계, 기구 기타 불용품 매각대
		82	예금이자	821	정기예금 이자	정기예금 이자
				824	기타 예금이자	그 밖의 예금 이자
				831	변상금	망실, 도난 등에 의한 변상금
				832	위약금	계약 위반에 따른 보증금 수입
				833	잡수입	다른 과 · 목에 속하지 아니하는 수입

나. 세출예산 과목 및 예산

과			목			해소
관		항		목		
01	사무비	11	인건비	111	급여	기관 직원에 대한 급여
				112	상여금	기관 직원에 대한 기밀 수당, 정근 수당
				113	일용잡금	일급 또는 단기간 채용하는 임시직에 대한 급여
				114	제수당	기관 직원에 대한 직종별로 일정액으로 지급하는 제 수당(가족 수당, 위험 수당 등)과 기관 직원에 대한 시간 외 근무 수당, 야간 수당, 휴일 근무 수당 및 기타 수당
				115	퇴직금	기관 자체의 직원 퇴직 급여 제도에 따른 퇴직금여 및 퇴직 적립금(법인에 포함되지 아니한 경우)
				116	의료 보험료	기관 직원의 의료 보험료
				117	국민연금 부담금	기관 직원의 국민연금 부담금
				118	기타 후생경비	기관 직원의 사용 피복비, 건강 진단비 등 복지 후생에 소요되는 비용
				119	급량비	기관 직원에 대한 급량비
				121	기관운영 판공비	기관운영 및 유관 기관간의 업무 유대를 위하여 소요되는 제 잡비
		12	판공비	122	정보비	기관 직원의 직책 수당에 소요되는 제 잡비
				123	회의비	후원회 등의 각종 회의 · 다과비 등
				124	행사비	입학 · 졸업, 기타 교육상 필요한 행사비
				131	여비	기관 직원의 출장 여비(국내 · 외 여비, 월액 여비)
		13	운영비	132	교직원 연수비	시 · 군 · 구청장이 인정하는 범위 내의 종사자 연수비
				133	수용비 및 수수료	사무용품비 · 인쇄비 · 집기 구입비(물건의 성질상 장기간 사용 또한 고정 자산으로 취급되는 집기류는 212목에 계상) · 도서 구입비 · 공고료 · 수수료 · 등기료 · 운송비 · 통행료 및 주차료 · 소규모 수선비 · 포장 등
				134	공공요금	우편료 · 전신 전화료 · 전기료 · 상하수도료 · 가스료 및 오물 수거료
				135	제세 공과금	법령에 의하여 지급하는 제세 (법인세 · 자동차세 등), 협회 가입비, 화재 · 자동차 보험료, 기타

과				목		해소
관		항		목		
						보험료
				136	차량비	차량유류대 · 차량정비유지대 · 차량소모품비
				137	연료비	보일러 및 난방 시설 연료비
				138	교재비	보육 교재 및 교구 구입 제작 및 개발비
02	재산 조정비	21	시설비	211	시설비	기관의 신 · 증축비, 개보수비 및 부대 경비
				212	자산 취득비	기관 운영에 필요한 비품 구입비 건물 및 건축 설비(구축물 · 기계 장치) 공구 · 기구
				213	시설장비 유지비	비품 수선비(소규모 수선비는 132목에 계상), 기타 시설물의 유지 관리비
03	사업비	31	생계비	311	주식비	보육을 위한 백미, 정맥 등 주식
				312	부식비	보육을 위한 부식비
				313	취사용 연료비	주 · 부식의 취사에 필요한 연료비
				316	간식비	보육을 위한 간식비
		32	피복비	321	피복비	보육을 위한 피복비
		33	의료비	331	의료비	보육을 위한 보건 위생 및 시약대 (의약품비, 응급 치료비 등)
04	전출금	41	전출금	411	법인회계 전출금	법인 회계로의 전출금
					연료비	주 · 부식의 취사에 필요한 연료비
05	과년도 지출	51	과년도 지출	511	과년도 지출	과년도 미불금 지출
08	예비비	81	예비비			

다음의 〈그림 8-2〉는 예산편성의 절차도이다.

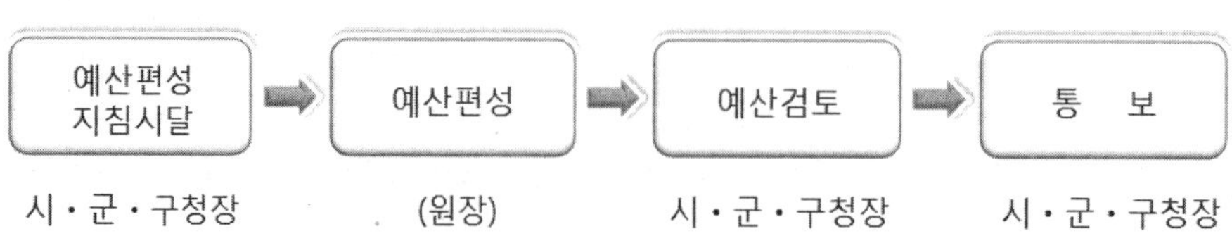

〈그림 8-2〉 예산편성의 절차도

② 예산편성의 요령

- 세입 예산은 자체 수입과 보조금 수입으로 구분하여 편성한다. 자체 수입은 보육료, 운영체 부담금, 기타 잡수입 등으로 하고 보조금 수입은 정부 또는 자치단체로부터의 보조금으로 한다.
- 세출 예산은 기관 운영, 기관 기능 보강, 전출금, 과년도 지출, 예비비로 구분하고, 세입범위 내에서 편성한다.
- 세입 · 세출 예산은 과목별로 구분하여 산출근거를 명확하게 하여야 한다.
- 예산편성시 세입예산은 1,000원 미만은 버리고, 세출예산은 1,000원 미만은 올린다.

4 예산서에 첨부해야 할 서류

- 사업계획서
- 세입 · 세출명세서
- 직원 보수일람표
- 당해 예산을 의결한 이사회 회의록 사본

(6) 예산집행

1 예산집행의 원칙

- 연중 현금액은 출납 대장과 항상 일치하도록 관리한다.
- 모든 운영비는 금융기관에 예치함을 원칙으로 하는데, 상용 경비나 소액 경비 지출을 위해 100만원 이하의 현금을 보관할 수 있다.
- 지출은 상용 경비나 소액 경비 지출을 제외하고는 금융기관의 수표로 행하거나 예금 통장에 의하여 행하여야 한다.
- 운영비의 관리 사항은 지도 감독 기관에서 정기 또는 수시로 점검해야 한다.
- 운영비의 유효 적절한 관리와 정확한 예산 집행을 위하여 지정서식을 활용하고 필요한 대장을 비치 · 관리 한다.

• 운영비 관리를 위한 각종 대장과 경상 경비의 지출 증빙서는 5년 이상 보존해야 한다.

• 시설물의 신축 · 확장 · 보수 등에 관한 서류는 10년 이상 필요에 따라 영구 보존한다.

2 운영비 관리요령

① 보육료 수입금 처리

• 보육료 수납은 납입통지서에 의하여 보호자가 금융기관에 납입토록 한다. 다만, 지역특성 등 사유가 있을 때는 어린이집에서 수납하고 당일로 수납결의하여 금융기관에 예치하고 납부영수증을 보호자에게 통지한다.

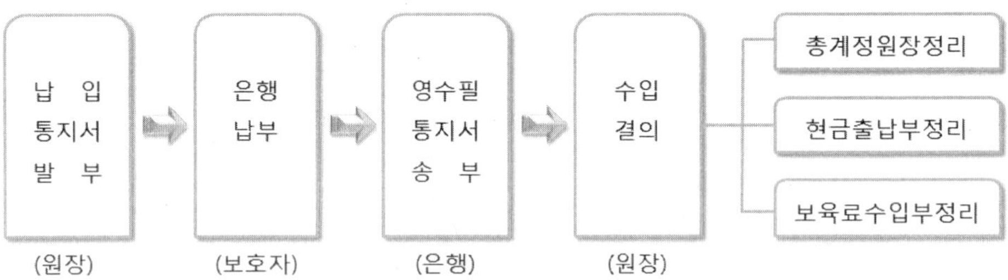

▶ 어린이집 수납시 절차 ◀

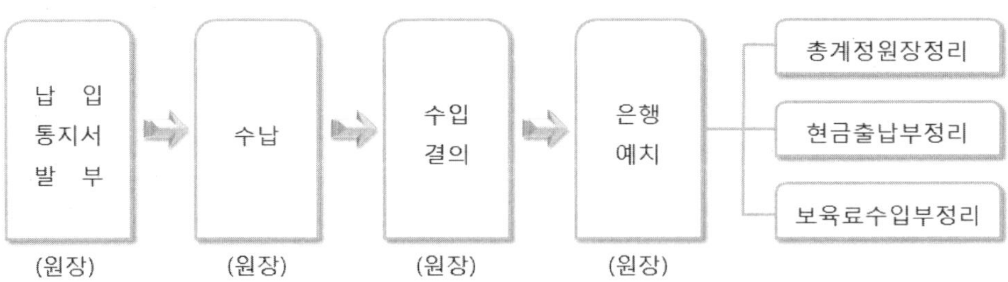

② 정부보조금 처리

• 정부보조금은 교부신청서에 의거 시 · 군 · 구청장에게 신청하여야 한다.

• 시 · 군 · 구청장은 어린이집 계좌에 정부보조금을 온라인 입금시킨 후, 즉시 보조금내역을 서면으로 원장에게 통보한다.

• 원장은 온라인 입금된 정부보조금을 확인하여 당일로 수입결의 하고 총계정원장과 현금출납부에 등재한다.

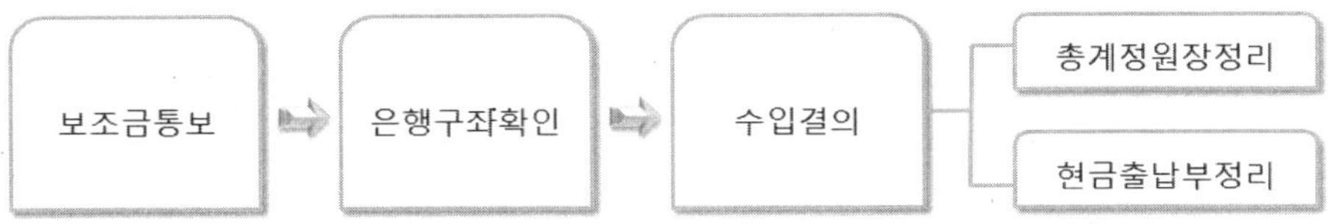

③ 운영체 부담금 기부금 처리

• 운영체 부담금, 법인전입금, 기부금 등은 수령 즉시 수입결의하여 금융기관에 예치후 사용하여야 한다.

• 운영체 부담금 · 기부금 등을 기부금으로 분류하여 별도의 수입으로 계산한 후 지출하여야 하고 기부금 수입부, 기부금 지출부에 정리하고 매반기 종료 후 10일 이내에 기부금 수입 및 사용결과 보고서를 시 · 군 · 구청장에게 제출한다.

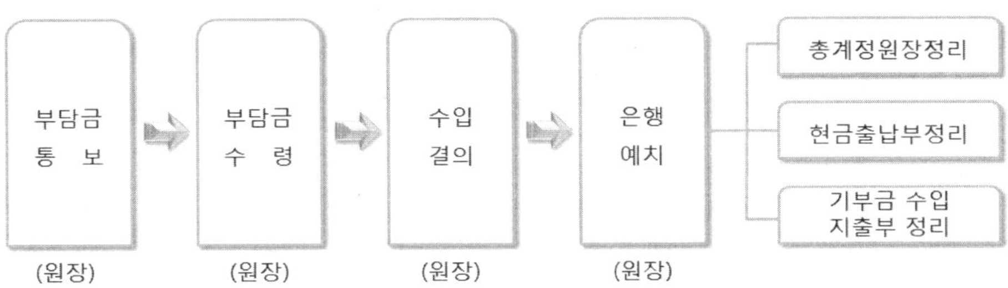

④ 지출금 처리

가. 인건비 지출

• 인건비 지급시 직원 보수에 대한 세금 및 기타 공제액을 해당 기관에 납입하여야 한다.

나. 물품구입

- 모든 물품구입은 지출품의에 의거 구입토록하고, 영수증을 필히 받아 첨부하여야 한다.
- 중요한 물품 또는 비품을 구입할 때는 비품대장에 등재 후 사용하여야 한다(소모성 물품 제외).

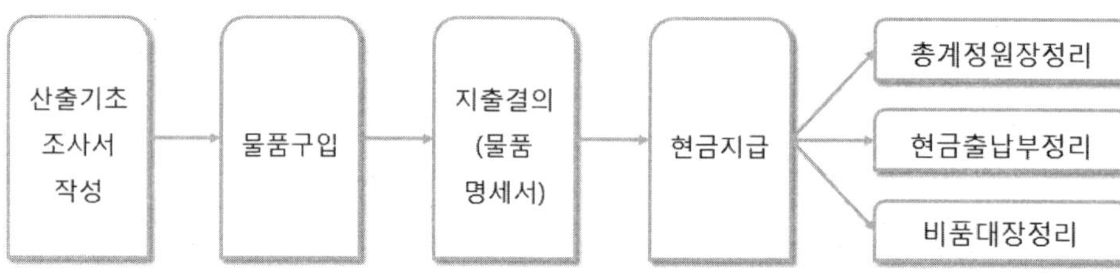

다. 공공요금 지출

- 공공요금은 청구서에 의하여 지출하고 영수증을 첨부한다.

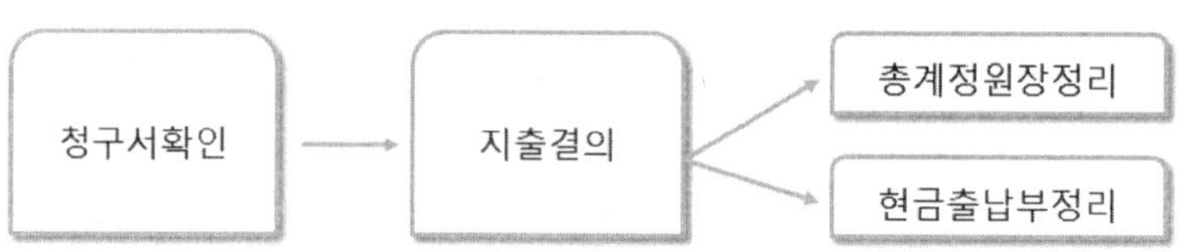

라. 공사계약

- 예정가격 1천만원을 초과하는 공사나 제조는 일반 경쟁입찰에 의함을 원칙으로 하고 1천만원을 초과하지 않는 공사나 제조는 수의계약이 가능하나 반드시 계약서를 작성하여야 한다.
- 계약금이 300만원(공사 또는 제조의 경우에는 500만원)을 초과하지 아니할 때에는 계약서 작성을 생략할 수 있다.
- 계약서를 생략할 경우에는 청구서, 각서, 승낙사항 등을 작성 계약성립의 증거가 될 수 있는 서류를 받아 비치하여야 한다.
- 계약을 체결할 때 계약상대자로 하여금 당해 계약상의 의무이행을 보증하는 1인

이상의 연대보증인을 세우도록 하여야 한다.

- 계약보증금은 계약금액의 100분의 10이상으로 현금 또는 자기앞 수표를 금융기관에 납부토록 하여야 한다.
- 하자보수기간은 공사의 중요성에 따라 1~5년으로 할 수 있다.
- 하자보수기간 보증금은 공사의 중요성에 따라 계약금액의 100분의 2이상 100분의 5이하로 하여 현금 또는 자기앞수표를 금융기관에 납부하여야 한다.
- 지체상금은 계약금의 1,000분의 2이상, 1,000분의 10이하 범위내에서 지체일수를 곱한 금액을 현금 또는 자기앞수표로 납부하여야 한다.
- 대금을 지급하기전에 지출결의서를 작성하고 이면에 공사계약서와 준공검사서, 영수증을 첨부한다.
- 시설물 설치에 대한 대표적인 사진(착공전, 공사진행, 완공후) 각 1매를 첨부 한다.
- 시설물 설치시 등기필후 등기부등본을 비치한다.

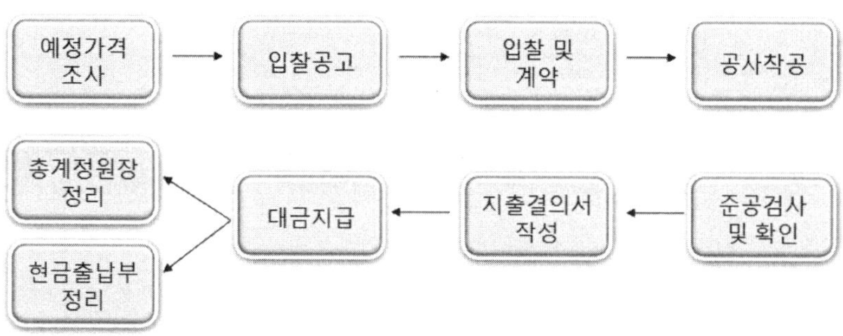

※ 여입결의서

이미 수입 또는 지출처리가 된 금액의 일부 또는 전부를 다시 원래과목에 넣어 처리할 경우 수입 또는 지출 결의서를 붉은색으로 작성한 후 관계 대장에도 붉은색으로 기록하여 다시 삽입한다. 과오납된 수입금(보육료 등)이 발생한 경우에는 세출예산에 구애됨이 없이 당해년도 세입으로 반환할 수 있다.

과오납금을 반환하고자 할 때에는 과오납된 세입과목, 세입년도, 금액 등을 결정하고 수입 결의서를 붉은색으로 과오납금 반환 결의서를 바꾸어 작성한 후 관계 대장에도 붉은색으로 기록한 후 지급한다.

③ 세입 · 세출 외 현금

어린이집을 운용하다 보면 현실적으로 어린이집 수입금으로 볼 수 없는 현금을 취급하게 된다. 이를테면 인건비 지급시 종사자 보수에 대한 세금, 의료보험, 국민연금 부담금 등 인적 공제액 같은 일시보관의 성격을 띤 현금을 해당 기관에 납입할 때까지 관리하게 된다.

이 경우 일시보관 현금을 다시 세입 예산에 편입할 수 없으므로 지출원이 임의로 관리하지 말고, 세입 · 세출 외 현금으로 관리하여야 한다. 세입 · 세출 외 현금 출납부를 따로 비치하여 세입 · 세출 외 현금이 발생시 세입 · 세출의 수입결의서를 작성하고 세입 · 세출외 현금출납부에 등재한다.

지출시에는 지출 결의서를 작성하여 지출한다. 세입 · 세출외 현금통장은 어린이집 일반예산 통장과는 별도로 관리하는 것이 편리하다.

표 8-2

세입 · 세출 외 현금출납부

년 월 일	적 요	채 주	수 입 액	지 급 액	잔 액

(7) 결산

결산은 매 회계연도 말에 의무적으로 하는 것으로 결산은 세입 · 세출을 예산상의 과목별로 세분하여 하고, 분기별 결산과 연말 결산으로 구분하여 실시한다.

분기별 결산은 분기 종료 10일 이내에 시장 · 군수 · 구청장에게 제출하고, 연말 결산은 법인 회계와 기관 회계의 세입 · 세출 결산 보고서를 작성하여 이사회의 의결을 거친 후 다음 년도 3월 31일까지 시장 · 군수 · 구청장에게 제출해야 한다.

결산(연말결산) 보고서에는 다음의 서류를 첨부해야 한다.

- 세입 · 세출 결산서
- 과목 전용 조서
- 예비비 사용 조서
- 기본 재산 수입 명세서
- 사업 승인 명세서
- 정부 보조금 명세서
- 기부금 명세서
- 인건비 명세서
- 사업비 명세서
- 기타 비용 명세서(인건비 및 사업비를 제외한 비용)

※ 해당사항 없을 경우 "해당사항 없음"으로 표시.

1 세입 · 세출 결산 의무

- 매 회계연도 말에 결산을 의무적으로 실시한다.
- 보조사업자는 사업을 완료한 때, 폐지의 승인을 얻은 때 또는 회계연도가 종료한 때에는 지체없이 그 보조사업의 실적 보고서와 사업비 정산서를 시 · 군 · 구청장에게 제출하여야 한다.

2 결산방법

- 결산은 세입 · 세출을 예산의 과목별로 세분하여 실시한다.
- 결산 금액 단위는 1원까지 정확히 기재한다.
- 산출 기초는 구체적으로 상세하게 기재한다.
- 정부 보조금 사용잔액은 연말 결산시 반납 조치토록 하여야 하며 기타는 익년도에 이월하여 사용한다.

• 결산보고시 은행의 잔액 증명을 첨부하여야 한다.

• 기관 보강 사업(신축 · 증축 · 개축 · 개보수) 정산보고서에는 건물 등기부 등본, 건축물 관리 대장 및 완공 건축물 사진 등을 첨부하여야 하며, 장비 구입시는 구입 물품 명세서를 첨부하여야 한다.

• 보고서 작성시 작성자의 직 · 성명을 기재하고, 원장 직인과 실인을 날인하여야 한다.

3 결산서

① 세입 · 세출결산 총괄설명

• 세입 · 세출예산에 대한 결산을 서술식으로 풀어서 설명한다.

• 세입은 1년 동안 어린이집의 총수입(보조금 포함)으로 하고 세출도 1년 동안 어린이집에서 지출한 총 금액으로 한다.

※ 양식

세입 예산	원에 대하여
수납액은	원이며
세출 예산	원에 대하여
지출액은	원이다.
그 차인잔액은	원으로서
보조금 집행잔액	원이 포함되어 있으며
이를 공제한 순이월금은	원이다.

세입 · 세출결산 총괄

수납액	
지출액	
차인잔액	

거래은행 발행 연도말 현재 잔액증명서 첨부.

② 세입 결산서

(단위 : 원)

과 목			예산액	수납액	비 고
관	항	목			

• 예산서의 항목과 동일하게 과목 및 예산액을 작성한다.
• 수납액은 실제 수입액으로 한다.

③ 세출 결산서

(난위 : 원)

과 목			예산액	수납액	비 고
관	항	목			

• 예산서의 항목과 동일하게 과목 및 예산액을 작성한다.
• 예산을 추가하거나 경정한 경우 최종 예산을 기준으로 한다.
• 결산액은 실제 지출된 금액으로 한다.

④ 정부 보조금 결산

• 작성 대상 기관(시 · 군 · 구를 통하여 보조금을 지원받은 어린이집)은 정부로부터 보조받은 예산을 별도로 정산하여 시 · 군 · 구청장에게 보고한다.
• 보고 서류
 – 연도 보조금 지원시설 운영 현황
 – 보조금 지원사업 수행 실적보고
 – 기관 신축 및 개보수사업 수행 실적보고

• 보조금 교부액은 시 · 군 · 구를 통하여 지원받은 금액으로 한다(국비, 시비, 자치 구비 포함).

• 지원시설 운영현황중 아동수와 직원수는 연평균을 기준으로 하여 작성하고, 정부 지원 직원은 보조금으로 인건비를 지급한 실제 종사자의 인적사항(직종, 성명, 호봉)과 연도중 봉급을 지급한 기간은 직원별 월별로 표시하여 작성한다.

• 자원봉사자는 시 · 군 · 구청에서 자원봉사자비를 지원받고 있는 자에 한하여 기관직원 중 자원봉사자로 구분한다.

• 기관 신 · 증축 또는 개보수비를 지원받지 않는 기관은 해당 없음을 표시하여 시 · 군 · 구청장에게 제출한다.

(8) 감사

• 일반적인 감사의 원칙은 다음과 같다.
  - 법인의 감사는 당해 법인과 기관에 대하여 매년 1회 이상 감사를 실시하여야 한다.
  - 법인의 대표이사는 기관의 장과 수입원 및 지출원이 사망하거나 경질될 때는 그 관장에 속하는 수입, 지출, 재산, 물품 및 현금 등의 관리 상황을 간사로 하여금 감사하게 하여야 한다.
  - 감사를 한 때에는 감사보고서를 작성하여 당해 법인의 이사회에 보고하여야 하며, 재산상황 또는 업무집행에 관하여 부정 또는 불미한 점이 발견된 때에는 시장 · 군수 · 구청장에게 보고하여야 한다.

• 서식은 감사의견서를 참조한다.

5) 유아교육기관의 세입 · 세출 관리(예산집행)

유아교육기관의 재정관리를 효율적으로 운영하기 위해서는 그 기관의 운영에 필요한 세입과 세출을 가능한 한 정확히 추정하고 그 예산안에 의거하여 한 회계연도 동안 제대로 운영되었는지의 여부를 확인하는 결산이 필수적이다. 그러므로 유아교육기관의 재정관리를 규모있게 운영하기 위해서는 교육비 책정에 근거하여 세입이 실행되며 세입에 따라 세출이 조정되어 실행되어야 한다(이영자 외, 1997).

(1) 세입의 관리

유아교육기관의 세입은 입학금(입소비), 교육비(보육료)가 주된 수입이며, 국 · 공립 기관의 경우 국고 보조금이 포함된다. 입학금(입소비), 교육비(보육료)는 서면으로 보호자에게 통지하여 체신 관서 또는 금융기관을 통하여 수납 · 계리하도록 되어 있다. 일반적으로 유치원인 경우 입학금은 입학시에 전액을 징수하지만 수업료는 1년을 4분기로 나누고 균등하게 징수하고 있으며, 어린이집인 경우 보육료는 매월 납부한다. 교육비나 보육료에 의한 수입이나 기타 수입은 수입결의서로 결재한 후 원장과 세입 대장, 교육비 수납부에 기입한다.

(2) 세출의 관리

유아교육기관의 인건비 지출, 공과금 납부, 교재 · 교구 등의 물품 구입과 같은 지출사항이 발생할 경우 다음과 같은 방법과 절차를 거쳐 지출한다(이영자 외, 1997).

1 인건비 지출의 경우

- 사무 담당 직원은 학기 초에 내정한 교직원의 호봉기준에 따라 매월 봉급 지급표를 작성하여 지출결의서 서류를 갖추어 원감, 원장이 결재 후 교직원의 은행계좌로 입금을 한다.
- 봉급지급에 따라 오는 소득세는 사무 담당 직원이 소득 세액 징수표 양식에 기재하여 은행에 납부한다.
- 의료보험과 연금의 경우 교직원 임용시 각각을 관리하는 관리공단에 신청하며 이에 따라 매월 관리공단에서 보내 오는 납부청구서를 받아 지불하게 된다.

2 교재 · 교구 또는 사무용품 등 물품 구입이 필요한 경우

- 필요한 물품의 품명, 규격, 수량, 단가, 금액, 용도 등을 명시한 물품 매입품의

및 요구서를 작성해서 제출한다.

- 회계담당 사무 직원은 해당 지출 항목의 잔액이 얼마나 남아 있는지를 확인한 후 물품매입 요구서를 원감에게 제출한다.
- 원감은 그 물품의 구입 필요성 여부를 검토한 후 두 업체 이상 업자의 견적서를 첨부하여 서류를 원장에게 제출하여 결재를 받아 구입 절차를 밟는다. 가능하면 물품을 실제로 보고 검토한 후 구입 물품 및 구입 업자를 내정하고 청구서를 받고 물품을 납입받는다.
- 원장, 원감과 사무 직원이 물품을 확인한 후 사무 직원은 장부에 기입하고 지출 결의서를 작성하여 결재 후 현금을 지불하고 영수증을 받는다. 영수증을 증빙 대지에 붙인 후 지출결의서와 함께 보관한다.

3 기관 수리 및 보완이 필요한 경우

기관 수리와 보완 사항에 대해 구체적으로 명시하여 기관 수리 보완 요구 품의서를 사무 직원이 원감에게 지출한다. 원감은 사무 직원과 협의하여 두 업체 이상 업체로부터 견적서를 받아 원장의 결재 후 업체를 지정하여 기관 수리 보완을 요청한다. 기관 수리 보완 후 원장, 원감, 사무 직원이 기관 수리 보완 사항을 확인한 후 업체의 청구서를 받아 사무 직원이 지출 결의서를 작성한다. 원장, 원감의 결재를 얻어 기관 수리 보완비용을 지불하고 영수증을 받아 증빙 대지에 붙여 철하여 둔다.

2. 사무관리

1) 유아교육기관 사무관리의 의의

유아교육기관의 활동 규모가 방대해지고 그 내용이 복잡해짐에 따라 교육활동을 지원하고 보조하는 봉사활동으로서 사무관리 활동이 꼭 필요하게 되었다. 이렇게 교육활동의 규모가 커지고 그 내용이 복잡해짐에 따라 사무관리는 새로운 부분 영역으로서의 관리활동으로 간주되고 있다.

사무관리란 유아교육기관에서 유아를 교육하는 과정에서 수반되는 제반기록을 보존·관리하는 것을 의미한다. 다시 말해 교육행정을 수행하는 과정에서 수반되는 제반 기록과 장부의 작성 및 보관, 공문서와 제 보고의 처리 등의 문서관리를 집행하고 처리하는 업무를 말한다.

유아교육기관의 사무관리 영역은 교육적 업무기록과 일반 사무활동으로 구분할 수 있다.

교육적 업무기록이란 생활기록부, 유아의 신체 발달 상황과 건강 상태 파악을 위한 신체 검사표의 기록과 보고나 유아의 행동관찰 기록부, 교육일지 기록, 교육 계획안(일일교육계획안, 주간계획, 월간계획, 연간계획) 작성과 출석부 정리 등을 말하며, 일반적 사무활동이란 각종 행사계획, 비품 대장 정리, 교직원 인사 서류의 정리 등이 포함된다.

사무관리의 활동에서 기록이 강조되는 이유는 다음과 같다.

① 기록은 유아를 이해하는 데 도움을 준다. 부모나 교사에게 유아에 대한 명확한 지식을 제공해 준다.
② 유아들의 개성과 동태 중에서 곤란한 점들이 무엇인가를 알게 한다.
③ 유아들의 특수한 요구를 알게 해 주고 그에 대한 대책을 세울 수 있게 한다.
④ 외부의 전문가나 의사에게 믿을 만한 보고 자료를 공급해 준다.
⑤ 상급 학교에서 유아가 어떤 문제를 가졌을 때 좋은 참고 자료가 된다.
⑥ 교육과정 작성에 있어 방향을 제시해 주고 도움을 준다.
⑦ 유아를 지도하는 데 교사들에게 많은 도움을 준다.
⑧ 여러 가지 연구 자료를 제공해 준다.

2) 유아교육기관 사무의 내용

유아교육기관 사무의 내용은 크게 원무에 관한 사무와 서무에 관한 사무로 나누어지며, 자세한 내용은 다음과 같다.

(1) 원무에 관한 사무

1 기획적인 일

교육 과정 편성, 유치원 연혁 작성, 연중 행사의 기획 및 의식에 관한 사항, 가정 방문, 부모 교육, 부모 참관에 관한 사항, 소풍, 추후 지도, 각종 평가에 관한 일 등 유치원의 전반적인 행사 및 교육에 관계된 일을 기획한다.

2 학적 및 연구의 일

재적부 및 입 · 퇴학 유아의 기록, 입원 원서, 명부 작성, 생활 기록부, 행동 바달 상황표, 졸업 대장 정비 및 보관, 각종 교재 연구, 연구 발표회 및 강습회 운영, 교육에 관한 조사와 통계 작성, 교육 연구에 관한 제반사항

3 통계 및 기록의 일

출결, 입원, 전 · 퇴원, 졸업 등에 관한 조사 통계 및 보고서에 관한 사항과 회의록의 기록 · 정리 · 보관 등에 관한 사항.

4 도서 및 교재·교구의 구입 및 관리

유치원의 사무 중에 가장 중요하며 필요한 일이다.

(2) 서무에 관한 사무

유아교육기관의 사정에 따라 교사가 서무의 일을 담당하는 유아교육기관도 있으나 그것은 지양되어야 하며, 유아교육기관도 서무 담당의 사무 직원을 두어야 한다.

서무의 사무를 분류하면 다음과 같다.

1 문서에 관한 일

문서 수발에 관한 사항, 제증명 발급, 출근부 정리, 예식 준비, 물품 배급에 관한 사항이다.

2 용도에 관한 일

제반 용도에 따른 물품 주문 및 구입에 관한 사항이다.

3 비품 관리에 관한 일

책상, 걸상, 기구, 기계, 청소 용구, 실외놀이 용구, 기타 일체의 비품의 정리, 보고나 제작, 수선 등에 관한 사항이다.

4 관리에 관한 일

원지, 원사, 원구, 기타 시설 비품과 운동장 시설, 풀장 등의 관리이다.

5 회계에 관한 일

제 경비의 출납, 교사의 봉급 · 수당에 관한 사항, 예산 · 결산에 관한 사항, 기타 유치원 운영에 관련된 회계 사무이다.

6 후생에 관한 일

직원간의 수양, 보건, 친목에 관한 사항, 외부 단체와의 연락 · 교섭, 동창회에 관한 사항, 유아의 국제 친선 및 자매 학교 결연 · 운영에 관한 사항이다.

오늘날에는 유아교육기관의 사무가 매우 복잡해지고 그 종류가 증가되었다. 따라서 원장은 원무를 집행하는 책임자로서 원활한 사무 처리가 이루어질 수 있도록 원무분담의 조직을 체계화하여야 한다. 가능하면 업무의 배분이 공평하게 되고 능률적인 운영이 되도록 해야 할 것이다.

일반적으로 유아교육기관의 업무분담은 학년 초에 결정되며 교직원의 능력, 희망, 고유업무 등을 고려하여 공평하게 주어져야 한다. 유아교육기관 업무 분담에 관한 조직은 원장의 하향식 지시나 명령으로만 이루어지는 것이 아니라 조직 구성원인 교직원의 협동적인 분위기를 조성하여 교사들의 자발적인 참여 의식을 높여야 한다고 본다.

〈그림 8-3〉은 유아교육기관의 업무분담표를 제시한 것이다.

3) 문서의 종류와 작성

(1) 문서의 종류 및 처리단계

유아교육기관을 효율적으로 운영관리 하는데 있어 필수적으로 갖추어야 하는 각종 대장과 문서들이 있다.

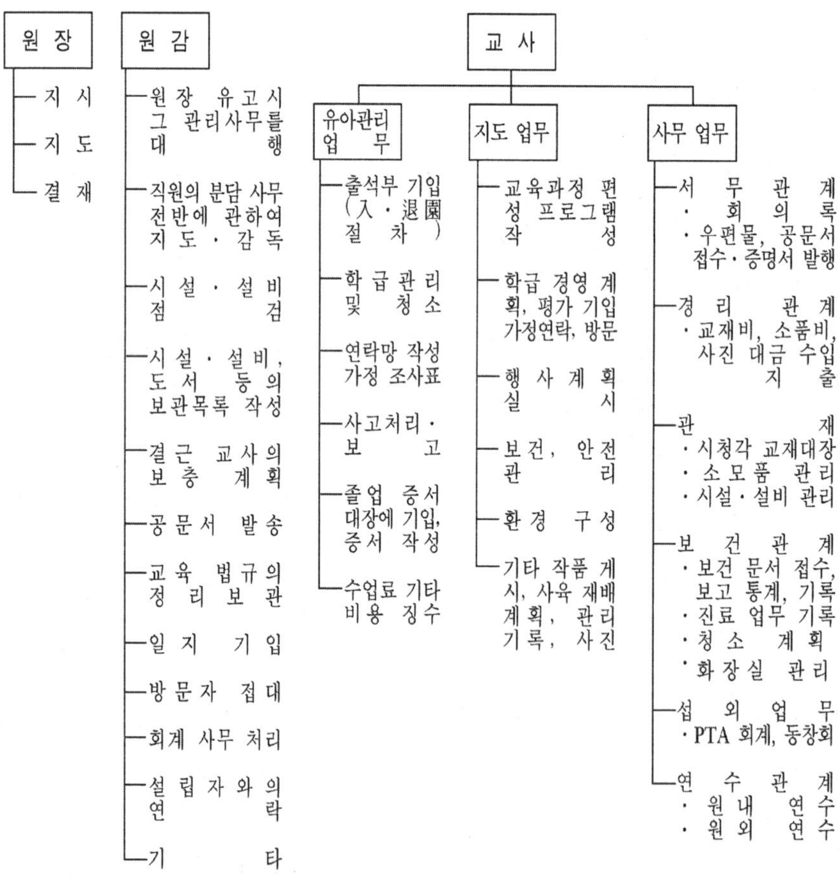

〈그림 8-3〉 유아교육기관 업무 분담표

이러한 각종 문서의 종류는 유아교육기관 업무의 성격이나 세분화의 정도에 따라 상당한 차이가 있을 수 있다. 문서의 종류를 대별하면 법규문서, 영달문서, 공고문서, 일반문서로 나뉜다. 문서는 외부에서 들어오는 것과 외부에 대하여 보고하는 것, 내부에 대한 보고서, 정기적으로 보고하는 것과 수시로 보고하는 것, 그리고 보고양식이 정해져 있는 것과 정해져 있지 않은 것 등으로 종류를 나눌 수 있다.

〈표 8-3〉은 유치원에서 활용하고 있는 각종 대장과 문서들을 그 특성과 용도에 따라 분류한 것이다.

표 8-3

유치원 비치용 대장, 문서, 기록철

번호	분 야	대장, 문서, 기록
1	법령, 공문서	· 유치원 관계법규, 영달문서, 공고문서
2	원칙	· 유치원 내부 규정철
3	교육활동계획	· 교육계획철(연간, 월, 주, 일 교육계획 및 실행결과 기록) · 행사계획철(소풍, 운동회, 생일축하, 현장견학 등의 계획 및 실행결과 기록)
4	지도기록	· 가정연락부, 증명서 교부대장, 졸업증서 대장
5	원아출석	· 출석부, 출석상황 일람철, 장기결석자 조사철
6	직원명부	· 직원명부, 직원이력서철, 학급담임 일람표 · 직원조직 일람철, 임용철, 구직원 이력서철 · 인사관계철, 증명서 교부대장
7	유치원 일지	· 유치원 일지, 학급일지, 직원회의록 · 유치원 참관자 명부, 유치원 자원봉사자 명부
8	조사통계	· 교육통계철, 출석통계철, 표준화검사철, 유치원 연혁사
9	경영관리	· 사무분담 기록부, 시설설비 점검부, 관련단체 연락부 · 문서발송철, 문서접수철, 전화 팩스 송수신대장 · 타시설 참관 보고철, 원장회 기록부, 장학지도 기록부
10	경리	· 재산대장, 예산서철, 결산서철, 경리부, 영수증철 · 물품구입대장, 계약서철, 비품대장, 소모품대장 · 교재 · 교구 목록철, 물품 인수부, 봉급대장, 여비청구서철
11	위원회, 부모회	· 회의록철, 규약철, 사무처리부, 간부일람표, 경리부

* 자료 : 김옥련, 1993.

한편 어린이집의 운영관리에 필요한 문서의 종류는 앞서 언급한 유치원의 경우와 거의 유사하지만 업무의 내용 및 강조점의 차이로 인해 일부 다를 수 있다. 어린이집의 운영 관계 문서는 「영유아보육법 시행규칙」 제22조 관련 〈별표 8〉에서 규정하고 있다. 이 규정에 의하면, 우선 가정어린이집을 제외한 모든 보육시설은 운영규정을 만들어야 하는데, 그 내용은 "어린이집의 장은 조직 · 인사 · 급여 · 회계 · 물품 기타 기관의 운영관리에 필요한 규정을 재정 · 시행하여야 한다."는 것이다.

그리고 어린이집에는 다음의 장부 및 서류를 비치하여야 한다.

또한 어린이집에는 다음의 〈표 8-4〉에서 제시한 장부를 비치기간 동안 보관하여야 한다.

표 8-4

어린이집 비치용 장부명 및 보관기간

부책(장부)명	보관 · 비치기간	비 고
기관 설치 및 연혁에 관한 기록부	영구	
센터의 재산관련 기록부	영구	
센터장 및 종사자 인사기록부	준영구	인사기록부 서식
어린이집현황기록부	10년	
예산 및 물품관련서류 –예산서 및 결산서 –총계정원장 및 수입 · 지출보조부 –현금 및 물품출납부와 관련 증빙서류	5년	사회복지법인재무회계 규칙서식 준용
직원 채용 관련서류	5년	
센터 운영일지 및 관련서류	3년	
관련자료 보고서철 및 관계행정기관의 문서수발철	3년	
기타 센터운영에 필요한 자료철	3년	

* 자료 : 보건복지가족부, 2010년도 보육사업안내, p. 308.

문서의 처리단계는 다음의 4가지 단계로 이루어진다.

① **발생단계** : 영수증이나 청구서를 받거나 서류를 접수함으로써 작업이 생기는 단계

② **정리단계** : 사무의 내용에 따라 다르지만 사무작업 원인의 성격에 따라 기입, 조사, 분류, 계산, 연구, 확인 등을 하는 단계

③ **결정단계** : 승인이나 결재를 맡거나 회람을 돌리는 단계

④ **실시단계** : 발신하거나, 보관하거나, 돈을 지출하거나, 주문하거나, 회신하거나 기타 필요한 구체적인 조치를 취하는 단계

(2) 문서의 작성

문서의 용지는 도면, 통계표, 증명류, 기타 특별한 형식의 문서를 제외하고는 가로 190mm, 세로 263mm 크기의 종이를 세워서 쓰는 것을 원칙으로 한다(흰색 A4용지, 위 3센티, 왼쪽2센티, 오른쪽 1.5센티, 아래 1.5센티).

다음은 문서 작성에 관한 형식과 절차에 대해 참고할 사항을 제시한 것이다(임재택, 1999).

1 문서의 용어

① 문서는 한글로 띄어서 쓰되 표준말을 사용한다.

② 문서에 사용하는 숫자는 아라비아 숫자를 사용한다.

③ 문서에 쓰는 일시는 숫자로 표시하면 연, 월, 일의 글자는 생략하고 점(.)을 찍어 표시한다.

④ 문서에 쓰는 시간은 24시간제에 의하여 시 · 분의 문자는 생략하고 (:)을 찍어서 시 · 분을 구분한다(예를 들어 10시 20분은 '10 : 20'으로 표기한다).

2 글의 색채

도표를 제외한 문서에 기입하는 문자의 색채는 푸른색, 또는 검은색으로 한다. 다만 수정, 또는 주의 환기 등 특별한 표시가 필요할 때에는 붉은색을 사용할 수 있다.

3 수정

문서의 일부를 삭제하거나 수정할 때에는 삭제자 또는 수정자가 삭제 · 수정한 곳에 날인한다. 단, 중요한 삭제 또는 수정에는 그 삭제 · 수정한 곳의 난 밖에 가제(加除)한

자수를 표시하고 날인한다.

4 면표시

① 문서가 두 장 이상일 때에는 문서의 하부 중앙에 전면 수와 그 면의 일련번호를 기입한다.

② 첨부 서류에는 면의 표시를 따로 하며 전면에는 생략할 수 있다.

5 문서의 구성

① **문서의 구성** : 일반 문서 중 발신 문서는 두문, 본문, 결문으로 구성한다.

② **두문** : 발신 기관명, 분류 기호, 문서 번호, 시행 연월일과 수신기관

③ **본문** : 제목 및 내용

④ **결문** : 발신자명 및 수신처란

⑤ **끝표시와 첨부의 표시** : 본문이 끝나면 한 자 띄우고 '끝'자로 쓰며, 본문에 밝힐 필요가 있는 물건이 첨부될 때에는 첨부의 표시를 한 다음 '끝'자를 쓴다.

⑥ **관인 · 날인** : 임용장, 상장 및 각종 증명서류에 속하는 문서와 원외로 발신하는 문서에는 관인을 찍으며, 동일기관 내에 각 보조기관 상호간에 수발되는 문서는 서면으로 한다.

(3) 문서의 접수 및 발송

1 접수

① 문서는 문서에 관한 사무를 분장하는 과에서 접수한다.

② 문서과 이외의 과 또는 담당관이 전신이나 전화를 받아서 작성한 문서는 지체 없이 문서과에 인계하여 이를 접수하게 한다.

③ 접수된 문서는 처리인을 찍어 처리한다.

④ 결재권자로부터 문서의 처리 지시를 받은 자는 지시 내용에 따라 기일 내에 문서를 처리한다.

다음의 〈표 8-5〉, 〈표 8-6〉은 문서의 접수와 접수대장양식을 제시한 것이다.

표 8-5

문서의 접수

○○ 유 치 원

우) 000-000 ○○시(도) ○○구(군) ○○동 000-00/전화 (00) 000-0000/전송 000-0000

문서번호 ○○
시행일자 200 . . .

수 신
참 조

<table>
<tr><td>선결</td><td></td><td></td><td>지시</td><td></td></tr>
<tr><td rowspan="2">접수</td><td>일자
시간</td><td></td><td rowspan="4">결재·공람</td><td></td></tr>
<tr><td>번호</td><td></td><td></td></tr>
<tr><td colspan="2">처리과</td><td></td><td></td></tr>
<tr><td colspan="2">담당과</td><td></td><td></td></tr>
</table>

제 목

○○ 유치원장 직 인

표 8-6

접수대장

번호	일자	문서 번호	발 신	건 평	첨부물 명칭	첨부물 수량	접수자	인계 일자	담당자 인수자	비 고
1	1. 5	서관 1045-12	서초교육구청장	2001학년도 원비 및 육성회비 예산서 제출	예산편성 지 침	1		2002. 1. 6		
2	1. 10	서관 1040-15	서초교육구청장	유치원 운영 실태 조사 실시						
3	2. 12	서관 1040-19	서초전화국장	전화 청약 신청인 확인						
4	2. 21	반포본동 1100-20	반포본동장	○○ 운동 전개 요령 시달						
5										
6										
7										
8										
9										
10										

[2] 기안 및 시행

① 기안은 서식에 의한 기안용지를 사용한다.

② 문서의 시행은 총리령으로 정한 것을 제외하고는 전신·전신 타자 또는 전화로 한다.

③ 정기 보고, 또는 1회 보고로서 제출하는 계산서, 통계표, 도표 등의 보고 문서는 시행령을 생략하고 보고서의 여백에 발신 명의난을 설정하여 관인을 날인 시행할 수 있다.

④ 경미한 사항의 허가, 인가, 증명서 교부, 기타 관례적인 사무에 관한 문서는 따로 기안하는 것을 생략하고 그 내용을 관계 장부에 기입하여 처리할 수 있다.

[3] 결재

① 기안한 문서는 결재권자의 결재를 받아야 한다.

② 결재권자는 두 장 이상으로 이루어지는 다음에 해당한 문서를 결재할 때에는 결재인으로 간인한다.

- 전후 관계를 명백히 할 필요가 있는 문서
- 사실 또는 법률 관계의 증명에 관계되는 문서
- 허가, 인가, 등록, 기타의 민원 사항에 관계되는 문서

③ 전 항의 문서를 시행할 때에는 그 시행문에 시행 명의자의 관인으로 간인한다.

④ 기관의 장은 사무 내용에 따라 그의 소속 직원으로 하여금 위임·전결하게 할 수 있다. 다만 행정 권한의 위임 및 위탁에 관한 규정에 의하여 권한의 위임 또는 위탁을 받은 사항을 그 소속 직원에게 위임 전결하게 할 때에는 미리 위임 또는 위탁한 기관장의 승인을 받는다.

⑤ 결재권자가 출장, 휴가, 기타 사유로 상당한 기간 부재중일 때에는 그 직무를 대행하는 자가 대결할 수 있으며, 내용이 중요한 문서는 결재권자의 후결을 받는다.

⑥ 긴급한 문서이나 결재권자의 사정에 의하여 결재를 받을 수 없을 때에는 그 직무를 대행할 수 있는 자의 대결로서 우선 시행하고 결재권자의 후결을 받는다.

다만, 개인 또는 단체의 권리나 의무에 관계되는 문서는 예외로 한다.

4 발송

① 문서과에서 문서를 우편 또는 인편에 의하여 발송할 때에는 문서의 첫 면 하단에 발송인을 찍어 발송한다.

② 문서과에는 접수대장과 발송대장을 비치하고 이에 의하여 문서의 접수 상황과 발송 상황을 기록 · 정리한다.

③ 전신에 의하여 수발되는 문서를 기록하기 위해 따로 송신부와 수신부를 준비한다.

④ 접수대장, 발송대장, 문서대장 및 송신부와 수신부의 서식은 총리령으로 정한 것을 사용한다.

⑤ 기관 상호간 또는 보조기관 상호간에는 사무수행상 필요할 때에는 문서 열람을 하게 한다.

(4) 문서의 폐기

보존기간이 경과된 문서는 매년 1회 정기적으로 문서 정리기간 중 폐기하나, 폐기 전에 문서보존 여부를 재검토한 후 폐기한다. 폐기할 때 원장은 보존문서 기록대장을 확인하고 서명하여야 한다. 또한 중요한 내용의 문서는 내용을 알 수 없도록 세단기 등으로 폐기하고, 재활용을 위해 매각처분할 경우 매각 대금은 시설의 세입(잡수입)으로 회계처리한다(강문희 외, 1999).

(5) 기타 장부정리

1 출석부 정리 요령

출석부를 정리하는 요령을 제시하면 다음과 같다.

① 유아의 성명 기입은 생활 기록부나 건강기록부 등의 장부와 일관성 있게 순서를 유지하도록 한다.

② 일요일과 공휴일 등은 적선(赤線)을 그어 말소한다. 계속되는 방학 · 휴가 등은 좌상(左上)에서 우하(右下)로 직선으로 사선을 긋는다.

③ 작은 달이어서 31일이 불필요하면 청선(青線)으로 말소한다.

④ 중도 입학생은 입학한 날짜에 청색으로 '입'이라고 표시하고 입학 전날까지는 청색으로 줄을 긋는다.

⑤ 퇴원한 유아는 퇴학한 날짜에 '퇴(退)'라고 적색으로 표시하고 그 하란(下欄)은 직선으로 긋는다.

⑥ 장기 결석자는 월말에 비고란에 그 사유를 밝힌다.

2 출석통계 산출방법

출석통계 처리 결과는 유이 생활지도와 수업지도에 유용하게 활용되이야 한다. 출석통계를 산출하는 방법은 다음과 같다.

① 출석 유아수는 재적 유아수로부터 전월 결석 유아수를 빼어 산출한다. 전월 결석 유아수는 그 달에 재적 유아 중 하루도 출석이 되지 않은 유아 수를 말한다.

② 일일 출석 평균 유아수 산출은 출석 총 일수를 수업 일수로 나누어 소수점 이하 3자리에서 반올림한다. 여기서 출석 총 일수는 출석한 연 인원수를 말한다.

③ 일일 결석 평균 유아수 산출은 결석 총 일수를 수업일수로 나누어 소수점 이하 3자리에서 반올림한다. 여기서 출석 총 일수는 출석한 연 인원수를 말한다.

④ 출석 백분비는 출석 총 일수를 출석한 총 인원수로 나누어 소수점 3자리에서 반올림한 후 100을 곱하여 산출한다. 여기서 출석 총 일수는 재적 총 일수로서, 수업일수와 재적 유아수를 곱한 다음 입학 유아의 출석한 일수를 합하여 산출한다.

⑤ 통계 처리시에 상고(喪故)는 출석으로 인정한다. 상고로 인한 경우의 기간을 부모인 경우 7일, 형제자매인 경우 3일로 한다. 이와 같은 출석통계 처리 결과는 유아 생활지도와 수업지도에 유용하게 활용되어야 한다.

3 신체 검사 및 건강기록부

유아들의 신체 검사는 유치원 1년 과정에서 세 번 정도 실시하는 것이 바람직하다.

신체 검사시 구강검사를 아울러 실시하는 것이 이상적이다.

건강기록부는 학교 신체 검사 규정에 의거, 실시하도록 하고 있는데, 그 검사 종목은 체격검사, 체력검사, 그리고 체질검사 및 질병의 유무에 관한 사항 등이다. 이러한 건강기록부를 기재하기 위해 유의해야 할 점은 다음과 같다.

① 숫자는 아라비아 숫자로, 문자는 한글로 기입한다.
② 연령은 3월 1일을 기준으로 만으로 따지며, 6년 이상 7년 미만인 경우는 6년으로 계산하는 방식을 따른다.
③ 검사 연월일은 신체 검사를 모두 끝낸 연월일을 기준으로 기입한다.
④ 기록은 항상 정확하게 하며 접종한 날, 검사한 곳, 의사의 이름 등을 빠짐없이 기록한다.
⑤ 숫자나 글자는 똑똑하고 확실하게 기록하며, 담임 교사나 양호 교사 등 교사가 기록한다.

4 생활기록부의 정리

교육부는 1996년 12월 2일에 교육부 훈령 제 540호로 '유치원 생활기록부 관리 지침안'을 제정하고 공포하였다. 새로 제정된 '유치원 생활기록부'는 유치원 현장에서 보다 편리하면서도 객관적으로 유아 생활기록부를 작성할 수 있게 되어 있다.

「영유아보육법」 제29조 2항에 의해 어린이집의 원장은 영유아의 발달 등을 종합적으로 관찰 · 평가하여 영유아생활지도 및 초등학교 교육과의 연계지도에 활용할 수 있도록 하기 위하여 생활기록부를 작성 · 관리해야 한다.

〈그림 8-4〉 어린이집 서류보관

4) 사무의 합리적 관리

유아교육기관 사무관리의 능률을 향상시키게 될 때, 유아교육기관의 교육활동은 보다 원활하게 운영될 수 있다. 사무관리의 효율성을 증대하려면 취급하는 모든 업무가 편하고 빠르게, 그리고 가능하면 정확하게 이루어져야 할 것이다. 유치원의 사무를 합리화하는 데는 사무의 표준화와 능률화의 조건이 갖추어져야 한다. 즉, 유치원 사무를 처리하는 과정에서 사무 업무를 조직하고 계획하며 규격화하는 한편, 모든 기록이 간단 명료하고 신속 정확하게 처리되어야 한다.

유아교육기관에서의 사무의 합리적 관리를 위한 방법으로 첫째, 사무처리 조직을 정립하고 둘째, 사무용품과 소모품을 갖추며, 셋째, 사무를 표준화, 능률화하며 넷째, 사무처리를 계획해야 한다는 것이다(김옥련, 1993).

한편, 유아교육기관 사무의 합리적 관리를 위한 고려사항은 다음과 같다(김주건, 1997).

① 조직 및 운영이 합리적이어야 한다. 조직을 간소화하여 적재적소에 맞게 배분하고 각자의 책임 소재를 분명히 해야 한다.
② 사무 처리는 교육 효과를 올리기 위해 그때 그때 처리되어야 한다.
③ 사무 처리의 계획과 예정을 수립한다. 정기 보고물과 사전에 결정된 업무에 대하여 예정을 세워서 그에 따라 처리하여야 한다.
④ 시간적 배려를 중시해야 한다. 사무 처리의 완료 기간을 준수하고 최소한의 시간으로 최대의 효과를 나타내도록 해야 한다.
⑤ 사무 연락이 유기적으로 이루어져서 상호간에 충분한 연락이 취해지도록 해야 한다.
⑥ 모든 기록은 누가기록을 하고, 사무 처리 활동으로 인해 수업이 소홀하게 되어서는 안 된다.
⑦ 모든 문서의 작성은 의사소통의 수단이 되는 것이므로 정확성, 편의성, 신속성, 간결성을 유의해서 만들어져야 한다.

표 8-7

기간별 연간 사무처리 예정표

구분	Ⅰ기 (4~5월)	Ⅱ기 (6~7월)	Ⅲ기 (9~12월)	Ⅳ기 (1~3월)
지도계획/학습운영계획	· 연간 지도계획의 Ⅰ기분 확인 · 월간 지도계획 작성, 확인 · 주간, 일간지도 계획 작성, 확인 · 연간 학급경영의 Ⅰ기분 확인 · 월간 학급경영계획 작성과 확인 · 주간, 일일 학급 경영계획의 작성과 확인	· 연간 지도계획의 Ⅱ기분 확인 · 월간 지도계획 작성, 확인 · 주간, 일간지도 계획 작성, 확인 · 연간 학급경영의 Ⅱ기분 확인 · 월간 학급경영계획 작성과 확인 · 주간, 일일 학급 경영 계획의 작성과 확인	· 연간 지도계획의 Ⅲ기분 확인 · 월간 지도계획 작성, 확인 · 주간, 일간지도 계획 작성, 확인 · 연간 학급경영의 Ⅲ기분 확인 · 월간 학급경영계획 작성과 확인 · 주간, 일일 학급 경영계획의 작성과 확인	· 새 학년도 월간 지도계획 작성 · 월간 지도계획 작성, 확인 · 주간, 일간지도 계획 작성, 확인 · 새 학년도 연간 학급경영의 작성 · 월간 학급경영계획 작성과 확인 · 주간, 일일 학급 경영계획의 작성과 확인
유아관계사무	· 학급의 유아들의요구 · 흥미 능력 · 준비성 · 개인차 작성 · 특수한 유아 조사	· 학급의 유아들의 신체검사 · 놀이또래에 관한 조사(기타 사회성 조사) · 놀이 조사	· 학급 유아들의 지능검사 · 유아의 습관 조사	· 새 학년도 학급의 유아를 파악하기 위한 가정조사 · 새 학년도 학급의 유아들의 사회성 발달조사
연수	· 연구 조사, 연수의 계획과 실시	· 자기연수 · 원 전체의 연수 · 연구조사의 실시	· 방학 중의 연수 · 결과의 정리 · 자기 연수 · 연구 조사의 실시	· 연구 조사, 연수의 정리
사무처리	· 대장, 문서들의 정리 · 관찰기록의 정리	· 대장, 문서들의 정리 · 부모 제출 문서의 정리 · 제경비의 정리	· 대장, 문서들의 정리 · 부모 제출 문서의 정리 · 제경비의 정리	· 새 학년도에 필요한 대장의 작성 · 부모 제출 문서의 정리 · 제경비의 저리
가정연락	· 학급 PTA위원 · 가정통신 · 가정방문 · 수업참관과 토의	· 가정통신 · 수업참관과 토의 · 학급위원회	· 가정통신 · 간담회 · 학급위원회	· 가정통신 · 간담회 · 학급위원회

구분	I기 (4~5월)	II기 (6~7월)	III기 (9~12월)	IV기 (1~3월)
시설·설비관계	· 학급 내의 비품과 용구의 점검 및 손질 · 꽃밭 가꾸기 · 새장 손질 · 시청각 교구·교재의 점검과 손질 · 고정유구, 이동유구의 점검과 손질	· 학급 내의 비품과 용구의 점검과 손질 · 대청소 · 화재에 대한 대처 · 물놀이터의 점검과 손질 · 물놀이 용구의 점검과 손질	· 학급 내의 비품과 용구의 점검과 손질 · 태풍에 대한 대처 · 난방기구의 점검과 손질, 설치 · 시청각 교구·교재의 점검과 손질 · 고정유구, 이동유구의 점검과 손질	· 학급 내의 비품과 용구의 점검과 손질 · 학급 내의 빔과 비품대장과의 대조 · 대청소 · 유원장의 녹은 눈, 바람먼지에 대한 대책 · 꽃밭, 새장 등의 손질
사무	· 화분, 물통의 준비 · 벽면의 구성	· 모래놀이장의 점검과 손질 · 고정유구, 이동유구의 점검과 손질	· 도서의 구입과 정리 · 벽면 구성	· 고정유구, 이동유구의 점검과 손질 · 유구 등의 구입 · 벽면의 구성
행사	· 입원식 준비, 점검, 실시 · 생일잔치 준비와 실시 · 새 입학생 환영 · 회 준비와 실시	· 소풍 준비, 점검, 실시 · 생일잔치 준비와 실시 · 1학기 수업식 준비와 실시	· 가을운동회 준비, 점검, 실시 · 생일잔치 준비와 실시 · 생활발표회의 준비와 실시	· 졸업식 준비와 실시 · 생일잔치 준비와 실시
건강·안전사무	· 건강진단과 계획, 실시와 사후 처리 · 통학지도의 계획과 실시 · 대피훈련의 계획과 실시 · 유구 등에 대한 사고방지 대책	· 예방접종의 준비와 실시 · 실내의 습기 방지 · 우기의 통원 지도의 준비 · 유구 등에 대한 사고방지 대책	· 대피훈련의 실시 · 태풍에 대한 대책 · 유구 등에 대한 사고방지 대책	· 새 학년도 건강 · 안전계획 작성 · 감기예방에 대한 대책 · 대피훈련의 실시 · 유구 등에 대한 사고방지 대책

* 자료 : 한임순(1994).

참 | 고 | 문 | 헌

· 강문희 외(1999). 유아교육기관운영관리. 학지사.
· 김옥련(1993). 유치원경영관리. 과학교육사.
· 김주건(1997). 유아교육기관의 경영관리, 창지사.
· 보건복지가족부(2009). 2009년도 보육사업안내.
· 이영자 · 권영례(1997). 유아교육기관의 운영관리. 창지사.
· 임재택(1999). 유아교육기관 운영관리. 양서원.
· 중앙육아종합지원센터 홈페이지(http://www.childcare.go.kr)
· 한임순(1994). 새유아교육개론. 동문사.

· Decker, C. A. & Decker, J. R.(1992). Planning and administering early childhood program (5th Ed.). N.Y. : MacMillan Publishing Co.

제9장

가정연계 운영관리

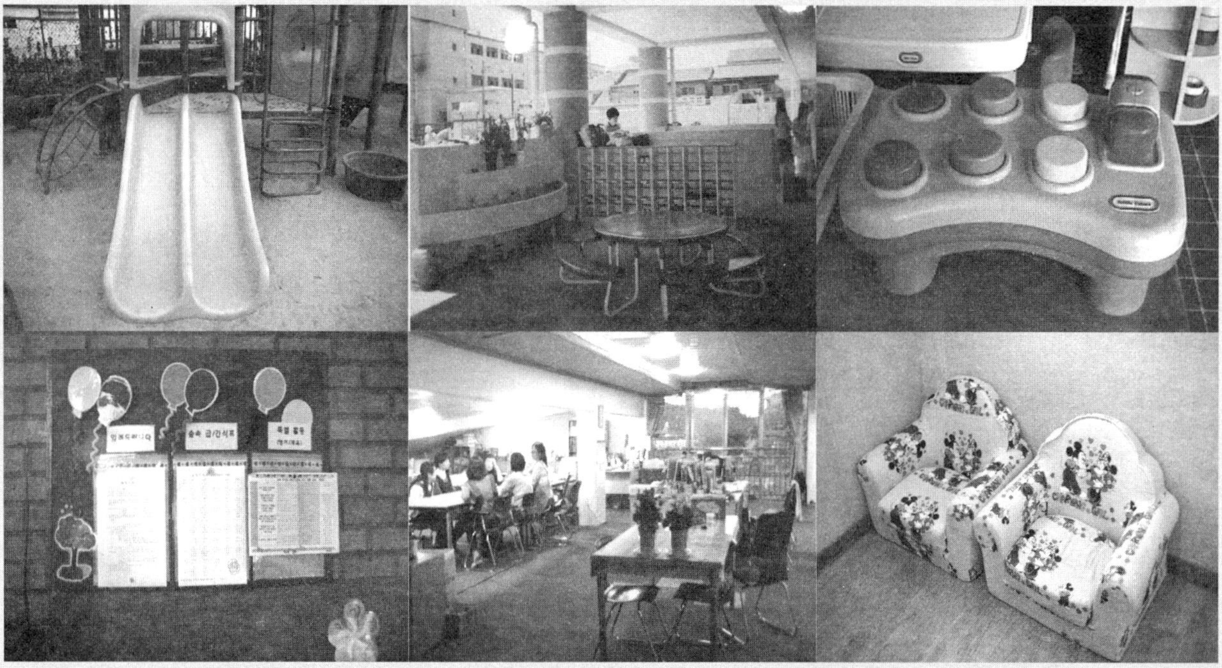

1. 가정연계의 중요성
2. 가정연계 운영방법

1. 가정연계의 중요성

유아교육기관 운영에서 간과할 수 없는 중요한 영역 중의 하나는 유아의 부모 및 가족과의 연계이다. 유아교육은 다른 교육과는 달리 가정과의 긴밀한 연계성과 교사와 부모의 일관성 있는 교육이 없다면 그 성과를 이룰 수 없다(유안진 외, 1997). 부모의 효율적인 역할수행은 유아의 성장과 발달에 지대한 영향을 미치므로 부모의 역할수행을 도울 수 있는 지원자가 유아교육기관이 되어야 할 것이다. 산업구조와 가족구성이 변화되면서 대가족 체계 내의 도움이 부족해진 부모에게 부모역할 수행에 대한 정보와 기술습득을 위한 지원이 필요하다.

유아교육기관과 가정이 함께 연계된 일관적인 교육방식을 채택할 때 유아는 안정감을 느끼고, 부모는 유아교육기관의 교육적 효과를 신뢰할 것이다. 그러므로 유아교육기관은 발달에 적합한 교육프로그램 및 기관운영을 위해서 무엇보다도 가정과의 연계를 안정적으로 이루어야 할 것이다.

가정과 유아교육기관의 협력이 필요한 이유는 다음과 같이 정리할 수 있다.

첫째, 급변하는 현대사회에서 적절한 자녀양육 모델을 찾아 민주적인 양육방식을 갖출 수 있도록 한다.

둘째, 가족과 친지, 이웃과 사회로부터 지지를 효율적으로 받기 위함이다.

셋째, 유아의 성장 · 발달에 결정적인 영향을 주기 위함이다.

넷째, 미래사회를 준비하기 위함이다.

1) 가정연계를 위한 지침

효율적인 가정연계가 이루어지기 위해서는 적절한 시기, 내용, 진행방법, 부모의 요구에 대한 배려가 있어야 한다. 가정연계를 위한 배려를 통해 유아교육의 부모참여도를 높이고, 궁극적으로 유아교육의 질을 높이도록 한다. 효과적인 가정연계가 되기 위해 다음과 같은 원칙이 있다(이순례 · 이현옥 · 박희숙, 2012). 첫째, 부모의 흥미와 능력, 관심도를 고려하여 부모관련 행사를 계획한다. 둘째, 실시날짜, 시간, 장소의 선정에 있어 대상부모의 상황을 고려한다. 셋째, 부모의 아이디어를 반영하는 개방적인 태도를 갖는다. 넷째, 진행형식은 융통적으로 하고, 운영방식에 있어 일관성을 유지하도록 한다. 다섯째, 다양한 가족이 참여할 수 있도록 가족구조의 특징을 고려한다.

2) 가정연계 활동의 원리와 의의

효과적인 가정연계 활동이 되기 위한 다음의 원리를 충실히 실행해야 한다. 첫째, 교직원과 가족은 상호 동등하고 존경하는 관계로 함께 노력한다. 둘째, 교직원은 가족 구성원 모두의 발달을 지원할 수 있도록 가족의 소양을 향상시킨다. 셋째, 가족연계를 위한 방법으로 가족, 복지프로그램, 지역사회 자원 등을 최대한 활용할 수 있어야 한다. 넷째, 다양한 사회환경과 가족구성을 포함하기 위한 적응력 있는 가치관으로 대응하도록 한다. 다섯째, 지역사회 정체감을 구체화할 수 있어야 한다. 여섯째, 가족 발달을 지원하기 위해 형식적, 비형식적 자료를 총동원한다. 이러한 원리를 바탕으로 유아교육기관에서 주로 이루어지는 부모대상 가정연계 활동의 의의에 대해 알아보도록 한다(이혜원 · 임미혜 · 황윤세, 2013).

(1) 부모교육

부모교육이란 부모로서의 역할기능을 원활히 수행할 수 있도록 부모에게 정보 혹은 지식을 전달하거나 기술을 가르치는 것을 말한다. 따라서 부모교육 프로그램의 목적은 기관의 도움없이 혼자 힘으로 정보 및 서비스를 활용하는 능력 배양에 있다. 우리나라에서 가장 일반적으로 사용되고 있는 개념이다. 유아교육기관에서 흔히 부모교육이라고 할 때에는 유아로부터 초등학교 저학년의 자녀를 가진 부모가 부모교육 프로그램에 참여함으로써 자녀에게 미치는 영향을 유아교육의 교육적 효과로 생각할 때 부모교육의 의미로 사용된다.

(2) 부모개입

부모개입이란 부모가 유아교육기관과의 긴밀한 유대를 통하여 유아를 바르게 이해하고 교육의 질을 높이기 위하여 부모 자신이 유아의 학습현장에 직접 개입하는 것을 뜻한다. 부모개입은 유아교육기관에서 중요한 자원으로 활용되며 다양한 방법으로 교사를 보조하는 역할을 하게 된다. 유아교육기관에서 부모개입의 유형은 프로그램 정책 수립자로서 개입, 교사로서의 개입, 지원자로서의 개입 등으로 분류하고 있다(한국유아교육학회, 1997).

(3) 부모지지

부모지지란 친지로부터의 도움을 위시하여 교회, 지역사회 내의 각종 학부모회, 지방단체, 아동복지시설, 병원, 교육기관, 기업체, 기타 사회사업기관으로부터의 지원·지지를 포함한다.

(4) 부모참여

부모참여란 학교 중심의 교육에서 벗어나 가정과 지역사회에서도 자녀교육에 관심을 가지고 이에 참여할 필요성이 대두됨에 따라 부모들이 교육현장에 참여하는 것을 말한다. 이는 부모가 자녀의 교육에 대해서 수동적이고 소극적인 수준에서 벗어나 부모가 교사 및 교육행정가와 대등한 입장에서 서로 상호작용하고 교육과 관련된 의사결정에 참여하는 적극적인 방법이다(한국유아교육학회, 1997).

유아교육기관에서의 부모참여를 다음의 수준으로 나누어 설명할 수 있다.

- 정책 수립자로서의 부모
- 자녀교육의 보다 효과적인 교사로서의 부모

• 학교나 유아관련 시설의 지원자로서의 부모
• 보다 나은 부모로서의 부모

(5) 부모역할하기

부모역할하기는 최근에 나온 용어로 널리 사용되고 있는데 이 개념은 자녀를 양육하고 보호하며 지도하는 과정을 말한다. 이 과정은 부모와 자녀 사이의 계속적인 상호작용이나 부모와 자녀를 변화시키는 것이기도 하다. 이 과정에서는 부모뿐만 아니라 유아의 신체적, 사회적, 정서적, 인지적 발달에 영향을 주고 지도하는 형제자매, 또래 집단, 친척, 교사 등도 포함된다. 부모역할하기는 어머니 역할하기(mothering)와 아버지 역할하기(fathering)로 세분하여 사용되기도 한다.

표 9-1

연간 부모교육 프로그램

월	강연	작업	비고
3	유치원 교육의 중요성, 운영방침 안내	교실청결 작업	어머니교실 운영
4	자녀와의 대화기술	그룹게임 자료 만들기	문제행동 지도
5			개별면담
6	유아의 또래관계		
7	유아 성교육		
8	자연친화적 생활이란		
9		운동회 준비물 만들기	
10	바람직한 가정생활		개별면담
11		작업책 만들기	
12			
1		교실청결 작업	
2	입학을 앞두고		

출처: 이대윤 · 송정원(2010).

2. 가정연계 운영방법

1) 가정연계 참여 수준

유아교육기관에서 가정연계의 정도는 부모참여 수준에 따라 구분할 수 있다. 부모의 참여형태에 따른 구분은 부모의 참여가 극히 소극적인 최소한의 형태로부터 완전히 프로그램을 통제하는 형태에 이르기까지 크게 다음의 네 가지로 요약될 수 있다(유안진 외, 1997).

① 소극적이고 최소한의 부모참여가 이루어지는 기초적인 수준이다.

전통적으로 유아교육기관에서 실시해 오던 부모참여로서 일반적으로 인식되고 있는 부모회, 수업참관, 가정통신, 면담, 가정방문 등의 형태가 이에 속한다. 주로 이 형태에서는 교사가 주도적인 입장에 서서 부모교육 전문가나 각 분야의 전문가와 함께 부모에게 유아발달 및 유아교육, 유아교육기관의 교육방향과 운영에 관한 정보와 지식을 전달하고 부모는 이를 수동적으로 수용하는 소극적인 입장이다.

② 직접적인 교수활동에 부모의 참여가 증진되도록 계획하는 수준이다.

일반적으로는 유아교육기관 프로그램과 일치하는 범위 내에서 부모가 도울 수 있는 활동을 교사가 결정하고, 부모들은 이를 조절하여 보조자나 자원자로서 봉사하는 보다 진보된 부모참여 형태이다.

③ 부모가 학급에 참여하여 보조자나 자원자로서 봉사하는 수준이다.

이 형태는 부모가 교구나 교육자료를 제작·마련하는 활동, 환경조성, 각종행사, 간식, 휴식, 신체검사, 안전지도, 귀가지도, 놀이지도와 같은 학급 내의 일상적 과정을 지원하고 조절하는 것을 말하며, 교사의 주의 깊은 감독 자문하에 보조교사 기능을

수행할 수 있다.

④ 유아교육기관의 운영에 직접 참여하는 수준이다.

이는 교사가 부모의 권한을 최대로 인정함으로써 유아교육기관의 운영에 직접 참여하려는 부모의 요구를 존중하는 가장 진보적인 부모참여 형태이다. 이 형태는 부모가 단순한 봉사를 받는 사람이 아니고 오히려 부모들이 교육과정의 운영이나 교육목표 선정, 유아교육기관의 재정 및 설비에 대한 여러 가지 문제를 결정하는데 참여하는 형태이다.

〈표 9-2〉은 아주 수동적인 부모참여의 수준에서부터 보다 능동적인 수준의 연속성을 나타낸 것이다.

표 9-2

부모참여의 수준

높음	· 교사로부터 훈련받고 글씨 표본을 보여 주거나 학습 영역에 조력하거나 컴퓨터 사용을 돕는 등의 활동을 통해 교실에서 유아들을 돕는다.
	· 교실에서 학습 과정이나 교사가 소개한 개념을 강의한다.
	· 교실에서 어휘, 수를 가지고 유아들과 연습한다.
	· 교실에서 유아들에게 책을 읽어 준다.
	· 교실에서 시범을 보이거나 영역에서 직접 활동을 제시한다.
	· 교사 과정과 정책에 영향을 미치는 위원회에 참여한다. 위원회는 보통 부모들, 교사들, 원장 등 관리자들로 구성된다.
	· 자모회 임원 부모들이 교과 과정 관련 및 가족 지향 활동의 지원과 실행자로서의 역할을 한다. 예를 들어 미술 작품 전시회, 부모를 위한 행사 등이다.
	· 교사들이 가르칠 때 사용할 교수 자료를 만든다.
	· 학교 도서관에서 책을 빌려 주고 선반을 정리하는 일을 돕는다.
	· 오늘의 어머니, 오늘의 아버지로서 참여한다.
	· 현장 견학 또는 학교 행사에 보호자로서 감독을 한다.
	· 교육 주간 또는 개학날에 교실을 방문한다.
	· 유아들의 연주, 공연이나 시범 활동에 참석한다.
	· 학교 모임 행사에 참석한다.
	· 게임이나 체육대회 때 참석한다.
	· 의식 행사에 참여한다.
	· 부모, 교사 모임에 참석한다.

↑ 낮음	· 숙제를 돌보아 주도록 격려받는다. · 자모회 모금 활동에 참여한다. · 자모회에 참석을 요청받는다. · 부모들에게 보내는 가정통신문을 읽으라고 격려받는다. · 전혀 참여하지 않는다.

* 자료 : 이연섭 · 강문희(1998).

2) 가정연계 방법

유아교육기관에서 가정연계의 목표를 설정하고 이를 달성하기 위해 계획되어지는 프로그램의 유형으로는 가정통신, 가정방문, 부모-교사 면담, 부모회, 수업참관, 보조교사, 운영에의 참여방법 등이 있다. 이와 같은 부모교육 운영방법에 대해 구체적으로 살펴보면 다음과 같다.

(1) 가정통신문(이메일)

가정통신문은 부모교육 운영방법 중 개인과 가정을 대상으로 많이 사용되는 정보교환 및 의사소통 방법이다. 이것은 부모와 교사가 직접적인 대면을 하지 않고 문서를 통해 연락함으로써 간접적인 유대를 갖는 것이다. 즉, 유아교육기관과 가정 사이에 대화의 연계를 촉진시키는 역할을 하며 부모는 가정통신문을 통해 기관과 유아에 대한 정보를 얻게 된다.

가정통신문은 유아교육기관 소개책자와 같이 연간으로 발간되는 것, 유아교육비나 부모교육의 계획 및 운영을 부모들에게 전달하기 위해 매월, 매주 또는 매일 발행하는 것, 그리고 유아교육기관이나 부모들의 필요에 의해 수시로 발간하는 것 등 매우 다양하다. 다음의 〈표 9-3〉은 유아교육기관에서 사용되는 가정통신문의 한 예를 제시한 것이다.

표 9-3

가정통신문의 예

가 정 통 신 문

본 어린이집에서는 오는 7월 25일(금)~26일(토) 1박 2일 동안 여름캠프를 실시하고자 합니다.

특별히 올해에는 지난해 본원에서 실시한 바 있는 원내캠프의 단조로움에서 벗어나 풍요로운 자연 속에서 마음껏 뛰놀고 배울 수 있는 현장학습의 기회를 갖게 되었습니다.

여름캠프 참가를 희망하는 원아는 6월 20일(금)까지 아래 신청서와 참가비를 본원 교무실로 직접 제출하여 주시기 바랍니다.

여름캠프 장소인 어린이학농원에 대한 안내서와 캠프 일정표를 본원 현관에 비치하였사오니 참고하시고 기타 궁금하신 사항이 있으시면 본원 교무실로 문의하시기 바랍니다.

**캠 프 일 자 : 2014년 7월 25일~26일(금, 토)
**캠 프 장 소 : 평택어린이학농원
**참 가 비 : 30,000원(캠프 참가비 26,000원 + 차량비 4,000)
**신청마감일 : 2014년 6월 20일(금)

캠프 참가 신청서

반명 :

이름 :

참 가	불 참

○○ 어 린 이 집 원 장

가정통신문에 실을 수 있는 내용으로는 다음과 같은 내용이 있다(성영혜 외, 1993).

① 견학, 소풍, 관람에 필요한 안내로서 시간, 장소, 요금, 도착시간 등이다.

② 간식 통신문일 경우에는 간식의 종류와 양, 영양에 대한 정보이다.

③ 수업료 안내문은 적어도 2주 전에 미리 알리고 수업료에 대한 자세한 금액을 적어서 보낸다.

④ 입학 초에는 적응기간이 유아에게 필요하므로 부모들의 정서적인 불안을 덜어 줄 수 있는 따뜻한 내용의 통신문을 보내는 것이 필요하다.

⑤ 교과과정 중에 폐품을 이용할 수 있도록 계획해서 다양하게 폐품수집을 한다.
⑥ 새로운 율동과 노래를 배울 때는 미리 노래에 대한 악보와 가사를 적어서 보낸다.
⑦ 유아의 건강, 영양을 관리할 수 있는 간단한 내용을 적어서 보낸다.
⑧ 면담을 원하는 부모에게는 전화로 시간과 날짜를 정하여 면담을 하도록 안내한다.
⑨ 유아의 승 · 하차 장소나 시간을 정확하게 적어서 알려준다.
⑩ 부모가 유치원으로 보낼 수 있는 통신란을 만들어 집에서의 생활태도와 바램을 적어 보내도록 한다.
⑪ 교사는 수시로 각 유아에게 생긴 일을 적어서 어머니에게 전달한다.
⑫ 부모에게 요구 사항을 간단히 적어 보낼 수도 있다.
⑬ 자녀교육에 관한 지식이나 정보 그리고 유아교육에 관련된 내용을 적어 보낼 수 있다.
⑭ 부모참여에 대한 제안으로 보조교사, 일일교사, 특별활동에의 참가 등을 적어 보낼 수 있다.

이러한 가정통신문의 목표는 다음과 같다(유안진 외, 1997).
① 현재의 학급활동을 부모에게 알린다.
② 부모에게 교육활동의 근거가 되는 교육목적에 대한 통찰력을 제공한다.
③ 학교학습, 그 중 특히 언어발달 영역의 학습을 가정 및 가족으로 확대 · 강화한다.

또한 최근에는 인터넷을 통한 의사소통, 즉 이메일을 주고받는 등 컴퓨터를 활용함으로써 가정통신문의 전달이 한결 간단해졌다.

(2) 가정방문

가정방문은 가정과 기관을 연결시켜 주는 중요한 수단으로 교사가 유아의 가정을 직접 방문하여 부모와 상담하고 유아의 가정생활 환경을 파악하여 유아교육에 도움을 주고자 하는 활동을 의미한다. 가정방문을 통해 교사가 얻을 수 있는 효과는 다음과 같다(이재연 외, 1993).

① 부모 및 다른 가족성원들과 라포를 형성할 수 있다
② 의사소통을 촉진한다.
③ 부모참여를 격려하고 부모의 지원을 촉진한다.
④ 유치원의 목적과 목표를 알릴 수 있다.
⑤ 유아의 진전상황을 이야기할 수 있다.
⑥ 유아가 가진 문제를 의논할 수 있다.
⑦ 교육기관에서 배운 것을 가정에서 확장시키는 방법을 부모에게 제시할 수 있다.
⑧ 가정에 서비스를 제공할 수 있다.
⑨ 교육기관 방문을 꺼리거나 방문을 할 수 없는 부모와 접촉할 수 있다.
⑩ 가정방문은 학기 중 적당한 시간을 택해서 이루어져야 한다.
⑪ 먼저 학기 초 또는 입학 전의 가정방문에서는 유아들에게 새로운 유치원생활에 대한 기대를 갖도록 해 주고 처음 만나는 교사와 친밀해 질 수 있도록 해준다.
⑫ 학기 중 특히 방학동안에 가정방문을 이용하여 떨어져 있던 유아 개개인에게 교사의 관심을 보여줄 수 있다
⑬ 학기말을 이용한 교사의 가정방문은 1년간의 교육을 총정리하고 평가하는 시간이 될 수 있다.

또한 효과적인 가정방문이 되기 위한 지침은 다음과 같다(이재연 외, 1993).

① 가능하면 가족이 모두 모이는 시간을 선정한다.
② 적절한 질문을 한다.
③ 구체적인 단기목적과 장기목적을 정하고 그 목적을 이루기 위한 현실적인 방법을 세운다.
④ 부모가 자녀의 학교활동에 참여할 수 있도록 격려한다.
⑤ 효과적인 의사소통 방법을 활용한다. 부모가 말한 문제나 관심사를 주의 깊게 경청한다.
⑥ 표현, 신체언어, 가족성원들간의 상호작용, 그리고 환경 상태를 주의 깊게 관찰한다.

(3) 부모-교사 면담

면담이란 교사와 부모가 서로 대면하여 유아의 생활과 문제행동에 대해 의견을 교환함으로써 바람직한 유아지도 방안을 모색하는 활동이다. 유아교육기관에서 교사와 부모는 비공식적으로 면담할 기회를 갖는데 이는 좀 더 공식적인 면담을 필요로 하고 계획하는 기회로 활용될 수 있다.

이러한 학부모 면담은 집단면담과 개인면담 형식으로 이루어진다. 집단면담은 연 1-2회 정도 실시하며, 학기 초에 동연령 부모들과 함께 모여 연령별 특성을 탐색하고 앞으로의 교육방향에 대해 정보를 수집하고, 의견을 나눌 수 있다. 또한 개인면담은 일정기간 유아교육기관을 이용한 후, 유아의 유아교육기관 생활과 발달적 특성, 전반적인 성장과 변화에 대해 부모 일대일로 면담하는 방식이다. 개인면담 또한 연 1-2회 정도 실시할 수 있으며, 개별적으로 부모와 이야기하는 것이므로 충분한 시간을 확보하고, 부모의 면담 가능 시간으로 일정을 계획하는 것이 필요하다.

면담 중에 자유롭게 이야기하는 가운데 부모를 통해 유아에 관한 많은 정보를 얻게 되며, 교사는 미리 준비한 유아의 관찰기록부를 통해 유아에 대한 서로의 지식을 교환한다. 또한 면담은 유아의 문제행동에 대한 해결 방법을 연구하고 교육기관의 프로그램이나 교육목적에 대한 의문을 풀 기회를 주기도 한다. 그리고 부모가 유아의 기관에서의 생활에 관심을 가질 수 있도록 도와주기도 한다.

부모-교사 면담의 종류는 개별면담과 집단면담으로 나눌 수 있으며 유아교육기관의 계획에 따라 정해진 시기에 이루어지는 정기적인 면담과 부모나 교사의 필요에 의해 이루어지는 비정기적인 면담으로 구분된다.

부모와의 면담을 실행하기 전 다음과 같은 사항을 준비하는 것이 필요하다(이순례 외, 2012).

① 집단 또한 개인면담의 형식을 선택한다.
② 부모에게 면담 일정을 공지하여, 참석여부를 파악한다. 부모의 참여도를 높이기 위해 사전 시간조사를 할 필요가 있다.

③ 면담 시간과 장소를 정한다. 다른 반과 공동 공간 이용 일정을 조율한다.
④ 면담장소의 환경을 정돈한다.
⑤ 유아의 발달특성과 행동목록 관찰내용을 정리한다.
⑥ 면담 하루 전 부모에게 면담 일정을 최종적으로 안내한다.

(4) 부모회의

부모회의는 부모들의 정기적 또는 비정기적으로 갖는 집단 모임으로, 유아교육기관에서 가장 보편적으로 활용하고 있는 일반적인 운영방법이다. 부모회의 목적은 정보나 지식을 알리고 여러 사람의 생각을 나누고, 집단의식이나 소속감을 길러주는데 있다. 부모회의의 종류는 크게 다음의 4종류로 구분된다(유안진 외, 1997).

① 정보를 주기 위한 목적의 부모회로 대표적인 것은 학기초의 집단회의이다. 이때 유아교육기관의 제반 사항에 관한 정보를 알려주게 된다.
② 보고 회의로 부모에게 유아의 활동과 능력을 알리기 위한 목적으로 부모와 교사간의 개별면담을 갖게 되는 경우다.
③ 정보를 얻기 위한 회의로 가정 내 또는 교육기관의 외부에서 유아의 행동 또는 다른 유아교육기관의 프로그램에 관한 정보를 얻기 위한 목적으로 부모-교사, 또는 교사-교사간의 개별면담이 있다.
④ 문제해결을 위한 목적으로 부모에게 새로운 지식이나 기술을 가르치는 회의가 있다. 일반적으로 주제를 정하여 강연을 듣거나 이 주제를 중심으로 소집단 토론을 하기도 한다.

(5) 수업참관

수업참관은 유아교육기관과 가정이 바람직한 협력관계를 만들 수 있는 가장 기본적인 단계이면서 효율적인 부모교육 운영방법이다.

이러한 수업참관의 목적은 다음과 같다(이연섭 외, 1998).

① 유아의 발달 정도를 객관적으로 파악할 수 있다.
② 가정과 유아교육기관에서 유아 행동간의 차이를 알 수 있다.
③ 유아교육기관의 교육과 지도방법에 대한 이해를 높이고 가정에서도 일관성있게 지도하는데 도움이 된다.

수업참관은 가능한 많은 부모들이 참가할 수 있도록 계획되어야 하며 참관을 보다 교육적으로 이끌어가기 위해서 참관의 목적, 내용 및 주의사항 등을 미리 인쇄물로 준비해 나누어주고 이에 대한 질문이나 오리엔테이션을 받은 후 참관하게 하는 것이 좋다. 수업참관은 매월 정해진 시간에 부모들이 각 반 참관실에서 자유롭게 관찰하도록 한다. 부모들은 수업을 참관할 때 기관에서 미리 준비한 체크리스트에 부모들이 기록해 봄으로써 더욱 더 효과적인 수업참관이 되도록 한다(유안진 외, 1997).

수업참관시에 부모들이 무엇을 관찰할 것인지를 미리 알려주고 참관이 끝난 후 평가의 기회를 갖는 것은 매우 필요하다. 수업참관 후 토의할 내용으로는 다음과 같다.

① **활동의 선택** : 수업의 내용 선택이 알맞은 수준인가?
② **유아의 참여** : 모든 유아들이 능동적으로 참여하도록 계획되었는가?
③ **교사의 태도** : 교사가 유아의 질문에 예민하고 친절한 태도로 진행했는가?
④ **학습의 분위기와 환경조성** : 편안하고 정리된 자연스러운 학습 분위기인가?
⑤ **학습구성** : 학습활동을 전체적으로 적절하게 잘 계획하고 구성하였는가?

다음의 〈표 9-4〉는 수업참관시 부모들이 기록하는 체크리스트의 한 예가 있다.

(6) 보조교사

부모가 유아교육기관의 현장에서 교사의 보조자 형태로 참여하는 방법은 보다 적극적인 부모참여 활동방법이다. 특히 우리나라 유아교육기관의 경우 교사 대 유아의 비율이 높게 나타나고 있는 교육현실을 감안하면 이 방법은 그에 대한 하나의 해결책으로 사용될 수 있을 것이다.

표 9-4

부모 참관수업 안내문 예

- 어린이집 참관 안내문 -

저희 혜원어린이집에서는 학부모님들께서 희망할 경우 보육실의 창문을 통해서 혹은 보육실 내에서 자녀의 보육에 참관할 수 있도록 하고 있습니다.
단, 이때 미리 참관일정을 보육교사와 협의하여 영유아의 보육활동에 방해되지 않는 범위 내에서 참관을 신청받고 있습니다.
그러므로 보육실 참관을 하고자 하시는 학부모님들께서는 보육수첩을 통하여 연락을 주시거나, 어린이집으로 직접 연락을 주셔서 협의할 수 있도록 협조 부탁드립니다.

※ 하루 일정 중 참관 가능 시간 : 10시 ~ 15시 30분
(차량운행 이외의 시간)
※ 1회 참관 가능 시간: 1시간 이내
※ 입실시 주의점 : 영유아들의 건강과 청결한 위생을 위해 손을 깨끗이 씻거나 현관의 손 소독기를 사용하여 세정을 하고 입실하여 주시기 바랍니다.

혜원어린이집 원장

표 9-5

수업참관 체크리스트 양식의 예

참관수업 관찰사항

__________반　　　　원아명__________　　기록일시__________

자유선택활동

1. 친구와 함께 노는 것을 즐거워합니까 ?__________
2. 놀잇감을 친구와 나누어 놉니까 ?__________
3. 놀잇감, 책상, 의자 등을 함부로 다루지 않습니까 ?__________
4. 놀이규칙이나 교사가 제시하는 규율을 잘 지킵니까 ?__________
5. 스스로 놀잇감을 선택하고 여러 가지 활동에 관심을 보이고 참여합니까 ?
   ____
6. 놀이시 어려운 문제가 생기면 어떻게 해결합니까 ?__________
   ____
7. 남이 하지 않는 놀이나 활동을 시도하고 놀이에 적극적으로 참여합니까 ?
   ____

대집단활동

8. 집단활동(이야기 듣기, 노래 부르기, 미술 작업 등)에 오래 집중합니까 ?
   ____
9. 다른 사람의 의견을 잘 받아들입니까 ?__________
10. 친구들 앞에서 자기의 의견을 잘 발표합니까 ?__________
11. 남의 이야기를 듣는 태도 및 자세는 바릅니까 ?__________
12. 교사의 말을 잘 알아듣고 반응합니까 ?__________

기　타

13. 원아의 행동 관찰 사항
    집에서 __________
    어린이 집에서 __________
14. 아이들이 교사의 말을 잘 듣고 존중하는 것은 왜 그렇다고 생각됩니까 ?
    ____
15. 부모님께서는 아이의 다양하고 많은 관심과 질문에 성의있게 대답하십니까 ?
    ____

건의사항

그러므로 부모들을 일정한 교육을 통해 훈련시켜서 그들이 유아교육기관의 교육활동에 참여하게 한다. 부모들은 이러한 과정을 통해서 유아교육을 위한 자신들의 역할과 능력을 새롭게 인식할 수 있게 된다.

유아교육기관에서 부모가 보조교사로서 할 수 있는 역할로는 다음과 같은 것들이 있다.

① 간식준비와 간식시간의 소집단 지도를 할 수 있다. 즉, 간식을 준비하여 당번 유아들이 배식할 수 있도록 음식의 수, 적당한 그릇 등을 준비해 둘 수 있고 뒷정리도 할 수 있을 것이다. 또한 소집단을 이루어 간식을 먹게 될 때, 교사가 전체를 관리하고 지도하기 어려우므로 보조교사가 몇 개의 책상을 책임지고 보살피며 식사습관에 대한 바른 지도를 할 수 있다.

② 놀이시간 지도의 역할을 하기 위해서는 교사에게 사전지도를 받아야 하지만 자유놀이 시간에 교사의 시선이나 손이 미치지 못하는 환경이나 위험에서의 보호 내지는 안전지도 또는 유아의 요구에 반응해 주는 등의 소극적인 입장에서 보조교사의 역할을 할 수 있다.

③ 소집단 학습의 보조자로서 생활주제에 따라 개별학습 이외의 소집단을 이루어 교사와 대화, 토의, 발표, 게임 등 언어를 매개로 하는 시간에 교사는 주된 활동을 하고 보조자는 조용히 놀이를 돌봐주는 역할을 할 수 있다.

④ 환경 정리와 교재 제작의 보조를 할 수 있다. 계절이나 학습 단원에 따라 교실환경을 바꾸거나 보충하는 일이 교사 혼자의 힘으로는 벅찬 일이므로 부모가 보조교사가 되어 교실 환경 정리하는 것을 도와줄 수 있다.

⑤ 부분적으로 프로그램에 참여할 수 있다. 동화, 노래지도, 게임 등 부분 수업활동을 지도해 봄으로써 교사의 부담을 덜어 주며 유아를 지도하는 기술을 부분적으로 쌓을 수 있는 기회를 갖게 된다.

⑥ 현장견학, 소풍, 운동회 등 특별행사에 보조자의 역할을 담당하는 폭넓은 인적자원의 활용이 가능하다.

⑦ 유아교육기관의 실내 · 외 환경구성에 부모들의 참여가 요청되며, 교사는 환경구

성시 부모들에게 중요성과 필요성을 인식시켜 자발적인 협조가 이루어지도록 하며, 부모들의 경제적 · 물질적 부담보다는 아이디어나 재능에 도움을 받는다.

⑧ 교사와 함께 청소지도, 귀가지도, 예방접종, 신체검사 및 활동 후의 정리정돈을 한다.

⑨ 각종 인쇄물 준비와 발송 등의 업무처리 과정을 협조한다.

〈그림 9-1〉 학부모 참여수업

(7) 유아교육기관 운영에의 참여

가장 적극적이고 진보적인 부모참여의 형태로서 교육기관 체제를 통제하고자 하는 부모의 요구를 운영자 및 교사가 존중해 주는 방법이다. 부모교육이나 유아교육의 운영에 있어서 운영자 및 교사가 주도하여 목표, 내용, 방법을 계획하여 일반적으로 실시하는 경우에는 부모의 요구나 지역사회의 요구를 받아들인다고 해도 유아교육과 부모교육 사이에 상호작용이 일어나기 어려운 것이다.

그러므로 유아교육 계획과정에 부모가 참여할 수 있는 기회를 제공함으로써 부모의 참여도를 높이고, 부모들과 함께 프로그램을 계획할 수 있다. 부모와 교사간의 상호작용은 근본적으로 유아의 이익을 부모와 교사가 함께 노력하는 과정이다. 이러한 과정에서 교사와 부모가 하나의 동반자로서 서로 믿음을 갖는 일이 중요하다.

부모가 운영에 참여하는 방법의 예로는 부모자문위원회, 임시부모협의회 등을 구성해서 참여하는 것이다. 운영에 참여하는 부모들과 교사간의 협력의 효과는 교사와 부모들 사이의 신뢰 정도, 협력해 나갈 수 있는 교사와 부모의 능력과 이러한 과정을 촉진할 수 있는 교사들의 운영의 묘에 따라 성공여부가 결정될 수 있다.

표 9-6

운영위원회 회의록

<table>
<tr><td>일 시</td><td colspan="3">년 월 일 요일</td><td colspan="2">위원장</td><td>어린이집 원장</td></tr>
<tr><td>장 소</td><td colspan="3"></td><td colspan="2">(인)</td><td>(인)</td></tr>
<tr><td rowspan="2">참석현황</td><td>총 원</td><td>참 석</td><td>불 참</td><td colspan="3">비고</td></tr>
<tr><td></td><td></td><td></td><td colspan="3"></td></tr>
<tr><td>회의순서</td><td colspan="4">(생략가능)</td><td colspan="2"></td></tr>
<tr><td></td><td colspan="4">회 의 내 용</td><td colspan="2">비고</td></tr>
<tr><td>토의 안건</td><td colspan="4"></td><td colspan="2"></td></tr>
<tr><td>토의 및 의결사항</td><td colspan="4"></td><td colspan="2"></td></tr>
<tr><td>특기사항 및 사진</td><td colspan="4"></td><td colspan="2"></td></tr>
<tr><td>개회시간</td><td colspan="4"></td><td colspan="2"></td></tr>
<tr><td>폐회시간</td><td colspan="4"></td><td colspan="2"></td></tr>
</table>

[참고]

◎ 운영회의록은 반기별 1회 이상 정기적으로 개최하고 회의록을 작성하여 보관한다.

◎ 어린이집의 특별한 운영사항이 발생할 경우 운영위원회를 공지하여 상시 개최할 수 있다.

※ 출처 : 어린이집 운영위원회 메뉴얼(보건복지부, 2012)

(8) 유아와 가족을 돕기 위한 전문가와의 협조

유아교육기관에 재원하는 유아는 발달적 특성의 차이로 또래와 다른 특별한 보호와 교육이 필요한 유아가 있을 수 있다. 이들의 특수한 욕구에 대해 유아교육기관은 보다 적절한 진단과 그에 따른 치료 및 교육을 실시할 필요가 있다. 이러한 유아의 발달적 특성을 진단하기 위해서는 전문가와 아동발달 전문기관의 협조가 필요하다. 또한 유아의 특별한 욕구에 맞는 양육방식을 보이기 어렵고, 가정내에서의 어려움을 호소하는 가정을 대상으로 양육지원의 하나로 전문가 및 전문기관의 서비스를 연계할 수 있는 역할이 필요로 할 수 있다.

부모개인이 유아의 특성을 파악하고 그에 맞는 치료, 교육기관을 찾아가기 어려우므로 일상적인 생활 속에서 유아의 특별한 요구를 파악하고 부흥하기 위한 노력으로 전문가와 협조할 수 있는 방법과 지속적인 교육과 처치가 이루어질 수 있는 유아교육기관의 협조가 필요하다.

부모가 객관적으로 관찰하기 어려운 부분에 대해 유아의 특성을 파악하고, 부모의 양육방식과 성향에 맞는 기관섭외와 전문적인 내용을 전달할 수 있는 역할을 유아교육기관에서 실행해야할 것이다. 전문가와의 협조관계를 유지하고, 유아의 문제에 대해서도 자문을 구하여 보다 발달에 적합한 교육환경과 프로그램을 제공할 수 있는 것이 가정연계의 중요한 부분으로 부상하고 있다.

참 고 문 헌

· 보건복지부(2012). 어린이집 운영위원회 매뉴얼. 보건복지부.
· 성영혜 · 윤석희 · 이경화(1993). 부모교육. 문음사.
· 유안진 · 김연진(1997). 부모교육. 동문사.
· 이대윤 · 송정원(2010). 유아교육기관의 운영관리. 양서원.
· 이순례, 이현옥, 박희숙(2012). 초임교사를 위한 영육아교육기관의 운영관리. 공동체.
· 이연섭 · 강문희(1998). 부모교육. 학지사.
· 이재연 · 김경희(1993). 부모교육. 양서원.
· 이혜원, 임미혜, 황윤세(2013). 유치원 및 어린이집 운영관리. 공동체.
· 임재택(1999). 유아교육기관운영관리. 양서원.
· 한국유아교육학회(1997). 유아교육사전. 한국사전연구사.
· 홍기형 외(1984). 부모교육 프로그램 모형 개발연구. 한국행동과학연구소.

제10장

유아의 영양과 건강 및 안전관리

1. 유아의 급식 및 영양관리
2. 유아의 건강관리
3. 유아의 안전관리

1. 유아의 급식 및 영양관리

1) 유아기 영양의 중요성

유아기는 모든 발달의 결정적 시기로서 유아의 성장발육이 급속히 이루어지므로 이 시기의 충분한 영양공급은 일생 동안의 성장·발달에 결정적인 영향을 미친다. 이 시기에 유아가 충분한 영양공급을 받지 못하고 영양결핍이 되면 신체적 성장뿐 아니라 정서적·심리적 성장 발달에도 심각한 영향을 준다. 즉, 유아기의 영양실조는 뇌의 크기나 구성에 있어서 치명적인 손상을 가져오며 중추신경체계의 발달을 방해한다(Decker & Decker, 1992). 따라서 유아교육기관에서는 유아에게 영양이 충분하고 양도 적당한 식사와 간식을 규칙적으로 제공해야 한다.

유아기는 정서 발달과 더불어 미각과 혀의 감각도 발달하는 시기이므로 유아는 음식의 외관, 색깔, 냄새의 변화에 민감한 반응을 보이며, 그에 따라 식욕에 영향을 받기도 한다. 또한 이 시기 유아의 영양 소요량을 체중 1kg당으로 환산하여 성인의 필요량과 비교해 보면 필요한 영양소가 성인의 2~3배나 되기 때문에 유아기에는 양적으로 많은 영양이 필요하다. 또한 이 시기에는 성인과 달리 에너지나 다른 영양소를 저장해 둘 여유가 없으므로 영양의 부족, 영양질의 불균형, 영양섭취 방법이 적절하지 않으면 그 반응이 심각하게 나타난다. 그러므로 양적인 측면의 충당뿐만 아니라 질적인 면에 있어서도 유아의 신체요구에 알맞도록 충당되어져야 한다(허혜경 외, 1997). 유아기의 영양이 중요한 또 다른 이유는 이 시기에 식습관이 형성되기 때문이다. 어린 시절에 형성된 식습관은 후일 바꾸어 보려 해도 쉽게 바꾸기가 어려우므로 유아기의 올바른 식습관 형성은 매우 중요한 발달과업이라 하겠다. 유아기에 바람직한 식습관이 형성되면 충분한 영양을 섭취하게 되며, 그로 인해 여러 가지의 질병으로부터 보호받게 되고 신체적으로 건강한 생활을 할 수 있을 뿐만 아니라 원만한 성격을 형성하게 된다.

2) 유아 급식지도

유아들은 성인에 비해 활동량이 많고 소화기관의 용량이 제한되어 있기 때문에 1일 3회의 식사만으로는 절대 필요한 일일 영양 요구량을 채우기가 힘들다. 대개 유아교육기관에서는 하루에 1회의 식사(점심)와 1~2회의 간식을 제공하고 있다. 이러한 급식을 통하여 유아는 성장과 발육에 필요한 양과 질의 영양소를 공급받음으로써 유아의 신체적 · 정서적 · 사회적 성장발달을 도모하며, 특히 저소득층 유아들에게는 가정에서의 불충분한 영양을 보충해 준다. 이제 유아 급식지도를 식사지도와 간식지도로 나누어서 살펴보고자 한다.

(1) 식사지도

유아기는 식사, 수면, 배설 등 인간생활의 기본적인 생활습관을 올바르게 확립시켜야 하는 아주 중요한 시기이므로 올바른 식습관 형성을 위해 기관과 가정이 연계해서 서로 협조해야 한다.

유아기에는 식욕과 섭취량이 안정되어 광범위한 식품을 먹을 수 있게 되므로 유아가 폭넓은 식생활습관을 형성하도록 지도한다. 올바른 식사 습관을 몸에 익히는 것은 건강의 길로 이끄는 지름길이 될 수 있다.

대한 영양사회의 학교분과위원회에서 제시한 유아의 연령별 식생활 지도방법은 다음의 〈표 10-1〉과 같다(허혜경 외, 1997).

표 10-1

연령단계별 식사지도의 진행방법

연 령	식생활에 대한 이해	구 분	유아의 바람직한 자세	지도방법	가정에 대한 사항
만 1·2세아	· 음식물에 대한 이야기를 듣는다. · 음식물의 이름을 안다. · 식사에 대한 노래나 감사의 인사를 한다.	식전	· 손을 씻는다. · 자리에 앉아 식사가 준비될 때까지 조용히 기다린다. · '잘 먹겠습니다'의 인사말을 한다.	· 손을 씻게 한다. 필요에 따라 옆에서 도와준다. · 식탁과 의자의 위치를 생각하여 자리에 앉힌다. · 모두 함께 '잘 먹겠습니다'의 인사말을 하도록 한다.	· 가정 방문이나 설문 조사에 의해서 유아의 기호, 식사량, 체질, 병력 등을 파악한다. · 가정과 유아교육기관이 서로 유아의 건강 상태, 수면 시간, 식사 상황 등에 대해 연락을 취한다. · 유아교육기관에서 의식습관의 교육 방침을 가정에 알려 연장시킨다. · 매월 식단표를 배부한다. · 부모교육을 통해서 급식의 중요성을 이해시킨다.
		식사중	· 자신의 것과 남의 것을 구별한다. · 숟가락이나 젓가락의 바른 사용법을 안다. · 주식이나 부식을 교대로 먹고 부식의 양을 많이 먹는다.	· 한 손으로 식기를 잡고 먹는 방법을 가르쳐 준다. · 잘 씹어서 먹게 가르친다. · 숟가락이나 젓가락의 바른 사용법을 가르친다. · 남기지 않고 먹을 수 있도록 돕거나 격려한다. · 먹고 마시는 상태를 관찰하여 식욕의 개인차를 안다.	
		식후	· 친구들이 식사가 끝나기를 조용히 기다린다. · 손, 입 주위를 깨끗이 닦는다. · '잘 먹었습니다'의 인사말을 한다.	· 자기의 물수건 또는 냅킨으로 손이나 입주위를 깨끗이 닦게 한다. · 먹는 속도가 늦은 유아는 격려해 주며, 거의 반정도의 유아들이 다 먹었으면, 식후의 인사를 하도록 지도한다.	

연 령	식생활에 대한 이해	구 분	유아의 바람직한 자세	지도방법	가정에 대한 사항
만 3세아	· 음식의 이름을 외운다. · 음식물과 신체와의 관계를 도표와 그림 등의 교재를 통해 알린다. · 식사 태도로서 음식물을 입에 넣고 말을 하지 않는 것과 잘 씹어서 먹는 것 등을 가르친다.	식전	· 손씻기는 혼자서 한다. · 자리에 앉아서 배식되는 것을 조용히 기다린다. · '잘 먹겠습니다'의 인사말을 한다.	· 바르게 손씻는 방법을 가르쳐 준다. · 개인차를 생각하여 알맞게 배식한다. · '잘 먹겠습니다'의 인사말을 하도록 한다.	· 집에서 식사할 때 가려 먹지 않도록 지도한다. · 가정에서도 용변 후나 식사 때에 손씻기를 하도록 협력 바란다.
		식사중	· 자기 혼자서 숟가락, 젓가락을 사용하여 먹는다. · 되도록 흘리지 않고 먹는다. · 바닥에 떨어진 것은 먹지 않는다. · 침착하게 잘 씹어 먹는다. · 식사 중에 큰 소리로 이야기하거나, 자리를 뜨지 않는다. · 좋은 것, 싫은 것을 구분하지 않고 먹는다.	· 싫은 것이 있어도 먹도록 유도한다. · 건강 상태나 식욕에 유의하여 음식량을 가감하여 먹다 남기지 않도록 한다. · 싫어하는 것이 있어도 여럿이 먹는 기분에 의해 먹게 한다.	
		식후	· 흘린 것은 자기가 주워서 자기 주위를 깨끗이 한다. · '잘 먹었습니다'의 인사말을 한다. · 양치질을 한다. · 조용히 휴식한다.	· 다 먹은 후 식탁 위·아래 등 주의를 깨끗이 하도록 한다. · 식사 후 감사의 인사를 하게 하고 양치질을 하도록 한다.	

연령	식생활에 대한 이해	구분	유아의 바람직한 자세	지도방법	가정에 대한 사항
만 4세아	· 도표나 그림 등의 교재로 음식물에 함유되어 있는 성분과 역할을 알게 한다. · 손씻기 등 위생에 유의하는 것이 얼마나 중요한가를 반복해서 가르친다.	식전	· 손씻기를 바르게 한다. · 깨끗이 닦은 손으로 이것 저것을 만지지 않는다. · 자리에 앉아서 식사가 나누어지는 것을 조용히 기다린다. · '잘 먹겠습니다'의 감사의 인사말을 한다.	· 식탁을 준비하거나 배식하는 것을 돕도록 한다. · 식사 전, 식사 후에 마음 속으로부터 감사하도록 가르친다. · '잘 먹겠습니다'의 인사말을 하도록 한다.	· 집에서도 가려 먹지 않도록 지도한다. · 식욕이 없는 유아에 대해서는 개별적으로 연락 또는 지도한다. · 편식이 심한 유아에 대해서는 개인적으로 지도·교정한다.
		식사 중	· 숟가락과 젓가락을 능숙하게 사용해서 먹는다. · 심하게 흘리지 않고 먹는다. · 잘 씹어 먹는다. · 다른 사람이 식사를 방해하지 않는다. · 돌아다니면서 먹지 않는다.	· 식사 중의 예절을 친절하게 가르친다. · 남기지 않고 먹는 습관을 들인다. · 일정한 시간 내에 먹도록 가르친다.	
		식후	· 흘린 것을 주워서 용기에 담는다. · 식기를 치운다. · 식탁을 깨끗이 닦는다.	· 먹다 남은 것을 정해진 그릇에 넣고 식기 치우는 일을 돕도록 한다. · 식탁에 음식물이 떨어져 있으면 치우게 한다.	

연 령	식생활에 대한 이해	구 분	유아의 바람직한 자세	지도방법	가정에 대한 사항
만 5·6세아	· 음식물과 건강의 관계에 관해서 도표나 그림 등으로 알린다. · 편식이 건강에 좋지 않음을 안다. · 음식물을 소중히 해야 함을 안다.	식전	· 자발적으로 손씻기를 한다. · 씻은 후는 청결한 수건으로 잘 닦는다. · 감사의 마음으로 '잘 먹겠습니다'의 인사말을 한다.	· 손씻는 방법을 때때로 주의 깊게 관찰하여 바른 방법으로 지도한다. · 식사 태도가 바르도록 철저히 가르친다. · '잘 먹겠습니다' 의 인사말을 하도록 한다.	· 급식에 대해서 설문 조사를 한다. · 건강 관리와 식생활에 대한 이해를 깊게 한다. · 유아교육기관에서의 식사 상태를 개별적으로 알린다.
		식사중	· 바른 자세로 차분히 앉아 먹는다. · 입 속에 음식물을 넣고 말하지 않는다. · 잘 씹어서 먹는다. · 식사 중 자리를 뜨지 않는다. · 정해진 시간 안에 식사를 끝내도록 한다.	· 올바른 식사 태도로 식사를 할 수 있게 가르친다. · 싫어하는 음식이 있어도 먹도록 노력하게 한다. · 먹다 남기지 않도록 한다.	
		식후	· 흘린 음식물은 자기가 치우도록 한다. · 식기는 정해진 장소에 소리 내지 않고 갖다 놓는다. · 조용히 휴식한다.	· 식기 닦는 것을 보여 준다. · 식탁 주위의 음식물이 흘려져 있는 것이 없는가를 확인시킨다. · 식사 후에는 조용한 놀잇감을 준비해 주어 놀게 한다.	

(2) 간식지도

간식이란 식사와 식사 사이에 음식을 먹는 것을 말한다. 간식의 제공은 영양학적으로볼 때 유아에게 절대적으로 필요한데, 이는 3회의 식사로 미처 섭취하지 못한 영양을 간식을 통해 보충해 주기 때문이다. 또한 식사간의 시간 간격이 길기 때문에 생기는 공복감에서 오는 정신적 불안을 없애기 위해서도 간식이 필요하다. 간식을 제공하는 목적은 첫째, 주식에서 부족한 영양을 제공해 주고 에너지를 축적해 주며 둘째, 휴식을 취하게 하고 셋째, 사회성을 기르고 대화를 즐길 수 있도록 해 주는데 있다(임재택, 1999).

유아는 개인에 따라서 식사횟수가 차이가 있으나 일반적으로 가정과 유아교육기관에서 유아가 섭취해야 할 연령별 필요 열량의 비율은 다음의 〈표 10-2〉와 같다.

표 10-2
가정 및 유아교육기관에서 영유아가 섭취해야 할 연령별 필요 열량의 비율

(kcal)

연 령	1일 권장량	가 정		유아교육기관	
		아 침	저 녁	점 심	간 식
	100%	25%	30%	30%	15%
6~11개월	850	212	255	255	123
12~35개월	1,200	300	360	360	280
만 3~5세	1,600	400	480	480	240

유아에게 주는 간식의 양은 하루 에너지 필요량의 10~20%가 적당하며 간식의 종류, 맛, 색깔, 모양에 변화를 준다.

① 수분과 무기질, 그리고 비타민을 공급해 줄 수 있는 식품을 선택한다.
② 소화가 용이하며 정규식사에 영향을 주지 않는 식품을 선택한다.
③ 유아의 시각적 · 미각적 감각에 만족을 줄 수 있는 것을 선택한다.
④ 계절 식품으로 신선미가 있는 식품을 선택한다.

간식은 한꺼번에 많은 양을 주는 것은 바람직하지 못하다. 간식의 양이나 종류는 정규식사의 내용에 따라 택한다. 또 한 번에 여러 가지 종류의 간식을 주는 것은 좋지 않으므로 1~2가지 종류의 간식을 준다.

3) 유아 급식시 고려사항

유아교육기관에서는 유아들에게 적절한 경비를 들여 영양소가 골고루 들어있고 맛있는 음식으로 식단을 계획하여 적당한 시간에 편안하고 즐거운 분위기 속에서 먹을 수 있도록 배려해야 한다.

유아급식시 고려해야 할 사항을 구체적으로 살펴보면 다음과 같다(Decker & Decker, 1992 ; Hildebrand, 1993 : 이영자 외, 1997 ; 임재택, 1999).

(1) 식단의 계획

식단을 계획할 때는 다섯 가지 기초식품군이 골고루 포함될 수 있도록 한다. 참고로 다섯 가지 기초식품군은 〈표 10-3〉과 같다.

표 10-3

기초 식품군

군 별	식 품 군	주요 영양소	식 품
1군 (단백질군)	고기, 생선, 알류 및 콩류	단백질, 철분, 아연, 비타민 B12, 비타민 B1, 나이아신	쇠고기, 돼지고기, 닭고기, 토끼고기, 생선, 조개, 굴, 두부, 콩, 땅콩, 된장, 달걀, 햄, 베이컨, 소시지, 치즈, 두유, 생선묵
2군 (칼슘군)	우유 및 유제품 뼈째 먹는 잔생선	칼슘, 단백질, 비타민 A, 비타민 B2, 비타민 B12	멸치, 뱅어포, 잔새우, 잔생선, 사골, 우유, 분유, 아이스크림, 요구르트
3군 (무기질 및 비타민 군)	채소 및 과일류	무기질 및 비타민	시금치, 당근, 쑥갓, 상치, 풋고추, 부추, 깻잎, 토마토, 배추, 무, 양파, 파, 오이, 양배추, 콩나물, 숙주, 사과, 귤, 감, 딸기 포도, 배, 참외, 수박, 과일주스, 과일통조림, 미역, 다시마, 파래, 김, 톳

군 별	식 품 군	주요 영양소	식 품
4군 (당질군)	곡류(잡곡 포함), 감자류	당질, 단백질, 아연, 비타민 B1	쌀, 보리, 콩, 팥, 옥수수, 밀, 감자, 고구마, 토란, 밤, 밀가루, 미숫가루, 국수류, 떡류, 빵류, 과자류, 캔디, 초콜릿, 설탕, 꿀
5군 (지방군)	유지류	지방, 지용성 비타민	참기름, 콩기름, 옥수수기름, 채종유, 쇠기름, 돼지기름, 면실유, 들기름, 쇼트닝, 버터, 마가린, 깨, 실백, 호두

유아는 낮시간 동안 활동량이 많고 소화능력이 왕성하기 때문에 영양소가 골고루 함유된 점심 식단을 계획하도록 한다.

먼저 식단을 작성하기 전에 다음의 몇 가지 유의점을 고려해야 한다.

① 식단을 짤 때 유아가 먹기 쉬운 지를 고려하는 것이 무엇보다도 중요하다. 아무리 맛이 있고 영양가가 있더라도 먹기 쉬워야 정한 양을 섭취할 수 있다.

② 유아가 먹을 수 있는 적당한 양이어야 한다. 유아기는 성인과는 다른 시기이므로 소화 · 흡수기능이 성인에 비해서는 미숙하기 때문에 너무 많은 양을 주게 되면 무의식적으로 부담을 느껴서 남기게 된다.

③ 급식에 대한 기대감을 갖도록 해야 한다. 같은 음식이라도 재료를 다양화하여 유아가 식사에 대한 기대감을 갖도록 해야 한다.

④ 유아에게 적당한 온도가 되도록 해야 한다. 유아는 성인에 비해 약 10℃정도 낮은 것이 좋다.

유아교육기관에서의 식단 작성의 순서는 대체로 다음과 같다.

첫째, 유아의 1일 열량소의 양을 결정한다.

둘째, 필요한 영양소를 공급하기 위한 식품 구성을 계획한다.

셋째, 식단의 계획표와 식단 목록표를 이용하여 1일 섭취해야 할 식품을 중심으로 음식의 종류와 가짓수를 결정한다.

넷째, 식품 섭취량 및 필요량을 산출한다.

식품 섭취량의 산출이란 유아들에게 점심과 간식으로 제공해야 할 영양권장량을 결정하고 나면 어떤 종류의 식품을 얼마만큼 제공해야 할 것인가를 결정하는 것을 말한다. 즉, 식품섭취량의 산출은 영양적으로 균형있는 급식이 되도록 하기 위한 절차이다. 또한 식품의 종류를 정할 때는 5가지 기초식품이 골고루 포함되면서 비교적 값이 싸고, 구입하기 쉬우며, 영양가 높은 제철식품을 이용하는 것이 바람직하다. 이를 영양소에 따라 살펴보면 다음과 같다.

① **당질**(탄수화물) : 1일 권장열량의 60~65% 정도 섭취한다. 주식인 밥류(특히 혼합곡)가 주된 공급원이다

② **단백질** : 1일 권장열량의 12~15% 정도 섭취한다. 필수 아미노산의 섭취를 위해 동물성 단백질을 1/2 이상으로 하고 식물성 단백질을 적절히 이용한다.

③ **지질** : 1일 권장열량의 20~25% 정도 섭취하도록 하며 가능한 한 식물성 지질을 섭취하도록 한다.

④ **무기질** : 골격과 치아 연조직을 구성하고, 체내 기능을 조절하는 것으로 약 18종이 있다. 국민영양 조사에 의하면, 한국인의 칼슘 섭취량은 매년 영양권장량에 미달되므로 충분히 섭취할 수 있도록 고려한다. 칼슘은 우유 및 유제품, 뼈째 먹는 생선류, 해조류, 콩류, 곡류, 녹황색 채소류 등이 주된 공급원이다.

⑤ **비타민** : 비타민의 종류는 30여종이나 되며, 특히 우리 나라에서는 비타민 A가 권장량에 미달되므로 유의해야 한다. 비타민 A는 간이나 생선간유, 전지분유와 계란, 당근과 시금치 같은 녹황색 채소와 해조류 등에 많이 함유되어 있다.

다섯째, 작성된 식단표를 검토한다.

즉, 식단의 전체적인 조화를 살펴보고 다음과 같은 사항들을 검토하고 조정한다.

① 다섯 가지 기초식품군이 골고루 들어갔는지, 부족한 군이 있는지 검토한다.

② 식품의 조리법이 단조롭지 않은지 살펴본다.

③ 색, 맛, 온도, 모양 등이 잘 조화되어 있는지 검토한다.

④ 식품의 가격이나 계절식품에 적합한지를 살펴본다.

다음의 〈표 10-4〉는 식단 평가 점검표의 예이며, 〈표 10-5〉는 식단의 예를 제시한 것이다.

표 10-4

식단 평가 점검표의 예

항목		응답란	
		예	아니오
영 양	모든 식단이 영양 요구량을 만족시키는가? 비타민 C가 풍부한 식품이 자주 포함되었는가? 비타민 A가 풍부한 식품이 1주일에 두 번 이상 포함되었는가? 철분이 풍부한 식품이 자주 포함되었는가?		
관 리	현재의 재고 품목이 식단 계획에 반영되었는가? 식단의 조리를 위해 기기사용이 적절히 분배되었는가? 종업원의 작업량이 적절히 분배되었는가? 계획된 식단의 조리 방법이 종업원의 기술 수준과 일치하는가?		
내 용	색상의 조화가 이루어졌는가? 풍미의 조화(담백한 맛, 신맛, 단맛)가 이루어졌는가? 형태, 크기의 다양성이 있는가? 질감(바삭바삭함, 단단함, 부드러움)의 대조가 이루어졌는가? 온도(뜨거운 음식과 찬 음식)의 조화가 이루어졌는가? 유아의 기호성에 적합한 것인가?		
기 타	계절 식품의 적절한 사용이 이루어졌는가? 주기에 따른 식품비의 적절한 분배가 이루어졌는가? 예산 범위 내의 식단 계획인가?		

* 자료 : 허혜경 외, 1997.

(2) 식품의 구입

식품 구입시 고려해야 될 사항은 다음과 같다.

① 계획된 식단에 따라 식품(물품) 구입 품목을 작성한다.

② 구입하고자 하는 식품의 가격이 적당한지 알아보도록 한다.

③ 제철식품이나 계절식품을 이용할 경우 값싸게 구입할 수 있다.

④ 식품의 양은 급식될 식품의 양과 재고량을 파악하고, 개인에게 나눠줄 수 있는 크기, 폐기량, 조리과정 중 감소되는 양 등을 고려하여 구입하도록 한다.

⑤ 질이 좋고 신선한 식품을 구입하도록 한다. 생선류와 어패류 및 우유 등을 구입할 때는 유효기간을 반드시 확인한다.

표 10-5

3월 식단의 예

구분		월	화	수	목	금	토
제1주	오전	쿠키, 우유	후르츠칵테일	쇠고기수프, 모닝빵	떠먹는 요구르트, 크래커	사과, 우유	방울토마토, 요구르트
	점심	검은콩밥, 배추된장국 김치, 야채계란말이 뱅어포구이	잡곡밥, 북어국 닭감자조림, 파래무침 김치	짜장밥, 계란파국 감자샐러드 김치	잡곡밥, 아욱된장국 돼지불고기, 김치 오이맛살무침	현미밥, 버섯무국 삼치구이, 냉이나물 깍두기	스파게티, 귤
	오후	감자구이, 사과	맛탕, 야쿠르트	어묵꼬치, 귤	떡볶이, 사과주스	핫케잌, 주스	
제2주	오전	복숭아캔	콘프레이크, 우유	양송이스프	바나나	과일샐러드	떠먹는 요구르트
	점심	보리밥, 콩나물국 흰생선튀김, 무생채 배추김치	잡곡밥, 소고기미역국 닭찜, 야채샐러드 깍뚜기	검은 콩밥, 근대된장국 닭도리탕, 오이생채 배추김치	잡곡밥, 섞어찌개 잔미역튀김, 깍뚜기 어묵야채조림	보리밥, 북어국 고기튀김, 시금치나물 깍두기	감자수제비, 김치
	오후	쨈샌드위치, 우유	소보루빵, 주스	군만두, 귤	토스트, 사과	떡볶이, 복숭아주스	
제3주	오전	야채수프	파인애플 통조림	바나나	크림스프	콘플레이크, 우유	슈크림빵, 우유
	점심	차기장밥, 두부된장국 돈육메추리알조림 미역줄기볶음, 배추김치	차조수수밥, 파래무침 소고기두부찌개, 김치 냉이무침	하이라이스, 계란국 옥수수샐러드 김치	잡곡밥, 육계장 계란 시금치말이 김구이, 배추김치	김치볶음밥 우거지장국, 오이생채 김치	떡만두국, 김치
	오후	김치전, 우유	인절미, 우유	참치 샌드위치, 우유	찐만두, 우유	소보루빵, 주스	
제4주	오전	바나나	과일샐러드	방울토마토, 요구르트	떠먹는 요구르트	딸기, 우유	크래커, 우유
	점심	잡곡밥, 닭미역국 두부양념구이 시금치나물, 깍뚜기	차조수수밥, 호박나물 소고기콩나물국 실멸치볶음, 김치	소고기콩나물밥 두부된장국 김치	수수밥, 팽이버섯된장국 오이게맛살무침 고등어구이, 깍두기	잡곡밥, 어묵무국 돼지갈비찜, 배추김치 청포묵무침	오므라이스 계란파국, 김치
	오후	쨈크래커, 우유	햄버거, 우유	감자튀김, 복숭아주스	과일샐러드	감자크로켓, 우유	
제5주	오전	찐계란, 우유	스크램블 에그, 우유				
	점심	흑미밥, 소고기두부당면국, 계란말이, 호박나물 김치	검은 콩밥, 어묵볶음 순두부해물찌개 콩나물무침, 깍뚜기				
	오후	해물야채전, 주스	콩설기, 주스				

⑥ 식품의 구입 장소는 보육시설의 상황과 지역 실정에 따라 다르다. 소규모의 보육시설의 경우, 집 주변의 상가나 점포, 슈퍼마켓 등을 이용하도록 하며, 규모가 클수록 도매상을 통하여 대량 구입하는 것이 가격면에서 경제적이다. 한편, 보육시설의 규모에 관계없이 식품별로 점포를 정하여 구입할 수도 있다.

⑦ 식품의 구입 빈도는 보육시설의 식단 주기에 맞추어 구입할 식품의 양과 종류를 결정한다. 식품의 구입 빈도를 결정하는 중요한 요인은 식품별 저장기간, 보육시설의 저장조건(보관창고, 냉장고나 냉동고의 크기 등) 등에 따라 달라질 수 있다.

참고로 저장기간에 따른 식품별 구입 빈도를 알아보면 다음 〈표 10-6〉과 같다.

표 10-6

저장기간에 따른 식품별 구입 빈도

구입 빈도	식품의 종류
매 일	우유 및 유제품, 두부, 상하기 쉬운 채소류(버섯류)와 과일류(딸기)
1~3일	채소류 및 과일류, 육류, 생선류
1주일	달걀, 저장 가능한 채소류(당근, 양파, 감자)
1개월	건조식품(해조류, 건버섯류), 조미료, 고추장, 된장, 주식류 및 잡곡류

(3) 식품의 보관 및 위생처리

① 유아교육기관에는 식품을 위생적으로 보관·저장할 수 있는 시설·설비를 갖추어야 한다.

② 식기류, 주방용품 등을 깨끗이 씻고 소독하여 항상 청결하게 유지한다.

③ 음식을 준비하거나 급식하는 사람은 피부병이나 기타 질병의 유무를 증명하는 건강 증명서를 소지해야 하며 항상 청결해야 한다.

④ 음식을 미리 차려 놓은 채 오래 두지 말고 그때 그때 먹도록 한다.

⑤ 유아들이 점심이나 간식을 먹기 전에 반드시 손을 씻는 습관을 기르도록 한다.

(4) 급식시설 및 비품

유아교육기관은 해당 기관의 상황에 알맞은 급식시설과 비품을 갖추어야 한다. 냉장시설, 보관시설, 소독시설을 설치하고 요리도구, 식판, 그릇, 수저 등 식기류는 위생적이고 안전해야 한다.

(5) 급식 제공자의 자격과 임무

급식 제공자의 자격은 다음과 같다.

① 원아수가 많은 경우에는 자격을 갖춘 영양사와 조리사를 두어야 한다.

② 영양사와 조리사를 고용하지 못할 경우에는 자격을 가진 사람이나 관련 기관의 자문 · 조언을 받도록 해야 한다.

③ 유아교육기관의 교직원들은 유아들의 급식에 정성과 노력을 다해야 한다.

한편, 급식제공자가 수행해야 할 임무는 다음과 같다.

① 적절한 영양분이 골고루 함유된 식단을 계획한다.

② 신선하고 영양가 있는 식품을 구매한다.

③ 식품의 조리순서를 조사하고 항목을 조절한다.

④ 부엌과 식당을 관리하고 청결을 유지한다.

⑤ 식품의 취급, 준비, 설거지, 쓰레기처리시 철저한 위생기준을 유지한다.

⑥ 가격의 조절을 보고한다.

⑦ 학습 활동과 연결된 음식을 만들 때 교사들을 도와준다.

⑧ 영양의 질을 유지시키는 적절한 조리법을 사용하여 음식을 만든다.

⑨ 각 유아의 개별적인 요구를 안다.

⑩ 부모와 그들의 요구, 문화적 차이 등을 인정한다.

(6) 급식시간

유아 급식시 고려해야 할 사항은 다음과 같다.

① 유아들의 식사량을 고려하여 한꺼번에 많이 주지 말고 먹고 싶으면 더 먹을 수 있도록 하며, 잘 먹지 않는 음식을 줄 때에는 소량을 주고 조금씩 먹어 보게 한다.

② 청결과 위생에 세심한 주의를 기울여야 한다.

③ 유아들에게 알맞은 식사도구를 사용하도록 하고, 같은 음식은 계속 주지 않도록 하며 유아들이 좋아하는 방식으로 음식을 준다.

④ 조리 종료 후부터 배식까지의 시간을 최대한 단축하여 조리 후 바로 배식할 수 있도록 한다.

⑤ 유아들이 먹기에 알맞은 온도로 음식을 제공한다. 너무 뜨겁거나 너무 차가운 음식을 배식하지 않도록 한다.

⑥ 식중독과 소화기 계통의 전염병 발생이 우려될 때는 생식품(김치 포함)은 공급하지 않는다.

⑦ 배식하고 남은 밥과 반찬을 다시 공급하지 않도록 한다.

⑧ 축하일과 생일을 위한 특별식단을 계획한다.

⑨ 식사 전에는 조용한 시간을 갖도록 한다.

⑩ 음식을 줄 때 너무 오래 기다리지 않도록 한다.

⑪ 신체적 · 정서적으로 안락하고 조용한 분위기를 조성해 준다.

⑫ 교사가 식습관이나 먹는 행동의 모델이 되도록 한다.

⑬ 식사 기간을 즐겁게 유지할 수 있도록 한다.

(7) 영양 · 급식에 관한 부모교육

① 부모들은 식사와 간식에 대해 많은 관심을 가지고 있으므로 기관에서 제공하는 식사와 간식에 대한 정보를 정기적으로 알려주어야 한다. 예를 들어 매월 식단표

를 정기적으로 가정에 발송한다.

② 유아교육기관에서는 유아들이 좋아하는 음식에 관한 정보를 부모들로부터 입수하여 이를 반영해야 한다.

③ 유아 영양과 음식 준비요령에 대한 교육을 실시한다.

(8) 식사 및 간식의 사전지도

대부분의 유아교육기관에서는 식사나 간식을 먹기 전에 유아들이 감사하는 마음을 가질 수 있도록 감사의 기도나 노래를 부른다. 유아교육기관에서는 식사나 간식시간을 통해 유아들이 건전하고 바람직한 가치와 덕목을 기를 수 있도록 노력해야 한다. 건전하고 바람직한 가치와 덕목으로는 다음과 같은 것을 들 수 있다.

① 개인적 가치(예 : 튼튼하게 자라자, 착한 어린이가 되자)

② 사회적 가치(예 : 선생님과 부모님께 감사하자, 음식을 만든 여러 사람께 감사하자)

③ 국가적 가치(예 : 국가와 민족을 위한 훌륭한 사람이 되자)

2. 유아의 건강관리

1) 건강관리의 중요성

기성세대들은 미래의 주역인 유아들의 건강에 대해 지대한 관심을 가져 왔다. 그 이유는 유아가 지닌 무한한 잠재 가능성을 잘 키워나가기 위해서는 우선 건강해야 하기 때문이다.

과거에는 유아의 건강이 그 부모에게만 관심의 대상이 되었다. 그러나 사회의 구조적인 변화로 인하여 많은 유아들이 부모의 울타리를 벗어나 다양한 종류의 유아교육기관에서 보내는 시간이 많아졌다. 그러므로 유아의 부모뿐만 아니라 유아교육기관에서도 유아의 건강관리에 많은 관심을 가져야 하며, 유아의 건강을 유지·관리해야 할 책임과 의무가 있다.

유아교육기관에서는 가정과의 유기적인 협조 체제를 통하여 유아들의 건강관리에 세심한 주의와 노력을 기울여야 할 것이며 건강 서비스를 제공해야 하는 이유는 다음과 같다(Decker & Decker, 1992).

① 시설에서 지내는 시간이 길수록 신체적인 결함이 생길 가능성이 더 높다는 것이다.
② 많은 아동이 자신의 성장을 저해하는 신체적 결함을 지니고 있다. 이 시기에 가능한 건강진단은 매우 중요한 건강 서비스이다.
③ 유아교육기관에서 근무하는 간호사는 감염을 통제하는 일에서부터 임무를 시작해야 한다. 전염병의 예방이 종합적 건강 서비스의 또 하나의 중요 사항이다.
④ 사고, 갑작스런 발병, 재난과 같은 응급 상황에서 취해져야 할 절차가 마련되어 있어야 한다.
⑤ 건강 교육에 대한 안내가 교직원과 부모들에게도 제공되어야 한다.

또한 유아교육기관에서 유아의 건강관리를 위해 다루어야 할 내용은 다음과 같다.
① 바람직한 식생활 습관을 가진다.
② 규칙적인 운동 습관을 가진다.
③ 규칙적인 생활 습관을 가진다.
④ 위생에 대한 습관을 가지게 한다.

2) 건강관리의 의미와 영역

건강한 상태란 단순히 병에 걸리지 않거나 신체적인 결함을 갖고 있지 않다는 의미뿐만 아니라 정신적으로도 건강한 상태를 의미한다. 세계보건기구(WHO)에서도 건강은 단순히 질병이나 허약하지 않다는데 그치지 않고 신체적·정신적·사회적으로도

아주 튼튼한 상태라고 정의하고 있다. 이러한 측면에서 볼 때 건강관리란 건강을 보호하기 위하여 질병의 치료뿐만 아니라 질병의 예방, 환경위생, 나아가 신체적 · 정신적 · 사회적 안녕을 도모하는 생활의 질과 건강 향상에 필요한 모든 조치를 의미한다(모수미 외, 1983).

유아교육기관에서의 유아 건강관리는 예방적인 서비스와 치료적인 서비스를 병행하여야 한다. 유아 건강관리의 일차적인 책임이 부모에게 있으나 유아교육기관도 유아의 건강관리를 위해 건강 · 영양교육, 위생적인 교육 환경조성, 전염병의 예방, 병력의 조사와 신체검사, 부모와 지역사회 주민에 대한 보건교육 등 예방적 서비스 활동과 질병의 조기 진단 및 조기치료, 간단한 응급 처치, 기생충 질환 치료, 충치치료 등 간단한 치료적인 서비스 활동을 하고 있다.

또한 허혜경 · 김성희(1997)는 유아교육기관에서 교사들이 기본적으로 알고 있어야 할 유아의 건강관리 관점에 대해 다음과 같이 제시하였다.

① 아픈 아동을 식별해내고, 긴급할 때에 적절한 행동을 취하는 일
② 아동의 건강과 가족의 건강을 파악하기 위하여 부모와 상담하는 일
③ 건강 관련 프로그램 중에 아동의 건강 평가를 도우며, 건강에 관한 정보기록을 보관하는 일
④ 아동의 교육활동과 경험 속에서 건강에 관한 내용을 교육시키는 일
⑤ 교육기관의 시설 · 설비 및 교육의 진행 환경을 안전하고 또는 건전하게 유지하는 일
⑥ 부모나 건강 전문인과 아동의 건강 상담시기를 결정하는 일
⑦ 아동과 보건 전문인을 연결시키는 일

3) 건강검진

(1) 건강검진의 필요성

유아교육기관에서는 부모, 전문 의사 및 치과 의사의 협조와 교사들의 노력을 통해

각 유아의 발육 · 성장과정, 질병, 이상의 유무, 영양 상태, 예방 접종의 실시 상황, 심신 발달 상태 측정, 기생충 검사, 치아 검사, 가정에서의 생활상태, 원에서의 생활상태 등에 관한 여러 가지 정보를 수집 · 분석하여 그것들을 유아들의 교육이나 지도에 활용함은 물론, 질병을 예방하고 치료하는 데 사용해야 한다. 그러므로 유아교육기관에서는 유아들이 취원한 직후에 부모들로부터 유아의 병력에 대한 정보를 가능한 한 자세히 수집해야 하고, 취원 후에는 유아들의 신체 검사를 정기적으로 실시하여 그들의 심신의 발달 상태를 점검하고 질병의 예방과 치료가 이루어지도록 해야 한다. 또한 교사들도 유아들과 생활하는 동안 그들의 건강 상태를 매일 수시로 관찰하여 그 결과를 교육이나 지도에 반영하거나 부모들에게 알려 주어야 한다.

(2) 병력(病歷)의 조사

부모로부터 유아의 병력 조사에 포함되어야 하는 사항은, 걸음마를 한 시기, 말을 시작한 시기, 아기 난 시기, 이유(離乳) 시기, 수면 습관, 대 · 소변훈련시기, 예방접종 상황, 수술 경험, 사고, 질병에 관한 민감도, 코피를 자주 흘리는가의 여부, 알레르기가 있는가의 여부, 특별한 약에 대한 반응 등 신체적인 것에서부터 가족의 질병, 죽음, 사고 등 유아가 심리적인 충격을 받은 경험이 있는지의 여부와 그 때의 반응 등이다.

(3) 신체 검사

유아의 신체 검사는 매년 2회 정기적으로 실시하거나 필요에 따라 비정기적으로 실시하여 검사 결과를 건강기록카드에 기록 · 보존하도록 되어 있다. 신체 검사는 의료기관에서 전문 의료진에 의해 실시되어야 하며, 유아의 신체 발육상태, 구강 검사, 기생충 검사, 전염병 예방접종 등이 포함된다. 유아교육기관에서는 이러한 신체 검사의 결과를 부모들에게 알려 주는 것이 좋으며, 그 결과에 따라 적절한 조치가 이루어지도록 노력해야 한다.

(4) 일일 건강검진(시진)

교사는 평소에 유아들을 잘 알고 있어야 하며 매일 수시로 그들의 건강 상태를 관찰 · 점검해야 한다. 교사가 유아들을 관찰할 때 주목해야 할 점으로 유아의 일반 상태, 안색, 발열, 복통, 구토, 설사, 경련, 식욕 등을 제시하고 있다(허혜경 외, 1997).

(5) 교직원 건강 검진

유아교육기관에서는 유아들의 건강 관리에 못지 않게 교직원들의 건강 관리에도 세심한 배려를 해야 한다. 교직원의 건강은 유아들에게 지대한 영향을 미치므로 교직원들의 건강관리를 위해 신체 검사의 실시 및 기타 보건 관리 조치를 법으로 규정 · 보호하고 있다.

4) 질병의 예방지도 및 예방접종

(1) 질병의 예방지도

유아교육기관이나 가정에서 흔히 볼 수 있는 유아의 질병은 감기, 설사, 발열, 복통 등이다. 유아가 이러한 질병에 자주 걸리게 되면 신체적, 정신적 발육에 지장이 있으며, 회복이 된다고 할지라도 건강한 유아보다는 성장, 발달이 뒤떨어질 수도 있을 것이다. 따라서 유아가 질병에 걸리지 않도록 질병을 예방하는 것은 무엇보다도 중요하다.

유아의 질병을 예방하고 건강을 유지하기 위해 필요한 조건들은 다음과 같다.

1 충분한 영양의 섭취

일생 중에서 신체의 성장 발육이 가장 왕성하게 일어나며 활동량이 가장 많은 유아기에는 단위체중당 소요되는 영양소의 필요량이나 열량이 성인의 그것에 비해 훨씬 높다. 이는 성인의 경우 이미 성숙한 신체를 유지하고 근육운동과 정신활동에 소요되는 영양과 열량만을 필요로 하지만 유아들의 경우 활발하게 몸을 움직이며, 성장 과정에 있는 신체를 구성하고 인지적, 정의적으로 발달하는데 소요되는 영양이 부가적으로 더 필요하기 때문이다. 유아에게 필요한 영양과 열량이 충분히 공급되지 않으면 영양장애 또는 영양결핍이 되고 이는 여러 가지의 질병의 원인이 될 뿐만 아니라 일생 동안 건강한 신체를 가질 수 없게 되기도 한다. 따라서 영양적으로 충분하고 균형된 음식물을 섭취하는 것은 유아들이 일생동안 건강을 유지하고 질병을 예방하여 정상적으로 성장·발달하기 위한 기초적인 조건이 된다. 따라서 유아들은 매일 다양한 종류와 적절한 양의 음식물을 통해 충분하고 균형된 영양과 열량을 섭취할 수 있어야 하며 결식하는 일이 없어야 한다.

2 충분한 수면

수면은 피로를 회복하고 에너지를 재충전하는데 필요한 생리적 기재이다. 충분한 수면과 편안한 숙면은 유아들이 건강을 유지하고 질병으로부터의 감염을 막을 수 있는 기초 조건이 된다. 유아에게 필요한 수면 시간의 길이나 숙면의 정도에는 개인차가 있는데 일반적으로 2~3세 유아는 12~15시간, 4~5세 유아의 경우 10~12시간의 충분한 수면이 필요한 것으로 알려져 있다. 유아기에는 대개 낮잠을 자게 되는데 유아기의 낮잠은 오전 생활에서 쌓인 피로를 풀고 보다 활기찬 오후 활동을 위해 꼭 필요한 것으로, 5~6세까지는 1~2시간 정도의 낮잠을 자게 하는 것이 좋다. 그러나 낮잠을 억지로 강요를 해서는 안되며 유아들이 잠을 충분히 잘 수 있는 여러 가지 환경을 만들어 주는 것이 필요 하다.

3 청결한 환경과 위생 습관

깨끗한 환경을 유지하고 자신의 몸을 깨끗이 하는 습관은 건강을 유지하기 중요한 요인이다. 질병의 예방을 위해서는 깨끗한 공기를 비롯하여 위생적인 가정 및 기관의 환경이 필요하며, 기후에 맞는 깨끗한 의복을 입고, 몸과 손을 깨끗이 닦으며, 손톱을 깨끗이 깎는 등의 습관도 질병의 감염으로부터 유아를 보호해 주는 중요한 요인이다.

4 정서적 안정

유아들은 신체적으로 뿐만 아니라 정신적으로 편안한 환경에서 살아야만이 건강하게 자랄 수 있다. 정서적으로 불안한 환경이거나 많은 스트레스를 받게 되면 여러 자기의 신체질환 및 정신질환에 걸릴 수 있다.

5 질병의 조기 진단 및 치료

질병이 생기지 않게 예방하는 것과 함께 일단 질병이 생긴 경우 빨리 찾아내어 치료하는 것도 중요하다. 그렇지 않으면 병이 깊어지거나 예상하지 않았던 합병증이 생길 수 있기 때문이다. 따라서 감염의 징후가 있을 때는 부모나 교사가 유아의 상태를 잘 관찰하여 필요한 경우 조기 치료가 가능하도록 해야 한다. 특히 유아에게 전염성이 강한 결막염, 볼거리, 수두 등이 유행하는 시기에는 이를 빨리 발견하여 감염된 유아를 격리하여야 한다. 이 경우 감염된 유아의 부모에게는 격리의 이유를 이해시켜야 하며 감염되지 않은 유아에게도 전염병에 대해서 알려주는 것이 좋다.

6 정기적 건강 진단

겉으로 보기에 건강한 유아들에게도 정기적인 건강 진단이 필요하다. 이는 부모들이 겉으로 보아서는 알 수 없는 질병과 선천성 기형 등을 조기에 진단, 치료하여 완치시키고 나아가서는 유아가 자라는 동안 생길 수 있는 질병을 미리 예방할 수 있기 때문이다. 정기적 건강 진단에는 일반적으로 몸무게, 키, 머리둘레, 혈압을 재어 성장과 발육이 정상인지를 알아보는 체력 검사, 나이에 따라 시력과 청력 검사, 투베르쿨린 피부 반응 검사, 피검사, 내과 진단 등을 하여 질병의 유무를 알아보는 체질검사가 포함될 수 있다.

7 치아 건강관리

치아는 음식물을 통하여 충분한 영양을 섭취할 수 있도록 음식물을 잘게 부수어 주는 중요한 역할을 하는 기관이다. 건강을 유지하기 위해서는 건강한 치아를 가지고 있어야 하는데 이를 위해서는 평소에 이를 잘 닦는 습관을 갖게 하여 충치가 생기지 않도록 미리 예방하는 것이 가장 좋다. 또한 정기적 치과 검진을 통하여 충치를 빨리 발견하고 치료해야 하며 유치라고 하더라도 적절한 치료를 해 주어야 한다.

(2) 질병의 원인과 처치방법

부모나 교사는 질병의 원인이나 간단한 처치 등과 같은 유아의 건강 문제에 대한 지식이 필요하다. 허혜경과 김성희(1997)가 제시한 유아들이 걸리기 쉬운 몇 가지 질병과 그에 대한 간단한 처치방법과 유아교육기관에서 흔히 일어날 수 있는 응급 상황별 응급 처치방법을 제시하면 다음과 같다(고승덕 외, 1999 ; 이미라 외, 1997 ; 전국보육교사교육원대학협의회 편, 2001).

1 복통

복통은 아동에게 가장 흔한 질병이다. 복통의 원인은 여러 가지인데 변비로 인한 것, 정신적인 긴장에 의한 것, 수술을 요하는 장(腸)내 질환에 의한 것 등 여러 요인에 의해 발생되므로 복통이 심할 때는 아동을 조용히 눕히고 먼저 아동을 자세히 관찰하는 것이 중요하다. 대부분 정신적 요인에 의하여 발생한 복통이나 변비로 인한 경우는 안정을 취하면 통증이 사라진다.

2 설사

설사란 대변의 횟수가 많아지며 대변 내 수분의 함량이 높은 것을 의미한다. 아동의 경우 신체의 수분 함유량이 높으므로 장기간의 심한 설사나 구토는 탈수증을 유발하게 된다.

설사의 원인은 대개 위장계통의 질환에 의한 것이며, 내분비계의 이상이나 신경성으로 인한 것도 있다. 그러나 음식물의 비위생적인 관리와 불결한 생활환경으로 인한 식중독이 설사와 구토의 주요 원인이 된다. 아동이 설사의 횟수가 많아지면서 피곤해 보이고, 창백해지며 계속 통증을 호소하면 전문가의 치료를 받아야 한다.

설사의 횟수와 소변 본 횟수를 기록하여 부모나 의사에게 알리는 것이 좋다. 설사가 심하면 12시간 정도 금식시키고 보리차와 같은 액체만 공급한다. 충분한 액체 공급을 통하여 탈수를 막아야 한다.

3 열이 날 때

일반적으로 열이 많이 나는 아동은 숨이 가쁘고 맥박이 빠르며, 목말라 하고 입술이 바싹 마른 것을 볼 수 있다. 기운이 없고 쳐져 보이며, 심한 경우 몸을 떠는 것을 볼 수 있다. 여러 가지 감염성 질환에 걸리거나 구토, 설사 후에 발열이 동반되는 것을 볼 수 있다.

유아기에 가장 많은 호흡기 질환의 경우 고열이 특징이며 이 경우에는 전염성이 강하므로 반드시 다른 유아와 격리시켜야 한다. 열이 높은 아동은 안정을 취하게 하고 체열을 떨어뜨리기 위하여 찬 물수건이나 알코올로 몸을 닦아준다. 주의할 점은 의사의 저방 없이 함부로 해열세를 두여하지 않는다는 것이다.

4 감기

원인균이 바이러스에 의해서 생기는 질환이다. 찬바람이나 습한 공기에 노출되었을 때, 저항력이 약한 상태나 알레르기 및 영양 불량 상태에서 바이러스의 침입이 쉽게 된다.

증상은 가벼운 것으로부터 심하면 독감 등 여러 증상이 나타난다. 주로 두통, 오한, 재채기, 콧물 등으로 시작하여 39~40℃의 발열이 있으며 팔과 다리가 쑤시고 식욕이 떨어진다.

치료와 간호는 몸을 따뜻하게 하여 주고, 휴식을 취하면서 증상에 따른 해열제나 처방된 약을 먹으면 쉽게 낫는다. 계속하여 코가 막혔을 때 점막 수축과 다량의 분비물을 감소시키기 위하여 비강정액을 코에 적셔 준다.

식이요법은 열이 나므로 수분 섭취량을 증가시키고, 비타민 C가 함유된 과일을 많이 준다. 특별히 제한하는 음식은 없으나, 구미에 맞게 보리차, 과즙, 과일 등을 충분히 섭취해야 한다.

5 코피

코피가 나면 유아의 머리를 앞으로 숙이게 하여 코피가 목구멍으로 흘러 들어가

삼키지 않도록 해준 다음 두 손가락으로 코 앞쪽을 약 5~10분간 꽉 잡아준다. 그리고 찬물수건이나 얼음주머니를 코에 올려 놓아 콧속의 혈관을 수축하게 하여 코피를 멈추게 해준다. 만약 코피가 30분 이상 계속되고 어지러움을 느끼거나 창백해지고, 과거에도 코피를 자주 흘렸거나, 또는 코의 상처에 의해 코피가 나오면 병원으로 유아를 데리고 가는 것이 좋다.

6 질식(목구멍에 무엇이 걸렸을 때)

목구멍에 무엇이 걸렸을 때에는 먼저 등을 두드린다. 이 때 유아의 등쪽에서 겨드랑이 밑으로 두 팔을 넣어 오른손 주먹을 명치에 댄다. 다음에 왼손으로 오른손을 쥐고, 자기편으로 당기듯이 위로 꽉꽉 압박한다. 만약 유아의 의식이 희미해질 경우에는 구급차를 부르고 기도 개방과 인공호흡을 실시한다.

7 경련(경풍, 열성 경련)

먼저 유아가 입고 있는 옷을 느슨히 풀어 준다. 유아가 토하거나 침을 흘리는 경우 호흡곤란이 생기기 쉬우므로 유아의 머리를 옆으로 낮게 눕혀 목구멍과 입 안에 구토물이나 침을 중력에 의하여 입 밖으로 흘러나올 수 있게 해 준다. 만약 유아가 숨을 잘 못쉬면 인공호흡을 해 주어야 할 때도 있다. 팔, 다리를 갑자기 움직일 때 너무 강하게 막지 말고 움직이는 대로 가만히 잡아주는 것이 좋다.

유아가 이를 꽉 깨물고 있을 때에는 작은 수건 등을 조심스럽게 넣어 유아가 혀를 깨물지 않게 한다. 경련이 다 끝난 유아일지라도 꼭 병원에 데리고 가서 경련을 일으킨 원인을 진단하여 치료해야 한다.

8 상처와 출혈

만약 손, 다리의 경우라면 상처 부위를 높이고 출혈이 멈출 때까지 힘껏 누른다.

상처부위를 소독하고 붕대를 감는다. 만약 출혈이 심할 경우 상처가 있는 부위보다 심장에 가까운 곳의 동맥을 찾아 그 곳을 강하게 압박해 준다. 지혈대를 사용할 경우 상처보다 3㎝ 정도 심장에 가까운 손, 다리를 강하게 압박해 준다. 이 때 병원에

도착시까지 시간이 많이 걸릴 경우 10~15분 간격으로 지혈대를 풀어 혈액을 순환시킨 다음 다시 묶어 주어야 한다.

9 화상

우선 화상 부위에 얼음주머니나 수돗물을 계속 틀어 15분 정도 냉각시킨다. 살갗에 물집이 생기지 않은 경우에는 순한 연고를 바른다. 물집이 생겼으면 아무 것도 바르지 말고 그대로 부드럽게 살균된 붕대로 덮어 준다. 국부 마취용의 크림이나 스프레이는 치유를 지연시키거나 과민한 사람들에게 알레르기를 유발할 수 있으므로 사용하지 않는다. 또한 피부에 겉옷이 달라 붙었을 때는 무리해서 떼어내지 않고 가위를 사용하여 옷을 자른다.

다음은 병원에 가야 되는 경우이다

① 화상부위가 유아의 손바닥 면적보다 넓을 때
② 얼굴, 손에 화상을 입어 모습이 흉해지거나 손가락 기능이 상실될 우려가 있을 때
③ 경상이더라도 통증이 24시간 이상 계속될 때

(3) 예방접종

유아는 유아교육기관에서 또래들과 함께 자주 접촉하고 여러 가지 놀이 활동에 참여하는 등 가정환경과는 다른 환경에 접함으로써 전염성 질환을 일으키는 병원체에 노출되기 쉽다. 유아기에 발병되는 전염성 질환은 1차 예방접종 및 추가 접종으로 어느 정도 예방이 가능하므로 철저한 예방접종과 조기 발견 및 조기치료가 전염병 관리에 매우 중요하다.

전염병이란 병원성 미생물이나 그 독성 산물로 인하여 감염된 사람과의 직접적 접촉이나 간접적 접촉, 또는 주위환경에서 기생동물의 중간 숙주나 보균자, 무생물과의 접촉에 의하여 전염되는 질환이다(허혜경 외, 1997).

전염병은 이와 같이 감염에 의해 발병하고 이를 다시 다른 사람에게 직접적 또는

간접적으로 전파시킬 수 있는 질병으로서 여러 사람에게 일시에 전파되기도 하므로 유행병이라고도 할 수 있다(모수미 외 1983).

이러한 전염병은 부모나 교사가 관심을 가지고 필요한 예방조치를 취하고 생활환경을 위생적으로 개선함으로써 쉽게 예방할 수 있다. 즉, 전염과정을 차단하거나 예방접종을 통하여 면역 능력을 증가시키는 방법, 그리고 이미 전염병에 걸린 유아에게 적절한 치료를 통하여 질병을 되도록 가볍게 앓도록 하여야 한다.

우리나라의 경우 1954년에 「전염병 예방법」을 처음 제정하여 법정 전염병의 종류를 정하고, 이러한 법정 전염병 환자를 발견한 사람으로 하여금 이를 신고하도록 의무화하고 있다(임재택, 1999).

「전염병 예방법」에 지정된 법정 전염병은 〈표 10-7〉과 같다.

표 10-7

우리나라 법정 전염병

종 별	병 명
제 1 종	콜레라, 페스트, 발진티푸스, 장티푸스, 파라티푸스, 두창, 디프테리아, 세균성 이질, 황열(9종).
제 2 종	폴리오, 백일해, 홍역, 파상풍, 일본 뇌염, 공수병, 말라리아, 발진열, 성홍열, 재귀열, 아메바성 이질, 유행성 이하선염, 수막구균성수막염, 유해성 출혈열, 렙토스피라증, 후천성 면역결핍증(16종)
제 3 종	결핵, 성병, 나병, 만성 B형 간염(4종)

* 자료 : 임재택, 1999.

이러한 유아의 전염병 예방을 위한 조치로서 가장 중요한 것은 적절한 시기에 기본 예방 접종과 추가 접종을 실시하여 신체에 병원체가 침입하더라도 이에 대한 면역성을 유지시키는 것이다.

전염병 관리는 예방을 우선으로 하며 전염병이 유행하는 시기에는 예방접종을 시키고, 아동을 잘 관찰하여 전염성의 발병 여부를 되도록 빨리 알아서 전염성이 있는 아동을 격리하도록 한다. 전염병에 걸린 아동은 전문의사의 도움을 받아 적절한 치료를 받도록 하며, 완치 후 등원하도록 유도한다.

3. 유아의 안전관리

1) 안전관리의 중요성

유아들은 협응능력이나 조절능력이 미성숙하여 자신의 신체를 마음대로 조절하기 어려우며 여러 가지 상황을 판단하고 예측하여 미리 예방할 수 있는 지적 및 판단 능력이 부족하다. 또한 유아기에는 호기심과 충동성이 왕성하여 매우 활동적인 특성을 지니고 있다. 이러한 발달특성으로 인해 유아들은 항상 불의의 사고위험을 안고 있으며, 생활주변 곳곳에 사고의 위험이 도사리고 있다.

유아기의 안전을 확보하기 위해서는 부모나 교사들의 보호와 관리가 필요하고, 발달 단계에 따른 안전한 생활습관은 유아 스스로 갖도록 지도해야 한다. 즉, 유아의 사고를 예방하기 위해서는 기관에서의 안전지도 뿐만 아니라 유아의 가정에 대한 안전교육도 필요하다. 또한 유아교육기관에서는 유아교육기관 내에서의 안전점검이나 대피훈련 외에도 등원시 유아들의 거주구역 내 위험 장소를 알아두는 등의 세심한 관심을 가지고 사고 예방을 도모해야 한다.

유아의 안전사고가 가정이나 유아교육기관 내에서 빈번하게 발생하고 있는데, 이러한 사고에 의하여 유아는 성장발육 및 발달에 지대한 영향을 미칠 뿐만 아니라 성인이 된 후에도 치유될 수 없는 결과를 초래하게 된다.

최근 선진국이나 중진국의 유아 사망 원인의 가장 중요한 요인이 어떤 질병이나 전염병이 아니라 사고인 것으로 나타났다. 이것은 유아의 보호와 교육에서 그들을 위한 안전 관리가 얼마나 중요한가를 단적으로 말해 주는 증거라고 할 수 있다(임재택, 1999).

2) 안전관리의 영역 및 안전점검

(1) 안전관리의 영역

유아들이 생활하고 있는 모든 주변환경은 안전사고의 요인이 될 수 있다. 그러므로 유아들의 안전사고 예방을 위한 안전관리의 영역은 유아 주변의 모든 인적 · 물적 환경요인이 그 대상이 된다. 유아교육기관의 안전관리 영역은 유아를 대상으로 한 대인관리 영역과 사물을 대상으로 한 대물관리 영역으로 나누어진다. 그 내용은 〈표 10-8〉과 같다.

표 10-8

유아교육기관의 안전관리 영역표

안전관리영역	대인 관리 영역	심신의 관리	심신 상태의 파악 일상의 행동 관찰 구급 체제와 응급 처치
		생활의 관리	안전한 보육이나 놀이, 안전한 통원
	대물 관리 영역	시설 · 설비	유아교육기관 실내 · 외의 시설 · 설비의 안전 조치
		교구 · 비품	책상, 의자, 체육 용구, 난방기구, 신발장
		환 경	환경 미화, 안전 점검

* 자료 : 허혜경 외, 1997.

유아교육기관에서 유아의 안전사고를 방지하기 위해서는 사고발생 원인과 실태를 파악해서 그에 대응하는 안전관리의 실시가 반드시 필요하다. 미국의 학교 안전 정책을 살펴보면 사고예방을 위한 네 가지 기본원리를 다음과 같이 제시하고 있다(Reinisch & Minear, 1978).

① 위험이나 사고의 요소를 인식한다.

② 가능한 빨리 그 위험 요소를 제거한다.

③ 만약 그 위험 요소를 제거할 수 없는 경우에는 항상 그 위험 요소를 제거한다.

④ 새로운 위험요소를 첨가하지 않아야 한다.

요컨대, 유아교육기관에서의 안전관리는 대물관리 차원의 실내 · 외시설 환경을 점검하고 보완하는 활동뿐만 아니라 교직원들이 안전관리의 중요성을 인식하고 실천하는 노력과 유아들에 대한 안전교육의 실시를 포함한다.

(2) 안전점검

1 안전점검의 대상

일반적으로 유아교육기관에서의 안전점검 대상은 다음과 같다. 이것은 안전사고의 발생이 예상되는 시설 일체이다.

① **노후시설** : 건물 벽체 등
② **놀이시설** : 그네, 미끄럼틀, 시소, 철봉, 정글짐 등
③ **난방 및 취사시설** : 보일러 시설, 난방시설 및 가스시설, 전열기구, 가스레인지, 가전제품 등
④ **위생시설** : 화장실, 하수도 시설, 정화조 등
⑤ **기타** : 담장 및 축대시설, 운동장의 돌멩이, 옥내외 계단 등

유아교육기관의 실내 · 외 환경의 안전 점검 대상은 〈표 10-9〉와 같다.

표 10-9
유아교육기관 환경의 잠재 위협 요소

환 경 조 건	잠재 위험의 발견 및 제거
유아교육기관의 입지 조건	· 교통사고의 가능성 · 익사사고의 가능성 · 추락사고의 가능성
유아교육기관의 유원장	· 돌, 유리 조각, 요철, 망가진 시설물
화장실 및 세면대	· 교사가 감독할 수 있는 범위 내에 설치 · 출입문의 높이 및 손잡이 · 변기의 높이, 크기, 넘어질 위험성

환 경 조 건	잠재 위험의 발견 및 제거
	· 미끄러질 위험성 · 세면대의 위치와 높이, 모서리 · 바닥의 재료 · 온수의 화상 위험
실내 설비	· 책상이나 의자의 면과 모서리 · 출입구의 손잡이 · 금속물의 돌출 부분(옷걸이, 모자걸이) · 창문과 창살의 위험 · 난방기구의 설치시 화재, 화상의 위험 · 전기의 위험 · 기타 약품 등의 위험
고정놀이 기구	· 미끄럼틀, 그네, 구름다리 등의 위치 및 구조 · 놀이기구 사용법의 안정성
아동놀이 기구	· 보관 장소, 파손 여부 검사, 사용 방법, 구조

* 자료 : 이영자 외, 1997.

이상에서와 같이 유치원의 환경 조건에 따른 위험의 가능성은 다양하게 존재하고 있으므로 철저한 과거와 사고의 방지가 요구된다. 다음은 유아들의 안전을 위해 설치된 여러 가지 설비들의 예시이다.

〈그림 10-1〉 안전그물망이 설치된 난간

〈안전계단〉

〈계단 손잡이〉

〈그림 10-2〉 계단

〈유치원 현관〉

〈현관입구〉

〈그림 10-3〉 유치원 출입문

〈안전고리〉

〈촛불 소독기〉

〈머리빗과 로션〉

〈그림 10-4〉 안전설비 및 위생관리품

2 안전 점검의 방법

유아교육기관에서는 안전 점검을 정기적으로 실시되어 제도화함으로써 유아가 안전한 환경 속에서 생활할 수 있도록 하여야 한다.

이러한 안전점검은 시기적으로 다음 네 가지로 구분할 수 있다(허혜경 외, 1997).

① **정기 안전 점검** : 매 학기마다 1회 또는 매 분기마다 1회 실시
② **월례 안전 점검** : 매달 1회 이상 실시
③ **일상 안전 점검** : 교수-학습 활동시에 수시로 실시
④ **임시 안전 점검** : 어떤 행사가 있을 경우, 그 전후에 실시

안전 점검은 관계 행정당국과 유아교육기관의 교직원 등에 의해 실시되며 점검 결과에 따라 적절한 조치를 취해야 한다. 안전 점검을 한 후 그 결과를 다음 여섯 가지로 구분할 수 있다.

① 당장 철거해야 할 대상물
② 사용을 금지시켜야 할 대상물
③ 긴급히 수리할 필요가 있는 대상물
④ 현재는 사용할 수 있지만 수리하는 편이 좋다고 보는 대상물
⑤ 사용할 때 철저하게 주의할 필요가 있는 대상물
⑥ 안전 관리상 문제가 없는 대상물

점검한 결과 ①, ②, ③ 에 해당하는 대상물은 즉각 적절한 조취를 취하도록 한다.

교실 및 기타 실내 시설·설비의 안전점검을 위해 교사는 매일 아침 일정한 시간을 정하여 안전점검표를 참고로 시설, 설비, 놀이기구 등의 상태를 점검하고 관찰·기록하여 안전사고를 예방한다.

3) 유아의 안전지도

(1) 안전지도의 개념

먼저 안전의 개념을 살펴보면, "인간의 행동 수정에 의해 만들어진 조건이나 상태 또는 위험 가능성을 줄일 수 있도록 물리적인 환경을 고안함으로써 사고를 감소시키는 것"이라고 정의하였다. 이러한 정의를 기초로 안전지도의 개념을 규정한다면 안전지도란 위험 가능성을 줄일 수 있도록 인간의 행동 및 태도를 바람직한 방향으로 바꾸는 과정이라고 할 수 있다.

그러므로 안전지도에는 안전을 위해 필요한 사항을 이해시키는 교육, 위험요소를 예측하고 예방하거나 신중히 행동하는 태도의 교육, 안전하게 행동할 수 있는 기능의 교육이 함께 포함되어야 할 것이다.

(2) 안전지도의 목표와 내용

유아교육기관에서의 일반적인 안전지도의 목표는 일상생활에서 안전에 필요한 사항을 유아 스스로 이해하여 생명을 존중하고 안전하게 행동할 수 있는 태도를 기르는 것이다.

유아교육기관의 안전지도 목표는 크게 생활에 관한 안전과 고통에 관한 안전으로 나눌 수 있으며, 구체적인 목표와 내용은 다음에 예시되어 있다.

📖 예시 1 : 생활에 관한 안전

① **목표** : · 안전에 주의해서 놀이기구나 용구를 사용한다.
　 내용 : · 놀이기구의 안전한 사용 방식
　　　　 · 뒷정리의 방식 등

② ┌ **목표** : · 안전에 주의해서 논다.
└ **내용** : · 놀이할 때의 안전 규칙
· 비오는 날 실내놀이의 안전 규칙 등

③ ┌ **목표** : · 위험한 장소에서 놀지 않는다.
└ **내용** : · 계단 등 위험한 장소에서의 놀이
· 위험한 장소나 위험의 표시 등

④ ┌ **목표** : · 운동장에서 안전하게 논다.
└ **내용** : · 운동장에서의 위험한 장소
· 운동장에서의 위험한 놀이 등

⑤ ┌ **목표** : · 친구들과 사이좋게 논다.
└ **내용** : · 친구들과의 약속이나 규칙
· 싸움이나 난폭한 짓은 하지 않는다. 등

📖 예시 2 : **교통에 관한 안전**

① ┌ **목표** : · 도로의 안전한 보행 방식
└ **내용** : · 좌측으로 걷는다.
· 인도와 차도의 구별이 있는 곳은 인도로 건넌다.
· 차의 직전 · 후로는 걷지 않는다.
· 운전자로부터 눈에 띄기 쉬운 복장을 한다.
· 수하물은 들지 않는다. 등

② ┌ **목표** : · 도로를 안전하게 건너는 법
└ **내용** : · 신호를 보는 법
· 좌우의 안전을 확인한다.
· 횡단보도 이용
· 수신호와 시선의 집중 방식 등

③ ┌ **목표** : · 탈 것의 안전한 이용
└ **내용** : · 버스나 기차의 안전한 대기법

· 버스나 기차의 안전한 승차 방식 등

④ 목표 : · 놀이의 안전 규칙
내용 : · 정해진 안전한 장소에서 논다.
· 혼자서 외출을 하지 않는다.
· 노상에서 놀이를 하지 않는다. 등

⑤ 목표 : · 자전거의 안전한 이용
내용 : · 몸에 맞는 자전거
· 정해진 장소에서 탄다.
· 자전거 탈 때의 규칙을 지킨다.
· 타는 장소까지는 밀고 간다.
· 탄 뒤에는 정해진 장소에 둔다. 등

이상에서 예시한 목표와 내용을 기초로, 유아교육기관의 실태나 아동의 발달 단계에 맞게 지도 계획을 작성하도록 한다.

이 외에 유아교육 유아의 안전 사고를 유발할 수 있는 요인을 기준으로 안전지도의 내용을 구분하고 선정할 수 있다. 즉, 유아들이 생활하는 여러 상황에서 유아의 안전을 위협할 수 있는 요인별로 안전지도의 내용을 구분하면, 시설과 설비 안전, 놀이 안전 교통 안전, 위험한 장소에 대한 안전, 위험 물질에 대한 안전, 유괴, 미아사고 및 성폭력에 대한 안전, 스포츠 안전, 환경 및 공해에 대한 안전, 화재 및 화상에 대한 안전, 동물 및 곤충에 대한 안전 등 10가지이다.

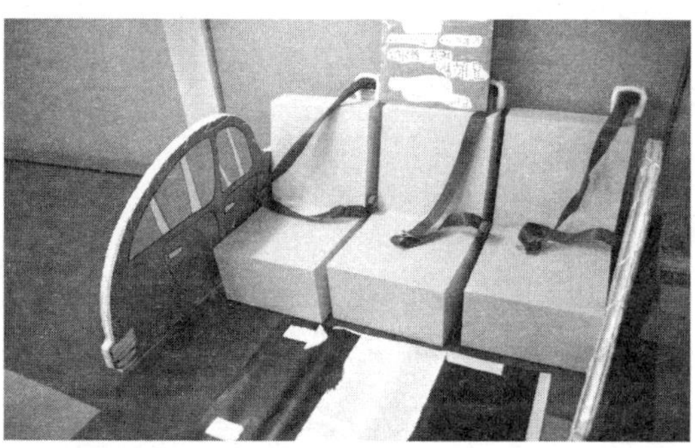

〈그림 10-5〉 안전벨트 착용 실습교구

표 10-10

응급상황 발생시 절차 예시

환아 응급상황 발생 시 대처 방안

☆ 먼저 환자의 상태를 판단해야 하며, 환자의 상태를 판단하기 어려울 때는 1399번으로 전화를 걸어 응급의료정보센터와 상담을 한다.

1. 침착을 유지한다.
2. 다친 아이를 안심시키고 다른 아이들도 현장에서 벗어나도록 하여 안심시킨다.

☆ 환아의 상태가 위급한 경우 국번없이 119를 눌러 구조요청을 한다.
(공중전화를 이용할 경우 동전이 없어도 비상용인 빨간 버튼을 누르면 된다.)

☆ 구조요청을 하지 않은 채 일반차량으로 환자를 병원으로 이송하는 경우 환자에게 심각한 위험을 초래할 수 있다.

☆ 응급이라고 말한 뒤 간단한 사고 개요, 사고 발생 시각과 장소를 정확히 알린다.

☆ 다친 영유아의 이름, 성별, 나이를 말하고 증세를 설명한다.

☆ 구급차가 올수 있도록 사고가 난 곳의 소재를 정확히 알린다.

☆ 현재까지 실시한 응급조치 상황을 알리고 지시에 따라 응급처치를 한다.

1. 부모에게 사고를 알리고, 절차를 동의를 구한다.
2. 부모와 연락이 안될 경우, 부모가 가르쳐 준 응급 전화번호로 연락하고 가까운 병원으로 이송한다.

☆ 신고를 마친 후 구급차가 오는 곳으로 나가 구급차를 현장까지 인도한다.

☆ 24시간 내에 사고 보고서를 작성하고, 부모에게 한 장을 보내고 영유아의 파일에 사고를 평가한 후 원인을 수정한다.

혜원어린이집

출처 : 혜원어린이집

참고문헌

· 고승덕 · 김은주 공저(1999). 유아보건관리학. 학문사.

· 모수미 · 홍강의 · 홍재웅(1983). 유아건강지도. 한국방송대학교 출판부.

· 이영자 · 권영례(1997). 유아교육기관의 운영관리. 창지사.

· 임재택(1999). 유아교육 운영관리. 양서원.

· 전국보육교사교육원대학협의회 편(2001). 영유아안전관리 및 응급처치. 양서원.

· 허혜경 · 김성희(1997). 유아건강교육의 이론과 실제. 창지사.

· Decker, C. A. & Decker, J. R.(1992). Planning and administering early childhood program(5th Ed.). N.Y. : MacMillan Publishing Co.

· Hildebrand, V.(1993). Managenemt of child development centers. N.Y. : MacMillan Publishing Co.

· Reinisch, R. E. & Minear, R. E.(1978). Health of the preschool child. N.Y. : John Wiley & Sone.

제11장

평 가 관 리

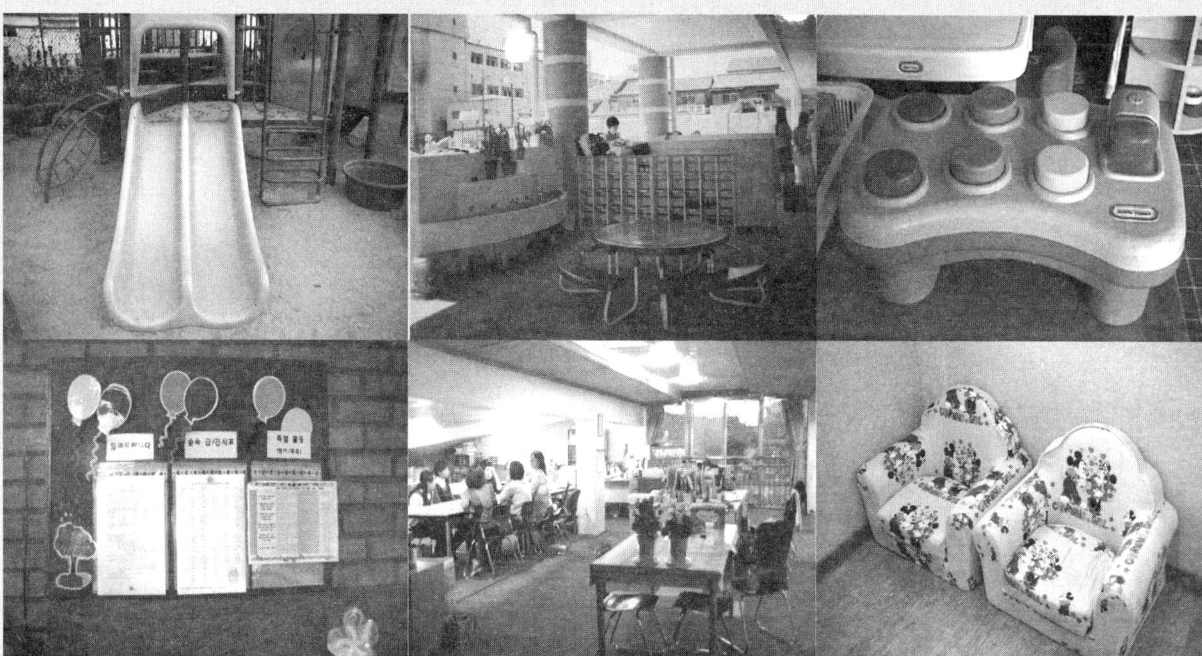

1. 평가의 의의 및 필요성
2. 평가의 목적 및 유형
3. 평가의 영역
4. 평가의 방법
5. 평가의 관리
6. 유치원 평가
7. 어린이집 평가인증제

1. 평가의 의의 및 필요성

1940년대 이후 교육평가의 개념이 발전 · 심화되기 시작하면서 교육평가에서 다루어야 할 대상에 대한 시각이 확대되었다. 즉, 종래의 교육평가는 유아의 학업성취 및 지적 능력에 관한 수준과 질을 파악하고 그 기초 위에서 어떤 의사 결정을 하는 미시적 시각의 평가로 한정되는 경향이 높았는데, 점차로 교육과정에 대한 평가, 교육정책에 대한 평가, 학교평가 등을 포함하는 보다 거시적인 체제 내에서의 교육의 전 과정에 대한 평가로 방향이 변화된 것이다(이현섭 외, 1997).

유아들의 전인적인 성장과 발달을 돕기 위해 제공되는 계획적인 경험의 총체인 유아교육과정은 일반적으로 교육목표의 설정, 학습경험의 선정 및 조직, 지도, 평가의 4단계로 구성된다. 이 때 평가는 교육과정 중 제일 마지막 단계에 속하지만 평가는 교육이 이루어진 후에 그 성과를 평가할 뿐만 아니라 교육의 과정, 그 자체의 평가도 중요시하고 있다. 그러므로 교육목표 설정이 철학, 사회학, 심리학의 기저 위에서 타당성있게 설정되었는지, 학습경험은 교육목표가 제시하고 있는 바를 잘 반영하였는지를 평가하여야 할 것이다. 즉, 평가는 교육의 내실을 기하고 교육의 질을 향상시키기 위해 필요한 증거를 수집하고, 처리하는 과정이다.

교육과정에 있어서 평가가 차지하는 위치는 글래서(Glaser, 1963)의 수업모형에서 잘 나타나 있는데 이는 〈그림 11-1〉과 같다.

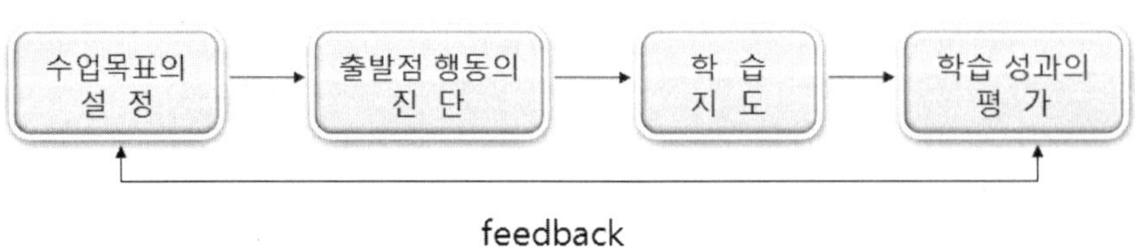

〈그림 11-1〉 Glaser의 수업과정 일반모형

글래서의 수업과정 일반모형에 의하면 교육과정이나 교재분석을 통하여 수업목표가 설정되는데 이 수업목표를 달성하기 위하여 필요한 선수학습이 충분히 이루어졌는지를 평가하게 된다. 이 평가는 진단평가로 실시되며, 평가결과를 통하여 학습결손아가 발견되면 보충학습을 통하여 학습결손을 처치하고 다음 단계인 학습지도 단계에 들어간다. 일반적으로 학습지도는 도입, 전개, 정착의 3단계를 거치며, 이 단계에서 형성평가가 실시된다. 이 형성평가를 통하여 교사는 수업목표 달성도를 확인하며 나아가 평가 결과를 통하여 보충 및 심화학습을 시킬 수 있다. 일정한 기간의 수업이 진행되면 교육목표 달성도를 전체적으로 평가하는 총괄평가가 이루어진다. 총괄평가의 결과는 유아들의 성적에 직접 반영되므로 교사는 객관성있고 타당성있게 평가업무를 수행하여야 한다. 이와 같은 총괄평가의 결과는 기록되고 보고되는 동시에 교육목표, 출발점 행동, 지도, 평가에 다시 피드백되어 수정 · 보완작업을 한다.

이상에서 보는 바와 같이 평가는 수업의 모든 과정에서 실시되며, 수업이 끝난 후에 수업목표 달성도를 판정하는 기능도 지니고 있다. 아울러 평가는 교육의 과정에서 필요로 하는 유아와 관련된 제반 자료를 제공해 준다. 즉, 교육과정 구성이나 생활지도에 있어서 유아의 개별성을 이해하기 위한 학업성취의 정도, 지능, 적성, 흥미, 인성, 사회성 같은 자료를 제공해 준다.

평가를 적용할 때는 다음의 몇 가지 기본 전제와 가정이 필요하다(이은해, 1999).

- 평가의 결과에 있어서 의사결정과정은 무엇보다도 합리적이고 과학적인 과정을 통해서 이루어져야 된다는 신념을 갖고 있어야 된다.
- 실증적인 자료와 과학적으로 검증 된 결과를 토대로 한 과학적 접근이 이루어져야 한다.
- 평가 활동은 별개의 활동이 아니라 교육활동의 중요한 한 부분으로서 교육활동의 보완적인 기능을 수행한다는 것을 명심해야 한다.
- 평가의 유형과 형식의 결정과정에 있어서, 평가 결과로 인해 영향을 받을 수 있는 대상이 참여할 때 활용 가능이 높아진다는 것을 고려한다.
- 평가는 일회적으로 끝나기보다는 지속적이고 정기적인 체계적 평가가 이루어져야 한다.

2. 평가의 목적과 유형

1) 평가의 목적

유아교육평가는 유아교육의 목적과 밀접한 관련성을 맺고 있으며, 유아교육의 목적에 따라 평가의 목적 및 내용, 방법이 달라진다. 그러므로 유아교육의 궁극적인 목적은 유아의 전인적 성장 발달에 있기 때문에 유아교육평가의 목적도 이에 근거를 두어야 할 것이다.

유아교육 평가는 궁극적으로 유아교육의 결과가 유아의 전인 발달에 도움이 되었는지를 전체적으로 파악하는 것을 목적으로 하여야 한다. 따라서 교육과정의 5개 영역을 통합하여 유아의 건강, 기본생활습관, 정서적 안정감, 창의적 표현, 의사소통 능력, 탐구심 등이 생활 전반에 걸쳐 고르게 변화하고 발달했는지를 통합적으로 평가해야 한다(교육부, 1999).

유아교육평가의 목적에 대한 여러 학자들의 견해를 종합해 보면 다음과 같다(Decker & Decker, 1992 ; 이영석, 1997 ; 이정환 · 박은혜, 1996).

① 유아교육과정의 목적은 성취하는 과정에서 유아의 행동 변화에 따른 현재 발달 상태를 이해하고 적절한 학급배치, 즉 정치(placement)에 필요한 기초자료를 제공해 준다.

② 현재 유아의 행동, 언어 및 인지발달, 정서 · 사회성 발달 등 제반 사항과 관련된 발달의 측면을 기술 · 설명해 준다.

③ 유아에게 적합한 학습목표를 제공해 주며, 유아의 흥미와 발달단계를 이해하여 학습의 동기유발 수준을 높여준다.

④ 일정한 기간을 두고 계속 평가함으로써 유아발달의 제 측면의 변화와 진보의

정도 및 영역을 알 수 있다.

⑤ 평가 과정을 통하여 교사는 각 유아의 개별성을 재검토할 기회를 의도적으로 갖게 되며 평가자료를 기초로 유아 각 개인에게 보다 알맞은 프로그램을 계획할 수 있다.

⑥ 교사는 평가를 통하여 교육과정과 교수방법의 효율성을 결정하고 측정할 수 있으며 유아교육기관이 처한 특수한 상황이나 특정한 교육목표에 부합되는 교육 프로그램을 제공하고 있는지를 보다 깊이 투시할 수 있다.

⑦ 평가기록을 학부모에게 제시함으로써 유아에 대한 부모의 이해를 높인다. 따라서 부모가 자녀의 발전과 성취의 정도를 파악하여 가정에서 자녀의 능력에 맞는 지도를 할 수 있다.

⑧ 평가는 다음과 같은 행정적인 결정을 하는데 도움을 준다.

- 교육과정에 대한 수정 · 보완 계획을 세울 때
- 교육과정에 대한 철학과 활동의 변화를 결정할 때
- 교육과정에 대한 교직원의 요구를 확인할 때
- 지역사회와 관계 행정기관에 유아교육의 현황과 문제를 알릴 때

이상과 같이 유아교육에 있어서 평가의 목적은 유아의 전인적 성장과 발달을 도모하기 위한 제반 교육프로그램의 적절성과 타당성을 밝히며, 유아의 현재 발달수준과 행동의 변화를 평가하는데 그 목적이 있다고 할 수 있다.

2) 평가의 유형

(1) 평가준거에 의한 유형

평가의 유형은 평가의 준거에 따라 상대평가와 절대평가로 나눌 수 있다.

1 상대평가(norm-referenced evaluation)

상대평가란 평가해석의 규준을 집단에 두는 방법이다. 즉, 개별 유아의 발달성취도

를 소속 집단의 평가 수준과 비교하여 판단하는 평가를 말한다. 이 상대평가는 집단 구성원의 행동을 판단하는데 기준점, 즉 규준(norm)이 있어야 한다. 따라서 상대평가는 규준 지향적 평가(norm-referenced evaluation)라고 한다. 상대평가는 학습자의 학습능력에는 교육을 통해서 좁힐 수 없는 상당한 개인차가 있기 때문에 각 유아의 개별적인 성취도를 최대한 정밀하게 변별하여 특정 교육프로그램을 이수할 수 있는 유아를 선정한 다음 각자의 능력에 맞는 내용 또는 수준의 교육을 해야 한다는 선별적 교육관(selective model of education)에 기초를 두고 있다.

상대평가의 장점은 각 유아의 개인차 변별이 가능하고 교사의 편견을 배제할 수 있으며 경쟁을 통해 외현적 동기유발이 가능하다는 점이다. 반면 협동학습을 경시하게 될 우려가 있고 과다한 경쟁으로 유아의 정서에 해로운 영향을 미칠 수 있다. 또한 교수-학습개선 기능을 약화시킬 수 있고 인간발달에 대한 신념이나 교육에 대한 신념을 흐리게 할 우려가 있다.

2 절대평가(criterion referenced evaluation)

절대평가는 준거기준 평가 또는 목표지향적 평가라고 한다. 절대평가는 한 유아의 성적이 그가 속해 있는 집단의 평가 결과와는 상관없이 주어진 교육목표의 성취도에 의하여 유아의 성적을 표현하는 방법이다. 그러므로 절대평가에서는 주어진 학습과제를 학습하기 전에 객관적으로 평가할 수 있는 구체적인 교육목표가 설정되어 있어야 하고, 학습한 후의 한 유아의 학업 성취도는 사전에 설정된 교육목표 달성도를 직접적으로 반영하여야 한다. 절대평가는 충분한 학습 시간과 학습 조건만 제공하면 거의 모든 유아가 주어진 학습목표에 도달할 수 있고 그것이 바로 교육의 목적이라는 발달적 교육관(developmental model of education)에 기초를 두고 있고 완전학습이론과 맥락을 같이 한다. 그러므로 절대평가에서는 성취도에 있어서 개인차가 아주 작고 개인차를 최대한 줄이는 것이 교육이라고 생각하여 목표 도달-목표 미도달이라는 이진법적인 평정방식을 사용한다.

절대평가의 장점은 지적 우월감보다는 지적 성취 그 자체를 강조하고 경쟁보다는 협동 학습을 중시하며 교육목표 달성도에 따른 평가로서 본질적인 의미의 학습효과를 측정할 수 있다는 점이다. 또한 지나친 경쟁을 지양하고 성취와 성공감을 강조함으로써 유아의 정서에 긍정적이며 상대평가에 비해 인본주의적 입장에 따른 평가 방법이라고 할 수 있다.

반면 단점은 각 유아의 개인차 변별이 용이하지 않으며 평가기준 설정의 난점이 있으며 통계적 활용이 불가능하다. 또한 경쟁을 통한 외형적 학습동기를 유발하고자 할 때는 부적절하다.

(2) 평가기능에 의한 유형

또한 평가의 유형은 평가 기능에 따라 진단평가, 형성평가, 총괄평가로 나눌 수 있다.

1 진단평가(diagnostic evaluation)

진단평가는 유아들의 배치 또는 정치(placement), 선수학습능력, 학습곤란 등을 진단하여 효율적인 학습지도 방안을 찾기 위한 평가를 말한다. 진단평가는 오랫동안 학습장애의 원인을 분석, 진단하기 위해 실시되는 평가로 해석되어 왔다. 즉, 진단평가는 학습상의 실패 원인을 정확하게 지적함으로써 이런 장애 요소를 교정하기 위해 활용되었다. 그러나 최근에는 진단평가가 한 단원의 학습을 위해 수업 전에 학습자가 반드시 알아야 할 기초 지식이나 기술을 갖고 있는지를 점검하는 출발점 행동평가(evaluation of entry) 또는 투입행동평가를 의미하게 되었다. 그러므로 진단평가는 진단의 목적에 따라 두 가지로 나누어질 수 있다. 즉, 학습장애의 원인을 분석하고 진단하는 학습장애 진단평가와 특정 단원의 학습에 필요한 선수 지식을 갖추고 있는지를 점검하는 확인평가로 나누어진다.

2 형성평가(formative evaluation)

형성평가는 1967년 스크리븐(Scriven)이 교육과정 또는 프로그램의 평가유형을 형성평가와 총괄평가로 나누면서 처음 사용한 용어이다(이영석 외, 1992). 형성평가는 원래 교육과정이나 프로그램 개발과정에서 프로그램의 구성 또는 전개방법을 수정·보완하는데 필요한 정보를 수집하기 위해 실시하는 평가를 의미하는 개념으로 사용되기 시작하였다.

형성평가는 학습활동이 진행되는 과정에서 주어진 학습목표 달성을 위하여 정상적인 진전을 보여주고 있는지 수시로 피드백(feedback)해 보는 평가 과정이다. 따라서 형성평가의 목적은 유아 상호간의 학업성취 우열의 비교나 학업성취의 정도를 기록하고 보고하며 보관하는데 있는 것이 아니라 설정된 교육목표에의 달성 정도 및 분석된 학습과제의 숙달 정도를 결정하고 부진한 부분을 지적하는 데 있다. 따라 형성평가는 종래의 평가 개념과는 다르며 학습활동의 일부분적인 활동이다. 형성평가의 기능은 다음과 같다(임인제, 1976).

① **학습방향의 제시** : 학습활동 중에 수시로 형성평가를 실시해 바람직한 학습 방향을 제시한다.

② **학습진전의 원활화** : 주어진 학습과제를 학습하고자 할 경우에는 학습과제의 위계 순서가 있기 마련이다. 따라서 형성평가는 학습의 각 단계에서 필요한 학습요소를 완전히 학습했는가를 점검함으로써 교수학습의 과정을 원활하게 진전시킬 수 있다.

③ **학습행동의 강화** : 학습과제를 세분화하여 각 단계에서 바람직한 학습이 이루어질 때마다 적절한 보상이 뒤따를 때 학습행동은 강화된다. 형성평가는 유아의 학습 상태를 수시로 점검하는 과정을 통하여 유아들의 능력을 확인시켜 주고 학습행동에 강화를 준다.

④ **학습곤란의 진단과 교정** : 학습 과정 중의 형성평가는 피드백의 기능을 갖게 되어 어떤 학습행동이 틀렸을 때 왜 틀렸으며 , 바람직한 행동이 무엇인가를 제시해 준다.

⑤ **학습지도 방법의 개선** : 교수-학습과정이 유동적인 시기에 실시하는 형성평가는 유아들 뿐만 아니라 교사의 교수방법에도 피드백을 주는 역할을 한다. 따라서 교사는 학습지도방법을 수시로 개선할 수 있는 정보를 형성평가를 통해 얻을 수 있다.

③ **총괄평가**(summative evaluation)

총괄평가는 프로그램의 주요 효과를 판단하기 위한 평가로 교육과정이 종결되었을 때나 일정한 기간이 지난 후 최종적으로 완성된 교육과정의 종합적인 성과 및 그 효율성을 다각적으로 판단하기 위해 실시하는 최종적인 종합평가이다. 교육현장에서 총괄평가를 통하여 장래 학업성취도 예측의 근거가 되고 학습지도의 장기적인 질적 관리가 가능하다.

이러한 평가들은 객관적이고 신뢰도가 있어야 하며 다음 사항을 유의하여야 한다(오영희 외, 1999).

- 관찰행동에 기초해야 하며 주관적 감정에 치우쳐서는 안된다.
- 평가도구나 계획을 가지고 정기적으로 실시함으로써 조직적인 자료를 얻도록 한다.
- 여러 가지 상황에서 자료를 얻도록 한다.

3. 평가의 영역

유아교육기관에서의 유아교육 평가영역은 크게 유아에 대한 평가와 유아 교육프로그램에 대한 평가로 나누어진다.

1) 유아평가

유아에 대한 평가는 전통적인 의미의 평가에서 가장 중요시되어 온 평가영역이다. 유아평가는 직접 유아를 대상으로 교사에 의해 제공된 다양한 교육활동을 통해 유아가 어느 정도의 발달 성취수준을 보이고 있는지를 평가하는 것이다. 따라서 유아 교육프로그램을 실행한 후 그 프로그램이 유아의 행동에 어떤 변화를 보였는지를 확인하여 유아 교육프로그램의 효과를 측정하는데 사용되는 평가이기도 하다. 각 유아의 개별적인 능력 및 특성을 파악하기 위한 평가는 다음과 같다(이영석 외, 1992).

(1) 학업 성취도 평가

유아 교육과정의 목표 달성도를 평가하는 것으로 각 발달영역의 목표가 어느 정도 성취되었나를 평가하는 것이다. 이 평가 결과를 통하여 유아들의 학습부진 요인을 평가한다.

(2) 지능의 평가

유아의 지능을 측정하여 학업진단에 이용하고자 하는 평가이다. 이 영역의 평가는 학업성취도 평가와 밀접히 관련되어 있으며 교육계획을 세우는 데 흔히 사용되는 평가영역이다. 유아의 지능을 평가하기 위한 척도로는 인물화에 의한 지능검사(김재은), 유아지능검사 A · B형(김재은), 지능진단검사(이상로), 유아지능검사(행동과학연구소), KEDI-WISC(한국교육개발원), 표준화 피아제식 개별 유아용 지능검사 A · B · C형(전윤식 · 임재택) 등이 있다.

(3) 사회성숙도의 평가

유아의 사회생활 적응능력을 여러 가지 영역으로 나누어 항목을 작성하여 부모나 교사가 관찰하여 기록하게 되어 있는 평가이다. 현재 유아의 사회성숙도를 측정하기 위한 검사도구는 이규성 · 김정희 · 이성진의 사회성숙도 검사, 김승국 · 김옥기의 사회성숙도 검사 등이 있다.

(4) 성격의 평가

유아기는 유아의 인성 · 성격이 형성되는 시기이므로 이 시기에 유아의 성격을 잘 파악하여 올바른 지도를 하기 위해 실시하는 평가이다. 유아의 성격을 측정하기 위한 검사도구에는 이상로 · 변창진 · 이희도의 BGT 성격진단법, 송인섭의 유아성격검사 등이 있다.

(5) 신체의 평가

유아들 자신이 자기 신체에 대하여 관심을 가질 수 있도록 하기 위한 평가로 유아의 신체, 체력, 건강, 위생 등의 평가를 의미한다. 교사는 신체평가를 통하여 유아의 건강 상태를 알아볼 수 있는 좋은 계기를 마련할 수 있다.

(6) 기본생활습관 평가

유아기의 습관과 경험은 인격을 형성하는 중요한 요소이며 그 바탕이 되므로 이 시기에 올바른 품성과 인성을 갖추게 하는 기본생활습관 교육은 유아교육의 핵심적인 과제 중의 하나이다. 그러므로 유아의 기본생활습관 평가는 교사의 유아지도나 부모와의 면담자료로 활용할 수 있으며, 이 때 기본생활습관을 하나의 교육목표로 선정하여 그 효과를 극대화하기 위해서는 그에 대한 평가가 필요하다. 기본생활습관 평가도구로는 국립교육평가원(1996)에서 개발한 유아기본생활습관 평가도구가 있다.

2) 유아교육 프로그램의 평가

교육프로그램에 대한 평가는 유아교육의 주요 평가영역 중 하나로 교육프로그램의 질적 수준을 관리하기 위한 평가이다. 대표적인 교육프로그램 평가도구를 제시하면 다음과 같다.

(1) 유아교육 환경평정척도(Early Childhood Environment Rating Scale ; ECERS)

ECERS는 함스와 클리포드(Harms & Clifford, 1980)가 연구 · 개발한 도구로 유아교육기관 환경의 양적 · 질적 수준에 대한 객관적인 평정척도이다. 여기서 정의된 환경은 공간의 사용, 유아의 발달을 촉진시켜 주는 자료와 경험, 하루 일과, 학급운영 등이 포함되었다(이상희, 1998). 세부적인 평가 내용은 생활습관지도, 비품 및 작품의 배치와 진열, 언어 · 개념 학습활동, 대 · 소근육 활동, 창의성 활동, 사회성 활동, 교사 · 부모 환경 등의 7개 영역 37개 항목으로 구성되어 있다. 우리 나라에서 이 척도를 임재택(1983)이 번안 · 수정하여 개발한 「유아교육 환경평정척도」는 우리 나라의 실정에 맞게 개발하였다.

(2) 유아교육 프로그램 자기평가척도(Assessment Profile for Early Childhood Programs ; APECP)

APECP는 원래 교사 훈련과정에 참여하는 유아교사를 대상으로 훈련의 효율성을 평가 혹은 운영하고 있는 프로그램의 질을 증진시킴으로써 유아의 발달과 학습을 촉진시켜 주기 위한 목적으로 아봇쉼과 시블리(Abbot-Shim & Sibley, 1987)에 의해 개발된 척도이다. 이 평가도구는 학급관찰을 위한 체크리스트로써 유아교사나 기관운영자가 자신이 계획, 운영하는 교육 실제에 대해 스스로 자기평가를 해봄으로써 학급 운영과 교수 실제에 대한 기술 증진을 꾀하는 도구로 사용될 수 있다. APECP는 전체 구성요소와 각각의 하위 영역은 연령적 범주를 포괄하는 다양한 유형의 유아교육프로그램의 질적 관리를 위해 영아기 · 유아기 · 학동기 등의 연령 범주별로, 그리고 시설 · 설비 관리나 인사관리 등을 포함하는 운영 관리적 측면을 비롯하여 전반적인 교육과정의 운영과 교사와 학습자간의 상호작용 등의 프로그램 요소별로 세부적인 평가기준을 제시하고 있다(강숙현, 1994).

우리 나라에서 강숙현(1994)이 현장연구를 통해 신뢰도와 타당성을 검증한 결과를 토대로 이 척도를 개발하였다.

(3) 유아를 위한 양질의 학습환경 평정척도(a checklist for evaluation a for learning environment for young children)

이 척도는 데이(Day, 1975)가 유아교육기관의 학습환경 평가를 위해 만든 도구이다(강문희 외, 1999). 평가영역으로는 교사-유아 상호작용, 프로그램 내용, 학습자료 및 설비, 물리적 환경, 실외 학습환경 등 다섯 가지 요인을 들고 있다.

(4) 유아교육 프로그램 평가척도(Assessment Scale for Early Childhood Programs)

이 척도는 우리 나라의 이은해와 이기숙(1996)이 3세에서 5세 유아를 대상으로 프로그램의 전반적인 질적 수준을 평가하기 위한 목적으로 3년의 연구과정을 통해서 개발되었다. 이 도구는 우리나라 유아교육프로그램의 질적 수준은 자체적으로 평가할 수 있고 유아교육의 장학 지도나 교사훈련과정에서 참고자료로 활용될 수 있는 평가도구로 기관운영자나 교사가 스스로 계획하고 운영하고 있는 교육현장에서 자기평가를 해봄으로써 유아의 발달과 학습을 촉진시켜 줄 수 있는 도구로 널리 활용될 수 있다(이은해 · 이기숙, 1996).

평가영역은 유아교육 프로그램을 평가할 수 있는 주요 영역인 일과계획, 교육과정, 상호작용, 물리적 환경, 교재 · 교구, 영양 · 건강 · 안전, 운영관리, 교직원, 가정 및 지역사회와의 관계, 평가활동 등 10개 영역으로 전체 169문항으로 구성되어있다(기본형). 각 문항은 1, 2, 3점 평정의 3가지 준거가 설정되어 있으며, 유아교육기관의 시간적 · 경제적 여건에 따라 척도 사용을 좀더 용이하게 하기 위하여 문항수를 축소한 '간편형'도 제작되어있다. 간편형의 경우 총 5개 하위영역(일과계획 및 상호작용, 교육과정, 물리적 환경, 영양 · 건강 · 안정, 운영관리)의 80문항으로 구성되어 있으며, 본래 척도인 '기본형'에 비해 기관의 운영과 관리 측면이 한 영역으로 축소되고 교재 · 교구가 물리적 환경 영역에 포함되어 있다(이은해 · 이기숙, 1996).

이 도구는 「유아교육프로그램평가척도 : 교사를 위한 활용지침서」라는 단행본으로 출간되어 있어서 교사가 실제 이 도구를 활용하는데 지침이 될 수 있을 것이다.

4. 평가의 방법

유아교육의 평가방법은 평가의 목적과 영역에 따라 다양하지만, 유아교육기관에서 보편적으로 사용되는 평가방법에는 관찰법, 면접법, 표준화검사, 포트폴리오 등이 있다.

1) 관찰법

관찰법은 유아를 대상으로 하는 연구에 있어서 역사적으로 가장 오래된 방법 중의 하나이다. 이 평가방법은 유아의 발달을 측정하고 평가하는 데 있어서 비교적 간편하게 사용할 수 있기 때문에 가장 보편적으로 사용되는 방법이다. 유아를 대상으로 하는 연구에서 관찰법이 많이 활용되는 이유는 유아가 자신의 생각이나 느낌이 가장 잘 표현되므로 비교적 신뢰성 있는 자료를 얻을 수 있기 때문이다.

관찰의 종류는 분류기준에 따라 다양하게 나누어진다. 먼저 관찰장면에 가해지는 통제의 유무에 따라 자연적 관찰과 통제된 관찰로 나눌 수 있다. 자연적 관찰은 관찰장면에서 일어나는 다양한 현상을 아무 제한 없이 관찰하는 것이며 통제된 관찰은 관찰장면에 의도적인 통제가 가해지는 관찰을 말한다. 또한 관찰의 또 다른 분류는 관찰자가 대상 집단의 일원으로 현장에 참여하느냐 혹은 그렇지 않느냐에 따라 참여관찰과 비참여관찰로 나누어진다. 참여관찰은 관찰자가 관찰하는 대상의 집단 속에 들어가서 그 집단의 한 구성원으로서의 역할을 담당하면서 관찰하는 방법이며, 비참여관찰은 관찰자가 현장에 있으나 전혀 개입하지 않고 관찰만 하는 경우를 말한다(이은해, 1992). 이와 같은 관찰을 통해 결과를 수집 · 기록하는 방법으로 일화기록법, 표본기록법, 체크리스트법, 시간표집법, 사건표집법, 평정척도법, 장단위 분석, 사례연구

법 등 다양하다. 관찰법은 유아의 행동 및 발달평가에 보편적으로 활용되고 있으나, 장점뿐만 아니라 제한점도 지니고 있으므로 활용에 세심한 주의가 필요하다. 다음의 〈표 11-1〉은 유아의 행동을 관찰해서 기록하는 '행동관찰기록부'로서 평정척도법의 한 예시이다.

표 11-1

행동관찰기록부

유 치 원 (어린이집) 반

이름			생년월일				남 · 여	평정	상 · 중 · 하 ○ △ ×
영역	관 찰 사 항	3월	7월	2월		관 찰 사 항	3월	7월	2월
언어발달	발음이 정확하다				사회성·정서발달 및 신체·인지발달	책임을 다한다			
	표준말을 사용한다					리더십이 있다			
	침착하게 말한다					협조적이다			
	즐겁게 얘기한다					친구에게 인기가 있다			
	고운말을 쓴다					정직하다			
	존댓말을 쓸 줄 안다					규칙을 잘 지킨다			
	어휘가 풍부하다					사이좋게 지낸다			
	발표를 잘 한다					자주적이다			
	이야기 줄거리를 잡아 말한다					인사를 잘 한다			
	남의 말을 조용히 듣는다					반성할 줄 안다			
	남의 말을 듣고 잘 이해한다					지구력이 있다			
	적당한 음성으로 말한다					심부름을 좋아한다			
	말을 바르게 전한다					솔선수범한다			
						뒷처리를 잘한다			

영역	항목				영역	항목			
사회성·정서발달	명랑하다				사회성·정서발달 및 신체·인지발달	위생습관이 좋다			
	자제력이 있다					활발히 뛰어 논다			
	의젓하다					신체의 발달이 좋다			
	친해진다					동작이 기민하다			
	상냥하다					운동신경이 발달되었다			
	질투하지 않는다					식사 습관이 좋다			
	투지력이 있다					용의가 단정하다			
	안정감이 있다					위험에 접근하지 않는다			
	아름다운 것을 느낄 줄 안다					씩씩하다			
	감정의 표현이 풍부하다					극적 놀이를 즐긴다			
	리듬감이 발달되었다					사물에 관심이 많다			
	감상하는 태도가 좋다					관찰력이 있다			
	음악에 흥미가 많다					모르는 것은 질문한다			
	노래를 잘 부른다					셈이 빠르다			
	그림을 잘 그린다					주의집중을 잘한다			
	춤 놀이를 즐긴다					창의성이 있다			

표 11-2

관찰기록지 예

영유아 관찰기록

결재	담임	원장

관찰 기간 : 20 년 월 일 ~ 월 일

이름		○○○	성별	
생년월일			기록자	
구분		관찰내용		해석(평가)
기본생활 관찰	식습관			
	배변습관			
	수면습관			
발달 영역별 관찰	신체			
	언어 · 인지			
	사회 · 정서			
비 고				

[작성 Tip]

◎ 관찰은 모든 흥미영역에서의 놀이나 활동, 일상생활, 실내 · 외 공간, 견학이나 행사, 또래간 상호작용 등 일과의 모든 시간에서 영유아가 나타내는 반응이나 행동을 고루 포함한 내용을 기록한다.
◎ 관찰된 내용을 날짜와 함께 해당 칸에 기록한다. 개별 영유아의 관찰기록을 기초로 영유아를 지도한다.
◎ 관찰기록은 부모 면담 시 기초 자료로 활용한다.
◎ 비고에는 차후에 중점을 두어 지도해야 할 내용이나 참고해야 할 사항을 기록할 수 있다.

영아 관찰기록

결재	담임	원장

관찰 기간 : 20　　년　　월　　일 ~　　월　　일

이름	○○○	성별	
생년월일(월령)		기록자	

구분	관찰내용	해석(평가)
기본생활		
신체운동		
의사소통		
사회관계		
예술경험		
자연탐구		
비　고		

유아 관찰기록

결재	담임	원장

관찰 기간 : 20 년 월 일 ~ 월 일

이름	○○○	성별	
생년월일(월령)		기록자	

구분	관찰내용	평가
신체운동·건강		
의사소통		
사회관계		
예술경험		
자연탐구		
비고		

2) 면접법

면접법은 관찰법과 달리 언어를 매개로 하여 유아나 부모와의 직접적인 상호작용을 통해 자료를 수집하는 방법을 의미한다. 면접법은 원래 임상적 진단이나 상담 및 치료에 사용되어 왔으며 이 때의 면접은 치료를 의미하는 경우가 많았다. 면접을 통해 인간의 심리적 특성을 조사하기 시작한 것은 제1차 세계대전 이후 심리검사 및 측정 운동이 본격화되면서부터라고 할 수 있다. 최근 면접은 피아제(Piaget)에 의한 임상적 방법의 사용과 더불어 유아의 개념발달뿐만 아니라 유아의 태도나 가치관 등의 연구에도 더욱 유용하게 적용되고 있다. 또한 면접을 통해 유아와 관련된 정보를 부모나 아동 주변의 성인을 통해 수집할 수도 있으므로 면접은 유아를 대상으로 하는 연구에서 필수적인 조사 방법이라고 할 수 있다(이은해, 1992). 특히 유아교육기관에서 부모의 참여가 강조 되기 때문에 부모와의 면담을 통하여 가정에서의 유아의 생활모습을 폭넓게 이해할 수 있다.

면접법은 다른 평가방법에 비하여 융통성이 있어서 여러 가지 귀중한 자료를 수집할 수 있으나 한편 고도의 기술과 훈련이 필요하다.

이러한 면접법의 특성은 다음과 같다.

① 면접 상황에서 사용되는 질문 내용은 이미 기존에 사용되고 있는 질문지를 사용할 수도 있으나, 일반적으로 피면접자의 이해수준과 면접의 목표, 그리고 유아교육기관의 철학에 적합한 도구를 만들어서 사용하는 것이 좋다.

② 면접 대상자는 유아의 부모 이외에 다른 가족들도 면접 대상에 포함될 수 있다.

③ 면접시 포함되는 구체적인 질문 내용은 다음과 같다.

- 출생력
- 병력
- 발달 수준(특히 정의적 발달과 운동 기능)

- 유아의 개념 발달에 도움을 주는 사전 경험(지역사회기관 중 방문했던 장소, 여행 경험, 사전 집단 경험 등)
- 유아의 흥미(TV프로그램, 책, 놀이기구, 게임 등)
- 가족 상황, 가족 관계, 부모 상황(수입, 주거 형태, 부모의 직업 및 교육 수준, 자녀에 대한 부모의 기대, 자녀의 양육태도 및 양육관 등)

면접은 구조화 면접, 비구조화 면접, 비지시적 면접, 초점 면접 등의 유형으로 나눌 수 있다. 구조화 면접과 비구조화 면접은 면접 상황이 사전에 얼마나 구조화되어 있는가 또는 융통성이 있는가에 따른 분류이다. 구조화 면접은 표준화 면접이라고도 하며 면접의 내용과 순서가 미리 일관성 있게 준비되고 이에 따라 면접이 실시되는 형태이다. 비구조화 면접은 면접자에게 상당히 많은 자유 재량권이 주어지고 절차상 융통성이 부여되는 유형이다. 비지시적 면접과 초점면접은 비구조화 면접에 속하는 유형으로 사용 목적이나 절차상 각각 특징적인 면이 있다. 비지시적 면접은 상담 및 치료에서 발전된 기술로서 이 접근 방법에서는 면접자가 피면접자로 하여금 자신의 내적 감정을 자유로이 표현할 수 있도록 지시나 통제를 최소화한다. 초점면접은 비지시적 면접의 원리에 면접자의 주도적 역할 및 통제기능을 보완한 절충적 방안이라 할 수 있다. 이 방법은 사회심리학 분야에서 많이 사용하고 있는 방법으로서 피면접자로 하여금 어떤 사회적 상황에 접하게 하여 그 상황으로부터 받는 영향을 중점적으로 파악하려는 면접의 한 독특한 기술이다.

3) 표준화 검사

표준화 검사는 검사의 목적, 내용, 대상, 실시절차, 채점 및 결과 해석이 표준화되어 있는 검사를 의미한다. 표준화 검사는 이미 타당도와 신뢰도가 검증된 것으로 객관적인 자료를 수집하는데 용이하며, 산출된 규준(norm)을 기초로 다른 유아들과 상대적으로 비교해 볼 수 있는 검사이다.

표 11-3

아동용 표준화 검사

분류	검 사 명	저자 · 제작연도	대 상	출 판 사
학습준비도 · 학습능력검사	초등학교 입학 선별검사	김정권 · 여광웅, 1978	유치원	자행회
	학습준비도검사	이은해, 1979	학령전 아동	연세대 아동학과
	학급준비도검사	이연섭 · 김성일, 1980	학령전 아동	한국교육개발원
	유아학습준비도검사	한국교육개발원, 1987	2~6세	동아출판사
	기초학습기능검사	한국교육개발원, 1987	5~12세	한국교육개발원
	학습능력검사	박병관, 2000	초등학생	한국심리검사연구소
사회 · 정서 · 기타 영역 검사	창의성검사	정원식 · 이영덕, 1969	초등 고학년	K. T. C.
	간편창의성검사	정원식 · 이영덕, 1970	초등 고학년	K. T. C.
	가정환경검사	한국행동과학연구소, 1973	3~6세	한국행동과학연구소
	CAT 아동용 투사검사	김태련 · 서봉연 · 이은해, 1976	6~9세	이화여대 출판부
	사회성숙도검사	이규성 · 김정희 · 이성진, 1976	0~12세	한국행동과학연구소
	BGT 성격진단법	이상로 · 변창진 · 이희도, 1979	5~11세	중앙적성출판사
	사회성숙도검사	김승국 · 김옥기, 1985	0~성인	중앙적성출판사
	MMTIC	김정택 · 심혜숙, 1993	초등 2학년~ 중등 2학년	한국심리검사연구소
	유아성격검사	송인섭, 1993	4~7세	학자심리검사연구소
	그림좌절검사(아동용)	김태련	유~초등 6학년	중앙적성연구소
	종합창의성검사	전경원, 1995	4~6세	한국유아교육원
	유아음악적성검사	한국가이던스, 1995	만 3~7세	한국가이던스
	EQ검사	문용린, 1997	초등 · 중등	대교눈높이 심리진단센터
	진로발달검사	안창규, 1997	초등 고학년~ 중등 1학년	한국 가이던스
	다차원인성검사	박병관, 2000	초등학생	한국심리검사연구소
	TCT-DP	홍용의, 채선 희, 2001	모든 연령	한국메사연구소

표준화 검사는 검사를 실시하고 검사결과를 해석하기 위해서는 전문화된 훈련을 필요로 한다. 또한 무엇보다 연구의 목적에 적절하고 타당한 검사를 선택하는 것이 중요하다. 검사를 선택할 때 검사 자는 검사의 정확한 목적과 그 검사도구의 특징을 평가할 수 있어야 한다. 동시에 검사도구의 타당도와 신뢰성이 고려되어야하고 시간과 비용의 문제는 물론 검사의 실시, 채점 및 해석의 용아함도 고려되어야 한다.

유아교육평가에서 개별 유아의 발달 및 성취수준의 평가, 프로그램의 효과 검증, 부모참여의 효과 평가, 교사 평가 등 다양한 영역에서 표준화검사가 다양하고 유익하게 활용되고 있다.

표 11-4

우리나라 유아용 개별 지능검사

검 사 명	저자 · 제작연도	대 상	측정 영역 및 구성	출 판 사
유아 지능검사 (A, B형)	김재은, 1965	4~7세	언어의 의미, 지각속도, 양적 능력, 운동 조절, 공간 능력	중앙적성 연구소
고대-비네 검사	전용신, 1971	4~14세	연령 수준에 따라 문항이 구성됨	문천사
유아 지능검사	행동과학연구소, 1973	3~5세	지각 식별, 개념 구성, 언어, 유추	한국행동과학 연구소
한국판-WISC	이창우 · 서봉연, 1974	5~16세	언어성 검사와 동작성 검사로 구성됨	배영사
표준화 피아제식 유아용 지능검사 (A, B, C형)	전윤식 · 임재택, 1982	4~7세	보존의 개념	한국 프뢰벨사
한국판 그림 지능검사 (한국판 PTI)	서봉연 · 정보인 · 최옥순, 1985	4~7세	어휘 능력, 형태 변별, 상식 및 이해, 유사성 찾기, 크기와 수 개념, 회상 능력	중앙적성출판사
KEDI-WISC	한국교육개발원 박경숙 외 4인, 1987	5~15세	언어성 검사와 동작성 검사로 구성됨	민족문화문고 간행회
유아지능검사 (KISC)	행동과학연구소, 1993	$3\frac{1}{2}$세~$6\frac{1}{2}$세	지각력, 어휘력, 이해력, 수리력, 사고력	한국행동과학 연구소

* 자료 : 이은해, 아동발달의 평가와 측정, 교문사, 1999, p. 182.

표 11-5

우리나라의 유아용 집단 지능검사

검 사 명	연구자 · 제작연도	대상 연령	출 판 사
일반 지능검사(가, 나형)	김호권, 1964	유치원~초 1년	코리안테스팅센터
지능진단 검사	이상로, 1967	유치원, 초등학교 저학년	중앙적성연구소
표준화 지능성숙 검사	김해옥 · 김란수, 1963	초등학교 1~3학년	배영사
일반 지능검사(다형)	김호권, 1964	초등학교 2~3학년	코리안테스팅센터
인물화 검사	김재은, 1967	1~12세	배영사
인물화에 의한 간편지능 검사	김재은 · 김동극 · 여광응, 1973	3~12세 정상 및 정박아	교육과학사

* 자료 : 이은해, 아동발달의 평가와 측정, 교문사, 1999, p. 188.

4) 포트폴리오 평가

최근 교육개혁자들(Gardner, 1993 ; Meisels, 1993)에 의해 지지되고 있는 포트폴리오 평가(Portfolio assessment)는 유아수행 평가방법의 하나로 유아의 발달과 학습에 대한 기록과 증거들을 시간의 흐름에 따라 구체적인 목적을 갖고 체계적으로 수집해 놓은 것이다. 즉, 유아의 지식, 기능, 태도의 성장 · 발달을 관찰하고 기록하기 위해 사용되는 유아의 그림, 블록 구성이나 입체작품을 찍은 사진 , 유아의 이야기나 읽기를 담은 녹음테이프, 비디오테이프, 체크리스트, 일화기록, 또래관계에 관한 관찰기록, 교사와 유아간의 개별면담과 부모와의 면담을 포함한 종합적인 평가방법이다(박영충, 1997).

유아교육 현장에서 유아에 대한 표준화 검사의 활용도가 높아지고 있으나 이러한 평가 결과의 과잉 일반화가 유아에게 실패에 대한 부담감을 안겨서 오히려 부정적인 자아개념을 형성시키므로 포트폴리오 평가가 그 대안적인 평가가 될 수 있다(박영충, 1997). 포트폴리오 평가는 교사의 학급관찰, 유아와 교사의 면담, 교사와 부모의 면담, 유아의 작품분석과 같은 비형식적인 평가를 포함하여 동시에 표준화된 검사, 진단검사와 같은 형식적인 평가기술도 활용될 수 있다. 따라서 이 방법은 유아교육 현장에서 종합적으로 이루어지므로 모든 평가결과를 다시 교육과정을 구성하는 데 반영할 수 있는 잇점이 있다(Mills, 1994 ; Popham, 1993).

포트폴리오 평가과정에서 수집되는 기록과 결과물로는 다음과 같은 것들이 포함될 수 있다(김경철, 1997).

① 유아 활동작품의 표본, 즉 쓰기 활동의 표본, 이야기 나누기와 보여 주고 말하기 시간의 발표내용에 대한 오디오 테이프, 실험이나 프로젝트에 관한 사진, 이야기에 관한 그림, 그림이나 콜라주, 자신을 표현한 프로젝트, 글로 쓴 단어들 목록, 프로젝트의 비디오테이프
② 교사의 관찰(일화기록, 체크리스트)
③ 교사가 보고하는 학생 자신의 정기적인 자기 평가(태도 항목, 흥미항목)
④ 유아와 교사가 함께 작성한 진보 노트
⑤ 새 단어 책(어휘 발달, 교실이나 새 프로젝트에서 들은 책)
⑥ 부모 관찰
⑦ 부모-교사 회의
⑧ 부모-교사간의 의사소통

5. 평가의 관리

1) 평가결과의 기록

유아교육기관에서 평가를 계획 · 실시하는 것도 중요하지만 평가결과를 기록 · 보관하는 것도 매우 중요하다. 평가 결과의 기록은 평가 방법에 따라 다르다. 먼저 유아교육기관에서 유아의 평가 결과를 기록하고 정리할 때 고려되어야 할 점을 살펴보면 다음과 같다(이은해, 1999).

① 각 유아마다 개인별 파일(File)을 준비해서 개별 유아에 대한 모든 평가자료, 즉 일화기록 등의 관찰기록 및 검사결과, 포트폴리오, 건강기록부, 생활기록부, 면담 자료 등을 각각 개인별로 정리한다.

② 개인별 파일을 정리할 때는 모든 평가자료마다 평가날짜, 평가자, 평가 시 유아의 태도나 상태 등 관련 상황에 대한 간략한 정보가 반드시 포함되어야 한다.

③ 학기 초에 1년간의 계획을 세워서 어느 한 시기에 편중되지 않고 1년 동안 체계적이고 정기적인 자료 수집이 이루어지도록 해야 한다.

④ 담당 교사 이외에 다른 학급 교사가 관찰한 사항이나 한 상황에서 여러 명의 유아가 관찰된 경우 등에서 파일을 상호 보완(cross-filing)할 수 있는 체제를 만든다.

⑤ 1년에 2회~3회에 걸쳐 유아별 평가결과의 요약 및 해석을 정리한다. 이 때 평가 결과 자료에서 누락부분의 여부를 확인한다.

⑥ 유아 개인별 평가결과 요약은 유아의 발달 영역 또는 현행 유치원교육과정에 기초한 생활 영역별로 정리하는 것이 효과적이다. 이 때 유아에 대한 일종의 프로파일을 제시하듯이 발달이 잘 이루어진 영역과 그렇지 못한 영역을 서술한다.

이상에서와 같이 각 유아별로 평가결과를 수집 · 기록함으로써 유아간의 상대적 비교보다는 각 유아에 대한 개체내 개인차(intra-individual difference)에 초점을 두어 평가가 이루어지도록 한다.

한편 평가결과의 기록은 교사의 중요한 임무 중의 하나이며 평가 결과를 기록하고 활용하는 데 유의해야 할 점은 다음과 같다(임재택, 1999).

① 기록된 평가결과는 각 유아가 필요로 하는 여러 형태의 교육경험을 계획하는 데 지침으로 활용되도록 한다.

② 한 유아의 평가기록을 여러 사람이 서로 다른 관점에서 독자적으로 평가할 수 있는 자료로 활용될 수 있도록 한다.

③ 교사는 유아의 발달을 평가하고 기록하는 과정에서 그 유아에 대해 보다 깊이 생각해 보도록 해야 한다.

④ 평가기록은 전문가(아동상담가, 의사)들이 유아의 문제가 일시적인 것인지 혹은 계속적인 것인지를 결정하고, 문제의 원인을 파악하고 그 문제가 유아의 발달에 미치는 영향을 확인하고, 문제에 대한 해결방안을 모색하는 데 보다 효과적으로 활용될 수 있도록 해야 한다.

⑤ 교사들은 유아에 대한 평가기록을 통해 유아의 발달과정을 이해하도록 노력해야 한다.

⑥ 유아에 대한 평가기록은 부모들과의 면담자료로 사용될 수 있으며, 특히 불만을 가진 부모들을 설득하는 도구로 활용될 수 있어야 한다.

⑦ 평가기록은 원을 자주 옮기는 유아들에게 유익한 자료로 활용되어야 힌다. 또한 유아교육기관에서의 평가기록은 초등학교에서의 지도 및 교육자료로 사용될 수 있다는 것에 유념해야 한다.

⑧ 유아교육기관을 지도 · 장학하는 행정기관에서는 각 원에서 유아의 발달과 교육프로그램 등 여러 가지 평가결과를 기록 · 보관해 둘 것을 요구하고 있음을 알아야 한다.

2) 평가결과의 보고

유아교육기관에서 유아와 교육프로그램에 대한 평가결과를 부모나 지역사회 혹은 관련 행정기관에 알리는 것은 유아교육에 대한 이해를 높이고 유아교육의 효과를 증진시키는 데 매우 중요한 요인이 된다. 평가결과를 보고하는 목적은 부모와 교사 간에 유아의 발달 정도에 대해 정확한 정보를 기초로 의사소통의 기회를 갖게 되어 서로간에 신뢰감을 형성할 수 있게 된다. 또한 부모나 지역사회로부터 지원과 협조를 얻는 데 도움이 된다.

유아교육 평가결과를 보고하는 형식은 보고의 내용에 따라 다르지만 부모들이 이해하기 쉽도록 간단명료해야 한다. 보고형식은 일정한 양식이 없이 필요한 경우에 간단한 서면이나 구두로 보고할 수도 있고, 유아의 발달상황을 영역별로 종합하여 간단한 문자로 기술하거나 각 문항별로 체크하거나 평정된 결과를 그대로 보고할 수도 있다.

평가결과의 보고는 적어도 학기별 또는 분기별로 연 2회나 4회 이상 하는 것이 적절하다. 또한 결과 내용은 유아의 발달과 교육에 도움이 될 수 있도록 긍정적인 내용이어야 하며 등위 · 서열이나 점수로 나타내는 것보다 발달의 과정이나 단계로 표시하는 것이 적합하다.

유아의 발달 상태에 대한 평가기록 중 유치원 원아를 위한 대표적인 법정장부로는 생활기록부가 있다. 생활기록부는 연령에 따른 유아들의 종합적인 발달 상황을 기록하고 보존하여 활용하기 위한 것이다. 이러한 생활기록부를 기록 · 관리하는 데 필요한 사항을 「유치원 생활기록부 관리지침」(교육부훈령 제540호)에 규정하여 1997년 3월 1일부터 시행되고 있다.

3) 평가의 활용

유아교육기관에서 이루어지는 평가는 유아의 생활 변화, 즉 전인적인 성장과 발달의 변화 수준을 점검하는 질적 평가를 기본방향으로 하여야 할 것이다. 이와 같은 맥락에서 평가방법 및 관리에 관한 원칙을 유아를 위해 가장 적절히 활용하도록 하기 위해 제 6차 유치원 교육과정 개정안의 평가영역에 제시된 사항은 다음과 같다(교육부, 1999).

(1) 유아의 건강, 기본생활습관, 정서적 안정감, 사회적 적응, 창의적 표현, 의사소통능력 및 탐구심 등에 중점을 둔다.

유아평가는 궁극적으로 유치원 교육의 결과가 유아의 전인 발달에 도움이 되었는지를 전체적으로 파악하는 것을 목적으로 하여야 한다. 교육과정의 5개 영역을 통합하여 유아의 건강, 기본생활습관, 정서적 안정감, 사회적 적응, 창의적 표현, 의사소통능력, 탐구심 등 생활 전반에 걸쳐 고르게 변화하고 발달했는지를 통합적으로 평가해야 한다.

(2) 관찰, 일화기록, 작품분석, 면담 등 다양한 방법을 사용하게 한다.

유아의 발달 수준을 평가하는 것은 유아를 더욱 잘 이해하고 유아의 개별성을 인정할 수 있도록 돕기 위한 것이다. 따라서 교사는 유아의 발달수준을 객관적이면서 효율적으로 평가할 수 있도록 유아의 행동을 직접 관찰하고 이를 일화기록하거나 행동관찰목록에 체크하는 방법, 유아가 표현한 작품들을 분석하는 방법, 유아 또는 부모와 면담하여 개방적이고 심층적인 대화를 나누는 방법 등을 사용하도록 한다. 이러한 방법들을 체계적이며 정기적으로 실시하여 일정기간에 따른 유아 행동의 변화를 이해하도록 한다.

(3) 유아 개인의 발달 특성 및 정도를 파악하여 그 결과를 문장으로 기술한다.

유아의 발달 상황을 평가할 때에는 유아와 유아를 상대적으로 비교·평가하여 서열화하거나, 어떤 형태이든 점수화해서는 안된다. 또 암기된 지식 정도를 파악하는 방향으로 평가를 해서도 안된다. 유아를 평가할 때에는 평가의 결과가 그 유아의 미래에 도움이 되어야 하기 때문에 유아가 기계적으로 암기한 지식 정도만을 평가하는 것은 아무 의미가 없다. 무한한 가능성을 지닌 유아들이 앞으로 더 많은 지식, 기술, 태도를 습득 해 낼 수 있도록 배움의 가능성을 더 넓혀 주는 의미에서의 평가이어야 할 것이다. 따라서 유아교육에서의 평가는 유아의 자발성, 자아 개념, 또래 관계, 표현력, 활동 상황, 활동 수행능력 등의 태도에 중점을 두어 유아 개개인의 발달에서 진보된 부분과 지연된 부분의 발견에 초점을 두는 것이 바람직하다. 평가결과를 문자로 서술하여야 하는 이유는 유아 개개인의 독특한 발달 특징을 자세하게 진술할 수 있어 유아간의 서열화 평가를 예방할 수 있는 방법이기 때문이다.

(4) 평가의 결과는 유아의 전인적인 성장, 효율적인 교육과정 운영, 부모면담, 생활기록부 작성 등을 위한 기초 자료로 활용한다.

평가의 결과는 교사들이 유아교육을 위한 활동 계획을 세우는 데 바탕이 되고 개인별 평가 결과로써 유아의 발달 정도에 맞는 학습 속도를 정할 수 있으며 준비 정도·수준에 맞는 개별 학습을 시킬 수 있는 자료가 된다. 또 평가는 환경 구성과 교수 활동에 참고할 수 있는 자료를 제공해 주며 부모들에게 참고자료를 제공함으로써 가정과 유치원 교육과의 연계성을 이룰 수 있게 한다. 부모면담은 부모들의 요구가 있을 때나 유아에게 문제가 발생하였을 때에 할 수 있다. 이 때 교사는 평소의 평가 결과를 가지고 효율적인 면담을 실시하도록 하고, 대상 유아의 전인적 성장에 도움을 주는 데 주력하여야 한다. 특히 평가의 결과는 유치원 교육 1년간의 생활을 교육과정 영역에 따라 종합적으로 평가해야 하는 생활기록부 작성에 가장 중요한 자료가 된다.

한편 교육프로그램에 대한 평가결과는 교사가 보다 나은 물리적 환경구성, 적절한 교수-학습계획과 수행의 효율성을 위해 활용될 수 있다. 특히 형성평가의 결과는 교육과정을 직접 운영하고 있는 운영자들이 교육과정을 개선하는 데 직접 활용할 수 있도록 한다. 그리고 종합적인 평가결과는 활동계획을 세울 때 바탕이 되며, 교육프로그램 운영결과를 확증하고자 할 때 활용할 수 있다.

6. 유치원 평가

유치원은 다음과 같은 내용으로 평가할 수 있다.

표 11-6

유치원 평가 국가 공동지표

평가 영역(배점)	평가항목(배점)	평가지표(배점)
1. 교육과정 (65)	1-1. 교육계획 수립의 적절성(15)	1. 교육계획안 작성 및 활용 (5)
		2. 유아교육에 적합한 교육내용·활동 선정 (10)
	1-2. 일과 운영의 적절성(15)	3. 통합적 일과 운영 (10)
		4. 교육활동 유형간의 균형적 안배 (5)

평가 영역 (배점)	평가항목(배점)	평가지표(배점)
1. 교육 과정 (65)	1-3. 교수-학습 방법의 적합성(20)	5. 유아교육에 적합한 교수-학습 방법의 사용 (10)
		6. 교사-유아간의 질적인 상호작용 (10)
	1-4. 평가의 적절성(15)	7. 유아의 발달 상황 기록 및 활용 (10)
		8. 교육과정 평가 실시 및 결과 활용 (5)
2. 교육 환경 (45)	2-1. 교육환경의 적합성(25)	9. 실내 교육환경의 적합성 (10)
		10. 실외 교육환경의 적합성 (10)
		11. 유아 발달 수준에 적합한 시설 · 설비 (5)
	2-2. 교재 · 교구의 적합성(20)	12. 유아 발달 수준과 주제에 적합한 교재 · 교구의 구비 및 활용 (10)
		13. 교재·교구의 체계적인 관리 및 보관 (10)
3. 건강 · 안전 (40)	3-1. 건강관리의 적절성(15)	14. 유아 건강 지도 및 관리 (5)
		15. 시설·설비의 청결한 관리 (10)
	3-2. 영양관리의 적절성(10)	16. 균형 있는 급간식 시행 및 식습관 지도 (5)
		17. 식재료의 위생적 관리 및 사용 (5)
	3-3. 안전관리의 적절성(15)	18. 안전교육 실시 및 안전사고 대비책 (10)
		19. 시설·설비의 안전한 관리 (5)
4. 운영 관리 (40)	4-1. 교직원 인사 및 복지의 적절성(10)	20. 교직원 인사 규정 보유 및 준수 (5)
		21. 교직원 복지 규정 보유 및 지원 (5)
	4-2. 예산 편성 및 운용의 합리성(10)	22. 예·결산서 작성 및 공개 (5)
		23. 정부지원금 예산 편성 및 사용의 타당성 (5)
	4-3. 가정 및 지역사회와의 연계(10)	24. 다양한 부모교육 및 가정과의 교류 (5)
		25. 지역사회 인사 · 자원의 활용 및 기관 홍보 (5)
	4-4. 기관장의 원 운영의 전문성(10)	26. 교육과정의 질 제고를 위한 노력 (5)
		27. 기관장의 리더십 (5)
학부모 만족도(10)		28. 학부모의 기관 운영에 대한 만족도 조사 결과 (10)
계		200점

7. 어린이집 평가인증제

1) 어린이집 평가인증제도의 구성

어린이집 평가인증제도의 구성을 정리하면 다음과 같다.

첫째, 운영체계는 4단계로 구성되어 있다.

어린이집 평가인증은 신청단계, 1단계 참여확정, 2단계 현장관찰, 3단계 심의 4단계로 진행되며, 전체 인증에 소요되는 기간은 사후관리 단계를 포함하면 1년 정도이다. 개별 어린이집의 자체점검에 필요한 요구 정도에 따라 이보다 단축될 수 있다.

둘째, 현장관찰과 평가인증 심의과정이 독립되어 있다.

평가인증제도가 합리적이고 타당하게 운영되도록 하기 위하여 평가인증 과정에서 자체점검의 타당성을 검증하는 현장관찰과 인증여부를 결정하는 인증심의가 독립적으로 이루어지도록 구성되어 있다. 현장관찰을 담당하는 현장관찰자와 인증여부를 심의하는 평가 인증심의위원회는 상호 독립되어 있으며, 평가 인증심의위원회는 보육시설의 자체점검보고서와 부모의 의견, 그리고 현장관찰자의 관찰 결과를 모두 존중한다.

셋째, 어린이집 평가인증지표는 40인 이상, 39인 이하, 장애아전담 보육시설 평가인증지표로 구성되어 있다.

먼저 40인 이상 어린이집 평가인증지표는 보육환경, 운영관리, 보육과정, 상호작용과 교수법, 건강과 영양, 안전, 6개 영역 70항목, 39인 이하 어린이집 평가인증지표는 보육환경 및 운영관리, 보육과정, 상호작용과 교수법, 건강과 영양, 안전의 5개 영역 55항목으로 구성되어 있으며, 장애아전담 어린이집 평가인증지표는 보육환경, 운영관리, 보육과정, 상호작용과 교수법, 건강과 영양, 안전, 6개 영역 75항목으로 구성되어 있다.

넷째, 어린이집 평가인증지표는 영유아의 연령, 대상 등을 고려하여 구성하였다.

어린이집 평가인증지표는 유아를 기준으로 하되 영아를 보육하고 있는 보육시설을 대상으로 할 때 적용될 수 있는 내용을 항목에 따라 첨가하여 영아가 있는 경우에 활용할 수 있도록 하였다. 장애아전담 어린이집 평가인증지표는 특수어린이집의 특성을 고려하여 장애아의 발달적 특성에 적합한 항목으로 구성하였다.

다섯째, 보육의 질을 고양하고자 하는 개별 어린이집의 노력을 지원할 수 있는 체제를 마련하였다.

어린이집 평가인증사무국은 평가인증에 참여한 어린이집을 지원하기 위하여 평가인증 신청시설에 조력기구를 안내해 준다. 조력기구는 워크숍, 개별상담, 비디오 프로그램 등 관련자료 안내를 통하여 신청시설에서 평가인증지표 및 평가인증 운영체계에 대해 정확하게 이해하도록 돕고, 어린이집 평가인증 참여과정에서 보육시설이 직면하게 되는 여러 가지 어려움에 대한 도움을 제공하게 된다.

2) 어린이집 평가인증지표의 구성

어린이집 평가인증지표는 “40인 이상 어린이집용 지표” 6개 영역 70항목과 ‘39인 이하 어린이집용 지표’ 5개 영역 55항목, ‘장애아전담 어린이집용 지표’ 6개 영역 75항목으로 다음과 같이 구성되어 있다.

(1) 40인 이상 어린이집 평가인증지표 (6개 영역 70항목)

영 역
영역 1. 보육환경 (11항목)
영역 2. 운영관리 (12항목)
영역 3. 보육과정 (14항목)
영역 4. 상호작용과 교수법 (11항목)
영역 5. 건강과 영양 (12항목)
영역 6. 안전 (10항목)

(2) 39인 이하 어린이집 평가인증지표 (5개 영역 55항목)

영 역
영역 1. 보육환경 및 운영관리 (11항목)
영역 2. 보육과정 (11항목)
영역 3. 상호작용과 교수법 (11항목)
영역 4. 건강과 영양 (12항목)
영역 5. 안전 (10항목)

(3) 장애아전담 어린이집 평가인증지표 (6개 영역 75항목)

영 역
영역 1. 보육환경 (14항목)
영역 2. 운영관리 (13항목)
영역 3. 보육과정 (15항목)
영역 4. 상호작용과 교수법 (10항목)
영역 5. 건강과 영양 (13항목)
영역 6. 안전 (10항목)

3) 어린이집 평가인증 절차

평가인증은 신청단계, 참여확정, 현장관찰, 심의 4단계로 진행된다. 이 과정을 도표로 요약하면 다음과 같다(보건복지가족부, 2014).

단계	내용	업무	주체
신청단계	○ 상시 신청 ○ 상시 자체점검	신청	어린이집
		조력	보육정보센터
1단계 참여확정 (2개월)	○ 기본사항 확인 ○ 자체점검보고서 제출 및 참여수수료 납부 ○ 참여대상 확정	기본사항 확인	지자체
		자체점검보고서 제출 참여수수료 납부	어린이집
		참여대상 확정	보건복지부 (한국보육진흥원)
2단계 현장관찰 (1개월)	○ 현장관찰(현장관찰자) • 현장관찰 실시 • 현장관찰보고서 작성 및 제출		보건복지부 (한국보육진흥원)
3단계 심의 (1개월)	○ 인증심의(심의위원회) • 결과통보서 및 종합평가서 작성 ○ 인증결정	인증결과 발표 인증서, 인증현판 발급	

〈그림 1〉 어린이집 평가인증 운영체계

(1) 신청단계 : 상시 자체점검, 신청

참여 신청 기간에는 신청 접수, 1차 선정, 입금, 최종 선정, 참여 설명회가 있다. 참여할 수 있는 어린이집은 다음과 같다.

영유아보육법 , 동법 시행령, 동법 시행규칙 및 보육사업 지침 등 보육과 관련된 법령사항을 준수한 어린이집에 한한다. 평가인증 신규인증은 영유아보육법 제12조 및 제13조 규정에 의하여 설치된 어린이집으로서 현재 미인증 상태인 어린이집이다.

신청을 원하는 어린이집은 어린이집 지원시스템 내 평가인증 메뉴에서 참여신청서를 작성 · 제출한다.

(2) 1단계 : 참여확정

- 참여확정 단계에서는 신청어린이집의 기본사항 확인과 자체점검보고서 제출 및 참여수수료 납부가 이루어지며 '참여확정 자격'의 조건에 충족하는 어린이집은 참여 대상으로 확정된다.
- 참여확정 자격에 합당한 어린이집이란, 행정처분이 종료된 어린이집, 반환명령을 이행 완료한 어린이집, 지자체의 기본사항 확인 결과 필수항목을 모두 준수한 어린이집, 자체 점검을 완료한 후 자체점검 보고서를 작성 · 제출한 어린이집이다.

- 기본사항 확인 업무흐름도

단계	주제	내용
신청단계(상시)	어린이집	• 참여신청 • 상시 자체점검
참여확정	한국보육진흥원	• 기본사항 확인 대상, 방법 및 일정 안내 (시 · 도, 시 · 군 · 구 대상)
	시 · 도 시 · 군 · 구	• 기본사항 확인 및 입력
	한국보육진흥원	• 기본사항 결과 확인 • 자체점검보고서 제출 및 참여수수료 납부 안내 (어린이집 대상)
	어린이집	• 자체점검보고서 제출 및 참여수수료 납부
	한국보육진흥원	• 참여대상 확정

〈그림 2〉 참여확정 업무흐름도

- 필수사항은 9가지로 다음과 같다. 총정원 준수, 예 · 결산서 및 회계서류 구비, 안전사고에 대한 보험가입(상해, 화재, 배상), 영유아보육법 관련 행정처분 등, 어린이집 설치기준, 보육실의 설치기준, 보육교직원 배치기준, 보육교직원의 정기건강검진, 비상대피시설 설치이다.
- 기본사항은 2가지로 예결산서 및 재무회계 관련, 행정처분 및 위반사항 · 민원사항이다.

(3) 2단계 : 현장관찰

현장관찰은 현장관찰자가 보육시설을 방문하여 어린이집 평가인증지표에 따라 어린이집의 질적 수준을 객관적으로 관찰하여 보고하는 과정이다.

① 현장관찰 실시 전, 해당기관의 현장관찰주간(2주)은 해당 기수를 대상으로 하여 한국보육진흥원에서 지정하고, 현장관찰자는 해당시설에 관찰주간 중에 사전에 고지없이 어린이집에 파견한다.

② 현장관찰주간에는 어린이집에 특별한 행사가 없고, 일상적 일과가 진행되어야 하며, 영유아 현원은 정원의 1/3 이상이어야 하고, 현원의 2/3 이상이 출석하여야 한다.

③ 현장관찰은 평가인증국에서 자격을 부여 받은 현장관찰자가 어린이집 1개소당 2인이 파견되어 1일간 실시한다. 단, 100인 이상 어린이집의 경우 3인이 파견된다.

④ 현장관찰자는 상호존중과 책임성 강화를 위해 실명이 기재된 현장 관찰자증을 패용하고 어린이집에 방문한다.

⑤ 현장관찰 평가는 하루 일과 전반에 걸쳐 관찰, 문서검토, 면담 등의 방법을 통해 진행되며, 어린이집에서는 평가인증지표와 관련하여 관찰대상이 될 수 있는 문서 등을 준비하여야 한다.

(4) 3단계 : 심의

현장관찰이 완료되면 자체점검보고서, 기본사항확인서, 현장관찰결과보고서 및 심의위원회 의견서를 토대로 하여 인증심의가 진행된다.

인증심의는 다음과 같이 진행된다.

① 인증심의는 학계전문가, 육아종합지원센터장 및 어린이집 보육교직원, 보육담당 공무원의 3인 1조로 구성된 심의위원회에서 조별로 진행된다.

② 심의위원회의 심의자료는 자체점검보고서 및 기본사항확인서, 현장관찰보고서 등을 개별 검토 후, 조 구성원 전체가 각 기관의 질적 수준에 대하여 논의한 후 종합평가서를 작성한다.

심의자료 반영비율은 아래와 같다.

자료구분	반영비율
자체점검보고서	10%
기본사항확인서	10%
현장관찰보고서	55%
심의위원회 의견서	25%
총계	100%

인증결과는 다음과 같이 3가지 유형으로 구분된다.

인증결과	총점		영역별 점수	
인증	기준점수	이상	기준점수	이상
인증유보	〃	〃	〃	미달
	〃	미달	〃	이상
	〃	미달	〃	미달

4) 유치원 평가인증

유아교육법 19조에서는 국·공·사립유치원을 각각 그 대상으로 효율적인 유치원 운영 실태에 대한 평가를 명시하고 있는데 동법 제18조 제2항의 규정에 의한 장학지도를 실시함에 있어 매 학년도 장학지도의 대상 절차 항목 방법 및 결과처리 등에 관한 세부계획을 수립하여 이를 장학지도 대상 유치원에 미리 통보해야 하며, 유치원 평가 영역은 물리적 환경, 교육과정, 운영관리, 유아의 영양 건강 안전, 교직원, 가정 및 지역사회와의 연계 등 6개 영역으로 구성되어 있다.

참 고 문 헌

· 국립교육평가원(1996). 유치원교육평가. 국립교육평가원.
· 강문희 외(1999). 유아교육기관 운영관리. 학지사.
· 강숙현(1994). 유아교육프로그램 평가척도의 이해와 활용. 동문사.
· 김경철(1997). 유아교육 평가의 새로운 대안 -포트폴리오-, 열린유아교육연구 제2권 2호. 109~122.
· 박영충(1997), 포트폴리오의 유아교육현장 적용 효과. 숙명여대대학원 박사학위논문.
· 보건복지가족부(2014). 2014년도 보육사업안내.
· 오영희 · 김경희(1999). 유아교육개론. 동현출판사.
· 이상희(1998). 교사의 언어형태에 따른 유아의 언어 및 사고능력의 차이. 숙명여대 교육대학원 석사학위논문.
· 이영석(1997). 유아교육론. 형설출판사.
· 이영석 · 박재환 · 김경중(1992). 유아교육개론. 형설출판사.
· 이은해(1992). 아동연구방법. 교문사.
· 이은해 · 이기숙(1996). 유아교육프로그램 평가척도 : 교사를 위한 활용지침서. 창지사.
· 이은해(1999). 아동발달의 평가와 측정. 교문사.
· 이정환 · 박은혜(1996). 교사를 위한 유아관찰 워크북 Ⅱ. 한국어린이육영회(1997). 교사를 위한 유아관찰지침서. 한국어린이육영회.
· 이현섭 외(1997). 유아교육개론. 학지사.
· 임인제(1976). 절대기준평가의 원리와 실제. 배영사.
· 임재택(1999). 유아교육기관 운영관리. 양서원.

· Benson, T. R.(1995). Portfolios in first grade classrooms : Examining an alternative assessment. Unpublished doctoral dissertation, The University of Memphis.
· Decker, C. A. & Decker, J. R.(1992). Planning and administering early childhood program (5th Ed.). N.Y. : MacMillan Publishing Co.
· Gardner, H.(1993). Fundamentals of the Reggio Emilia approach to early childhood education. Young Children, Vol. 49, No. 1. November, 4~8.
· Glaser, R.(1963). Psychology and instructional technology. In R, Glaser(Ed.), Training

research and education. Pittsburg : University of Pittsburg Press.
· Meisels, S. J.(1993). Remaking classroom assessment with the work sampling system, Young Children, 48(5), 43～49.
· Mills, L.(1994). Yes, it can work ! : Portfolio assessment with preschoolers. Eric Document Reproduction Service No. ED 372～857.
· Popham, W. J.(1993). Circumventing the high costs of authentic assessment. Phi Delta Kappan, February, 470～473.
· Wolf, E. W.(1996). A report on the reliability of a large-scale portfolio assessment for language arts, mathematics, and science. Paper presented at the Annual Meeting of the National Council for Measurement in Education in New York. NY(April).

저자 소개

✍ 김연진

숙명여자대학교 아동복지학과 졸업
숙명여자대학교 대학원 아동복지학과 졸업(아동복지학 전공)
숙명여자대학교 대학원 박사학위취득(아동복지 전공)
영국 KingswayCollege 수학
숙대 · 경희대 · 외대 · 중앙대 · 숭실대 교육대학원 강사
현) 상지영서대학 유아교육과 교수
저서) 영유아언어교육(공저, 태영출판사)/부모교육의 이론과 실제(공저, 동문사)
보육학개론(공저, 동문사)/유아교육개론(공저, 창지사)/유아아동발달(공저, 동문사)
영유아 영양건강(상조사)/유아정신건강(상조사)/놀이치료(상조사)/아동복지의 이해
(공저, 태영출판사)

✍ 이상희

숙명여자대학교 아동복지학과 졸업
숙명여자대학교 교육대학원 졸업(유아교육 전공)
숙명여자대학교 대학원 박사학위 취득(아동복지 전공)
전) 남서울대학교 아동복지학과 교수
더 하트심리연구소 소장
현) 두원공과대학 아동복지학과 교수
저서) 치료놀이Ⅱ, Ⅲ(공저, 형설출판사)/애착결속을 다지는 지혜(공역, 시그마프레스)
행복한 엄마와 자녀관계 증진/프로그램(태영출판사)/보육학개론(공저, 태영출판사)
아동복지의 이해(공저, 태영출판사)

✍ 고영자

숙명여자대학교 교육대학원 졸업(유아교육 전공)
인하대학교 대학원 박사학위 취득(아동학 전공)
전) 진호유치원 원장
현) 서울신학대학교 유아교육과 교수
저서) 교사를 위한 유아 음악극 지도의 실제 (아름솔 출판)/ 유아를 위한 창의적 동작교육의
이론과 실제(아름솔 출판)/ 따라하기 쉬운 손유희 모음집 (아름솔 출판)

영유아교육기관 운영관리

초판발행 2014년 8월 25일
재판발행 2015년 8월 20일

저 자 김연진 · 이상희 · 고영자
발행인 김현태
발행처 태영출판사

주 소 (08301) 서울 구로구 구로동 104-10 동남오피스텔 201호
전 화 02 · 839-3757, 839-3752
팩 스 02 · 837-3754
등 록 2005년 5월 30일 제12-421호
http://www.taeyeongbook.co.kr
E-mail tys2005@hanmail.net
ISBN 978-89-6302-149-2 93370
정 가 19,000원

2015. 8.

* 잘못 만들어진 책은 교환해 드립니다.